高等院校“十二五”物流管理专业规划教材

物流与供应链管理

（第2版）

林勋亮⊙主编

電子工業出版社
Publishing House of Electronics Industry
北京 · BEIJING

图书在版编目（CIP）数据

物流与供应链管理 / 林勋亮主编. —2 版. —北京：电子工业出版社，2013.3
高等院校“十二五”物流管理专业规划教材
ISBN 978-7-121-19599-0

Ⅰ. ①物… Ⅱ. ①林… Ⅲ. ①物流－物资管理－高等学校－教材②供应链管理－高等学校－教材 Ⅳ.①F252

中国版本图书馆 CIP 数据核字(2013)第 029072 号

责任编辑：刘淑敏
印　　刷：北京盛通商印快线网络科技有限公司
装　　订：北京盛通商印快线网络科技有限公司
出版发行：电子工业出版社
　　　　　北京市海淀区万寿路 173 信箱　邮编 100036
开　　本：787×980　1/16　印张：20　字数：424 千字
版　　次：2009 年 1 月第 1 版
　　　　　2013 年 3 月第 2 版
印　　次：2019 年 11月第 7 次印刷
定　　价：39.00 元

凡所购买电子工业出版社图书有缺损问题，请向购买书店调换。若书店售缺，请与本社发行部联系，联系及邮购电话：（010）88254888。
质量投诉请发邮件至 zlts@phei.com.cn，盗版侵权举报请发邮件至 dbqq@phei.com.cn。
服务热线：（010）88258888。

前　言

进入 21 世纪以来，随着电子商务的发展和国内外市场竞争的加剧，客观上要求企业对市场的变化能做出快速响应，而物流的高效运作是其得以实现的关键条件。同时，在原材料价格不断上涨和人力资源成本不断上升的情况下，如何进一步增强企业核心竞争力和提高企业经济效益，通过强化物流管理向“物流”领域要市场和要效益便成为众多企业的必由之路。事实上，越来越多的企业高度重视物流管理，它们在不断引入物流新理念、新技术、新方法并应用于企业物流实践的过程中，也极大地推动和促进了物流管理理论的发展。与此同时，随着物流科技和物流教学成果的不断涌现，物流学科基础理论内涵已大为充实、丰富、拓展和深化。

我国现代物流业尚处于发展阶段，专业人才匮乏，管理水平落后，物流成本居高不下；在经济全球化的大背景下，产业与产业之间、企业与企业之间的合作不断加强，供应链管理对于产业结构优化和企业竞争力提升，显得尤为重要；国内的现代物流正在向国民经济各个行业渗透，国外物流企业在国内市场的份额也迅速扩展。物流人才，特别是具有物流知识和技能的复合型人才十分短缺。为了满足经济发展对物流人才的需求，促进我国物流产业的快速健康发展，根据国家的人才培养战略，针对物流人才培养的特点，在电子工业出版社的大力支持下，我们编写并修订了本书。

本书在保持已有的物流基本理论的基础上，广泛吸收和借鉴国内外最新的物流技术、新知识、新经验等内容，结合复合型管理人才的特点编写，力求做到学术性和实操性并重，力求做到涵盖物流领域最新的观念、理论和方法，力求做到更专业、更规范。鉴于目前市面上有各种各样版本的物流教材，本书力争做到“人无我有，人有我优，人优我长，与时俱进，适度超前”。

全书共 12 章，主要内容包括物流与供应链的基本知识、物流作业管理、物流信息管理、物流成本管理、物流战略与组织管理、企业物流管理、第三方物流管理与运作、物流系统分析、国际物流管理、供应链管理、供应链管理方法、物流与供应链发展趋势。每一章配有物流案例精选和全球视野，以及相关的复习思考题，适合高等院校市场营销专业、物流专业本科生教学使用。

本书所涉及的内容和相关名词术语既符合国家标准，又尽量与国际接轨，使全书保持一定的技术领先性。教材中所涉及的内容和相关名词均以 2001 年 8 月 1 日实施的 GB/T 18354—2001《物流术语》为主要依据，以便读者自学和进一步学习。

全书由林勋亮任主编，负责全书的统稿、修订和审核，韦琦负责全书电子课件的合成与编辑。林勋亮参与编写修订第 5、6、9 章，王如心参与编写修订第 1、2、7 章，平海参与编写修订第 3、8、12 章，吴金椿参与编写修订第 10、11 章，韦琦参与编写修订第 4 章。

本书在编写和修订过程中，参考或引用了许多专家学者的资料，作者已尽可能地在参考文献中列出，谨在此对他们表示衷心的感谢。有些资料由于疏忽没有指明出处，若有此类情况发生，表示万分歉意。

由于时间仓促和水平所限，书中难免有疏漏和不足之处，敬请读者和专家批评指正。

编　者

目 录

第 1 章

物流与供应链概述

本章学习目标

- 掌握物流的概念；
- 了解物流观点和学说；
- 掌握物流产业的基本特征；
- 掌握物流管理的内容与特征；
- 掌握供应链的特征。

引导案例

作为全球通信领域的领导者，摩托罗拉自 1987 年进入中国以来，一直以其先进的技术和充满个性的产品引领着中国通信市场的潮流，并占领了很大的市场份额。摩托罗拉个人通信事业部在中国拥有 4 000 多名员工，拥有实力强大的生产、销售及研发队伍，并拥有极具创新精神的市场推广和售后服务团队。摩托罗拉天津手机厂于 1992 年 7 月投入运营，是摩托罗拉全球最大的手机厂，产品主要为 GSM 和 CDMA 移动电话，产品的 60%～70%出口到欧美地区。从 1999 年至今，该厂已连续数年占据中国手机市场份额第一的位置。

摩托罗拉在中国市场乃至全球市场取得如此成绩，是与其各项业务的成功运作和先进管理分不开的。在当今人们一致认为物流是企业第三利润源，并致力于从物流管理中寻找“金矿”的时候，摩托罗拉是如何挖掘这个“金矿”的？摩托罗拉的物流管理又有什么特色？

摩托罗拉是一家跨国公司，供应商遍及全球各地，实行统一采购，根据订单的需求及成本因素统一安排生产，物流管理在企业的生产经营过程中起着举足轻重的作用。国际、国内航空运输业和交通状况及一些政策因素的变化对于像摩托罗拉这样的跨国公司的影响相当大。

物流服务商的管理有以下几个突出的特点：

（1）采取收货方付费的原则。摩托罗拉在全球范围内，不论供应商还是摩托罗拉跨国公司内部间的物流运输，都是谁收货谁付费，并严格按照全球统一的FCA条款进行。国际FCA条款中规定，作为收货方有权选择和指定物流服务公司，因为这些公司最清楚当地的海关、商检和其他政府部门的规定及政策，从而便于提供"门到门"的物流服务。

（2）物流服务商不用交纳运输保险费，所有货物运输保险费由摩托罗拉美国总部统一交纳。只要收货方或发货方中有任何一方是摩托罗拉公司或收发货双方都是摩托罗拉公司，其物流服务商的运输费中则不含有保险费，而且也不需要为运输单独另付保险费，使物流业务操作手续简便。一旦产生货损，物流服务商将按IATA条款进行赔付，摩托罗拉将按索赔程序由指定的保险公司进行追索。保险条款中有一定限额的免赔额，因此，选择好的物流服务商是摩托罗拉公司首先考虑的问题。

（3）实行全球运输管理——百分考核制。IT电子产品的价值相当高，一箱电路板可能价值上百万美元。在运输过程中，这些产品、零部件又不包含保险费，因此，物流服务商的招标选择以及管理工作非常重要。为此，摩托罗拉还成立了一个全球性物流资源公司，通过多种方式对备选的物流服务企业的资信、网络、业务能力等方面进行周密的调查，并给初选合格的企业以少量业务进行试运行，实际考察这些企业的服务能力与质量。对不合格者，则取消其对摩托罗拉的服务资格；对获得物流服务资格的企业则进行严格的月度作业考评。主要考核内容包括运输周期、信息反馈、单证资料准确率、财务结算、货物安全、客户投诉等，考核标准是按照各项的完成率加权，考核结果按百分制评定。摩托罗拉根据这些考核分数值确定其服务质量，并与合同以及业务量挂钩，如果分数值在98分以上，属于优秀服务商，增加其业务量；如果分数值在94～98分之间，属于合格服务商，需进一步改进；如果分数值在93分以下，会自动解除合同。同时针对生产线和客户的不同需求情况，摩托罗拉还要求物流服务商提供多种服务。对运输周期的考评，有两种最典型的方式：一种是标准服务，满足标准时限；另一种是应急快速服务，满足生产线和客户的紧急需求。在对服务商的考评过程中，物流服务商的急货处理能力也是摩托罗拉重要的考核指标。

（4）物流业务量分配遵循80/20原则。摩托罗拉的物流业务量首先按全球大区进行划分，每个区域的物流业务量按80%和20%合同量分配，即在招标中，服务与价格比较好的物流公司可以得到 80%的业务量，位于其次的物流服务公司得到 20%的业务量。80/20 原则包含有两层含义：一是那些优秀的物流服务公司可以获得更多的业务量，从而确保对摩托罗拉的物流服务及时到位；二是如果80%的货物由于某些原因不能及时到达生产线，还有20%的货物来补充，有效地避免生产线因缺货而停滞，确保生产的顺利进行。同时，也创造了一个公平竞争的环境，如果处理 80%业务量的货代公司服务考核不达标，按照合同就会减少以后的业务量，而处理 20%业务量的货代公司如果服务质量不错也有机会去获取更多的业务合同。同时，保持某些重要线路上有两家服务商同时操作，可以避免因某种原因某一家服务商不能提供服务时，另外一家可以迅速接管整个业务，从而避免风险。

资料来源：http://www.yn56.com.

1.1 物流概述

进入 20 世纪 90 年代以来，由于科学技术不断进步和经济的不断发展、全球化信息网络和全球化市场形成及技术变革的加速，围绕新产品的市场竞争也日趋激烈。技术进步和需求多样化使得产品生命周期不断缩短，企业面临着缩短交货期、提高产品质量、降低成本和改进服务的压力。所有这些都要求企业能对不断变化的市场做出快速反应，源源不断地开发出满足用户需求的、定制的“个性化产品”去占领市场以赢得竞争，市场竞争也主要围绕新产品的竞争而展开。毋庸置疑，这种状况将延续到 21 世纪，使企业面临的环境更为严峻。

目前，产业经济的发展已从企业与企业的竞争转向了供应链与供应链之间的竞争，各企业从竞争走向整合的过程中，供应链管理成为企业管理的重要内容。而物流是协调企业供、产、销的纽带，是提高供应链管理效率的有效途径。两者相辅相成、互相促进，对产业经济的发展起到了极大的促进作用。

1.1.1 物流的概念

物质实体的物理运动，在人类社会开始经济活动的初期就已经存在。然而，物流形成一门科学进行系统的研究，发达国家大致是从 20 世纪中期开始的。我国对物流的系统研究开始更晚。虽然物流科学还很年轻，但由于它的重要性已被普遍认识，物流科学的发展相当迅速。物流中的“物”的概念是指一切可以进行物理性位置移动的物质；物流中所指“物”的一个重要特点，是其必须可以发生物理性位移，而这一位移的参照系是地球。因此，固定了的设施等，不是物流要研究的对象。

物流概念最早始于美国，使用 Physical Distribution（PD）一词，译成汉语是“实物分配”或“货物配送”。1963 年被引入日本，当时的物流被理解为限于流通领域的各项物流活动，即从产品出厂直至到达消费者的过程中物资的包装、运输、储存、装卸搬运、流通加工，以及相关的信息活动等各个环节，它在物资销售中起了桥梁作用。

Logistics 的原意为“后勤”，这是在第二次世界大战中，军队在运输武器、弹药和粮食等给养时使用的一个名词。它是为维持战争需要的一种后勤保障系统。在第二次世界大战中，美军的后勤组织成功地将战略物资源源不断地运送到全球各地，使得美军能够实施全球化的军事战略。战后，随着美国企业经营全球化的发展，Logistics 这种面向全球化的新的物流理论、观念被广泛引入到企业中。

将 Logistics 一词转用于物资的流通中，物流就不单纯是考虑从生产者到消耗者的“货物配送”问题，而且是要考虑到从供应商到生产者对原材料的采购，以及生产者本身在产品制造过程中的运输、保管和信息等方面，全面地、综合性地提高经济效益和效率问题。因此，现代物流是以满足消费者的需求为目标，把供应、制造、运输、销售等市场情况统一起来思考的一种战略措施。这与传统物流把它仅看做“后勤保障系统”和“销售活动中起桥梁作用”的概念相比，在深度和广度上又有了进一步的含义。

因此，物流（Logistics）是指物品从供应地向接收地的实体流动过程。根据实际需要，将运输、储存、装卸、搬运、包装、流通加工、配送、信息处理等基本功能实施有效有机结合。

1.1.2 物流观点和学说

1. 商物分离

商物分离是物流科学赖以存在的先决条件。所谓商物分离，是指流通中的两个组成部分商业流通和实物流通各自按照自己的规律和渠道独立运动。

2. 黑大陆学说

著名的管理学权威彼得·德鲁克曾经讲过“流通是经济领域里的黑暗大陆”，德鲁克泛指的是流通。但是，由于流通领域中物流活动的模糊性尤其突出，是流通领域中人们更认识不清的领域，所以，“黑大陆”说法现在主要针对物流而言。

3. 物流冰山说

物流冰山说是日本早稻田大学西泽修教授提出来的。他在专门研究物流成本时发现，现行的财务会计制度和会计核算方法都不可能掌握物流费用的实际情况，因而人们对物流费用的了解是一片空白，甚至有很大的虚假性。他把这种情况比做“物流冰山”。其特点是，大部分沉在水面以下的是我们看不到的黑色区域，而我们看到的不过是物流的一部分。

4. 第三利润源

第三利润源说法主要出自日本。从历史发展来看，人类历史上曾经有过两个大量提供利润的领域：第一个是物质资源领域，第二个是人力资源领域。在前两个利润源潜力越来越小、利润开拓越来越困难的情况下，物流领域的潜力被人们所重视，按时间序列排为“第三利润源”。

5. 效益背反说

效益背反说是物流领域中很经常、很普遍的现象，是这一领域中内部矛盾的反映和表现。效益背反是指物流的若干功能要素之间存在着损益的矛盾，即某一功能要素的优化和利益发生的同时，必然会存在另一个或另几个功能要素的利益损失，反之也如此。例如，节省包装就必然会转到收益上来，包装越省，利润则越高。但是，一旦商品进入流通之后，如果节省的包装降低了产品的防护效果，造成了大量损失，就会造成储存、装卸、运输功能要素的工作劣化和效益大减。

6. 成本中心说

物流在整个企业战略中，只对企业营销活动的成本发生影响，物流是企业成本的重要的产生点，因而，解决物流的问题，主要不在于支持保障其他活动，而是通过物流管理和物流的一系列活动降低成本。所以，成本中心既是指主要成本的产生点，又是指降低成本的关注点，物流是“降低成本的宝库”等说法正是这种认识的形象表述。

7. 利润中心说

物流可以为企业提供大量直接和间接的利润，是形成企业经营利润的主要活动。非但如此，对国民经济而言，物流也是国民经济中创利的主要活动。

8. 服务中心说

代表了美国和欧洲等一些国家学者对物流的认识。这种认识认为，物流活动最大的作用，并不在于为企业节约了消耗，降低了成本或增加了利润，而是在于提高企业对用户的服务水平进而提高了企业的竞争能力。因此，他们在使用描述物流的词汇上选择了后勤一词，特别强调其服务保障的职能。通过物流的服务保障，企业以其整体能力来压缩成本增加利润。

9. 战略说

战略说是当前非常盛行的说法，实际上学术界和产业界越来越多的人已逐渐认识到，物流更具有战略性，是企业发展的战略而不是一项具体操作性任务。应该说这种看法把物流放在了很高的位置。企业战略是什么呢？是生存和发展。物流会影响企业总体的生存和发展，而不是在哪个环节搞得合理一些，省了几个钱。

1.1.3　物流的分类

物流是社会经济活动的重要组成部分，它贯穿于社会再生产的全过程，存在于国民经济的各个领域。

1. 宏观物流

宏观物流是社会再生产过程中，国民经济各部门之间、区域之间以及国家之间的物流活动。宏观物流又称社会物流或国民经济物流，具体包括部门物流、区域物流和国际物流。

（1）部门物流。部门物流指国民经济各部门之间物资资料的流转。部门物流反映了国民经济产业结构中的部门结构，是各部门协调发展的重要条件。随着社会生产力的发展和科学技术的进步，社会生产的专业化程度不断提高，部门和企业之间的分工日益细化，这使得国民经济各部门之间，企业之间的物流活动越来越复杂。各个部门在生产上要相互衔接、紧密配合，以实现国民经济顺利运行，就要求投资品生产、消费品生产、中间产品生产以及生产和生活服务的部门，依据它们在生产和供应上的相互衔接性，形成相互适应、相互促进的物流系统。物流不畅，必然影响一些部门的发展，造成国民经济部门发展的失衡。

（2）区域物流。区域物流包括一定区域范围内的物流和不同区域之间的物流。任何生产都是在一定的区域内进行的。由于自然、技术、经济、社会等因素的制约，客观上形成了一定的生产和经济协作区域，这些区域又构成国民经济产业结构的地区和空间布局。经济区域是以城市为中心的，一般来讲，一个城市就是一个经济中心。城市的经济活动以物流为依托，其发展对物流有很强的依赖性，区域内的发展规划，如工厂、仓库、住宅、商业以及道路、桥梁、车站、机场等都要以物流为约束条件。

（3）国际物流。国际物流是国家之间经济交往、贸易活动中的物资资料流转。国际物流是伴随着国际贸易的发展而发展的。第二次世界大战以后，科学技术进步与社会化大生产的发展，使国际分工日益深化，世界经济联系日趋密切，生产国际化已成为世界经济发展的基本趋势。发达国家之间的经济联系全面强化，跨国公司内部的交换成为国际贸易的重要组成部分，国际分工从不同产业部门深入到同一行业不同产品之间，出现了若干国家协作生产的“国际产品”。世界经济的发展变化使国际贸易迅速增长，各国之间经济发展对国际贸易的依赖性大幅度提高。

2. 微观物流

微观物流是局部范围的物流，又叫做企业物流。微观物流是企业生产过程各个阶段物资资料的流转，具体包括供应物流、生产物流、销售物流、回收物流和废弃物流。

微观物流也称企业物流（Internal logistics），是指消费者、生产企业所从事的物流活动，物流活动以企业为范围，面向企业。在整个物流活动中，其中的一个局部、一个环节的具体物流活动也属于微观物流。在一个小地域空间发生的具体的物流活动也属于微观物流。针对某一种具体产品所进行的物流活动也是微观物流。我们经常涉及的下述物流活动皆属于微观物流，即企业物流、生产物流、供应物流、销售物流、回收物流、废弃物物流、生活物流等，其研究特点是具体性和局部性。由此可见，微观物流是更贴近具体企业的物流，其研究领域十分广阔。

1.2 物流和现代物流的特征

1.2.1 物流的特征

（1）物流是一门新兴的学科。物流的历史不长，而且主要在 20 世纪中期以后才被重视，相对来说比较年轻。因此，这门新兴的科学在理论上正处于成长阶段。目前，各国对于物流的理论观点还有派别之分，一时难以统一。

（2）物流的范围广泛。物流是一门综合性学科，强调系统性和协调性，因而物流涉及的范围也比较宽泛。物流的七大组成部分：运输、保管、包装、装卸搬运、流通加工、配送和信息，关联到众多学科领域和产业。如运输环节，在我国就有公路、铁路、航空、远洋、沿海、内河、管道运输等；在物流基础设施方面，包括高速公路、普通公路、港口、码头、仓库、集装箱货场、配送中心、机场、车站等；在企业类别上，物流关联企业有运输、仓储、包装、装卸搬运、信息企业等；物流涉及的政府管理机构有国家改革与发展委员会、商务部、交通运输部、铁道部、工业和信息化部、国土资源部、住房城乡建设部、财政部、环境保护部、民航总局、邮政局及海关、质检、工商、税务等部门。

（3）物流公益事业性强，投资回收期长，利润率低，要求前瞻性。无论公路、铁路还是港口码头，均属公共设施，国家统一规划，投入大笔资金，建好后全社会发展，共同利用，创造的主要是社会效益。流通业属第三产业，主要通过提供服务取得利益，运输业、保管业、包装业和装卸业等物流企业，以提供物流服务赢利。

物流还要求有前瞻性。公路、铁路、港湾、配送中心等物流基础设施建设必须提前规划、设计，托盘尺寸、规格等物流标准化也必须走在前面，否则，会给社会造成浪费。

（4）物流的总体性要求高。物流是一个复杂而巨大的系统工程，中间有运输、包装、保管、装卸搬运、流通加工、配送等多个环节，各个环节之间必须相互衔接，配合好、协调好，保证其整合性和一致性。例如，运输，铁路、公路、水运、航空、管道运输涉及地区之间和各运输部门之间的协调，公路、铁道、港口码头、仓库的建设涉及总体布局、城市规划，需要统筹安排。

1.2.2 现代物流特征

现代物流是指具有现代特征的物流，现代物流是与现代化社会大生产紧密联系在一起的，体现了现代企业经营和社会经济发展的需要。在现代物流管理和运作中，广泛采用了代表着当今生产力发展水平的管理技术、工程技术以及信息技术等。随着时代的进步，物流管理和物流活动的现代化程度也会不断提高。现代化是一个朝着先进水平靠近的过程，从这个意义上讲，“现代物流”在不同的时期也会赋予其不同的内涵。现代物流的特征可以概括为以下几个方面。

（1）物流系统化。物流不是运输、保管等活动的简单叠加，而是通过彼此的内在联系，在共同目的下形成的一个系统，构成系统的功能要素之间存在着相互作用的关系。在考虑物流最优化的时候，必须从系统的角度出发，通过物流功能的最佳组合实现物流整体的最优化目标。局部的最优化并不代表物流系统整体的最优化，树立系统化观念是搞好物流管理、开展现代物流活动的重要基础。

（2）物流总成本最小化。物流管理追求的是物流系统的最优化，在成本管理上体现为要实现物流总成本最小化，物流总成本最小化是物流合理化的重要标志。传统的管理方法将注意力集中于尽可能使每一项个别物流活动成本最小化，而忽视了物流总成本，忽视了各项成本之间的相互关系。

物流要素之间存在着效益背反关系，现代物流管理在控制物流总成本的时候正是基于这种关系的存在。从系统的观点看，构成物流的各功能之间明显存在着效益背反关系。例如，减少仓库设置的数量可以节省保管费用，但是，另一方面会由于加大了运输距离和运输次数而使运输费用增加，从而有可能使物流总费用水平不但没有降低反而提高。再如，采用高速运输会增加运输费用，但是，由于运输的迅速化会使得库存量降低，从而节省了库存费用和保管费用，最终导致物流总费用的降低。

现代物流建立在物流总成本的意识基础之上，利用物流要素之间存在的效益背反关系，通过物流各个功能活动的相互配合和总体协调达到物流总成本最小化的目的。

（3）物流信息化。现代物流可以理解为物资的物理性流通与信息流通的结合，信息在实现物流系统化，实现物流作业一体化方面发挥着重要作用。传统物流的各个功能要素之间缺乏有机的联系，对物流活动的控制属于事后控制。而现代物流通过信息将各项物流功能活动有机结合在一起，通过对信息的实时把握控制物流系统按照预定的目标运行。准确地掌握信息，如库存信息、需求信息，可以减少非效率、非增值的物流活动，提高物流效率和物流服务的可靠性。

（4）物流手段现代化。在现代物流活动中，广泛使用先进的运输、仓储、装卸搬运、包装以及流通加工等手段。运输手段的大型化、高速化、专用化，装卸搬运机械的自动化，包装的单元化，仓库的立体化、自动化以及信息处理和传输的计算机化、电子化、网络化等为开展现代物流提供了物质保证。

（5）物流服务社会化。在现代物流时代，物流业得到充分发展，企业物流需求通过社会化物流服务满足的比重在不断提高，第三方物流形态成为现代物流的主流，物流产业在国民经济中发挥着重要作用。

（6）物流管理专门化。企业物流活动开始由专门的部门负责，不再依附于其他部门，物流管理技术日趋成熟。

（7）物流电子化。现代信息技术、通信技术以及网络技术广泛应用于物流信息的处理和传输过程，物流各个环节之间、物流部门与其他相关部门之间、不同企业之间的物流信息交换传递和处理可以突破空间和时间的限制，保持实物流与信息流的高度统一和对信息的实时处理。

（8）物流快速反应化。在现代物流信息系统、作业系统和物流网络的支持下，物流适应需求的反应速度加快，物流前置时间缩短，及时配送、快速补充订货以及迅速调整库存结构的能力在加强。

（9）物流网络化。随着生产和流通空间范围的扩大，为了保证产品高效率的分销和材料供应，现代物流需要有完善、健全的物流网络体系，网络上点与点之间的物流活动保持着系统性、一致性，这样可以保证整个物流网络有最优的库存总水平及库存分布，将干线运输与支线末端配送结合起来，形成快速灵活的供应通道。

（10）物流柔性化。随着消费者需求的多样化、个性化，物流需求呈现小批量、多品种、高频次的特点。订货周期变短、时间性增强，物流需求的不确定性提高。物流柔性化就是要以顾客的物流需求为中心，对顾客的需求做出快速反应，及时调整物流作业，同时可以有效地控制物流成本。

1.2.3 物流产业的基本特征

虽然物流活动久已存在，但在现代经济中，物流产业及其所提供的物流服务，与传统的物流活动或者生产、流通部门从事的物流活动已经有了本质上的区别。

（1）物流产业是国民经济中的动脉系统。它连接社会经济的各个部分并使之成为一个有机整体。在现代经济中，由于社会分工的日益深化和经济结构的日趋复杂，各个产业、部门、企业之间的交换关系和相互依赖程度也越来越错综复杂，物流产业是维系这些复杂交换关系的纽带和血管。因此，物流产业是经济运行中不可或缺的重要组成部分。

（2）物流产业对物流要素的优化组合，实现物流活动效率的提高和社会物流总成本的降低。当物流活动分散在不同企业和不同部门时，各种物流要素很难充分发挥其应有的作用，如仓储设施的闲置等。随着物流活动从生产和流通领域中分化出来，各种物流要素也逐渐成为市场资源，专业化物流企业可以根据各种物流活动的要求在全社会范围对各种物流要素进行整体的优化组合和合理配置，从而可以最大限度地发挥各种物流要素的作用，提高全社会的物流效率。

（3）物流产业实现价值增值。物流产业可以为全社会提供更为全面、多样化的物流服务，并在物流全过程及其各个环节实现价值增值。

当物流活动从生产过程和交易过程中独立出来后，物流就不再是一个简单的成本因素，而成为一个为生产、交易和消费提供服务的价值增值因素，其中也蕴藏着巨大的商业潜力。专业化物流企业不仅可以提供货物运输、配送、流通加工等有形服务，而且可以提供物流方案设计、物流信息管理等无形服务，这是商业企业、运输企业、仓储企业等传统流通部门所难以企及的。相对于产品的生产过程而言，物流服务创造的是产品的空间价值和时间价值，是产品价值的重要组成部分。因此，物流产业也是国民经济中创造价值的产业部门，并正在成为全球经济发展中的热点和新的经济增长点。

1.3 物流管理的特征与内容

物流管理（Logistics Management）是指在社会再生产过程中，根据物质资料实体流动的规律，应用管理的基本原理和科学方法，对物流活动进行计划、组织、指挥、协调、控制和监督，使各项物流活动实现最佳的协调与配合，以降低物流成本，提高物流效率和经济效益。

1.3.1 物流管理的特征

物流业的产生和发展是经济发展到一定阶段、社会分工不断深化的产物。传统上的物流活动分散在不同的经济部门、不同的企业以及企业组织内部不同的职能部门之中。随着经济的快速发展、科学技术水平的提高以及工业化进程的加快，大规模生产、大量消费使得经济中的物流规模日趋庞大和复杂，现代物流管理是建立在系统论、信息论和控制论的基础上的，主要有 4 个特征：

（1）以实现客户满意为第一目标；

（2）以企业整体最优为目的；

（3）以信息为中心；

（4）重效率更重效果。

1.3.2 物流管理的内容

作业管理、成本管理、服务管理是最基本的物流管理。

1．物流作业管理

物流作业管理构成了现代物流管理的基础，其他层面的物流管理都是围绕作业管理开展的，或者说是在作业管理基础上进行的延伸。

（1）运输管理。运输管理要注重考虑运输费用、运输时间、运输环节、运输能力、运输频率以及货物的安全性、适用性和到货的准确性等因素。运输管理的本质就是选择恰当的运输方式，努力以最低的成本将货物及时地送达目的地。

（2）储存管理。储存作业管理主要由接货、保管、发货管理构成。

（3）包装管理。包装管理应适应企业物流作业、商品保护、形象展示和促进销售的需要，用科学的方法确定包装组合，并尽可能适应时代发展潮流。

（4）装卸搬运管理。装卸搬运管理主要是在加强物品保护和防损的前提下，运用高效的机械加快作业速度，以加快物流速度，使得装卸搬运作为衔接性的物流作业活动充分发挥器械效能。

（5）流通加工管理。流通加工的管理侧重在两个层面，一是加工中心自身的管理；二是加工与运输、储存、搬运、配送等物流作业环节的作业整合问题。

（6）配送管理。从广义上讲，配送管理包括了诸如配送中心的选择和优化布局、配送机械（车辆）的合理配置与调度以及配送作业流程的制定与优化等内容。从狭义上讲，配送管理主要是指配送作业管理。广义的配送管理更多体现在前期的决策上，而狭义的配送管理更多地体现在日常管理上。

2．物流成本管理

物流成本管理，就是通过成本去管理物流，即管理的对象是物流而不是成本。物流成本管理可以说是以成本为手段的物流管理方法。所谓成本，就是用金额去评价某一种活动，例如，用金额去评价运输活动，其结果就是运输成本。第一，成本能真实地反映活动的实态；第二，成本可以成为评价所有活动的共同尺度。用成本这个统一的尺度来掌握各种各样的活动，可以把性质不同的活动放到同一个场合进行比较、分析，决定优劣，利用这一点，可以轻易地计算出盈亏，且效果显著。

由此看来，把物流活动换成物流成本去管理，是卓有成效的。

3．物流服务管理

现代物流管理以顾客满意为第一目标，物流服务管理已经成为现代物流管理中的一项重要内容，物流服务的本质就是满足顾客的需求，现代物流强调服务功能，是坚持以顾客需求为导向的具体表现，同时，物流服务作为顾客服务的一个重要的组成部分，在现代分销中发挥着极其重要的作用。

1.4 供应链概述

1.4.1 供应链的定义

我国国家标准《物流术语》对供应链（Supply Chain）的定义是："供应链是生产及流通过程中，涉及将产品或服务提供给最终用户活动的上游与下游企业，所形成的网链结构。"供应链的提法在欧美发达国家里也只有不到20年的历史，所以供应链的定义尚不一致，概念还不很统一，界限也不十分明晰。有的供应链管理专著对供应链下了这样的定义："供应链是围绕核心企业，通过对信息流、物流、资金流的控制，从采购原材料开始，制成中间产品以及最终产品，最后由销售网络把产品送到消费者手中的将供应商、制造商、分销商、零售商、直到最终用户连成一个整体的功能网链结构模式。"有的定义这样描述："供应链是由三个或更多组织构成一个体系，通过一个或多个上行和下行流程，将产品、服务、金融和信息从供应者传送至消费者。"也有这样给供应链下定义的："通过增值过程和分销渠道控制，从供应商的供应商到用户的用户的流程就是供应链，它开始于供应原点，结束于消费的终点。"美国物流管理协会（2004年已更名为"供应链管理协会"）对供应链管理下的定义是："供应链管理是以提高企业个体和供应链整体的长期绩效为目标，对传统的商务活动进行总体的战略协调，对特定公司内部跨职能部门边界的运作和在供应链成员中跨公司边界的运作进行战术控制的过程。"

本书采用的定义是：供应链是围绕核心企业，通过对信息流、物流、资金流的控制，从采购原材料开始，制成中间产品以及最终产品，最后由销售网络把产品送到消费者手中的将供应商、制造商、分销商、零售商、直到最终用户连成一个整体的功能网链结构模式。它是一个范围更广的企业结构模式，包含了所有加盟的节点企业，从原材料的供应开始，经过链中不同企业的制造加工、组装、分销等过程直到最终用户。它不仅是一条连接供应商到用户的物流链、信息链、资金链，而且是一条增值链，物料在供应链上因加工、包装、运输等过程而增加其价值，给相关企业都带来收益。

1.4.2 供应链的特征

从供应链的结构模型可以看出，供应链是一个网链结构，由围绕核心企业的供应商、供应商的供应商和用户、用户的用户组成。一个企业是一个节点，节点企业和节点企业之间是一种需求与供应关系。供应链主要具有以下特征：

（1）复杂性。因为供应链节点企业组成的跨度（层次）不同，供应链往往由多个、多类型甚至多国企业构成，所以供应链结构模式比一般单个企业的结构模式更为复杂。

（2）动态性。供应链管理因企业战略和适应市场需求变化的需要，其中节点企业需要动态地更新，这就使得供应链具有明显的动态性。

（3）面向用户需求。供应链的形成、存在、重构，都是基于一定的市场需求而发生的，并且在供应链的运作过程中，用户的需求拉动是供应链中信息流、产品/服务流、资金流运作的驱动源。

（4）交叉性。节点企业可以是这个供应链的成员，同时又是另一个供应链的成员，众多的供应链形成交叉结构，增加了协调管理的难度。

1.4.3 供应链的类型

1. 稳定的供应链和动态的供应链

根据供应链存在的稳定性划分，可以将供应链分为稳定的供应链和动态的供应链。基于相对稳定、单一的市场需求而组成的供应链稳定性较强，而基于相对频繁变化、复杂的需求而组成的供应链动态性较高。在实际管理运作中，需要根据不断变化的需求，相应地改变供应链的组成。

2. 平衡的供应链和倾斜的供应链

根据供应链容量与用户需求的关系可以划分为平衡的供应链和倾斜的供应链。一个供应链具有一定的、相对稳定的设备容量和生产能力（所有节点企业能力的综合，包括供应商、制造商、运输商、分销商、零售商等），但用户需求处于不断变化的过程中，当供应链的容量能满足用户需求时，供应链处于平衡状态，而当市场变化加剧，造成供应链成本增加、库存增加、浪费增加等现象时，企业不是在最优状态下运作，供应链则处于倾斜状态。

平衡的供应链可以实现各主要职能（采购/低采购成本、生产/规模效益、分销/低运输成本、市场/产品多样化和财务/资金运转快）之间的均衡。

3. 有效性供应链和反应性供应链

根据供应链的功能模式（物理功能和市场中介功能）可以把供应链划分为两种：有效性供应链（Efficient Supply Chain）和反应性供应链（Responsive Supply Chain）。有效性供应链主要体现供应链的物理功能，即以最低的成本将原材料转化成零部件、半成品、产品，以及在供应链中的运输等；反应性供应链主要体现供应链的市场中介的功能，即把产品分配到满足用户需求的市场，对未预知的需求做出快速反应等。

1.4.4 物流管理与供应链管理的关系

物流管理和供应链管理的部分内容存在重合性，管理目标与为客户服务存在一致性。

从管理对象上观察，物流管理的对象是物流活动和与物流活动直接相关的其他活动，如 Donald J.Bowersox 和 David J.Closs 在阐述物流活动时就增加了物流“网络设计”的内容。但是物流管理的内容是不可以随意无原则扩大的，否则物流管理的学科特征便荡然无存了。而供应链管理涉及的内容要庞大得多，如美国伊文斯（Evens）认为：“供应链管理是通过前馈的信息流和反馈的物料流及信息流，将供应商、制造商、分销商、零售商，直到最终用户连成一个整体的管理模式。”从上述供应链管理的辐射面上也可以看到供应链管理既包括商流、信息流、资金流、增值流的管理，也包括物流管理，显然其研究边界是相当模糊的。当然，以此思路分析，物流管理就成了供应链管理的一部分。

从管理手段上观察，供应链管理是基于 Internet/Intranet 的供应链交互的信息管理，这是以电子商务为基础的运作方式。但是我们必须看到，信息流、商流、资金流在电子工具和网络通信技术支持下，可通过轻轻点击鼠标瞬息即可完成。而物流，即物质资料的空间位移，具体的运输、储存、装卸、配送等各种活动是不可能直接通过网络传输的方式来完成的。虽然，现代物流是离不开物流管理信息，也要使用 Internet/Intranet 技术，但是 Internet/Intranet 显然不构成物流管理的必需手段。也就是说，物流在非 Internet/Intranet 技术条件下，也一样运行。

从上述物流管理与供应链管理的关系上看，物流管理可以看做供应链管理的组成部分，但与其他的组成部分显然存在很大不同，即它的独立性很强。但是，供应链管理的专家们认为：“现代物流的研究范畴应包括供应链的物流，供应链企业之间的原材料、半成品、产品的供应与采购关系，更具体地说是供应链联盟内的物流活动。”由此，可以这样认为，物流管理是一个包含供应链中物流管理的大概念，供应链中的物流管理是物流管理的一部分。

全球视野

物流缔造运动商品王国——耐克公司

耐克公司，20 世纪 70 年代初期成立后，在短短的 10 年内便一跃成为美国最大的鞋业公司，并开始生产除运动鞋外，包括了童鞋、非运动休闲用鞋、旅游鞋、工作鞋和运动服装等一系列产品，建立起拥有自己品牌的运动商品王国，成为运动商品国际性大公司。耐克的成功，除了品牌经营、广告宣传因素外，其先进、高效的物流系统，也是必不可少的因素之一。

耐克经营的运动鞋及服装是季节性很强的产品，如果没有良好的物流服务，就不能保持其竞争优势，因此耐克公司非常注重其物流系统的建设，跟踪国际先进的物流技术的发展，及时对其系统进行改进，可以说其物流系统是一个国际领先的、高效的货物配送系统。

无论从工作效率，还是服务水平上说，耐克的物流系统都是非常先进高效的。其战略出发点在一个消费地域由一个大型配送中心来服务，尽量取得规模化效益。耐克还非常注重物流技术的进步，积极采用新的高效的科技和新的科学的管理方法，

http://bbs.vsharing.com/Management/SCM-LM/1081225-1.html

企业案例

第三方物流发达国家的经验借鉴

自 20 世纪 80 年代以来，外包（Outsourcing）已成为商业领域中的一大趋势。企业越来越重视集中自己的主要资源与主业，而把辅助性功能外包给其他企业。因为物流一般被工商企业视为支持与辅助功能，所以它是一个外部化业务的候选功能。多年来，欧美发达国家的物流已不再作为工商企业直接管理的活动，而常常从外部物流专业公司中采购物流服务。有些公司还保留着物流作业功能，但越来越多地开始由外部合同服务来补充。这些服务采购的方式对公司物流系统的质量和效率具有很大的影响。本文对自 20 世纪 80 年代以来，欧美发达国家物流外包第三方的做法与趋势进行分析，它对我国第三方物流业的发展，可以有一定的借鉴作用。

1. 物流服务的需求方

国外文献中，一般管理学者强调外包在成本上的潜在节省，而采购与营销专家则认为成本与服务的重要性相等。许多物流专家则认为对高水平服务的需求是外包的主要动力。近来，成本节约、服务改进和灵活性被认为对外包决策同等重要。

物流外包的另一重要因素是避免物流设施的投资。这一因素在 20 世纪 80 年代作为外包的主要利益所在。尤其英国对公司税收系统的调整，使拥有资产的愿望变成关注资产对利润的贡献上。这导致公司把资本集中在主要的能产生高效益并取得主要竞争力的业务上。有近 60%的公司认为物流不是它们的主业，使用外部物流合同承包商不仅减少物流设施的新投资，而且解放了在仓库与车队上占用的资金，它们可以用在更有效率的地方。

外包也使公司得到了主业为物流管理的专业公司的专业技能。随着客户期望的提高、车辆运作法规的加强、技术的快速发展及经济与环境的不确定性，对物流管理的需求越来越大。物流以合同方式外包，也可以帮助公司克服内部劳动力效率不高的问题。采用自己物流系统的惯性，主要来自不愿轻易放弃对物流功能的控制，担心物流公司运作的质量。近年来，这些已经不成为问题，是由于对合同物流作业已建立了信心，另外信息技术的进步也是一大原因。信息技术的发展已使对合同物流作业的监控与自己管理物流非常相近。据调查，实际上有一半的公司由于外包而改进了对物流的控制。

2. 物流服务的供给方

近 20 年来，欧美国家第三方物流服务已有了很大的改进。提供服务的标准已大大提高，作业效率也已大大提高，为客户需求定制的各类新型服务得到了发展。物流服务公司的营销也更强有力与熟练。

欧美许多运输与仓储公司已演变成了综合物流服务的供应商。在大多数国家，公路运输行业越来越具竞争性。通过改造成综合物流公司，使承运人能对服务增加价值，形成进入门槛较高的细分市场，以保证与客户的长期合同。这使它们能增加利润及成长。在欧美发达国家，公司采用多种方式外包其物流。最为彻底的方式是关闭自己的物流系统，并转移所有的物流职责给外部物流合同供应商。对许多自营物流的公司，这一选择改变太大。它们不愿意处理掉现有的物流资产和人员，去冒在过渡阶段作业中断的风险。有些公司愿意采取渐渐外包的过程，把责任移交以地理区域分步实施，或以业务与产品分步实施。欧美公司一般也采用以下方式来使移交平稳化。

（1）更严格的合同方的选择。有多项研究表明，过去许多公司选择运输方式或承运人时并不全面考虑所有的选择可能。这种选择程序的缺陷可部分解释为运输支出在许多公司的总支出中并不显著，并且不同运输公司之间服务质量差别不大。现在，既然公司已把许多与物流相关的服务外部化，这些服务的外部支出在公司预算中开始凸显。这一现象加上对服务质量的重视、减少承运人及采用合同关系，使对承运人的选择变成一件重要的决策，需要对市场进行更全面的评价和采用更正规的选择程序。

（2）合同方在设计物流系统中更紧密地参与。许多制造商正使用开放式的“表现”规范采购零部件，取代传统的根据“设计规范”采购。设计规范详细规定各项要求，开放式的“表现”规范仅仅给出总的框架要求，给供应商较大的创新空间以利于经济有效地开发符合客户要求的部件。

（3）对长期伙伴关系发展的更大重视。就如对产品供应商发展紧密互益关系的重要性一样，与物流供应商发展这种关系也同样重要。这类关系中，有相当部分已被建立起来并发展成物流合同的正式条款。这类关系在专一服务于一家客户的情况下，更易建立。

当物流能力分享于几家客户时，有时会有客户冲突。专一关系虽然能保证服务质量标准，但弱化了供应商传统的作用，即通过集合多个客户业务而降低单位成本。许多工商企业愿意付出较高的成本以取得专一性的服务，以保持较高控制程度与服务水平。然而，在英国，越来越多的公司放松了对专一合同的要求而给服务供应商以更大的自由去争取回程货与捎带货。对分享用户的物流服务需求也大大增加。

（4）采取零库存原则。采用零库存系统的先决条件之一是快速和可靠的运送。在没有缓冲存货情况下，生产和配送作业对送货时间不准更敏感。英国有 53%的大型公司在实施零库存时遇到承运人提供的服务标准问题。这迫使它们改变采购运输服务的方式。另外，为减少承运人的数量，增加以合同为基础的业务比例，它们与运输公司建立起紧密、长期和更互相依赖的关系。

（5）开发电子数据交换。许多供应商与客户关系已通过建立 EDI 联系而得以加强，尤其合同供应商提供的是综合物流服务。对美国公路承运人与货主关系的分析表明，具有 EDI 连接的比例已从 1994 年的 29.3%上升为 1996 年的 37.4%。电子交易从 18.2%上升到了 31.5%。通过使物料通过供应商系统时更可见与透明（每天甚至每小时都可见），EDI 增加了客户对合同作业的信心。合同商与客户计算机的整合，也加强了在它们之间的作业联系，并使双方在短期难以立即中断关系。然而，双方对 EDI 成本分摊问题是有争论的，尤其对多用户分享服务的情形。

（6）物流设备越来越专业化。在运输与物料搬运领域中，技术的发展使对个别公司物流需求特制设备成为可能。这类客户特制设备大大增加了在供应商与客户之间的“关系性合同”，这已是物流行业的老经验了。

（7）相互依赖的程度的改变。在客户与供应商相互依赖时，紧密与合作性关系更具有发展的可能性。传统上发货人认为它们对承运人的依赖性不大。这反映了发货人对公路运输市场的观点，即公路运输是买方市场，运输业务可以在短期内以很低的成本在不同承运人间转移。

问题：

1. 根据以上案例，你认为推动物流外包的原因是什么？

2. 物流服务采购的趋势对企业有什么影响？

3. 根据物流提供商与使用者关系的演变，谈谈你认为发达国家外包第三方物流发展过程对我国的借鉴，并说明理由。

复习思考题

1. 简述物流的概念与分类。
2. 怎样认识物流成本和物流服务间的“效益背反”关系？
3. 简述物流管理的特征与内容。
4. 请举例阐述物流与商流的关系。
5. 请举例说明物流在国民经济中的作用。
6. 简述供应链的含义。
7. 请分析说明物流管理与供应链管理的关系和区别。

本章小结

物流是指物品从供应地向接收地的实体流动过程。根据实际需要，将运输、储存、装卸、搬运、包装、流通加工、配送、信息处理等基本功能实施有机结合。

从供应链的结构模型可以看出，供应链是一个网链结构，由围绕核心企业的供应商、供应商的供应商和用户、用户的用户组成。一个企业是一个节点，节点企业和节点企业之间是一种需求与供应关系。供应链主要具有以下特征：复杂性、动态性、面向用户需求、交叉性。

物流管理是一家企业的物流活动，供应链管理是跨企业的物流管理。用概念来说，物流是供应链的过程，供应链是跨企业的物流集成，它不仅是跨企业物流活动的集成，还是企业完整的跨商业活动的集成。

将企业原材料的采购、生产过程、成品销售的管理连接起来，也就是企业从采购、生产、交货一体化形成一个物流管理，成为一个完整的物流。对一个企业来说，从采购原材料到生产过程到产品交付是一个物流过程，而这个企业可能是原材料的供应商、零部件供应商，也可能是一个成品的企业，它们都由自己的上、中、下游的企业形成一个产业链，那么这个企业与上、中、下游企业的物流连起来就是一个供应链管理，供应链管理就是拓展了的物流管理。

第2章

物流作业管理

本章学习目标

- 了解运输在物流中的作用和功能；
- 熟悉各种运输方式的优缺点；
- 了解运输作业合理化；
- 熟悉仓库作业管理；
- 掌握库存控制技术；
- 了解装卸搬运的概念；
- 了解物流包装的概念和技术发展趋势。

引导案例

家电市场是中国竞争最为激烈的市场之一。中国家电业处境艰难，而向流通要利润是中国家电业亟须攻克的堡垒，也是现阶段家电业最大的利润增长点之一。

仓储管理是供应链管理的核心环节。传统的仓储管理依赖纸张和手工记录，严重影响了企业的决策速度和市场竞争力。

随着无线技术的发展，基于无线计算机通信网络的解决方案开始为越来越多的制造企业所关注。无线网络通信技术在解决了操作人员流动性问题的同时，实现了数据的实时传输。结合无线技术的企业移动解决方案——条形码（简称条码），成为部分家电企业应对市场竞争的强有力武器。

电器行业的一个重要特点就是物品的贬值率特别高，物品存放在仓库一天要损失5%的利润。这对已经趋于“微利”的家电企业来说，无疑是制约企业发展的重要因素。作为中国家电业“龙头”的长虹也不例外。

以往长虹物流信息集成度不高，信息处理点分散，时效滞后，数据准确度不高，这些问题严重制约了公司的运营决策。长虹管理层认为，目前家电企业的竞争力不单纯体现在产品质量能否满足市场要求，更重要的是在市场需求的时候，如何生产和递交顾客满意的产品及服务。这就要求企业不仅要保证高节奏的生产，而且要实现最低库存下的仓储。由此，长虹提出了“物流是流动的仓库”的观点，用时间消灭空间，摒弃了以往“存货越多越好”的落后观念，全面提升速度观念。

长虹在绵阳拥有40多个原材料库房、50多个成品库房、200多个销售库房。过去的仓库管理主要由手工完成，各种原材料信息通过手工录入。虽然应用了ERP系统，但有关原材料的各种信息仍记录在纸面上，存放地点完全依靠工人记忆。货品入库之后，所有数据都通过手工录入到电脑中。对于制造企业来说，仓库的每种原材料都有库存底线，库存过多影响成本，库存不够时需要及时订货，但是，纸笔方式具有一定的滞后性，因此，真正的库存与系统中的库存永远存在差距，无法达到实时。这导致总部无法做出及时和准确的决策。而且手工录入方式效率低、差错率高，在出库频率提高的情况下，问题更为严重。

为了解决上述问题，长虹决定应用条码技术以及无线解决方案。经过慎重选型，长虹选择了美国讯宝科技公司及其合作伙伴——高立开元公司共同提供的企业移动解决方案。该解决方案采用讯宝科技的条码技术，并以Symbol MC3000作为移动处理终端，配合无线网络部署，进行仓库数据的采集和管理。目前在长虹主要利用Symbol MC3000对其电视机生产需要的原材料仓库以及2 000多平方米的堆场进行管理，对入库、出库以及盘点环节的数据进行移动管理。

资料来源：现代商业.

2.1 运输管理

运输是人和物的载运及输送。本章中专指“物品”的载运及输送。它是在不同地域范围间（如两个城市、两个工厂之间，或一个大企业内相距较远的两个车间之间），以改变“物品”的空间位置为目的的活动，对“物品”进行空间位移。

2.1.1 运输管理概述

运输是物流过程的主要职能之一，也是物流过程各项业务的中心活动。物流过程中的其他各项活动，如包装、装卸搬运、物流信息等，都是围绕着运输而进行的。可以说，在科学技术不断进步、生产的社会化和专业化程度不断提高的今天，一切物质产品的生产和消费都离不开运输。物流合理化，在很大程度上取决于运输合理化，所以，在物流过程的各项业务活动中，运输是关键，起着举足轻重的作用。运输工作是整体物流工作一个十分重要的环节。

现代化的交通运输方式主要有铁路运输、公路运输、水路运输、航空运输和管道运输。五种运输方式在技术上、经济上各有长短，都有适宜的使用范围。

铁路运输：大宗、笨重的中远程运输；要求准时到货的远程客货运输；容易死亡、变质的活物、鲜货的中远程运输。

公路运输：少量货物的短途运输；短途客运；容易死亡、变质的活物、鲜货的短途运输。

水路运输：大宗、笨重、远程、不急需的货物运输。

航空运输：贵重、急需、重量适宜、数量不大的货物；大城市和国际的快速客运；报刊、邮件运输等。

管道运输：大宗流体货物运输。

在具体选择某一或某几种交通运输时，要根据货物的性质、数量、价格、运送距离和时效等方面进行综合具体分析。

改革开放以来，我国的铁路、公路、水运和民航等运输方式均得到较快的发展，而且随着交通运输事业市场化程度的不断提高，各种运输方式之间的市场竞争也已全面展开。但是，由于缺乏统一的总体规划和政策指导，各种运输方式发展很不平衡：公路高速发展，特别是高速公路，到 2011 年底，我国的高速公路通车总里程近 8.5 万公里，位居世界第二；铁路、水运相对发展缓慢，铁路客运量十多年来一直徘徊不前，运输份额持续下降，公路运输承担了大量的长距离大宗散货运输；衔接不同运输方式的综合运输枢纽建设严重滞后，铁路、公路和水运在同类客货源上盲目竞争的现象较为普遍。

面对全面建设小康社会的新形势和贯彻落实科学发展观的新要求，交通运输的进一步发展必须走以提升系统协调能力为主的内涵式发展道路。首先，要满足国民经济和社会发展总体需要，特别是满足经济社会向循环经济、绿色经济、生态经济、知识经济发展的基本需要；其次，要符合经济社会可持续发展对交通运输的总体要求，建立安全、高效、经济、协调、绿色的交通运输体系；最后，交通对资源的占用、对环境的破坏及交通伤亡等要控制在国家允许范围内，实现资源、环境、交通的和谐统一。

根据我国的国土、人口、资源分布和产业布局等特点，综合评估各种运输方式造成的土地占用、能源消耗、运输费用、环境影响、运输安全等成本效应。未来我国交通运输应选择“优先发展铁路、促进铁路公路协调发展”的战略模式，既要摆脱目前对公路运输过于依赖的发展束缚，也不能因强调铁路发展而削弱其他运输方式的发展。其发展思路可概括为三点：通过增加铁路投资，加快铁路发展，逐步提高铁路在运输市场中的份额并维持在合理水平；确保公路、水运、管道稳步发展，实现航空运输快速发展；通过增量调整和存量升级，推动各种运输方式在发展过程中按照比较优势进行分工与协作，使运输结构和运输布局不断趋于优化。

2.1.2 运输方式及选择

运输是人和物的载运及输送，在物流过程中，运用多种设备和工具，将物品从不同地域范围间进行运送的活动，以改变“物”的空间位置，内容包括集货、分配、搬运、中转、装入、卸下、分散等一系列操作。它是任何全球物流的一个重要组成部分，针对运输所作的决策必须纳入整个物流系统之中，必须适应这一系统。

现代交通运输方式很多，如铁路运输、公路运输、航空运输、海运集装箱及海运散货船舶。

速度快慢取决于运输距离，短途运输公路最快，国内长途运输最快的是空运，但空运受运输量和机场限制，毕竟我国机场不是每个地方都有。海运运输量大但只局限于有码头地区。公路汽车运输方便快捷灵活，但运输成本高。铁路运输费用不高但十分局限。上述运输除公路汽运外都需二次短途汽车运输才能到达目的地。

由此可见，运输方式的选择是物流系统决策中的一个重要环节，是物流合理化的重要内容。所以对于进出货物必须选择最适合的运输方式，选择运输手段的判断标准包括货物的性质、运输时间、交货时间的适用性，运输成本，批量的适应性，运输的机动性和便利性，运输的安全性和准确性。对货主来说，运输的安全性和准确性、运输费用的低廉性以及缩短运输总时间等因素是其重点。对业主来说，制造业重视运输费用的低廉性，批发和零售业重视运输的安全性和准确性以及运输总时间的缩短等运输服务的质量。

具体来说，在选择运输手段时，第一要考虑运输物品的种类，第二要考虑运输量，第三要考虑运输距离，第四要考虑运输时间，第五要考虑运输费用。运输有五种基本方式，它们的经济和服务特征比较如下。

1. 铁路运输

铁路能提供长距离范围内的大宗商品的低成本、低能源运输，且较多地运输至少一整车皮的批量货物，其运输的经济里程一般在 200 公里以上。

（1）铁路运输的优点：

1）运行速度快，时速可达 80～120 公理。

2）运输能力较大，可满足大量货物一次性高效率运输。

3）运输连续性强，由于运输过程受自然条件限制较小，所以可提供全天候的运行。

4）轨道运输的安全性能高，运行较平稳。

5）通用性能好，可以运送各类不同的货物。

6）运输成本（特别是可交成本）较低。

7）能耗低。

（2）铁路运输的缺点

1）设备和站台等限制使得铁路运输的固定成本高，建设周期较长，占地也多。

2）由于设计能力是一定的，当市场运量在某一阶段急增时难以及时得到运输机会。

3）铁路运输的固定成本很高，但变动成本相对较低，使得近距离的运费较高。

4）长距离运输情况下，由于需要进行货车配车，其中途停留时间较长。

5）铁路运输由于装卸次数较多，货物错损或丢失事故通常也比其他运输方式多。

综上所述，铁路运输主要适用于以下作业：① 大宗低值货物的中、长距离运输，也较适合运输散装、罐装货物；② 适于大量货物一次高效率运输；③ 对于运费负担能力小、货物批量大、运输距离长的货物来说，运费比较便宜。轨道运输，安全系数大。

2. 公路运输

公路运输能提供更为灵活和更为多样的服务，多用于价高量小的货物的门对门服务，其经济运距一般在 200 公里以内。

公路运输的优点有：① 运输速度快；② 可靠性高，对产品损伤较少；③ 机动性高，可以选择不同的行车路线，灵活制定营运时间表，所以服务便利，能提供门到门服务，市场覆盖率高；④ 投资少，经济效益高；⑤ 因为运输企业不需要拥有公路，所以其固定成本很低，且公路运输投资的周转速度快；⑥ 操作人员容易培训。

其缺点有：① 变动成本相对较高，公路的建设和维修费经常是以税费的形式向承运人征收的；② 运输能力较小，受容积限制，使它不能像铁路运输一样运大量不同品种和大件的货物；③ 能耗高，环境污染比其他运输方式严重得多，劳动生产率低；④ 土地占用较多。

综上，公路运输主要适用于以下作业：① 近距离的独立运输作业；② 补充和衔接其他运输方式，当其他运输方式担负主要运输时，由汽车担负起点和终点处的短途集散运输，完成其他运输方式到达不了的地区的运输任务。

3. 水路运输

水路通常表现为四种形式：沿海运输、近海运输、远洋运输、内河运输。

其主要优点有：① 运能大，能够运输数量巨大的货物；② 通用性较强，客货两宜；③ 远洋运输大宗货品，远洋运输是发展国际贸易的强大支柱；④ 运输成本低，能以最低的单位运输成本提供最大的货运量，尤其在运输大宗货物或散装货物时，采用专用的船舶运输，可以取得更好的技术经济效果；⑤ 劳动生产率高；⑥ 平均远距长。

其缺点有：① 受自然气象条件因素影响大，由于季节、气候、水位等的影响，水运受制的程度大，因而一年中中断运输的时间较长；② 营运范围受到限制；③ 航行风险大，安全性略差；④ 运送速度慢，准时性差，在途中的货物多，会增加货主的流动资金占有量，经营风险增加；⑤ 搬运成本与装卸费用高，这是因为运能最大，所以导致了装卸作业量最大。

所以水运主要承担以下作业任务：① 承担大批量货物，特别是集装箱运输；② 承担原料半成品等散货运输；③ 承担远距离、运量大、不要求快速抵达的国际货物运输。

4．航空运输

航空运输常被看做其他运输方式不能运用时，用于紧急服务的一种极为保险的方式。它快速及时，价格昂贵，但对于致力于全球市场的厂商来说，当考虑库存和顾客服务时，空运也许是成本最为节约的运输模式。

其主要优点有：① 高速直达性。因为空中较少受自然地理条件限制，航线一般来取两点间的最短距离；② 安全性能高。随科技进步，飞机不断地进行技术革新，使其安全性能增强，事故率低，保险费率相应较低；③ 经济性良好，使用年限较长；④ 包装要求低，因为空中航行的平稳性和自动着陆系统减少了货损的比率，所以可以降低包装要求；⑤ 在避免货物灭失和损坏方面还有明显优势；⑥ 库存水平低；⑦ 保持竞争力和扩大市场。

其缺点有：① 受气候条件的限制，在一定程度上影响了运输的准确性和正常性；② 需要航空港设施，所以可达性差；③ 设施成本高，维护费用高；④ 运输能力小，运输能耗高；⑤ 运输技术要求高，人员（飞行员，空勤人员）培训费高。

所以空运一般用于以下作业：① 成为国际运输的重要工具，对于对外开放、促进国际技术、经济合作与文化交流有重要作用；② 适用于高附加值、低质量小体积的物品运输。大多数情况下是在日常的基础上进行作业的。它是实现多式联运的一种新型运输方式。

5．管道运输

它是近几十年发展起来的一种新型运输方式。管道运输的运输形式是靠物体在管道内顺着压力方向顺序移动实现的。和其他运输方式重要区别在于管道设备是静止不动的。目前，全球的管道运输承担着很大比例的源物质运输，包括原油、成品油、天然气、油田伴生气、煤浆等。其完成的运量常常大大高于人们的想象。

其主要优点有：① 运输效率高，适合自动化管理，管道运输是一种连续工程，运输系统不存在空载行程，所以系统的运输效率很高；② 建设周期短、费用低、运输费用也低；③ 耗能少、成本低、效益好；④ 运量大、连续性强；⑤ 安全可靠、运行稳定、不会受恶劣多变的气候条件影响；埋于地下，所以占地少；⑥ 有利于环境保护，它能较好地满足运输工程的绿色环保要求；⑦ 对所运的商品来说损失的风险很小。

其缺点有：① 运输对象受到限制，承运的货物比较单一；② 灵活性差，不易随便扩展管道，管线往往完全固定，服务的地理区域十分有限；③ 设计量是个常量，所以与最高运输量之间协调的难度较大，且在运输量明显不足时，运输成本会显著增加；④ 仅提供单向服务；⑤ 运速较慢。

所以它主要担负单向、定点、量大的流体状货物运输。

6．联合运输

运输方式选择不局限于单一的运输手段，而是通过多种运输手段的合理组合实现物流的合理化。可以在不同运输方式间自由变化运输工具，也即“联运”。它是运输性质不断改变的一个反映，标志着物流管理者将两种或更多种运输方式的优势集中在一起，并天衣无缝地融入一种运输方式的能力，从而比单一方式运输为顾客提供更快、风险更小的服务。

联运组合方式有很多种：铁路运输和公路运输；铁路运输和水路运输；铁路运输和航空运输；铁路运输和管道运输；公路运输与航空运输；公路运输和水路运输；公路运输和管道运输；水路运输和管道运输；水路运输和航空运输；航空运输和管道运输。这些组合并不是都实用的，而其中有些可行的组合也未被采用，只有铁路运输和公路运输的组合（“驮背运输”）得到广泛使用。

公路运输和水路运输的组合（“鱼背运输”）也得到了越来越多的采用，尤其高价值货物的国际运输中。在较小的一定范围内，公路运输与航空运输和铁路运输与水路运输的组合也是可行的。

铁路运输的联运使运输人既能享受到公路运输时接送和发运的灵活性，又能获得火车在远程运输中的效率；几乎所有的航空运输都是联合运输，因为它需要由货车将货物接送和装到飞机上，然后由汽车运至目的地。公路运输促使联运在一起，它以最好的方式运作，提供灵活、定期和短途的服务，使联合运输的方式更有效率。

联运可以提高运输效率，简化手续，方便货主；保证货物流通过程的畅通，它把分阶段的不同运输过程，联结成一个单一的整体运输过程，不仅给托运人或货运人带来了方便，而且加速了运输过程，有利于降低成本，减少货运货差的发生，提高运输质量。因此，发展联合运输是充分发展我国运输方式的优势，使之相互协调、配合，建立起运输体系的重要途径。

2.1.3 综合运输体系

1. 综合运输体系的概念

综合运输体系是指各种运输方式在社会化的运输范围内和统一的运输过程中，按其技术经济特点组成分工协作、有机结合、连续贯通、布局合理的交通运输综合体。

它是由铁路、公路、水路、管道和航空等各种运输方式及其线路、站场等组成的综合体系。

综合运输体系大致由三大系统构成：一是有一定技术装备的综合运输网及其结合部系统；二是各种运输方式联合运输系统；三是综合运输管理、组织和协调系统。

2. 发展综合运输体系的意义

发展综合运输体系是当代运输发展的新趋势、新方向。当代运输的发展，出现了两大趋势：一是随着世界新技术革命的发展，交通运输广泛采用新技术，实现运输工具和运输设备的现代化；二是随着运输方式的多样化和运输过程的统一化，各种运输方式朝着分工协作、协调配合、建立综合运输体系的方向发展。在世界范围内，把这两种趋势结合起来，成为当代运输业发展的新方向。发展综合运输体系是我国运输发展的新模式，运输业的建设从单一的、孤立的发展模式向综合的、协调的模式转变，无疑会给我国经济建设带来良好效果。

发展综合运输体系可增强有效运输生产力，缓解交通运输紧张的状况。交通运输是一个大系统，各种运输方式、各条运输路线、各个运输环节如果出现不协调，都不能充分发挥有效的运输生产力。多年来，我国交通运输出现的不平衡状况，如有些线路压力过大，而有些线路运力得不到充分发挥；有些运输方式严重超负荷，而有些运输方式又不能充分发挥作用等，采取综合运输体系将有效地改变这一不协调、不平衡的现状。

发展综合运输体系是提高运输经济效益的重要方法。按照各种运输方式的技术特点，建立合理的运输结构，可以使各种运输方式扬其所长、避其所短，既可扩大运输能力，又可提高经济效益。

2.2 仓储管理

仓储管理不论在流通领域，还是在企业运营管理及经济建设中都起着举足轻重的作用，因此学习仓储管理有助于对物流整体流程的把握。

2.2.1　仓储管理概述

1. 仓储管理的含义

仓储管理是指通过仓库对商品进行储存和保管。“仓”也称为仓库，为存放物品的建筑物和场地，可以为房屋建筑、大型容器、洞穴或者特定的场地等，具有存放和保护物品的功能；“储”表示收存以备使用，具有收存、保管、交付使用的意思，当适用于有形物品时也称为储存。“仓储”则为利用仓库存放、储存、未即时使用的物品的行为。简言之，仓储就是在特定的场所储存物品的行为。

储存保管是社会生产顺利进行的必要过程，具有以下功能：调整生产和消费的时间差别，维持市场稳定；劳动产品价值保存的作用；流通过程的衔接；市场信息的传感器；开展物流管理的重要环节；提供信用保证；现货交易的场所。

仓储的物资储存的基本功能决定了仓储的基本任务是存储保管、存期控制、数量管理、质量维护；同时，利用物资在仓储的存放，开发和开展多种服务是提高仓储附加值、促进物资流通、提高社会资源效益的有效手段，因而也是仓储的重要任务。

2. 仓储管理的作用

现代仓储是保证社会再生产顺利进行的必要条件，是国家满足急需特需的保障。国家储备是一种有目的的社会储存，主要用于应付自然灾害、战争等人力不可抗拒的突发事件对物资的急需特需，否则就难以保证国家的安全和社会的稳定。

现代仓储管理在流通领域中发挥重要的作用：储存是平衡市场供求关系、稳定物价的重要条件，流通储存可在供过于求时吸纳商品，增加储存，供不应求时吐放商品，以有效地调节供求关系，缓解矛盾；这样既可保证生产的稳定性，又可防止物价的大起大落，避免生产供应的恶性循环。仓储是物资供销管理工作的重要组成部分，仓储活动直接影响到物资管理工作的质量，也直接关系到物资从实物形态上一直到确定分配供销的经济关系的实现；现代仓储是保持物资原有使用价值的重要手段。

现代仓储管理在企业经营中的作用：在采购、生产、销售的不断循环过程中，库存使各个环节相对独立的经济活动成为可能。同时仓储可以调节各个环节之间由于供求品种及数量的不一致而发生的变化，使采购、生产和销售等企业经营的各个环节连接起来，起到润滑剂的作用。

2.2.2　仓库作业管理

1. 入库作业管理

（1）商品入库接收的依据。商品入库的依据是仓库同货主企业签订的仓储合同、仓库的上级管理部门下达的入库通知或物资入库计划。

（2）商品入库的方式。

1）车站、码头。提货人员对所提取的商品应了解其品名、型号、特性和一般保管知识、装卸搬运注意事项等。提货时应根据运单以及有关资料详细核对品名、规格、数量，并要注意商品外观，查看包装、封印是否完好，有无玷污、受潮、水渍、油渍等异状。在短途运输中，要做到不混不乱，避免碰坏损失。危险品应按照危险品搬运规定办理。商品到库后，提货员应与保管员密切配合，尽量做到提货、运输、验收、入库、堆码一条龙作业，从而缩短入库验收时间，并办理内部交接手续。

2）专用线接车。

3）仓库自行接货。

4）库内接货。

（3）商品入库交接的程序。入库流程：订购单—送货单—点收检查—办理入库手续—物品放置到指定位置—物品标识卡加以标识。

（4）商品入库的验收。商品验收是按照验收业务作业流程，核对凭证等规定的程序和手续，对入库商品进行数量和质量检验的经济技术活动的总称。

商品验收的作用：验收是做好商品保管保养的基础；验收记录是仓库提出退货、换货和索赔的依据；验收是避免商品积压，减少经济损失的重要手段；验收有利于维护货主利益。

验收作业流程及其内容：商品验收包括验收准备、核对证件和检验实物三个作业环节。实物检验包括数量检验和质量检验，其中质量检验包括外观检验、尺寸检验、机械物理性能检验和化学成分检验四种形式。

2．在库作业管理

（1）在库商品的保管养护。在仓储过程中，保证产品的使用价值不消失、保证产品的价值不贬值，这是仓库保管养护的目标所在。

1）温度控制。货物都应在适合的温度下进行仓储保管。在每个仓库中配备温度计，仓库作业人员定时进行记录观察。当温度过高时，可以洒水降温，对于怕湿的货物可在其苫盖物上降温，也可通过通风降温。

2）通风。通风是指采取措施，加大空气流通的保管手段。它可以调节仓库中的水分和温度，散发仓库中的有害气体。仓库通风的方式具体有：自然通风、机械自然通风、机械循环通风、制冷通风等方式，在普通仓库中通常采取前两种通风方式。

3）湿度控制。像温度一样，每种货物都有其适合的湿度范围。仓库应该经常进行湿度监测，并做好记录。采取调节仓内空气流通、洒水、喷水雾、摆放吸湿材料、制冷除湿等养护保管方法，以及气幕隔潮、气调储存等一些现代化的储存保养技术，来控制仓库的湿度。

（2）盘点作业。通过盘点，既可以发现操作中的失误，又可以确认工作效率，并为下一步工作的决策提供依据。盘点时间的确定，可根据商品的特性、价值大小、重要程度、流动速度等因素来确定盘点的频率，可以进行每天、每周、每月、每年盘点一次不等。每次盘点持续的时间要尽可能短。盘点的日期一般选择在财务结算前夕、淡季。

3. 出库作业管理

（1）商品出库的依据。商品出库必须依据货主开的“商品调拨通知单”，才能出库。

（2）商品出库的要求和基本方法。商品出库要求：做到“三不三核五检查”。“三不”，即未接单据不登账，未经审单不备货，未经复核不出库；“三核”，即在发货时，要核实凭证、核对账卡、核对实物；“五检查”，即对单据和实物要进行品名检查、规格检查、包装检查、件数检查、重量检查。

商品出库的形式：送货、自提、过户、取样、转仓。

（3）商品出库的程序。出库流程：内部的为领料人填写领料单—主管签字—凭单领料—核对品名、规格、数量并发料；外部的为商务代表填写库单—用户确认—收银—出库单送到装机处—装机人员领料—仓库发料—装机人员核对规格、数量并签字。

货物出库的方式：货物出库的方式主要有三种。第一种，客户自提。是客户自己派人或派车来公司的库房提货。第二种，委托发货。自己去提货有困难的客户，他们会委托公司去找第三方物流公司提供送货服务。第三种，是仓储企业派自己的货车给客户送货的一种出库方式。

出库程序：包括核单—复核—包装—点交—登账—清理等过程。

退货手续：退货流程为商务代表填红字出库单—收银—装配—核对货单办理退库手续—货物归还原位。

2.2.3 库存控制技术

1. 定量订货控制法

定量订货控制法是指当库存量下降到预定的最低库存量（订货点）时，按规定（一般以经济批量 EOQ 为标准）进行订货补充的一种库存控制方法。当库存量下降到订货点时，即按预先确定的订购量 Q 发出订货单，经过交纳周期 LT，库存量继续下降，到达安全库存量 S^*时，收到订货 Q，库存水平上升。采用定量订货方式必须预先确定订货点 R 和订货量 Q。如图 2-1 所示。

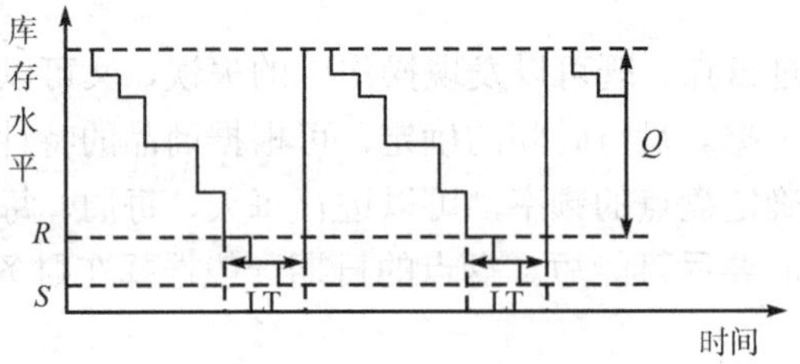

图 2-1 定量订货控制法图示

该方法主要靠控制订货点 R 和订货批量 Q 两个参数来控制订货，达到既最好地满足库存需求，又能使总费用最低的目的。

2．经济订货批量

经济订货批量（Economic Order Quantity，EOQ）是简单、理想状态的一种。通常订货点的确定主要取决于需要量和订货交纳周期这两个因素。在需要是固定均匀、订货交纳周期不变的情况下，不需要设安全库存，这时订货点：

$$R=\mathrm{LT}\times D\div 365$$

式中，R 为订货点的库存量；LT 为交纳周期，即从发出订单至该批货物入库间隔的时间；D 为该商品的年需求量。

但在实际工作中，常常会遇到各种波动的情况，如需要量发生变化，交纳周期因某种原因而延长等，这时必须要设置安全库存 S，这时订货点则应用下式确定：

$$R=\mathrm{LT}\times D\div 365+S$$

式中，S 是安全库存量。

订货批量 Q 依据经济订货批量（EOQ）的方法来确定，即总库存成本最小时的每次订货数量。通常，年总库存成本的计算公式为：

年总库存成本=年购置成本+年订货成本+年保管成本+缺货成本

假设不允许缺货的条件下，年总库存成本=年购置成本+年订货成本+年保管成本

即

$$\mathrm{TC}=DP+DC\div Q+QH\div 2$$

式中，TC 为年总库存成本；D 为年需求总量；P 为单位商品的购置成本；C 为每次订货成本，元/次；H 为单位商品年保管成本，元/年；（$H=PF$，F 为年仓储管理费用率）；Q 为批量或订货量。

经济订货批量就是使库存总成本达到最低的订货数量，它是通过平衡订货成本和保管成本两方面得到。其计算公式为：

$$\text{EOQ}=\sqrt{\frac{2CD}{H}}=\sqrt{\frac{2CD}{PF}}$$

此时的最低年总库存成本 TC=$DP+H$（EOQ）

年订货次数 $N=D/\text{EOQ}=\sqrt{\frac{DH}{2C}}$

平均订货间隔周期 $T=365/N=365\text{EOQ}/D$

【例 1】 甲仓库 A 商品年需求量为 30 000 个，单位商品的购买价格为 20 元，每次订货成本为 240 元，单位商品的年保管费为 10 元，求：该商品的经济订购批量，最低年总库存成本，每年的订货次数及平均订货间隔周期。

解：$\text{EOQ}=\sqrt{\frac{2\times 240\times 30000}{10}}=1200$（个）

每年总库存成本 TC=30000×20+10×1200=612000（元）

每年的订货次数 $N=30000\div 1200=25$（次）

平均订货间隔周期 $T=365\div 25=14.6$（天）

3．批量折扣购货的订货批量

供应商为了吸引顾客一次购买更多的商品，往往会采用批量折扣购货的方法，即对于一次购买数量达到或超过某一数量标准时给予价格上的优惠。这个事先规定的数量标准，称为折扣点。在批量折扣的条件下，由于折扣之前购买的价格与折扣之后购买的价格不同，因此，需要对原经济批量模型做必要的修正。

在多重折扣点的情况下，先依据确定条件下的经济批量模型，计算最佳订货批量（Q^*），而后分析并找出多重折扣点条件下的经济批量。如表 2-1 所示。

表 2-1　多重折扣价格表

折扣区间	0	1	…	t	…	n
折扣点	Q_0	Q_1	…	Q_t	…	Q_n
折扣价格	P_0	P_1	…	P_t	…	P_n

其计算步骤如下：

（1）用确定型经济批量的方法，计算出最后折扣区间（第 n 个折扣点）的经济批量 Q_n^* 与第 n 个折扣点的 Q_n 比较，如果 $Q_n^*\geqslant Q_n$，则取最佳订购量 Q_n^*；如果 $Q_n^*<Q_n$，就转入下一步骤。

(2) 计算第 t 个折扣区间的经济批量 Q_t^*。若 $Q_t \leqslant Q_t^* < Q_t+1$ 时，则计算经济批量 Q_t^* 和折扣点 Q_t+1 对应的总库存成本 TC_t^* 和 TC_t+1，并比较它们的大小，若 $TC_t^* \geqslant TC_t+1$，则令 $Q_t^*=Q_t+1$，否则就令 $Q_t^*=Q_t$。

如果 $Q_t^*<Q_t$，则令 $t=t+1$ 再重复步骤（2），直到 $t=0$，其中：$Q_0=0$。

【例2】A 商品供应商为了促销，采取以下折扣策略：一次购买 1 000 个以上打 9 折；一次购买 1 500 个以上打 8 折。若单位商品的仓储管理成本为单价的一半，求在这样的批量折扣条件下，甲仓库的最佳经济订货批量应为多少？（根据例 1 的资料：D=30 000 个，P=20 元，C=240 元，H=10 元，$F=H \div P=10 \div 20=0.5$）。

解：根据题意列出：

（1）计算折扣区间 2 的经济批量

$$经济批量\ Q_2^*=\sqrt{\frac{2CD}{PF}}=\sqrt{\frac{2\times 240\times 30000}{16\times 0.5}}=1342（个）$$

结果 1342<1500

（2）计算折扣区间 1 的经济批量

$$经济批量\ Q_1^*=\sqrt{\frac{2CD}{PF}}=\sqrt{\frac{2\times 240\times 30000}{18\times 0.5}}=1265（个）$$

因为 1000<1265<1500

所以还需计算 TC_1^* 和 TC_2 对应的年总库存成本：$TC_1^*=DP+HQ_1^*=30000\times 18+20\times 0.5\times 1265=551385$（元）

$TC_2=DP_2+DC/Q_2+Q_2PF/2=30000\times 16+30000\times 240\div 1500+1500\times 16\times 0.5\div 2=496800$（元）

由于 $TC_2<TC_1^*$，所以在批量折扣的条件下，最佳订购批量 Q^* 为 1500 个。

4．分批连续进货的进货批量

在连续补充库存的过程中，有时不可能在瞬间就完成大量进货，而是分批、连续进货，甚至是边补充库存边供货，直到库存量最高。这时不再继续进货，而只是向需求者供货，直到库存量降至安全库存量，又开始新一轮的库存周期循环。分批连续进货的经济批量，仍然是使存货总成本最低的经济订购批量。如图 2-2 所示。

设一次订购量为 Q，商品分批进货率为 h（kg/天），库存商品耗用率为 m（kg/天），并且 $h>m$。一次连续补充库存直至最高库存量需要的时间为 t_1；该次停止进货并不断耗用量直至最低库存量的时间为 t_2。

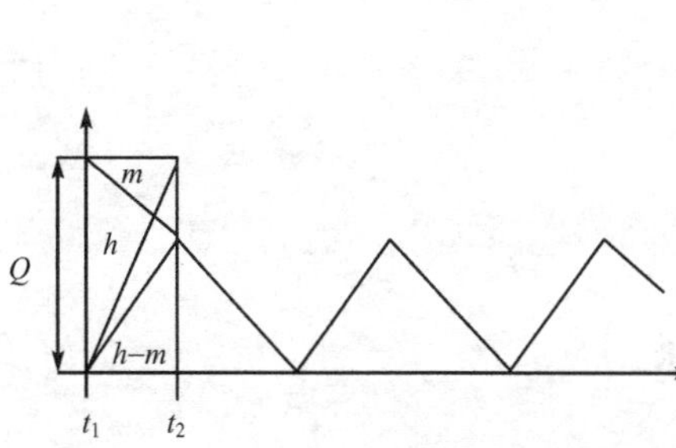

图 2-2　分批连续进货的进货批量图示

由此可以计算出以下指标：

$t_1=Q/h$；在 t_1 时间内的最高库存量为：$(h-m)t_1$；

在一个库存周期（t_1+t_2）内的平均库存量为：$(h-m)t_1\div2$；

仓库的平均保管费用为：$[(h-m)\div2]\cdot[Q/H]\cdot(PF)$；

经济批量 $Q^*=\sqrt{\dfrac{2CD}{PF(1-\dfrac{m}{h})}}$

在按经济批量 Q^* 进行订货的情况下，每年最小总库存成本为：

$$\mathrm{TC}^*=DP+\sqrt{2CD\cdot PF(1-\frac{m}{h})}$$

每年订货次数 $N=D/Q^*$

订货间隔周期 $T=365/N=365Q^*/D$

【例 3】甲仓库 B 种商品年需要量为 5 000kg，一次订购成本为 100 元，B 商品的单位价格为 25 元，年单位商品的保管费率为单价的 20%，每天进货量 h 为 100kg，每天耗用量 m 为 20kg，要求计算在商品分批连续进货条件下的经济批量、每年的库存总成本、每年订货的次数和订货间隔周期。

解：经济批量 $Q^*=\sqrt{\dfrac{2CD}{PF(1-\dfrac{m}{h})}}=\sqrt{\dfrac{2\times5000\times100}{0.2\times25\times(1-\dfrac{20}{100})}}=500$（kg）

每年的库存总成本 $TC^*=DP+\sqrt{2DC\cdot PF(1-\dfrac{m}{h})}$

$$=5000\times25+\sqrt{2\times5000\times100\times0.2\times25\times(1-\frac{20}{100})}=127000\text{（元）}$$

每年订货次数 $N=D/Q^*=5000\div500=10$（次）

订货间隔周期 $T=365/N=365\div10=36.5$（天）

2.3 装卸搬运

2.3.1 装卸搬运概述

1．装卸搬运的概念

装卸搬运与运输、储存不同，运输是解决物品空间距离的，储存是解决时间距离的，装卸搬运没有改变物品的时间或空间价值，因此往往不会引起人们的重视。可是一旦忽略了装卸搬运，生产和流通领域轻则发生混乱，重则造成生产活动停顿。

根据国家标准："装卸（Loading and Unloading）是指物品在指定地点以人力或机械装入运输设备或从运输设备上卸下的活动。搬运（Handling/Carrying）是指在同一场所内将物品进行水平移动为主的物流作业。"

2．搬运的特点

装卸搬运是附属性、伴生性的活动：装卸搬运是物流每一项活动开始及结束时必然发生的活动，因而有时常被人忽视，有时被看做其他操作时不可缺少的组成部分。装卸搬运是支持、保障性活动：装卸搬运的附属性不能理解成被动的，实际上，装卸搬运对其他物流活动有一定决定性，会影响其他物流活动的质量和速度。装卸搬运是衔接性的活动：在任何其他物流活动互相过渡时，都是以装卸搬运来衔接的。因而，装卸搬运往往成为整个物流的"瓶颈"。装卸搬运是增加物流成本的活动：由于装卸搬运反复进行的次数多，累计成本的数量是不可忽视的。

2.3.2 装卸搬运作业管理

在仓库管理中，物品装卸搬运是一项重要的活动。物品必须有人接收、分拣、组装，以满足顾客的订货需要。在装卸搬运设备中投入的直接劳动和资金是物流总成本的一个主要组成部分。用笨拙的方式进行作业时，容易造成物品的损坏。有理由认为，装卸搬运的时间越少，物品损坏的可能性也就越小，而仓储的整体效率就会提高。

1．装卸搬运合理化

装卸搬运合理化具体反映在以下几个方面。

（1）进行少消耗的装卸，利用重力的合理化装卸。在装卸时考虑重力因素，可以利用货物本身的重量，进行有一定落差的装卸，以减少或根本不消耗装卸的动力，这是合理化装卸的重要方式。例如，从卡车、铁路货车卸物时，利用卡车与地面或小搬运作之间的高度差，使用溜槽、溜板之类的简单工具，可以依靠货物本身重量，从高处自动滑到低处，这就无须消耗动力。

（2）尽量消除或削弱重力的合理化装卸。在装卸时尽量消除或削弱重力的影响，也会求得减轻体力劳动及其他劳动消耗的合理性。使货物平移，从甲工具转移到乙工具上，这就能有效消除重力影响，实现合理化。

（3）充分利用机械，实现“规模装卸”。追求规模效益的方法，旨在通过各种集装实现间断装卸时一次操作的最合理装卸量，从而使单位装卸成本降低，也通过散装实现连续装卸的规模效益。

（4）提高“物”的装卸搬运活性。装卸搬运活性是指从物的静止状态转变为装卸搬运运动状态的难易程度。如果很容易转变为下一步的装卸搬运而不需过多做装卸搬运前的准备工作，则活性就高；如果难于转变为下一步的装卸搬运，则活性低。

为了对活性有所区别，并能有计划地提出活性要求，使每一步装卸搬运都能按一定活性要求进行操作，对于不同放置状态的货物做了不同的活性规定。活性可用“活性指数”进行定量的衡量。“活性指数”分为 0～4 共 5 个等级，如表 2-2 所示。

表 2-2　“活性指数”的等级

放置状态	需要进行的作业				活性指数
	整理	架箱	提起	拖运	
散放地上	需要	需要	需要	需要	0
置于一般容器	0	需要	需要	需要	1
集装化	0	0	需要	需要	2
无动力车	0	0	0	需要	3
动力车辆或传送带	0	0	0	0	4

从理论上讲，活性指数越高越好，但也必须考虑实施的可能性。例如，物品在储存阶段中，活性指数为 4 的输送带和活性指数为 3 的车辆，在一般的仓库中很少被采用，这是因为不可能把大批量的货物存放在输送带和车辆上。

为了说明和分析物品搬运的灵活程度，通常采用平均活性指数的方法。这个方法是对某一物流过程物品所具备的活性情况，累加后计算其平均值，用 δ 表示。δ 值的大小是确定改变搬运方式的信号。例如，当 $\delta<0.5$ 时，指所分析的搬运系统半数以上处于活性指数为 0 的状态，即大部分处于散装情况，其改进方式包括采用货箱、推车等存放物品。当 $0.5<\delta<1.3$ 时，则是大部分物品处于集装状态，其改进方式包括采用叉车和动力搬动车。当 $1.3<\delta<2.3$ 时，装卸、搬运系统大多处于活性指数为 2 的状态，可采用单元化物品的连续装卸和运输。当 $\delta>2.3$ 时，则说明大部分物品处于活性指数为 3 的状态，其改进方法包括选用拖车、机车车头拖挂的装卸搬运方式。

2. 装卸搬运作业管理

为了有助于提高装卸搬运效率，典型的做法就是把各种单件的物品组合为更大的单元。最初的单元称为“马斯特箱”（Master Carton），它的两个重要特征是：在物流过程中加大保护作用，由于创造了更大的包装，方便了装卸搬运。为了高效率地装卸搬运和运输，通常是将马斯特箱组合成更大的单元。马斯特箱组合的最常见的单元是托盘及各种类型的集装箱。

在装卸作业中应尽可能地利用重力的作用。在有条件的情况下利用重力进行装卸，可减轻劳动强度和能量的消耗。例如，将没有动力的小型运输带（板）斜放在货车、卡车或站台上进行装卸，使货物在倾斜的输送带（板）上移动。这种装卸是靠重力的水平分力完成的。在搬运作业中，不用手搬，而是把货物放在台车上，由器具承担物体的重量，人们只要克服滚动阻力，使物料水平移动，这无疑是十分省力的。

利用重力式移动货架也是一种利用重力进行省力化的装卸方式之一。重力式货架的每层格均有一定的倾斜度，利用货箱或托盘，货物可沿着倾斜的货架层板自己滑到输送机械上。为了使货物滑动的阻力更小，通常货架表面均处理得十分光滑或者在货架层上装有滚轮，也有在货箱或托盘下装上滚轮的，这样将滑动摩擦变为滚动摩擦，物品移动时所受到的阻力会更小。

装卸搬运作业的劳动组织就是按照一定的原则，将有关的人员和设备以一定的方式组合起来，形成一个有机的整体。装卸搬运作业的劳动组织大致上可分为两种基本形式，即工序制的组织形式和包干制的组织形式。

2.4 物流包装

2.4.1 物流包装概述

1. 包装的概念

包装（packaging）是指在流通过程中保护产品，方便储运，促进销售，按一定的技术方法所用的容器、材料和辅助物等的总体名称；也指为达到上述目的而在采用容器、材料和辅助物的过程中施加的一系列操作活动。简言之，包装是包装物及包装操作的总称。

2．包装在物流中的地位

在社会再生产过程中，包装处于生产过程的末尾和物流过程的开头，既是生产的终点，又是物流的始点。在现代物流观念形成以前，包装被天经地义地看成生产的终点。因而一直是生产领域的活动，包装的设计往往主要从生产终结的要求出发，因而常常不能满足流通的要求。物流的研究认为，包装与物流的关系，比之与生产的关系要密切得多，其作为物流始点的意义比之作为生产终点的意义要大得多。因此，包装应进入物流系统之中，这是现代物流的一个新观念。

3．包装的特性与功能

包装的三大特性：保护性、单位集中性及便利性。

包装的四大功能：保护商品、方便物流、促进销售、方便消费。

4．包装的分类

包装一般可分为商业包装和运输包装。

商业包装是以促进销售为主要目的的包装。这种包装的特点是外形美观，有必要的装潢，包装单位适于顾客的购买量以及商店陈设的要求。在流通过程中，商品越接近顾客，越要求包装有促进销售的效果。

运输包装是指强化输送、保护产品为目的的包装。运输包装的重要特点，是在满足物流要求的基础上使包装费用越低越好。为此，必须在包装费用和物流时间的损失两者之间寻找最佳效果。

此外，按包装的保护技术可分为防潮包装、防锈包装、防虫包装、防腐包装、防震包装、危险品包装等。

5．包装材料

纸及纸制品：牛皮纸、玻璃纸、植物羊皮纸、沥青纸、板纸、瓦楞纸板。

塑料及塑料制品：聚乙烯、聚丙烯、聚苯乙烯、聚氯乙烯、钙塑材料。

金属：镀锡薄板、涂料铁、铝合金。

木材及木制品。

玻璃、陶瓷。

复合材料。

2.4.2 现代包装技术及发展趋势

随着科学技术的飞速发展，商品包装已成为促进销售、增强竞争力的重要手段。许多新技术、新工艺、新思维已被应用于包装设计、包装工艺、包装设备、包装新材料、包装新产业等方面。

1．包装设计及趋势

包装设计已迈入了计算机化时代，一种适用于更新换代快、借助于计算机和各种信息系统的设计方法已经出现。当今的设计人员，必须具备包装设计的基本技能，更主要的是会思考、会欣赏、懂创意，而计算机技术则是建立在前述技能基础上。包装设计者同时还必须知道相关的包装制作工艺，如何选材，如何利用现代化的包装制造设备，如印前工艺设备、印后处理设备等。计算机和包装软件是未来包装设计的主要硬件。设计人员的欣赏能力是包装设计成败的关键。

2．包装工艺及发展

包装工艺主要指包装制作过程中的制造工艺，如包装的成形工艺、包装的修饰（整饰工艺）等都经历了一个个改进完善的过程。包装的成形包括了金属包装的成形、塑料包装的成形、纸品包装的成形及其他复合材料包装的成形。塑料包装用的挤压、热压、冲压等成形，已逐渐用到了纸板包装的成形上，过去纸板类纸盒包装压凸（凹）成形较为困难，现在已基本解决。很多不同材质的包装成形已借助于气压、冲击、湿法处理、真空技术来实现其工艺的简化与科学化。包装干燥工艺，也由过去的普通热烘转向紫外光固化，使其干燥成形更为节能、快速和可靠。包装的印刷工艺，也更为多样化，特别是高档商品的包装印刷已采用了丝印和凹印。还有防伪包装制作工艺，已由局部印刷或制作转向整体式大面积印刷与制作防伪。

综上所述，包装工艺是发展最快、变化最快、种类最多的技术。

3．包装设备及发展

目前包装机械的特征趋于“三高”：高速、高效、高质量。重点趋于节能降耗、质量和性能可靠、自动控制水平先进、稳定性好、自重轻、结构紧凑、占地空间小、噪声低、效率高、外观造型适应环境和操作人员心理要求，有利于环保等。

近些年来，发达国家一方面为满足现代商品包装多样化的需求，发展适应多品种、小批量的通用包装技术及设备；另一方面紧跟当代高科技发展步伐，不断应用先进的技术，发展和开发应用高新技术的现代化专用型包装机械。所应用到的新技术有：航天工业技术（热管类）、微电子技术、磁性技术、信息处理技术、传感技术（光电及化学）、激光技术、生物技术，以及新的加工工艺、新的机械部件结构（如锥形同步齿形带传动等）、新的光纤材料等，使许多包装机械已趋于智能化。

国内包装机械发展趋势，在引进消化、吸收的基础上，有了一定的创新，产品科技含量也正在不断的提高。这些包装机械产品正在向机电结合、主辅机结合、成套连线方向发展，多功能组合包装设备也是方向。目前，中国在包装机械方面，与发达国家相比，某些加工工艺和元器件还过不了关，有些关键性材料还达不到要求，因此，这将是包装机械领域应重点突破和解决的问题。

4. 包装材料及趋势

包装材料是整个包装行业中最为活跃的研究方向。包装质量的好坏，绝大部分取决于包装材料的性能。包装新材料与包装新技术都是每个包装企业或科研院所首选的方向。不利于环保的包装材料，急需取代。新型的包培育材料正需开发，有的已初见成效。

主要有下面几大类：① 以 EPS 快餐盒为代表的塑料包装将被新型的纸质类包装所取代。EPS 类包装制品急需研制替代的还有 EPS 工业包装衬垫。② 塑料袋类包装材料正朝水溶性无污染方向发展。③ 木包装正在寻求替代包装材料。由于美国等西方国家以中国出口产品中的木包装发现“天牛”为借口，限制中国产品出口，凡是用木包装的产品必须进行复杂的特殊处理或用其他材料的包装，即使用重型瓦楞纸箱包装也难以胜任，因此目前中国已在进行攻关，推荐用蜂窝瓦楞纸代替，但必须解决托盘的装卸和承重受重力和装卸强度问题。④ 其他新型的辅助包装材料也亟待研究，如黏合剂、表现处理剂、油墨等。

5. 包装技术及发展

这方面的技术有几大类：① 包装固化技术。固化与干燥能源在更新，从热能转向光能。② 包装切割成形技术。新型切割与成形器械。③ 包装与加工结合技术。包装与加工相结合。④ 包装功能借用技术。包装功能超出包装，增值作用。⑤ 包装功能保护技术。在包装材料中加入保鲜、杀菌、防潮、防静电、防异味等功能性成分。

上述最有前途的是包装与加工结合技术。它解决了很多处理工艺，直接借用包装机理，实现包装加工一体化，使包装更具潜力和作用。

6. 包装产业化发展

包装产业化发展，是通过技术与产品相结合在市场上增加市场占有率而实现的。有好的产品必须有好的包装，有好的包装才有好的市场，相辅相成。未来的包装产业既要有特色，更要有规模。包装产业必须要以行业为依托，设备和技术做后盾，走集团化道路。专业化和技术创新是包装产业立于竞争不败的根本法宝。

全球视野

德国运输企业转型启示录

德国是一个物流业发达的国家，表现在：大量制造企业和商业企业将运输服务、装卸搬运、仓储业务、包装及流通加工交给第三方物流公司，形成了发达的物流产业；第三方物流公司，包括几千人的大型跨国物流集团，仅极少数拥有自己的车队，绝大多数将运输业务转交给了专业运输车队。

1. NEVAG 公司发展历程

NEVAG 公司前身为梅克伦堡州运输交通公司，相当于我国的省级运输公司，成立于 1950 年，原为东德梅克伦堡州的国有运输企业，州内各个地区设有地区级分公司，主要从事州内客货运输，当时还拥有庞大的后勤部分，包含从幼儿园、食堂到医院等各项机构和设施。

1990 年随着东西德统一，原东德国有企业受到极大冲击。首先，梅克伦堡州运输交通公司的客运业务被国家完全抽出，成立了国有梅克伦堡州公共交通公司；继而，公司主动将后勤剥离社会化，只留下货运部分改制为股份有限公司，改名为 NEVAG，下辖的地区运输公司改为分公司，与母公司内部独立核算。

1993 年实行私有化，公司的大部分股份被史蒂勒斯（Stinnes）家族现款收购，史蒂勒斯先生担任董事会主席。公司由单纯的州货物运输公司，逐步发展为集运输、仓储、配送功能于一体的中型物流企业。

2. 经验与启示

（1）抓住机遇，改制成功。1990 年，东德地区刚刚实行市场经济，NEVAG 并没有急于私有化，将原国有资本如车辆、地盘瓜分、出卖，然后坐吃老本，而是通过股份制，明确了产权、使用权和管理权，反而强化了公司从州级到地区级的主干组织和业务网络。正因为如此，1993 年才被史蒂勒斯（Stinnes）家族看中，出资收购。反观其他 5 个原东德州（原东德共有 6 个州）的运输公司，无一存活。

（2）集中力量设备更新，走专业化道路。1993 年，通过私有化筹到资金后，及时更新车辆，将原有普通货车淘汰，大力发展大型专业化运输车队，如冷藏集装箱车、原料牛奶罐装冷藏车、深度冷冻集装箱车，这些车有很强的温度控制功能，冷藏车货箱温度保持在 4℃以下，冷冻车–18℃。由于车辆价值昂贵，每台车价值高于 10 万欧元，一般个人或小型运输公司难以购置，避免了在普通货物运输市场的激烈竞争，保证了持续获得较高利润。

（3）看准物流客户需求，伴随客户一起成长。1990 年后，随着原西德地区的大型零售商向东扩张，NEVAG 公司利用自己的设备和网络优势，承接了多家超市连锁商店，如阿尔迪（ALDI）、爱威（REWE）的奶制品配送服务，随着这些超市在东德地区的发展，NEVAG 公司也垄断了原东德 6 州的原料奶和奶制品运输市场，业务范围发展到全欧洲，而阿尔迪也成为欧洲最大的连锁超市，其公司老板阿尔迪兄弟近年牢牢占据德国财富排名榜第一的位置。

（4）资产管理与体制改革同步进行，资本滚动做大。1990 年改制和 1993 年私有化后，资产管理非但没有放松，反而由于产权、使用权、管理权的责任分明和长期固定，设备得到了很好的保养和维修，现有车辆的 70%是 1993 年和 1994 年购置的，运行性能良好。另外，在通过运输获得收益后，及时再投资修建冷藏仓库和冷冻仓库，发展仓储、配送、报关等一系列增值服务，完成了由一个州的运输公司向一个面向欧洲的现代化物流公司的质的飞跃。

http://china.findlaw.cn/info/wuliu/wlal/20110309/225531.html

华强智能车辆调度中心系统

华强智能车辆调度系统是集无线通信、GPS 全球卫星定位、GIS 电子地图、计算机网络等技术为一体的综合解决方案。系统将有线、无线、数据库资源管理等有机地结合起来，从而完成电话接单、车辆智能调度、信息系统管理、专业约车/派车管理、车辆报警定位等功能。系统设计具有开放性、继承性、安全性、经济性、远程维护及升级等优势。广泛适用于交通运输、金融、公安、邮政等领域。

在功能上，华强智能车辆调度系统主要强调了以下几个方面。

（1）电话接单功能。

电话接单坐席：坐席数从 2～72 任意设置，配备班长坐席，完成监听、三方通话、来电转移功能。

呼入电话排队：业务排队机对呼入的业务申请循环或顺序排队方式接入各单席位，实现话务统计、自检功能。申请电话来电声光提示，声信号可关闭。

接单自动录放音：申请用车电话呼入，自动启动录音录时系统，管理人员可随时方便地查询、存档、删除、监听。

快速录入：采用模糊查询提高接单员的电脑录入速度。

丰富数据列表：各录入平台有城市的所有地名、路名、住宅小区、标志性建筑及单位的数据库表，方便查询和录入。

来电显示：识别老客户，进行恶意电话拦截，以提高工作效率和服务质量，调整调度优先级别。

约车：可采用立即用车和预约用车两种方式。

（2）调度功能。

灵活调度方式：车载移动终端配备各种智能单元，根据配置的不同可选择半自动或全自动调度方式。针对紧急情况可采用人工干预调度方式。

数据兼容：双向数据调度与个呼、级呼话音通信并存。

调度准确、快捷：通过双向数据调度和大屏幕 LCD 汉字显示器，克服传统话音调度造成的调度内容不准确和无线信道拥挤。

外设丰富：配备 GPS、IC 卡、条形码接口。

公共信息广播：定时广播天气预报、道路交通堵塞情况，使驾驶员及时掌握城市交通的基本情况。

智能化：自动辨别车种、是否空车、距离远近、出差车次、ID 号等信息，做出最合理的派车。

（3）管理功能。

网管监测：直观的图形方式显示闭环系统中每一环节的工作状况、故障定位、接单/调度席忙闲等状态。

业务编排：根据接单席送入的信息，按照时间、车型、吨位、失败业务、重发业务等规律自动编排调度业务单。

投诉和查询：处理客户投诉，提供内、外部的透明业务查询。

遥控：任一车辆的语音通信可由中心遥控屏蔽/解闭。

远程维护：车载移动终端的查询、设置内容可由中心远程下载，调度中心也可远程检查终端的工作状态。登录：提供远程工作站拨号登录联网，新开用户可方便快捷登录，非登录车辆不享受系统提供的服务。

统计：提供车辆有关业务的日报、月报、年报等关联数据。

（4）报警功能。

报警：报警时踩脚踏开关并保持 2 秒以上，或按下报警开关，报警车辆自动连接到调度中心。

防劫防盗：调度中心收到报警后，可采取断电断油的方式，并遥控打开秘密监听器。

求助：通过与调度中心的对话，能得到道路指引、医疗求助、故障求援等各种服务。

（5）GIS 电子地图。

显示功能：高精度、矢量化的电子地图，清晰显示地图细节。

多屏操作：电子地图按功能分屏显示，根据需要可多屏调度。

自动功能：地图画面自动缩放、移动，自动调节画面信息量。

开发功能：矢量化的地图具有二次开发功能，可任意修改由于城市建设发展变化带来的地图不准确性。

http://www.21its.com/Common/DocumentDetail.aspx?ID=2008121709373208771

企业案例

宝马制造厂创新物流作业

和通用、福特、戴姆勒·克莱斯勒三大汽车巨头主打大众型汽车不同，宝马以豪华汽车为主。宝马出产的汽车中绝大多数都是根据顾客个性化要求进行定制的，如新车型 X5 SUV（运动型多功能车）给车主提供了 8 种车体结构、12 种颜色、19 个发动机型号和其他 60 多个个性化要求可供选择。因此，宝马在全球各地的经销商处只保有很有限的车辆，它把销售工作的重心放在汽车展厅上，在那里顾客可以进行观摩，并综合个性需求进行下单。

1998 年，宝马建立了一个新的车身制造车间，扩充了组装线，专门用来装配 X5 SUV，厂房面积扩大到 2 100 000 平方英尺。2001 年，宝马又一个新的车身制造车间落成，专门用来制造和装配双排座 Z4 敞篷跑车。Spartanburg 制造厂是宝马唯一的同时生产这两个车型的工厂，生产出的车辆面向全球销售。这也是 Spartanburg 唯一的两个车型。

为了适应定制生产的需要，宝马对南卡罗莱那州 Spartanburg 的制造厂进行了扩充，重新设置了厂内布局，对物料搬运系统进行改进，实施新的软件系统，在整个制造流程中实行实时信息掌控，实行接单生产和柔性生产。

对于每个制造厂来说，达到厂内空间的全部利用是至关重要的。宝马有自己的零部件仓库，但为了方便装配工作，它在组装厂内也储存有部分经常用备件。宝马原有的 7 500 平方英尺的存储区域只能满足一条生产线的装配工作，当它在 Spartanburg 制造厂添加生产线时，就挤占了原生产线的组装用备件存储区域。

增加生产线以后，组装车间备用件储存量增大，摆在宝马面前的是，要么扩大存储面积，要么找出创造性解决这个问题的做法。面临货物处理量大和空间有限的两难境地，宝马最终在车间里实行立体仓储方式，安装了五个立体存储单元。采用立体存储方式使宝马省去了 800 平方英尺的车间地面仓储面积。同时为了便于操作工人提取货物，立体存储单元中存放的货物的高度可自动调节。

2002 年 7 月，Spartanburg 制造厂采用接受顾客个性化订单、接单后 10 天内交货的拉式供应链模式。宝马把这种新的模式叫做“以顾客为导向的销售和生产”。在如此短的时间内完成订单交付，延迟战略发挥了至关重要的作用。采用延迟策略，推迟个性化订单送上组装线的时间，大大缩短了订单交付的前置期。现在，当车身喷漆完毕、暂时存储风干后，再送上装配线，这意味着车主在最终装配开始前六天提交的定制要求都是有效的。这是对组装完成再喷漆的作业模式的改革。

AS/RS（自动仓储系统）在延迟策略上充当了缓冲的角色。当在产车出喷漆车间后，就进入 AS/RS，在上面暂存，直到组装线开始装配带定制要求的部件。为了使向拉式系统的转向更加平稳，满足宝马未来发展的需要，另一个 AS/RS 也将随着新组装线和车身制造车间的扩充而添加进来。

在延迟策略和 AS/RS 的共同作用下，宝马和买主都有了更大的灵活性。顾客可以在最后一刻（在最终组装前 6 天）提出或改变自己的个性化需求，宝马也可以在最后截止时间到来之前的空挡里，对生产排程做出规划或调整，排除供应链上可能发生的瓶颈因素。

采用拉式制造系统，信息流管理起着举足轻重的作用。因此，宝马引入了 ERP 和配套的生产软件。顾客的个性化需求每天都通过无线电方式向各个零件供应商通报。

宝马和供应商的联系确保了零部件在精确的时刻按顺序送上装配线，全部装配工作在两天内完成。

向新模式转向后，宝马降低了总体库存，消除了装配线上的零部件存储，供应商的库存也得到了压缩，从接单到发货的周转效率大大增加。宝马把汽车交付的前置期生生压缩一大半！

在宝马向拉式生产成功转型的过程中，排序作业中心（BWM Sequence Center）的修建和投入使用起到了至关重要的作用。

宝马在美国制造的汽车中，绝大多数都是根据顾客的明细要求定制的，把单个部件精确地、依次地送上装配线对于提高制造效率是至关重要的。X-5 SUV 的投产和 Z-4 Roadster 敞篷跑车生产车间的始建促使宝马专门设立生产厂的零件存放机构，接收、暂存来自欧洲和北美各个地区的零部件，然后根据制造规划和进度，拣选完成后，向组装线输送。

2000 年投产的排序中心毗邻宝马北美公司南卡罗来那州 Spartanburg 制造厂，面积 250 000 平方英尺，主要功能是对零件进行排序，依次送上生产线，一共有 86 名作业工人，两班倒作业，每天完成 12 000 次拣选，处理 2 200 托盘的货物。

排序中心落成前，宝马在距离装配线 12 英里的地方租赁有仓库。在那里，物料搬运作业主要依靠手工作业，拣选和向组装线的发货作业需要大量的作业人手。

宝马物流部部门经理 Jay Tee Tucker 说：“增加的货物处理量迫使我们毗邻生产线设置仓库，这有助于压缩运输成本和更快地获取零件。”

http://www.bokee.net/company/weblog_viewEntry/9947020.html

问题：

根据宝马物流的系统设计，你认为未来企业的物流作业管理目标是什么？

复习思考题

1. 简述物流作业与作业构成。
2. 简述运输方式及其选择的要求。
3. 如何构建我国的综合运输体系？
4. 结合实际谈谈仓储在物流系统中的作用。
5. 仓库作业包括哪些内容？
6. 如何运用定量订货控制法进行库存控制？
7. 如何提高货物的装卸搬运活性指数？
8. 为什么包装既是生产的终点，又是物流的始点？
9. 现代包装技术及发展趋势将对包装产生了什么影响？

本章小结

运输是物流的主要职能之一，也是物流过程各项业务的中心活动，其他物流活动，如包装、装卸搬运、物流信息等，都是围绕着运输进行的。现代化的交通运输方式主要有铁路运输、公路运输、水路运输、航空运输和管道运输，五种运输方式在技术经济上各有长短，都有适宜的使用范围。在具体选择某一或某几种交通运输时，要根据货物的性质、数量、价格、运送距离和时效等方面进行综合具体分析。

综合运输体系是指各种运输方式在社会化的运输范围内和统一的运输过程中，按其技术经济特点组成分工协作、有机结合、连续贯通、布局合理的交通运输综合体。它是由三个系统构成的：有一定技术装备的综合运输网及其结合部系统、各种运输方式联合运输系统和综合运输管理、组织和协调系统。

仓储管理是指通过仓库对商品进行储存和保管，其基本任务是存储保管、存期控制、数量管理、质量维护。仓库作业管理包括入库作业管理、在库作业管理和出库作业管理，它们都有一定的基本要求和作业流程。

定量订货控制法是指当库存量下降到预订的最低库存量（订货点）时，按规定（一般以经济批量 EOQ 为标准）进行订货补充的一种库存控制方法

装卸搬运与运输、储存不同，没有改变物品的时间或空间价值，是附属性、伴生性的活动，是增加物流成本的活动。装卸搬运合理化具体反映在利用重力的合理化装卸、

尽量消除或削弱重力的合理化装卸、充分利用机械实现“规模装卸”、提高“物”的装卸搬运活性等方面。

包装是在流通过程中保护产品方便储运，促进销售，按一定的技术方法所用的容器、材料和辅助物等的总体名称，也指为达到上述目的在采用容器，材料和辅助物的过程中施加的一系列操作活动。在社会再生产过程中，包装处于生产过程的末尾和物流过程的开头，既是生产的终点，又是物流的始点。随着科学技术的飞速发展，商品包装已成为促进销售、增强竞争力的重要手段。许多新技术、新工艺、新思维已被应用于包装设计、包装工艺、包装设备、包装新材料、包装新产业等方面。

第 3 章

物流信息管理

本章学习目标

- 掌握物流信息系统的概念及组成；
- 掌握物流信息系统中常用的信息技术；
- 了解常用的自动识别技术；
- 了解条形码技术的一般应用；
- 了解 EDI 系统在各个行业中的作用；
- 了解目前物流运输企业广泛采用的物流管理信息系统；
- 了解 GPS 和 GIS 的概念和基本原理；
- 了解 GPS 和 GIS 在各个行业中的应用。

引导案例

中海北方物流有限公司是中海集团物流有限公司所属的八大区域物流公司之一。公司注册资金 5 000 万元，管理着东北区域内 18 家子公司、分公司、办事处和 5 个配送网点。业务涵盖物流策划与咨询、企业整体物流管理、海运、空运、码头、集装箱场站、铁路班列运输、集卡运输、仓储配送等。公司率先开发、使用业界领先的物流信息管理系统，实现了与客户间的实时信息交换；拥有国内一流的物流团队，具有较强的物流方案策划及实施能力。专业的物流人才、领先的信息技术、完善的物流设施使公司可以满足客户需要的、做到客户想要的、发现客户将要的，实施真正的人性化的专业物流服务。

中海集团物流信息系统的最大特点是一个实行高效的网络化管理的信息系统。借助于电子管理信息平台，通过数据交换系统及 Internet 技术将公司总部与全国八大区域公司管理总部、所属各配送中心以及各网点营运中心联结成一个高效的物流信息管理网络，便于公司内部统一管理。

中海2000物流管理信息系统采用Internet/Extranet/Intranet网络结构，以满足物流网络化管理的需要。系统采用标准的B/S结构，客户端以Web方式通过浏览器调用，大大拓展了应用端的使用范围，满足了企业电子商务应用的需求。同时，系统将各种物流技术如GPS/GSM/GIS技术、条形码技术、EDI技术等进行了有机的集成，开发有多种接口，以保证和其他外部系统进行良好的信息交换和集成。

系统由仓库管理、运输管理、配送管理、货代管理、报关管理、调度管理、采购管理、商务管理、合同管理、客户管理、结算管理、统计管理、办公管理、财务管理、数据交换管理、决策管理等十几个功能子系统构成。这些子系统既可以组合运行，满足不同企业的个性化需要，又可集成在一起使用，实现物流各环节的信息化集成管理。

系统所包含的物流电子商务系统为客户提供了实时查询、清单录入、网上下单、信息服务等功能，无论客户在什么地方，都可以方便地和客户进行及时的信息交流。客户服务系统则为客户提供了流程查询、在库查询、在途查询、账单下载、实时跟踪等功能，通过这些功能，客户可随时了解物流公司所提供的各种物流服务状况，物流公司也可了解到客户的各种反馈意见，以便及时改进服务，不断提高物流服务水平。

资料来源：中海集团物流有限公司网站.

3.1 物流信息管理概述

随着信息技术的发展，物流信息系统在企业得到了广泛运用。对于企业来说，准确地了解物流信息和物流信息系统的概念具有非常重要的指导意义。信息革命，它不仅改变传递信息、搜集信息和处理信息的方法，节省信息交易成本，还对各个行业的发展产生深远的影响。

现代物流与传统物流的主要区别在于物流对象从起点至终点以及相关信息有效流动的全过程。它将运输、仓储、装卸、加工、整理、配送和信息等方面有机结合，形成完整的供应链，为用户提供多功能、一体化的综合性服务。经济全球化和技术革命的发展极大地推动了计算机技术、网络技术、远程通信技术在物流业中的应用，使企业建立完善的物流信息系统，实施一体化物流和供应链管理，也使第三方物流、电子商务、虚拟企业取得成功成为可能，提高了企业的经营、管理水平和竞争能力。

3.1.1 物流信息概述

1. 数据与信息的概念

数据是人们用来反映客观事物而记录下来的可以鉴别的符号，是客观事物的基本表达。数据包括数值型数据和非数值型数据。计算机可处理的数据如图 3-1 所示。

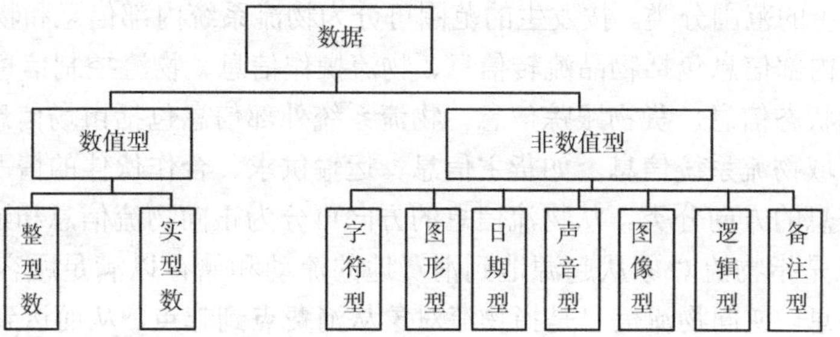

图 3-1　计算机可处理的数据

信息是能反映事物内在本质的外在表现，如图像、声音、文件、语言等，是事物内容、形式和发展变化的反映，即指数据处理后而形成的对人们有意义的、看得懂的、有用处的某种形式。

信息的特征：

（1）真实性。不符合事实的信息是没有价值的。

（2）增值性。人们通过信息的使用，可以获得效益。

（3）不对称性。市场中交易的双方所掌握的信息是不相等的。

（4）滞后性。信息有间隔时间和加工时间。

（5）有效性。信息的增值性只表现在一定的时间内。

（6）传输性。信息可以从一个地方传输到其他若干个地方。

（7）共享性。不具有独占性，在同一时间可以为多人所掌握。

（8）可扩散性。信息可以通过各种介质向外扩散。

（9）粒度。度量信息的详细程度。

数据与信息的关系：

（1）信息是加工后的数据。数据是原材料，信息是产品，信息是数据的含义。

（2）数据和信息是相对的。一些数据对某些人是信息，而对另外一些人则可能只是数据。例如，运输单对司机来说是信息，对管理者来说是数据。

（3）信息是观念上的。信息揭示数据内在的含义，是观念上的。例如，经济统计指标的发展变化。

2．物流信息的含义

物流信息是物流活动的内容、形式、过程及发展变化的反映，它表示了品种、数量、时间、空间等各种需求信息在同一个物流系统内，在不同的物流环节中所处的具体位置。在物流活动中，供给方与需求方需要进行大量的信息交换和交流。

3．物流信息的分类

（1）按发生的范围分类。按发生的范围可分为物流系统内部信息和物流系统外部信息。物流系统内部信息包括物品流转信息、物流操作信息、物流控制信息、物流管理信息，如物品的状态信息、货物跟踪信息。物流系统外部信息包括市场信息、同行信息、政策信息、区域物流系统信息，如货主信息、运输供求、合作伙伴的情况。

（2）按信息的方向分类。从物流信息的方向可分为正向物流信息和逆向物流信息。正向物流信息是指物流对象从起源地到消费地的流动和储存以满足顾客要求的过程中产生的相关信息。逆向物流信息是指物流对象从消费点到起点，从而达到回收价值和适当处置的过程中产生的相关信息。例如，关于物品回收数量以及不确定性的信息、再制造物品、零件以及物料的市场需求信息、物品回收处理以及废弃物处置的作业信息等。

（3）按信息的作用分类。按物流信息作用不同可分成以下几类：计划信息、控制及作业信息、统计信息、支持信息。例如，物流量计划、仓库吞吐量计划、车皮计划、与物流活动有关的国民经济计划、工农业产品产量计划等属于计划信息；库存种类、库存量、在运量、运输工具状况、物价、运费、投资在建情况、港口发到情况等属于控制及作业信息；上一年度、月度发生的物流量、物流种类、运输方式、运输工具使用量、仓储量、装卸量以及与物流有关的工农业产品产量、内外贸易量等属于统计信息；物流技术的革新，物流人才需求等属于支持信息。

（4）按信息的加工程度分类。物流空间广、时间长，决定了信息发生源多、信息量大。为此，需要对信息进行加工。按加工程度不同可将信息分成两类：原始信息、加工信息。例如，未加工的信息，是信息工作的基础，也是最有权威性的凭证性的信息；分类、汇编、汇总、精选、制档、制表、制音像资料、制文献资料、制数据库等。同时还要制成各种指导使用的资料等属于加工信息。

（5）按活动领域分类。按物流活动领域分类，有运输信息、仓储信息、装卸信息等，甚至更细化分成集装箱信息、托盘交换信息、库存量信息、汽车运输信息等。

4．物流信息的特点

（1）信息源点多、分布广、信息量大。由于物流是一个大范围内的活动，物流信息源也分布于一个大范围内，信息源点多、信息量大。如果这个大范围中未能实现统一管理或标准化，则信息便缺乏通用性。例如，信息源覆盖供应商、制造商、分销商、零售商，内容包括企业内部的订单、库存信息、相关的道路、港湾、机场等相关信息。

（2）种类繁多。物流信息种类多，不仅本系统内部各个环节有不同种类的信息，而且由于物流系统与其他系统，如生产系统、销售系统、消费系统等密切相关，因而还必须收集这些类别的信息。这就使物流信息的分类、研究、筛选等难度增加。例如，多式联运、供应、生产、销售、消费等。

（3）动态性强。物流信息动态性特别强，信息的价值衰减速度很快，这就对信息工作及时性要求较高。在大系统中，强调及时性，信息收集、加工、处理反应速度快。

不同类别的物流信息还有一些不同特点。例如，物流系统产生的信息，由于需要向社会提供，因而收集信息力求全面、完整。而收集的其他系统信息，则要根据物流要求予以选择。

5．物流信息的功能

（1）流程控制：记录、控制物流活动的基本内容。

（2）管理控制：管理物流服务的水平和质量以及现有管理个体和资源。

（3）工作协调：沟通货主、用户、物流服务提供者之间的联系，满足各类货主、用户、中介服务人的需要，满足不同物流环节协同运作的需要。

（4）支持决策和战略：物流决策和战略管理需要大量经过处理的信息支持，包括评估信息、成本/收益信息等。

（5）信息共享：A.物流企业和上游企业之间共享；B.物流企业和上、下游企业三方共享；C.物流企业和下游企业之间共享。企业间物流信息共享示意图如图3-2所示。

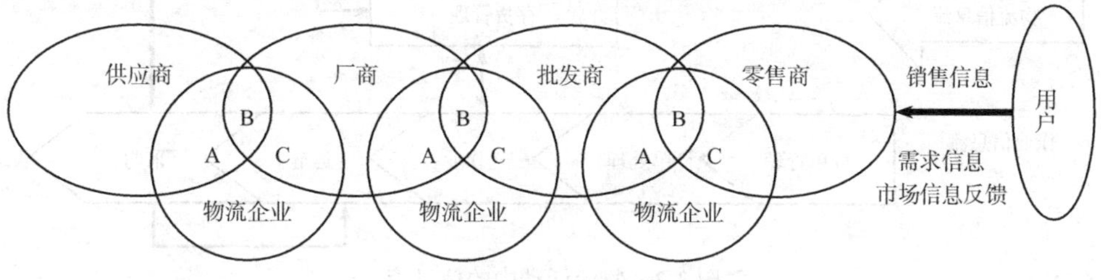

图3-2 企业间物流信息共享示意图

6．物流信息的作用

对物流信息的作用有多种认识的描述，其中以“中枢神经作用”和“支持保障作用”两种看法最为典型。

（1）中枢神经作用。将物流信息比做中枢神经作用，是因为信息流经收集、传递后，成为决策依据，对整个物流活动起指挥、协调的作用。如果信息失误，则指挥活动便会失误，如果没有信息系统，整个物流系统便会瘫痪。所以，物流信息系统，就像传递中枢神经信号的神经系统，高效的信息系统是物流系统正常运转的必要条件。

（2）支持保障作用。将物流信息作用比做支持和保障作用，是因为信息对全部物流活动起支持作用，没有这种支持，物流设备、设施再好，也很难正常运转。当然，如果只有这种支持，而没有物流本身的技术水平、管理水平，物流活动也不会达到一个高水平。只有支撑体和本体都正常，才会有整体的完善。

物流信息对物流活动来讲，还有决定效益的作用。物流系统的优化，各个物流环节的优化所采取的办法、措施，如选用合适的设备、设计最合理路线、决定最佳库存储备等，都要切合系统实际，即都要依靠准确反映这实际的物流信息。否则，任何行动都不免带有盲目性。所以，物流信息对提高经济效益也起着非常重要的作用。

7. 物流信息化

物流信息化指广泛使用现代信息技术，管理和集成物流信息，通过分析、控制物流信息和信息流，来管理、控制物流、商流和资金流，提高物流运作的自动化程度和物流决策的水平，达到合理配置物流资源、降低物流成本、提高物流服务水平之目的。物流活动中的信息流如图 3-3 所示。

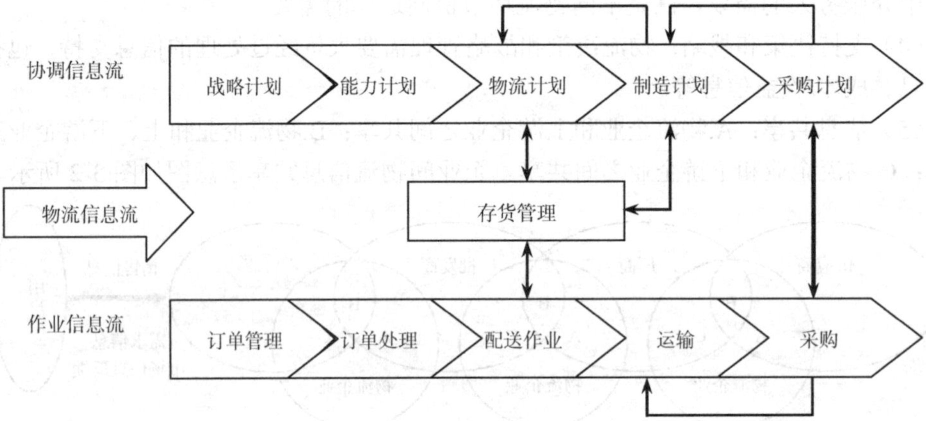

图 3-3　物流活动中的信息流

3.1.2　商流、物流和信息流

商流、物流和信息流是从流通内部结构描述流通过程所提出的概念，称为流通过程中的“三流”。

三流之间关系极为密切，可以说，失去了其中任何一流，另外两流都不会长期存在下去。它们是互为存在的前提条件，又是互为存在的基础。但是，从其本身的结构、性质、作用及工作方法来看，三流各有其特殊性，各有其不同的独立存在的特点，又各有其本身运动的规律。

流通过程的信息流，从其信息的载体及服务对象来看，又可分成物流信息和商流信息两大类。两类信息中，有一些是交叉的、共同的，又有许多是商流及物流特有的、非共同的东西。

商流信息主要包含进行交易有关的信息，如货源信息、物价信息、市场信息、资金信息、合同信息、付款结算信息等。物流信息则主要是物流数量、物流地区、物流费用等信息。商流中交易、合同等信息，不但提供了交易的结果，也提供了物流的依据，是两种信息流主要的交汇处。物流信息中库存量信息，不但是物流的结果，也是商流的依据，是两种信息流的交汇处。所以，物流信息不仅作用于物流，也作用于商流，是流通过程不可缺少的管理及决策依据。

物流是一个集中和产生大量信息的领域，由于物流的不断运动的性质，这种信息也随时间不断发生，信息量比一般的相对运动性较差的领域大得多。这么多的信息出现往往容易产生混乱，人们也很难从中发现和取得管理和决策的有用的那一部分。因此，物流信息的处理方法和处理手段便是物流信息工作的重要内容，否则物流便难以做到十分顺畅。

物流和信息关系如此密切，物流从一般活动成为系统活动也有赖于信息的作用，如果没有信息，物流则是一个单向的活动，只有靠信息的反馈作用，物流才成为一个有反馈作用的、包括了输入、转换、输出和反馈四大要素的现代系统。

物流是现代商品流通系统的重要组成部分，电子商务的应用与发展将促进信息技术与物流业的融合，这不仅为现代物流的发展提供了技术手段，同时也带来了巨大的市场。电子商务的兴起，使商品流通要素发生重组，流通产业的内涵与外延都发生了重大变化。由于商流的执行可由信息流所取代，因而物流手段和信息手段演变为现代流通业的两大支柱。

3.2 物流信息系统

物流信息系统（Logistics Information System，LIS）作为企业信息系统中的一类，可以理解为通过对与物流相关信息的加工处理来达到对物流、资金流的有效控制和管理，并为企业提供信息分析和决策支持的人机系统。它具有实时化、网络化、系统化、规模化、专业化、集成化、智能化等特点。物流信息系统以物流信息传递的标准化和实时化、存储的数字化、物流信息处理的计算机化等为基本内容。

3.2.1 物流信息系统的组成

从系统的观点，构成物流企业信息系统的主要组成要素有硬件、软件、数据库和数据仓库、相关人员以及物流企业管理思想和理念、管理制度与规范流程、岗位制度等。

（1）硬件。硬件包括计算机、必要的通信设施等，如计算机主机、外存、打印机、服务器、通信电缆、通信设施，它是物流信息系统的物理设备、硬件资源，是实现物流信息系统的基础。它构成系统运行的硬件平台。

（2）软件。在物流信息系统中，软件一般包括系统软件、实用软件和应用软件。系统软件主要有操作系统（Operation System，OS）、网络操作系统（Network Operation System，NOS）等，它控制、协调硬件资源，是物流信息系统必不可少的软件。实用软件的种类很多，对于物流信息系统，主要有数据库管理系统（Database Management System，DBMS）、计算机语言、各种开发工具、国际互联网上的浏览器、群件等，主要用于开发应用软件、管理数据资源、实现通信等。应用软件是面向问题的软件，与物流企业业务运作相关，实现辅助企业管理的功能。不同的企业可以根据应用的要求，来开发或购买软件。

（3）数据库与数据仓库。数据库与数据仓库用来存放与应用相关的数据，是实现辅助企业管理和支持决策的数据基础，目前大量的数据存放在数据库中。

（4）相关人员。系统的开发涉及多方面的人员，有专业人员，有领导，还有终端用户。例如，企业高层的领导（CEO）、信息主管、中层管理人员、业务主管、业务人员、系统分析员、系统设计员、程序设计员、系统维护人员等都是从事企业物流信息资源管理的专业人员。

（5）物流企业管理思想和理念、管理制度与规范流程、岗位制度。物流企业管理理念、管理制度等是物流信息系统成功开发和运行的管理基础和保障，是构造物流信息系统模型的主要参考依据，制约着系统硬件平台的结构、系统计算模式、应用软件的功能。

表 3-1 描述了物流信息系统的总体结构。不同的物流企业，应当采取不同的管理理念，其物流信息系统的应用软件会不同。以机械制造业为例，管理理念由库存控制、制造资源管理发展到企业资源管理，其业务层的企业信息系统应用软件随之发生了从 MRP，MRPⅡ到 ERP 的变化，从注重内部效率的提高到注重客户服务，其业务层的企业信息系统应用软件从以财务为中心发展到以客户为中心。

表 3-1　物流信息系统的总体结构

应用软件
实用软件
系统软件
数 据 库
管理思想与理念、管理制度及规范
硬　件

3.2.2 物流信息系统的基本功能

一般来讲，完整的物流信息系统工作内容是非常复杂的。目前这种系统尚不多见，较多的是各种子系统，如供应物流信息系统、企业内部物流信息系统、销售物流信息系统、订货及结算信息系统等。以一个比较完整的销售物流信息系统为例，应具备以下基本功能：

（1）即时或定时掌握系统现状。通过计算机网络或其他传递方式即时或定时掌握各流通中心、仓库及销售网点的库存量、库存能力、配送能力、在途数量、客户地址、客户接货及发货能力、结算账号等。采用计算机或其他方式（如卡片）储存。

（2）接受订货。通过中心销售部门或各网点接受订货或购买要求，由信息中心进行处理，制定供货计划。

（3）指示发货。信息中心接受订货后，根据用户信息及网点状况，确定发货网点或仓库，通过计算机网络或其他方式的网点或仓库发货指示书。

（4）配送计划。大型配送中心，根据发货指令，选定配送路线和配送车辆，制定最优配送计划并发出配送指令。

（5）反馈及结算。发货及配送信息及时反馈给信息中心，并以此为据通知部门结算。

（6）日常管理。及时计算订货、发货余额，库存水平等，以进行库存管理、订发货管理。

（7）补充库存、改变生产计划指令。根据前期供求状况对近期情况做出预测，据此发出补充库存或增减生产数量的指令。

（8）与系统外衔接。及时掌握系统外生产情况、近期产量，向生产厂发出订货通知，对系统外物流业发出运输、储存要求并与系统进行信息交换。

物流信息系统是利用信息技术，通过信息流，将各种物流活动与某个一体化过程连接在一起的通道。物流系统中的相互衔接是通过信息予以沟通的，基本资源的调度也是通过信息共享来实现的，因此，组织物流活动必须以信息为基本。为了使物流活动正常而有规律地进行，必须保证物流信息畅通。物流信息的网络化就是要将物流信息通过现代信息技术使其在企业内、企业间乃至全球达到共享的一种方式。

3.2.3 物流管理信息系统

1. 建立物流信息系统的基础工作

建立物流信息系统是使物流系统化的首要条件。物流信息系统建立的前提是需要做好相关基础工作，才能有效保证物流信息系统化的顺利实现。

（1）标准化。形成信息网有关标准化的项目有：物资分类及编码，即对全国主要物资应有统一的分类方法及编码，为计算机管理创造最基本条件；统一物流专业词汇，物流用语常常因地区不同，因人不同而有不同含义，在传递信息时可能引起误解和发生差错，统一专业词汇，是沟通系统内信息交流的重要前提；单据、账票、卡片的标准化，包括统一格式及核算、记录项目等；信息传递的标准化，包括统一软件、统一传递方式等。

（2）数据选择、积累。物流信息传递的内容主要是数据，选择及积累数据是搞好信息系统的重要基础。在建立信息系统之前决定数据选择及积累方式，可以通过收集少量数据达到掌握全系统运行状况的目的。

（3）决定工作程序。无论采取何种方式建立物流信息系统，都应首先设计工作程序。采用文件传递方式，确定手工汇总及整理信息的程序。采用电子计算机方式，则应设计相应的软件，这才能使整个工作有条不紊地进行。

（4）确定信息发布手段及建立基础设施。现代物流系统、信息数量大，因此，收集、汇总、储存、处理、发布信息必须有与之相适应的手段。与一般科技信息不同，科技信息可以大量利用影视、微缩等信息手段。物流信息主要是数据，可以方便地利用电子计算机。选择电子计算机，建立相应的基础设施是建立健全物流系统必须进行的工作。

（5）建立通信系统。现代信息的收集、汇总、储存、处理都离不开信息传递和交换，要进行信息传递及交换，就必须有合适的通信系统，否则，信息就是“死”的。通信系统可采用现有的邮、电方式，可以利用电话线路，可以建立专用线路、微波通信线路，还可以利用最现代化的卫星通信和光缆通信。

（6）进行系统设计。对上述问题进行综合研究，决定中央机、小型机或终端机的配置方式、软件系统、通信交换手段、信息工作程序以及管理、使用方法，则完成了系统设计。

（7）培训信息人才。从大量的物流信息中选择少量关键性内容，信息的收集、分类、存储水平有高低之分，因此，需要有专门信息人才。当然，即使操作人员，也需要进行专业培训。

2．物流管理信息系统概述

管理信息系统虽然是 20 世纪六七十年代时兴起来的，但至今仍是物流领域最重要的信息系统，其应用范围广泛、实用价值很高。国内外在物流领域中应用管理信息系统的结果证实，物流的各个领域都可以通过计算机为基础的管理信息系统得到改善。

物流管理信息系统（Logistics Management Information System，LMIS）以物流为特定的对象范畴，把物流和物流信息结合成一个有机的系统，这个系统用各种方式选择收集、输入物流计划的、业务的、统计的各种有关数据，经过有针对性、有目的的计算机处理，即根据管理工作的要求，采用特定的软件技术，对原始数据处理后输出对管理工作有用的信息的这样一种系统。

为达到系统的目标，物流管理信息系统通常包括物品管理、储存管理、配送管理、运输与调度管理、客户服务管理、财务管理、人力资源管理等子系统（见图 3-4）。

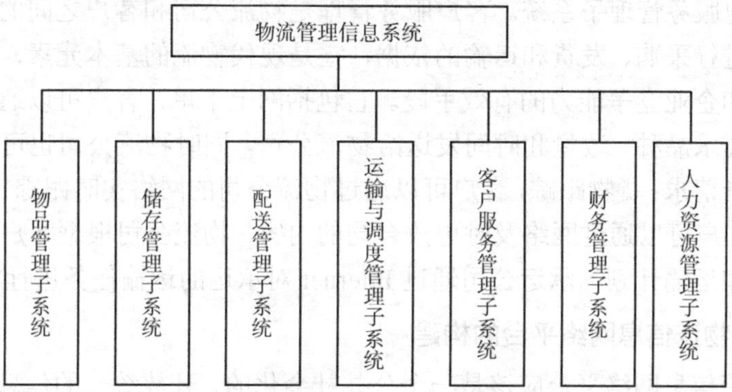

图 3-4 物流管理信息系统的组成

按照价值链概念，物流企业的主要活动主要有运输、仓储、装卸、搬运、包装、流通加工和配送，因此此处仅限于对物品管理子系统、储存管理子系统、配送管理子系统、运输与调度管理子系统、客户服务管理子系统的分析。

（1）物品管理子系统。物品管理子系统是物流管理信息系统的重要组成部分，它可以使企业物品仓库的管理全面信息化。它覆盖的范围相当广泛，从物品的采购计划、审批、物品的国内外采购合同、合同执行情况的跟踪反馈，到物品到货入库、物品发货、结算与统计，全部都要通过这个物品管理系统进行调度管理。物品管理信息系统由下列四个部分组成：采购计划管理、采购合同管理、物品出入库管理、物品进销存查询。

（2）储存管理子系统。一般的储存管理子系统从功能结构上可分为四大功能：日常管理、账单管理、统计报表，数据查询。日常管理包括物品凭单录入管理、冲账管理、查账日常管理。账单管理对仓库的使用资金账单进行管理，有利于仓库管理人员了解并掌握仓库资金的调度。统计报表用于管理人员统计各种物品的出入库及使用情况。数据查询是对物品的消耗、库存数量和物品修理费支出的查询。

（3）配送管理子系统。配送管理子系统的主要功能有六个，包括备货管理、配送加工管理、分拣配货管理、配装管理、配送运输管理、送达管理，依照其相应的数据流程图可以知道每个功能的详细信息。

（4）运输与调度管理子系统。运输任务产生：根据起运地和到达地生成运输任务，对每一个承运公司生成运输任务交接单，同时打印装箱单、运单和运输标记，系统支持条形码输出。运输过程管理：对于未完成的运输任务进行状态更新，生成各种统计报表，同时记录每一单运费。服务结算：对每一个承运公司进行运费结算，生成结算报表；承运公司通过 Internet 查询本公司的运输费用结算信息。运输信息查询：对所有的运输任务进行查询，包括该运输任务的货物细目、到达状态、签收情况运费等情况。

（5）客户服务管理子系统。客户服务管理是物流公司和客户之间的接口和桥梁，也是物流公司进行采购、发货和运输的依据，它是现代物流的基本元素，也是物流企业提高服务水平和企业竞争能力的有效手段。它包括网上下单，客户可以通过网络下单，将自己的物品需求品种、数量和时间发送给物流公司，同时物流公司也可以通过网络向供应商发出订货请求；货物跟踪，客户可以通过物流公司的网络实时跟踪自己的货物状态；合同更改，客户可以通过网络及时更改合同的内容，物流公司根据客户更改后的合同及时调整采购和运输计划，承运公司通过 Internet 对承运的运输任务进行状态更新。

3．公共物流信息网络平台的构建

公共物流信息网络平台应该是一个公共社会化的、开放统一的信息系统，为广大企事业单位提供物流信息发布、检索、交换的一体化系统，为他们提供一条紧密连接的信息渠道，提高企业的供应链管理水平，提升物流管理效率和快速反应能力，使其真正获得核心竞争力。

公共社会物流信息系统应包括两部分：一个是集中的物流信息管理系统，负责信息管理和服务；一个是分布的企业物流客户系统，负责对企业内部的物流信息进行管理制作与发布、检索。

建立公共社会物流信息化系统，对于优化资源配置，提高经济运行质量，吸引外资，促进改革发展，提高失常竞争力有重大意义。它有利于解决中小企业的物流问题；有助于提高企业物流服务水平；有效地降低物流成本；有力地推动企业的信息化建设。

（1）公共社会物流管理系统的主要内容。

1）社会物流管理信息系统设计要素：制定物流管理信息接口标准，建立层次化的物流管理网络，提供信息发布和信息检索门户，提供一体化信用、保险、咨询服务支持，支持计费、统计与决策功能。

2）社会物流管理信息系统的基本功能：信息发布、获取，存货仓储管理，商务洽谈、订单签订，配送，收支货款、发票稽核保险、信用管理，网络安全管理，用户管理，统计分析、综合服务。

3）社会物流管理信息系统的特点：提供标准化接口规范，集成企业现有的系统，支持物流一体化管理模式，具备数据和格式的自定义功能，方便不同使用者，系统可裁减性灵活，内部架构灵活，安全机制，采用多种系统保密方式。

4）应用系统：完整的产供销的支持，仓库管理系统，配送管理系统。

（2）公共物流信息网络平台构成要素及构建的原则。

1）物流信息网络平台构成要素。公共物流信息网络平台是物流的载体，是一个包括诸多因素的复杂网络体系，其建设需要从以下三个方面进行统筹规划、协调发展。

基础设施类。包括机场、铁路、道路与航路网络、管道网络、仓库、物流中心、配送中心、站场、停车场、港口与码头、信息网络设施等。

设备类。包括物流中心、配送中心内部的各种运输工具、装卸搬运机械、自动化作业设备、流通加工设备、信息处理设备及其他各种设备。

标准类。如物流术语标准、托盘标准、包装标准、卡车标准、集装设备标准、货架标准、商品编码标准、商品质量标准、表格与单证标准、信息交换标准、仓库标准、作业标准等。

2）物流信息网络平台构建的原则。

统一原则。强调参与现代物流的各部门、各环节之间从适应物流需要出发，统一设备规格、技术性能、信息标准。

协调原则。强调组织物流的各部门及运输、储存、装卸、包装、流通加工、配送、信息处理各环节的运输过程中，必须加强信息交流，在时间、空间上互相衔接。

兼容性原则。公共物流信息平台的构建，是结合区域经济优势及其发展特点进行的，区域间的市场经济的互补性决定了区域间物流信息网络平台应有较好的兼容性。

整体效能原则。公共物流信息网络平台作为一个系统化、一体化的物流支持体系，其优劣应以整体效能为评价标准，应在保证整体效能最大化的前提下，追求各子系统的最大利益。这就要求在发展过程中，统筹兼顾，协调发展。因此，需要把握主要矛盾，解决好物流信息网络平台中各相关环节的“瓶颈”问题。

硬件基础设施建设应有相对的前瞻性，即适度超前。铁路、公路、场站、码头、仓库等硬件基础设施属固定物，其建设具有阶段性。在当前的建设中，都应依据规划适度超前建设。

（3）物流信息网络平台的主要功能模块

1）物流网框架。用于提供一个具有延展性的平台，让使用者可以通过 Internet，进入物流网进行作业；系统管理者也可通过系统管理功能模块进行系统设定、基础数据维护等。

2）物流网网页内容。为物流网会员提供多元化物流信息，包括物流的政策法规、最新信息发布、专家咨询及常见问题解答等。

3）仓库管理。仓库管理功能包括货物入库、上架、补货、捡货、出货、盘点及账务处理。

4）多仓管理。物流网应用平台上可同时管理多个仓库，包括入出库、调拨、调整、账务查询等功能，并可与运输管理集成，实现储运一体的目标。

5）会员管理。为物流信息网络平台的会员提供注册、登录、基本资料维护及管理功能。

6）产品目录管理。提供储运品的基本资料维护及管理，供仓库管理及运输管理使用。

7）运输管理。为货主、承运人、物流业者提供货物运输的执行、监控、追踪功能，如运输需求提交、运费管理、装载处理及运输状态更新等。

8）合约议定。货主可通过物流信息网络平台将需求发送给特定的物流业者，这些信息包括区段、数量、载具、服务水平等；被选定的物流业者，可以就自身的专长、能力或策略提出竞价，并可整合议定的结果，作为运输管理系统的费率数据。

9）合约生成。为物流信息网络平台的会员提供各种合约模板，并可在网上完成合约制作与下载处理。

10）要车计划。供货主在Internet上提交铁路、公路、水路和航空的要车计划申请。

3.3 物流信息技术

信息技术（Information Technology，IT）泛指凡是能拓展人的信息处理能力的技术。从目前来看信息技术主要包括传感技术、计算机技术、通信技术、控制技术等，它替代或辅助人们完成了对信息的检测、识别、变换、存储、传递、计算、提取、控制和利用。

根据物流的功能以及特点，物流信息技术主要包括条形码及射频技术、计算机网络技术、多媒体技术、地理信息技术、全球卫星定位技术、自动化仓库管理技术、智能标签技术、信息交换技术、电子数据交换、数据库技术、数据仓库技术、数据挖掘技术、Web技术等。

3.3.1 自动识别技术

自动识别技术是对数据自动识读且将数据自动输入计算机的重要方法和手段。它是以计算机技术和通信技术的发展为基础的综合性科学技术。

1. 条形码技术

条形码由一组规则排列的条、空和相应的字符组成，这种用条、空组成的数据编码可以供机器识读，而且很容易译成二进制数和十进制数。这些条和空可以有各种不同的组合方法，从而构成不同的图形符号，即各种符号体系，也称码制，适用于不同的场合。条形码在物流中的作用如图 3-5 所示。

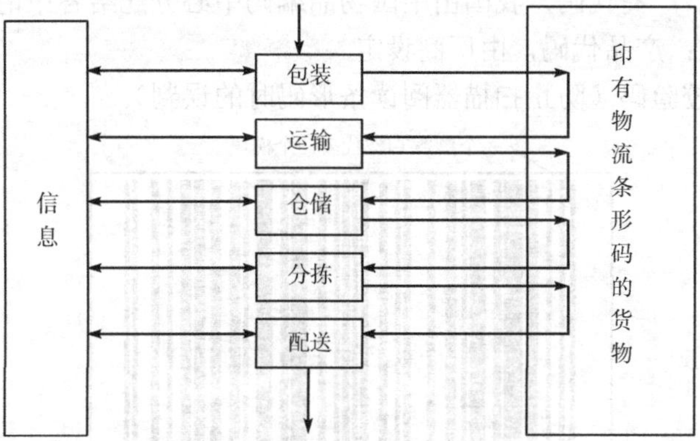

图 3-5 条形码在物流中的作用

目前，使用频率最高的几种一维码制是 EAN、UPC、39 码，交叉 25 码和 EAN128 码。其中 UPC 码主要用于北美地区，EAN128 条形码是国际通用符号体系，它是一种定长、无含义的条形码，主要用于商品标识。EAN128 条形码是由国际物品编码协会（EAN International）和美国统一代码委员会（UCC）联合开发、共同采用的一种特定的条形码符号。它是一种连续型、非定长有含义的高密度代码，用以表示生产日期、批号、数量、规格、保质期、收货地等更多的商品信息。另有一些码制主要适用于有特定要求的场合，如库德巴码用于血库、图书馆、包裹等的跟踪管理，25 码用于包装、运输和国际航空系统为机票进行顺序编号，还有类似 39 码的 93 码，它密度更高些，可代替 39 码。

条形码是由一组黑白相间、粗细不同的条状符号组成，条形码隐含着数字信息、字母信息、标志信息、符号信息，主要用以表示商品的名称、产地、价格、种类等，是全世界通用的商品代码的表述方法。

条形码是标识商品身份的统一编码。它将商品的编码数字以平行线条式的符号代替，以便扫描器读入计算机，经解码后再转成数字代码，而由计算机处理，主要用在销售包装（外包装）上。

条形码直接为销售和商品管理服务，以个别商品为对象。

中国商品采用国际物品编码协会所制定的 EAN 码。EAN 码采用 13 位数字组成，最前面的 3 位数为国家或地区代码，中国的代码分别为 690、691 和 692。第 4～7 位代表厂商，第 8～12 位代表商品代码，最后一位为校验码。

条形码有标准码和缩短码两种。其代码结构如下：

EAN－13（标准码，见图 3-6）由 13 个数字组成：

（1）1～3 位：国家代码，由 IANA 分配给各会员国。

（2）4～7 位：厂商代码，我国由中国物品编码中心分配给各申请厂商。

（3）8～12 位：产品代码，由厂商设定。

（4）13 位：校验码（防止扫描器阅读条形码时的误判）。

一个黑条/白空代表一个模块

1 234567 890128

左侧空白区

图 3-6　EAN-13 条形码

EAN－8（缩短码，见图 3-7）：用于包装面积或印刷面积不足以印刷标准码的商品，由 8 位数字组成。

1234 5670

图 3-7　EAN-8 条形码

2．光学字符识别技术

光学字符识别（Optical Character Recognition，OCR），已有 30 多年历史，近几年又出现了图像字符识别（Image Character Recognition，ICR）和智能字符识别（Intelligent Character Recognition，ICR）。实际上这三种自动识别技术的基本原理大致相同。

OCR 有三个重要的应用领域：办公自动化中的文本输入、邮件自动处理、与自动获取文本过程相关的其他领域。这些领域包括：零售价格识读，订单数据输入，单证、支票和文件识读，微电路及小件产品的状态及批号特征识读等。由于在识别手迹特征方面的进展，目前正探索在手迹分析及鉴定签名方面的应用。

3．磁条（卡）技术

磁条技术应用了物理学和磁力学的基本原理。磁条就是把一层薄薄的由定向排列的铁性氧化粒子组成的材料（也称为涂料），用树脂黏合在一起并粘在诸如纸或塑料这样的非磁性基片上。

磁条技术的优点是数据可读写，即具有现场改变数据的能力；数据存储量大，便于使用，成本低廉；具有一定的数据安全性；能黏附于许多不同规格和形式的基材上。这些优点，使之在如信用卡、银行 ATM 卡、机票、公共汽车票、自动售货卡、会员卡、现金卡（如电话磁卡）等很多领域得到广泛应用。

4．声音识别技术

声音识别技术的迅速发展以及高效可靠的应用软件的开发，使声音识别系统在很多方面得到了应用。这种系统可以用声音指令和应用特定短句实现“不用手”的数据采集，其最大特点就是不用手和眼睛，但比较容易受到噪声的干扰。

5．视觉识别技术

视觉识别系统可以看做这样的系统：它能获取视觉图像，而且通过一个特征抽取和分析的过程，能自动识别限定的标志、字符、编码结构，或可确切识别呈现在图像内的其他基础特征。

6．射频识别技术（RFID）

射频识别技术（Radio Frequency Identification, RFID）的基本原理是电磁理论。射频系统的优点是不局限于视线，识别距离比光学系统远。射频识别卡具有读写能力，可携带大量数据，难以伪造。

RFID 适用的领域：物料跟踪、运载工具和货架识别等要求非接触数据采集和交换的场合，由于 RFID 标签具有可读写能力，对于需要频繁改变数据内容的场合尤为适用。

射频识别系统的传送距离由许多因素决定，如传送频率、天线设计等。对于应用视频识别的特定情况应考虑传送距离、工作频率、标签的数据容量、尺寸、重量、定位、响应速度及选择能力等。

RFID 系统由信号发射机、信号接收机（阅读器）和发射接收天线组成。

信号发射机：为了不同的应用目的，信号发射机会以不同的形式存在，典型的形式是标签（TAG）。标签必须能够自动或在外力的作用下，把存储的信息主动发射出去。

信号接收机（阅读器）：提供与标签进行数据传输的途径。

发射接收天线：信号发射机（标签）与阅读器之间传输数据的发射、接收装置。

7．便携式数据终端（PDT）和射频通信

便携式数据终端（Portable Data Terminal, PDT）可把那些采集到的有用数据存储起来或传送至一个管理信息系统。把它与适当的扫描器相连，可有效地应用于许多自动识别系统中。便携式数据终端一般包括一个扫描器、一个体积小但功能很强并带有存储器的计算机、一个显示器和供人工输入的键盘。在只读存储器中装有常驻内存的操作系统，用于控制数据的采集和传送。

8．智能卡（Smart Card）

科学家将具有处理能力和具有安全可靠、加密存储功能的集成电路芯片嵌装在一个与信用卡一样大小的基片中，组装成“集成电路卡”，国际上称为 Smart Card，译为“智能卡”。其最大特点是具有独立的运算和存储功能，在无源情况下，数据也不会丢失，数据安全性和保密性都非常好，成本适中。

3.3.2　自动定位技术

1．全球定位系统（GPS）

（1）GPS 概述。全球定位系统（Global Positioning System, GPS）是利用导航卫星进行测时和测距，使地球上的任何用户都能确定自己所处的方位，是由一系列卫星组成的，它们 24 小时提供高精度的世界范围的定位和导航信息。

GPS 工作原理：GPS 采用的是全球性地心坐标系统，坐标原点为地球质量中心，利用高空轨道上运行的人造卫星所发射出来的信号，以三角测量原理计算出收信者在地球上的位置。

（2）GPS 的组成。GPS 主要包括三大部分：空间部分（GPS 卫星星座）、地面控制部分（地面监控系统）和用户设备部分（GPS 信号接收机）。

1）GPS 卫星星座。GPS 工作卫星及其星座由 21 颗工作卫星和 3 颗在轨备用卫星组成，记做（21+3）GPS 星座。24 颗卫星均匀分布在 6 个轨道平面内，轨道倾角为 55°，各个轨道平面之间相距 60°，即轨道的升交点赤经各相差 60°。每个轨道平面内各颗卫星之间的升交角距相差 90°，一轨道平面上的卫星比两边相邻轨道平面上的相应卫星超前 30°。

2）地面监控系统。对于导航定位来说，GPS 卫星是一动态已知点。卫星的位置是依据卫星发射的星座——描述卫星运动及其轨道的参数算得的。每颗 GPS 卫星所播发的星历，是由地面监控系统提供的。卫星上的各种设备是否正常工作，以及卫星是否一直沿着预定轨道运行，都要由地面设备进行监测和控制。地面监控系统另一重要作用是保持各颗卫星处于同一时间标准——GPS 时间系统。这就需要地面站监测各颗卫星的时间，求出钟差。然后由地面注入站发给卫星，卫星再由导航电文发给用户设备。GPS 工作卫星的地面监控系统包括一个主控站、三个注入站和五个监测站。

3）GPS 信号接收机。GPS 信号接收机能够捕获到按一定卫星高度截止角所选择的待测卫星的信号，并跟踪这些卫星的运行，对所接收到的 GPS 信号进行变换、放大和处理，以便测量出 GPS 信号从卫星到接收机天线的传播时间，解译出 GPS 卫星所发送的导航电文，实时地计算出测站的三维位置，甚至三维速度和时间。

（3）GPS 在交通系统中的应用。GPS 导航系统与电子地图、无线电通信网络及计算机车辆管理信息系统相结合，可以实现车辆跟踪和交通管理等许多功能。例如：

1）车辆跟踪。利用 GPS 和电子地图可以实时显示出车辆的实际位置，并任意放大、缩小、还原、换图；可以随目标移动，使目标始终保持在屏幕上；还可实现多窗口、多车辆、多屏幕同时跟踪，利用该功能可对重要车辆和货物进行跟踪运输。

2）提供出行路线的规划和导航。规划出行路线是汽车导航系统的一项重要辅助功能，包括自动线路规划，即由驾驶员确定起点和终点，由计算机软件按照要求自动设计最佳行驶路线，包括最快的路线、最简单的路线、通过高速公路路段次数最少的路线等；人工线路设计，即由驾驶员根据自己的目的地设计起点、终点和途经点等，自动建立线路库。线路规划完毕后，显示器能够在电子地图上显示设计线路，并同时显示汽车运行路径和运行方法。

3）信息查询。为用户提供主要物标，如旅游景点、宾馆、医院等数据库，用户能够在电子地图上根据需要进行查询。查询资料可以文字、语言及图像的形式显示，并在电子地图上显示其位置。同时，监测中心可以利用监测控制台对区域内任意目标的所在位置进行查询，车辆信息将以数字形式在控制中心的电子地图上显示出来。

4）话务指挥。指挥中心可以监测区域内车辆的运行状况，对被监控车辆进行合理调度。指挥中心也可随时与被跟踪目标通话，实行管理。

5）紧急援助。通过 GPS 定位和监控管理系统可以对遇有险情或发生事故的车辆进行紧急援助。监控台的电子地图可显示求助信息和报警目标，规划出最优援助方案，并以报警声、光提醒值班人员进行应急处理。

（4）GPS 对物流产业所起的作用

1）实时监控功能。在任意时刻通过发出指令查询运输工具所在的地理位置（经度、纬度、速度等信息）并在电子地图上直观地显示出来。

2）双向通信功能。GPS 的用户可使用 GSM 的话音功能与司机进行通话或使用本系统安装在运输工具上的移动设备的汉字液晶显示终端进行汉字消息收发对话。

驾驶员通过按下相应的服务、动作键，将该信息反馈到网络 GPS，质量监督员可在网络 GPS 工作站的显示屏上确认其工作的正确性，了解并控制整个运输作业的准确性（发车时间、到货时间、卸货时间、返回时间等）。

3）动态调度功能。调度人员能在任意时刻通过调度中心发出文字调度指令，并得到确认信息。可进行运输工具待命计划管理：操作人员通过在途中信息的反馈，运输工具未返回车队前即做好待命计划，可提前下达运输任务，减少等待时间；加快运输工具周转速度运能管理：将运输工具的运能信息、维修记录信息、车辆运行状况、司机人员信息、运输工具的在途信息等多种信息提供给调度部门决策，以提高重车率，尽量减少空车时间和空车距离，充分利用运输工具的运能。

4）数据存储、分析功能。实现路线规划及路线优化，事先规划车辆的运行路线、运行区域，何时应该到达什么地方等，并将该信息记录在数据库中，以备以后查询、分析使用。

依据资料库储存的信息，可随时调阅每台运输工具以前的工作资料，并可根据各管理部门的不同要求制作各种不同形式的报表，使各管理部门能更快速、更准确地做出判断及提出新的指示。

2. 地理信息系统（GIS）

（1）GIS 技术概述。地理信息系统（Geographical Information System, GIS）是多种学科交叉的产物，它以地理空间数据为基础，采用地理模型分析方法，适时地提供多种空间的和动态的地理信息，是一种为地理研究和地理决策服务的计算机技术系统。其基本功能是将表格型数据（无论它来自数据库、电子表格文件或直接在程序中输入）转换为地理图形显示，然后对显示结果浏览、操作和分析。其显示范围可以从洲际地图到非常详细的街区地图，显示对象包括人口、销售情况、运输线路以及其他内容。

（2）GIS 的组成。

1）硬件。GIS 硬件主要包括所操作的计算机数据输入、输出设备及存储设备。

2）软件。GIS 软件提供所需存储、分析和显示地理信息的功能和工具。主要的软件部件有：输入和处理地理信息的工具，数据库管理系统（DBMS），支持地理查询、分析和视觉化的工具，容易使用这些工具的图形化界面（GUI）。

3）数据。一个 GIS 中最重要的部件就是数据。主要包括数据查询软件、数据分析软件及信息分析软件。

4）人员。GIS 技术如果没有人来管理系统和制定计划应用于实际问题，将没有什么价值。GIS 的用户范围包括从设计和维护系统的技术专家，到那些使用该系统并完成他们每天工作的人员。

5）方法。成功的 GIS，需要具有好的设计计划和开发手段。

（3）GIS 的工作模式。

1）地理参考系统。地理信息包含有明确的地理参照系统，如经度和纬度坐标，或者国家网络坐标。也可以包含间接的地理参照系统，如地址、邮政编码、人口普查区名、森林位置识别、路名等。一种叫做地理编码的自动处理系统用来从间接的参照系统，如地址描述，转变成明确的地理参照系统，如多重定位。这些地理参考系统可以定位一些特征，如商业活动、森林位置，也可以定位一些事件，如地震，用于做地表分析。

2）矢量和栅格模式。地理信息系统工作有两种不同的基本地理模式。矢量模式非常有利于描述一些离散特征，即矢量模式中，关于点、线和多边形的信息被编码并以 x 和 y 坐标形式储存。一个点特征的定位，如一个钻孔，可以被一个单一的 x 和 y 坐标所描述。线特征，如公路和河流，可以被存储于一系列的点坐标。多边形特征，如销售地域或河流集区域，可以被存储于一个闭合循环的坐标系。栅格模式发展为连续特征的模式。栅格图像包含有网格单元，有点像扫描的地图或照片。不管矢量模式还是栅格模式，用来存储地理数据，都有优点和缺陷。

（4）GIS 的工作任务。

1）输入。在地理数据用于 GIS 之前，数据必须转换成适当的数字格式。从图纸数据转换成计算机文件的过程叫做数字化。对于大型的项目，现代 GIS 技术可以通过扫描技术来使这个过程全部自动化。目前，许多地理数据已经是 GIS 兼容的数据格式。这些数据可以从数据提供商那里获得并直接装入 GIS 中。

2）处理。对于一个特定的 GIS 项目来说，有可能需要将数据转换或处理成某种形式以适应所使用的系统。例如，地理信息适用于不同的比例尺（街道中心线文件的比例尺也许是 1:100 000；邮政编码的比例尺是 1:100 000）。在这些信息被集成以前，必须转变成同一比例尺。这可以是为了显示的目的而做的临时变换，也可以是为了分析所做的永久变换。GIS 技术提供了许多工具来处理空间数据和去除不必要的数据。

3）管理。对于小的 GIS 项目，把地理信息存储成简单的文件就足够了。但是，当数据量很大而且数据用户数很多时，最好使用一个数据库管理系统（DBMS）来帮助存储、组织和管理数据。一个数据库管理系统就是用来管理一个数据库的计算机软件。

4）查询和分析。GIS 提供简单的鼠标单击查询功能和复杂的分析工具，为管理者和类似的分析家提供及时的信息。现代的 GIS 具有许多有力的分析工具，如接近程度分析和覆盖范围分析。

5）可视化。对于许多类型的地理操作，最终结果最好是以地图或图形显示，图形对于存储和传递地理信息非常有效，地图显示可以集成在报告、三维观察、照片图像和多媒体的其他输出中。

（5）GIS在仓库规划中的应用。由于GIS本身是将计算机技术、地理信息和数据库技术紧密相结合起来的新型技术，其特征非常适合仓库建设规划，从而使仓库建设规划走向规范化和科学化，使仓库建设的经费得到最合理的运用。仓库GIS作为仓库MIS中的一个子系统，它用地理坐标、图标的方式更直观地反映仓库的基本情况，如仓库建筑情况、仓库附近公路和铁路情况、仓库物资储备情况等；它是仓库管理信息系统的一个重要分支和补充。

作为仓库规划的GIS应用系统，它主要解决两个方面的问题。一是解决仓库建设的规划审批，二是必须解决能为规划师和上级有关部门提供辅助决策功能。从仓库整个的宏观规划来说，它还可以解决仓库的宏观布局问题。

3.3.3 数据处理技术

1. 电子数据交换（EDI）

电子数据交换（Electronic Data Interchange，EDI）是按照协议的标准结构格式，将标准的经济信息，通过电子数据通信网络，在商业伙伴的电子计算机系统之间进行交换和自动处理。

EDI的基础是信息，这些信息可以由人工输入计算机，但更好的方法是通过扫描条形码获取数据，速度快、准确性高。物流技术中的条形码包含了物流过程所需的多种信息，与EDI相结合，方能确保物流信息的及时可得性。

（1）EDI的含义。EDI是指商业贸易伙伴之间，将按标准、协议规范化和格式化的经济信息通过电子数据网络，在单位的计算机系统之间进行自动交换和处理。EDI系统模型如图3-8所示。

国际标准化组织（International Standard Organization，ISO）于1994年确认了EDI的技术定义："根据商定的交易或电文数据的结构标准实施商业或行政交易从计算机到计算机的电子传输。"这表明EDI应用有它自己特定的含义和条件，即

1）使用EDI的是交易的双方，是企业之间的文件传递，而非同一组织内的不同部门。

2）交易双方传递的文件是特定的格式，采用的是报文标准，目前是联合国的UN/EDI—FACT。

3）双方各有自己的计算机系统。

4）双方的计算机（或计算机系统）能发送、接收并处理符合约定标准的交易电文的数据信息。

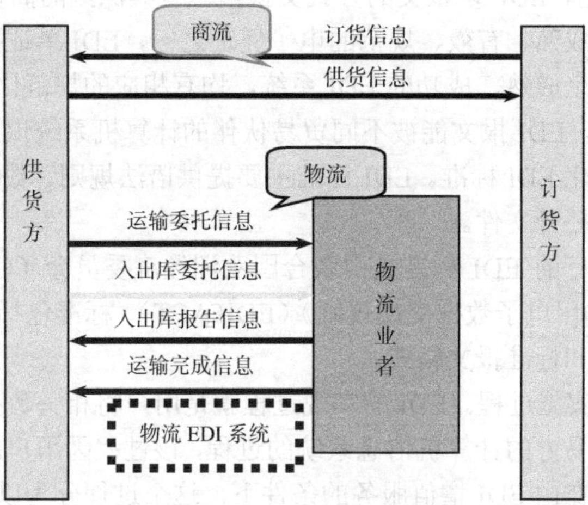

图3-8 EDI系统模型

5）双方计算机之间有网络通信系统，信息传输是通过该网络通信系统自动实现的。信息处理是由计算机自动进行的，无须人工干预、人为的介入。

（2）EDI的特点。经过20多年的发展与完善，EDI作为一种全球性的具有巨大商业价值的电子化贸易手段及工具，具有几个显著的特点：

1）单证格式化。EDI传输的是企业间格式化的数据，如订购单、报价单、发票、货运单、装箱单、报关单等，这些信息都具有固定的格式与行业通用性。而信件、公函等非格式化的文件不属于EDI处理的范畴。

2）报文标准化。EDI传输的报文符合国际标准或行业标准，这是计算机能自动处理的前提条件。目前最为广泛使用的EDI标准是UN / EDIFACT（United Nations for Electronic International for Administration, Commerce and Transport，联合国标准EDI规则适用于行政管理、商贸、交通运输）。EDIFACT作为国际标准，已被世界上大多数国家所接受，我国的EDI标准也确定以EDIFACT标准为基础制定。因此，掌握EDI的国际标准EDIFACT对实施EDI至关重要。

3）处理自动化。EDI信息传递的路径是计算机到数据通信网络，再到商业伙伴的计算机，信息的最终用户是计算机应用系统，它自动处理传递来的信息。因此，这种数据交换是机—机，应用—应用，不需人工干预。

4）软件结构化。EDI功能软件由五个模块组成：用户界面模块、内部EDP（Electronic Data Processing）接口模块、报文生成与处理模块、标准报文格式转换模块和通信模块。这五个模块功能分明、结构清晰，形成了EDI较为成熟的商业化软件。

5）运作规范化。EDI 以报文的方式交换信息有其深刻的商贸背景，EDI 报文是目前商业化应用中最成熟、有效、规范的电子凭证之一，EDI 单证报文具有法律效力已被普遍接受。任何一个成熟、成功的 EDI 系统，均有相应的规范化环境作基础。

（3）EDI 标准。EDI 报文能被不同贸易伙伴的计算机系统识别和处理，其关键就在于数据格式的标准化 EDI 标准。EDI 标准主要提供语法规则、数据结构定义、编辑规则和协定、已出版的公开文件。

目前国际上流行的 EDI 标准是由联合国欧洲经济委员会（UN / ECE）制定颁布的《行政、商业和运输用电子数据交换规则》（EDIFACT），标准包括了 EDI 标准的三要素，即数据元、数据段和标准报文格式。

（4）EDI 技术实施过程。EDI 的实现过程就是用户将相关数据从自己的计算机信息系统传送到有关交易方的计算机信息系统的过程，该过程因用户应用系统及外部通信环境的差异而不同。在由 EDI 增值服务的条件下，这个过程分为以下几个步骤：

1）发送方将要发送的数据从信息系统数据库中提取，转换成平面文件。

2）将平面文件翻译为标准 EDI 报文，并组成 EDI 信件；接受方从 EDI 信箱收取信件。

3）将 EDI 信件拆分并译成为平面文件。

4）将平面文件转换并送到接受方信息系统中进行处理。

EDI 信息系统利用电子计算机与通信技术的结合，自动地在计算机之间以标准格式进行数据的传递和处理，从而可大大提高物流业的作业效率。目前，EDI 的应用在我国还处于起始阶段，EDI 信息系统仍然没有被开发和广泛使用，这样就制约了国际多式联运（铁路、公路、水路等方式结合的运输）的发展。为此，应加快我国发展 EDI 信息系统的步伐，使物流管理水平尽快与国际接轨。

2．数据库技术

数据库技术将信息系统中大量的数据按一定的模型组织起来，提供存储、维护、检索数据的功能，使信息系统可方便地、及时地、准确地从数据库中获得所需的信息，并依此作为行为和决策的依据。现代物流信息量大而复杂，如果没有数据库技术的有效支持，物流信息系统将根本无法运作，更不用说为企业提供信息分析和决策帮助。

3．数据挖掘技术

信息技术的迅速发展，使数据资源日益丰富。但是，“数据丰富而知识贫乏”的问题至今还很严重。数据挖掘（Data Mining，DM）也随之产生。DM 是一个从大型数据库浩瀚的数据中抽取隐含的、从前未知的、潜在有用的信息或关系的过程。

4．Web 技术

Web 技术是网络社会中具有突破性变革的技术，是互联网上最受欢迎、最为流行的技术。采用超文本、超媒体的方式进行信息的存储与传递，能把各种信息资源有机地结合起来，具有图文并茂的信息集成能力及超文本链接能力的信息检索服务程序。Web 页面的描述由标识语言（HTML）发展为可扩展的标识语言（XML），使得在互联网上可以方便地定义行业的语义。

全球视野

网络 GPS 在物流业中的运用

目前世界上在广泛采用的卫星定位系统是由美国军方研制并发射的 GPS 定位系统。从第一颗试验卫星于 1978 年 2 月发射以来，已经有 22 年的发展历程，当前已经进入实用阶段并深入到军事与民用的各个领域中。随着 Internet 的蓬勃发展，GPS 也进入了网络时代。GPS，GIS 和 GSM 等各项先进技术的强强联合造就了现在的网络 GPS，它的出现将大大促进物流产业的发展。

1. 网络 GPS 的概念和特点

网络 GPS 就是指在 Internet 上建立起来的一个公共 GPS 监控平台，它同时融合了卫星定位技术、GSM 数字移动通信技术以及国际 Internet 技术等多种目前世界上先进的科技成果。网络 GPS 综合了 Internet 与 GPS 的优势与特色，取长补短，它解决了原来使用 GPS 所无法克服的障碍：首先，其可降低投资费用。网络 GPS 免除了物流运输公司自身设置监控中心的大量费用，其不仅包括各种硬件配置，还包括各种管理软件。其次，网络 GPS 一方面利用 Internet 实现无地域限制的跟踪信息显示，另一方面，又可通过设置不同权限做到信息的保密。网络 GPS 的特点大致如下：

（1）功能多、精度高、覆盖面广，在全球任何位置均可进行车辆的位置监控工作，充分保障网络 GPS 所有用户的要求都能够得到满足。

（2）定位速度快，有力地保障了物流运输企业能够在业务运作上提高反应速度，降低车辆空驶率，降低运作成本，满足客户需要。

（3）信息传输采用 GSM 公用数字移动通信网，具有保密性高、系统容量大、抗干扰能力强，漫游性能好、移动业务数据可靠等优点。

（4）构筑在 Internet 这一最大的网上公共平台上，具有开放度高、资源共享程度高等优点。

2．网络 GPS 的工作流程

车载单元即 GPS 接收机在接收到 GPS 卫星定位数据后，自动计算出自身所处的地理位置的坐标，后经 GSM 通信机发送到 GSM 公用数字移动通信网，并通过与物流信息系统连接的 DDN 专线将数据送到物流信息系统监控平台上，中心处理器将收到的坐标数据及其他数据还原后，与 GIS 系统的电子地图相匹配，并在电子地图上直观地显示车辆实时坐标的准确位置。各网络 GPS 用户可用自己的权限上网进行自有车辆信息的收发、查询等工作，在电子地图上清楚而直观地掌握车辆的动态信息（位置、状态、行驶速度等）。同时还可以在车辆遇险或出现意外事故时进行种种必要的遥控操作。

3．网络 GPS 对物流产业所起的作用

（1）实时监控功能。在任意时刻通过发出指令查询运输工具所在的地理位置（经度、纬度、速度等信息）并在电子地图上直观地显示出来。

（2）双向通信功能。网络 GPS 的用户可使用 GSM 的话音功能与司机进行通话或使用本系统安装在运输工具上的移动设备的汉字液晶显示终端进行汉字消息收发对话。

（3）动态调度功能。调度人员能在任意时刻通过调度中心发出文字调度指令，并得到确认信息。可进行运输工具待命计划管理，操作人员通过在途信息的反馈，运输工具未返回车队前即做好待命计划，可提前下达运输任务，减少等待时间，加快运输工具周转速度。

（4）数据存储、分析功能。实现路线规划及路线优化，事先规划车辆的运行路线、运行区域，何时应该到达什么地方等，并将该信息记录在数据库中，以备以后查询、分析使用。

（5）服务质量跟踪功能。在中心设立服务器，并将车辆的有关信息（运行状况、在途信息、运能信息、位置信息等用户关心的信息）让有该权限的用户能异地方便地获取自己需要的信息。

网络 GPS 的出现无论对 GPS 供应商还是对物流运输企业来讲都是一个真正的好消息，因为其直接导致的是投资费用的降低与信息显现的无地域性限制，而最终的结果则是 GPS 门槛的降低及普及率的提高从而使更多的物流企业从中受益。

企业案例

海尔物流信息系统建设

为了与国际接轨，建立起高效、迅速的现代物流系统，海尔采用了 SAP 公司的 ERP 系统和 BBP 系统（原材料网上采购系统），对企业进行流程改造。经过近两年的实施，海尔的现代物流管理系统不仅很好地提高了物流效率，而且将海尔的电子商务平台扩展到了包含客户和供应商在内的整个供应链管理，极大地推动了海尔电子商务的发展。

海尔实施信息化管理的目的主要有以下两个方面：

（1）现代物流区别于传统物流的主要特征是速度，而海尔物流信息化建设需要以订单信息流为中心，使供应链上的信息同步传递，能够实现以速度取胜。

（2）海尔物流需要以信息技术为基础，能够向客户提供竞争对手所不能给予的增值服务，使海尔顺利从企业物流向物流企业转变。

海尔采用了 SAP 公司提供的 ERP 和 BBP 系统，组建自己的物流管理系统。

1. ERP 系统

海尔物流的 ERP 系统共包括五大模块，即 MM（物料管理）、PP（制造与计划）、SD（销售与订单管理）、FI/CO（财务管理与成本管理）。

ERP 实施后，打破了原有的"信息孤岛"，使信息同步而集成，提高了信息的实时性与准确性，加快了对供应链的响应速度。如原来订单由客户下达传递到供应商需要 10 天以上的时间，而且准确率低，实施 ERP 后订单不但 1 天内完成"客户—商流—工厂计划—仓库—采购—供应商"的过程，而且准确率极高。

2. BBP 系统

BBP 系统（原材料网上采购系统）主要是建立了与供应商之间基于因特网的业务和信息协同平台。该平台的主要功能：

（1）通过平台的业务协同功能，既可以通过因特网进行招投标，又可以通过因特网将所有与供应商相关的物流管理业务信息，如采购计划、采购订单、库存信息、供应商供货清单、配额以及采购价格和计划交货时间等发布给供应商，使供应商可以足不出户就全面了解与自己相关的物流管理信息（根据采购计划备货，根据采购订单送货等）。

（2）对于非业务信息的协同，SAP 使用构架于 BBP 采购平台上的信息中心为海尔与供应商之间进行沟通交互和反馈提供集成环境。信息中心利用浏览器和 Internet 作为中介整合了海尔过去通过纸张、传真、电话和电子邮件等手段才能完成的信息交互方式，实现了非业务数据的集中存储和网上发布。

实施和完善后的海尔物流信息管理系统，可以用"一流三网"来概括。这充分体现了现代物流的特征："一流"是指以订单信息流为中心；"三网"分别是全球供应链资源网络、全球用户资源网络和计算机信息网络。

整个系统围绕订单信息流这一中心，将海尔遍布全球的分支机构整合之后的物流平台使供应商和客户、企业内部信息网络这"三网"同时开始执行，同步运动，为订单信息流的增值提供支持。

海尔的物流系统不仅实现了“零库存”、“零距离”和“零营运资本”，而且整合了内部，协同了供货商，提高了企业效益和生产力，方便了使用者。

问题：

1. 根据海尔物流信息系统建设的现状，你认为海尔物流信息系统建设的目标是什么？

2. 海尔为什么要进行业务流程再造？

3. 请对海尔流程再造前后的不同点作分析。

4. 海尔物流管理的“一流三网”体现在哪些方面？

5. 海尔物流信息系统建设案例带给我们什么启示？

资料来源：中国物流与采购联合会网站.

复习思考题

1. 物流信息有哪些特点？
2. 商流、物流和信息流的关系是什么？
3. 何谓物流信息系统？
4. 何谓物流信息，其功能包括哪些？
5. 物流信息技术主要包括哪些？
6. 现代物流信息技术主要包括哪些？

本章小结

数据是人们用来反映客观事物而记录下来的可以鉴别的符号，是客观事物的基本表达。数据包括数值型数据和非数值型数据。数据还可以分为空间数据和非空间数据。

信息是能反映事物内在本质的外在表现，如图像、声音、文件、语言等，是事物内容、形式和发展变化的反映，即指数据处理后而形成的对人们有意义的、看得懂的、有用处的某种形式。

物流信息就是物流活动的内容、形式、过程及发展变化的反映，它表示了品种、数量、时间、空间等各种需求信息在同一个物流系统内，在不同的物流环节中所处的具体位置。在物流活动中，供给方与需求方需要进行大量的信息交换和交流。物流信息特殊性主要表现在：信息源点多、分布广、信息量大；种类繁多；动态性强。

商流、物流和信息流是从流通内部结构描述流通过程所提出的概念，称为流通过程中的“三流”。三流之间关系极为密切，可以说，失去了其中任何一流，另外两流都不会长期存在下去。它们是互为存在的前提条件，又是互为存在的基础。但是，从其本身的结构、性质、作用及工作方法来看，三流各有其特殊性，各有其不同的独立存在的特点，又各有其本身运动的规律。

物流信息系统作为企业信息系统中的一类，可以理解为通过对与物流相关信息的加工处理来达到对物流、资金流的有效控制和管理，并为企业提供信息分析和决策支持的人机系统。它具有实时化、网络化、系统化、规模化、专业化、集成化、智能化等特点。物流信息系统以物流信息传递的标准化和实时化、存储的数字化、物流信息处理的计算机化等为基本内容。

物流管理信息系统通常包括物品管理、储存管理、配送管理、运输与调度管理、客户服务管理、财务管理、人力资源管理等子系统。

公共物流信息网络平台应该是一个公共社会化的、开放统一的信息系统，为广大企事业单位提供物流信息发布、检索、交换的一体化系统，为他们提供一条紧密连接的信息渠道，提高企业的供应链管理水平，提升物流管理效率和快速反应能力，使其真正获得核心竞争力。

公共社会物流信息系统应包括两部分：一个是集中的物流信息管理系统，负责信息管理和服务；另一个是分布的企业物流客户系统，负责对企业内部的物流信息进行管理制作与发布、检索。

物流信息是指与物流活动（如运输、保管、包装、装卸、流通加工等）有关的信息。在物流活动的管理与决策中，如运输工具的选择、运输路线的确定、每次运送批量的确定、在途货物的追踪、仓库的有效利用、最佳库存数量的确定、库存时间的确定、订单管理、如何提高顾客服务水平等，都需要详细和准确的物流信息，因为物流信息对运输管理、库存管理、订单管理、仓库作业管理等物流活动具有支持保证的功能。

根据物流的功能以及特点，物流信息技术主要包括条形码及射频技术、计算机网络技术、多媒体技术、地理信息技术、全球卫星定位技术、自动化仓库管理技术、智能标签技术、信息交换技术、电子数据交换、数据库技术、数据仓库技术、数据挖掘技术、Web 技术等。

第4章

物流成本管理

本章学习目标

- 理解物流与客户价值、物流与盈亏线、物流活动与物流成本的关系；
- 理解企业物流成本计算的对象；
- 掌握企业物流成本计算的方法；
- 理解物流成本分析的内容；
- 掌握物流成本分析的方法。

引导案例

T公司是国内一家知名的快速消费品企业，在营销、采购、生产和成品物流上做得很成功，但其产品总监却一直有一个困惑：他们无法衡量整体供应链上的客户价值。某客户来了，甚至不知道是该请他吃鲍鱼还是吃大排档。

例如，A客户买走了T公司价值100万元的最新产品；B客户买走了100万元库存。那么，哪个客户价值更大呢？

根据常理，产品在库时间越长，这批产品的存储成本越大，如果客户在接近产品到期的时候才购买，相当于产品成本（生产成本+物流成本）较高，企业获得的利润较低，因此，客户价值就低。因此，A客户的客户价值要大于B客户。但是如果换一种思路，结论却恰恰相反。

产品在库时间越长，越难销售出去，因为客户（不管经销商还是消费者）都想购买新鲜的产品。当客户买走我们库存已久的产品时，那是客户在帮我们的忙——帮我们消化了存货！这样的客户将我们头疼已久的库存变为现金重新流通，从现金流和物流成本（包括货损）角度看，B客户的客户价值可能要大于A客户的。

当然，到底用哪种标准来判断，取决于企业的具体情况。对那些库存成山、现金枯竭的服装企业，它的促销和公关费用自然应该向B客户倾斜。不过不管是哪种思路，前提是企业必须准确了解自己的物流成本，否则企业很可能对客户价值做出错误的判断，尤其那些产品线长而复杂的企业。

这些企业之前把所有的物流成本作为销售费用管理，无法进行细致的分类分析，不能解释物流成本是高是低及其原因、总体水平是否合理等重要问题。

如T公司的业务部门，除了瞎请客户吃饭外，还有很大的成本压力。但如何降低成本，在哪些环节可以调低成本、成本降低措施的效果如何，无法评判。譬如，对于一些批量小批次多的品种，是否可以一次多生产以减少生产成本？回答是“否”。因为，对企业来说，规模经济是重要的，但降低库存也是重要的，不能为了降低生产成本而过分增大库存。

那么兼顾库存的经济生产批量到底是多少呢？这就需要权衡。有了物流成本的数据，权衡才有数据分析的基础，从而在两个成本之间求出最小值，确定最佳的生产数量。

基于判断客户价值及物流成本分析的需要，企业需要建立物流成本体系。

资料来源：赵杨. 物流成本体系缺失的尴尬. 销售与市场，2005（33）.

4.1 物流成本管理概述

物流成本管理是物流与供应链管理中的重要内容。随着物流的快速发展和成本管理实践的深入，人们越来越认识到，成本管理不能停留在原有的模式和内容上，要想大幅度降低成本提高效益，还要注重对物流这个“第三利润源”的管理。近二十多年来，物流管理得到了迅速发展，但与企业管理的其他内容相比，毕竟还是新兴事物，对物流成本管理的研究更是处于起步的初级阶段，对其至今没有一个确切的定义。从物流管理的内容来看，它是以物流成本信息的产生和利用为基础，按照物流总成本最优化的要求有组织地进行预测、决策、计划、控制、分析和考核的一系列的科学管理活动。但应该特别注意，物流成本管理不等于“管理物流成本”，我们不能一味地注意“怎样计算”而忘了“为什么计算”，不能本末倒置。

学术界普遍认为，物流成本管理不单是一项具体的可操作的任务，它不仅仅是管理物流成本，而是通过成本去管理物流，可以说是以成本为手段的物流管理方法，通过对物流活动的管理，从而在既定的服务水平下达到降低物流成本的目的。

在本节将阐述物流与客户价值、物流与盈亏线、物流活动与物流成本的关系。

4.1.1 物流与客户价值

物流管理的使命可以被简单地定义为：以最低的成本来满足客户的服务需求。也就是说，任何物流系统的首要目标是满足客户需求。如何通过物流去实现客户价值是一个值得关注的问题。一项商业活动的最终成败是由所选择目标市场的客户价值水平所决定的。可以认为，客户价值是发生在购买活动或相关行为之后的总收益与所发生的总成本之间的差别。这一思想的另一种表述方法为

客户价值=总收益÷所有权成本

式中，采用“所有权成本”而不是价格，是因为购买或相关行为往往涉及除价格以外的其他重要成本。当然，与此类似，发生在购买或相关行为之后的净收益也往往高于真实的产品特性及功能。例如，两种竞争性产品可能会因技术操作的原因而稍微有所区别，但其中一者可能因为提供了客户支持而显得格外优越。

就竞争者而言，那些成功的公司实现了更多的客户价值，从而拥有了自己的“竞争优势”。换句话说，它们的收益成本要高于同市场领域的其他企业。至于谈到客户价值比率的分子和分母，物流管理对它们的影响是一模一样的。这一点在将比率公式做出如下扩展后变得更加明显。

客户价值=（质量×服务）÷（成本×时间）

四个要素可以言简意赅地定义如下：

质量——产品的功用、性能以及技术规格。

服务——可得性，客户支持以及对客户的承诺。

成本——包含价格与生命周期各成本在内的客户交易总成本。

时间——对客户需求做出反应的时间，如配送的前置时间。

这四者中的每一要素都需要一套能够进行持续升级、革新和投资的方案，以不断保持竞争上的优势。在延长客户终身价值上，物流管理扮演了重要的角色，它可以提高客户满意度、巩固客户保留价值。为此，需要结合以市场为导向的物流战略，针对不同客户的特定需求来设计服务目标。

因为传统的成本核算体系倾向于将重点放在生产成本而不是客户服务成本上，所以，企业的老总们总是难以完全理解，为何满足客户需求所需的成本总是非常高昂。尽管物流成本在不同企业和不同行业中不尽相同，但在美国，统计数据表明，整个经济体系中的物流成本占 GDP 的近 10%；而在其他国家，物流成本在 GDP 中所占的比例也与这一数字不相上下甚至更高。

然而，物流活动并不仅仅是产生成本，同时也通过提供服务产品而创造收益。因此，

了解物流和供应链决策对利润的影响力是十分重要的。同时，因为物流活动所占用的资源是以固定资本和营运资本的形式出现的，所以在规划供应链策略时，有必要考虑财务因素。

4.1.2 物流与盈亏线

财务因素在当今动荡不安的商业环境中越发显示出其在决策过程中的重要性。

首先，“盈亏线”（The Bottom Line）已经成为企业行为的驱动因素，但很可能它指出的方向是错误的，在某些情况下，这会在短期内产生一定的潜在危险。因此，我们发现，如果没有得到即时回报的可能，我们也许会大幅度缩减在打造品牌、研究开发以及生产能力等方面的投资。

其次，现金流会对决策过程和管理层产生强大的影响。因此，在管理层中，强有力的现金流已被视为同利润一样重要。

再次，资源的利用率也是决策过程中需要考虑的财务因素，特别是对于固定资本和营运资本的利用。大多数的企业都面临着提高资本利用率的压力——要想方设法从每一分资本中榨取每一滴油水。从这一点来看，企业看重投资回报率（Return On Investment，ROI）就无可厚非了。投资回报率是指净利润与产生这一利润的所用资本之间的比率，即

$$\text{ROI}=\text{利润}\div\text{所用资本}$$

这一公式可以扩展为

$$\text{ROI}=(\text{利润}\div\text{销售额})\times(\text{销售额}\div\text{所用资本})$$

这样看来，投资回报率可以由两个比值相乘所得：首先是利润÷销售额，通常我们把其看成边际利润；其次是销售额/所用资本，称为资本周转率或资产周转率。因而，为了提高投资回报率，必须提高这两比值中的一个或全部。通常情况下，为了提高投资回报率，许多企业将主要精力放在了提高边际利润上。但是，利用资本周转率的提高而产生的财务杠杆作用提升 ROI 不失为更有效的手段。例如，许多成功的零售商已经认识到，若资本效率非常高，则很低的净利润也可以产生理想的投资回报率。例如，持有库存量低、每平方英尺货物销售额高、租用资产而不是自营资产，这些都会降低投入的资本，那么在资本效率提升的同时投资回报率也就稳步上升了。

图 4-1 解释了在达到更高的边际利润或资产周转率这两种方法中，我们所能发现的提高投资回报率的机会。每条“ROI 曲线”反映了通过特定边际成本或资产周转率的结合，达到相同投资回报率的不同方法。物流管理的挑战就在于，如何找出将 ROI 曲线向右移动的方法。

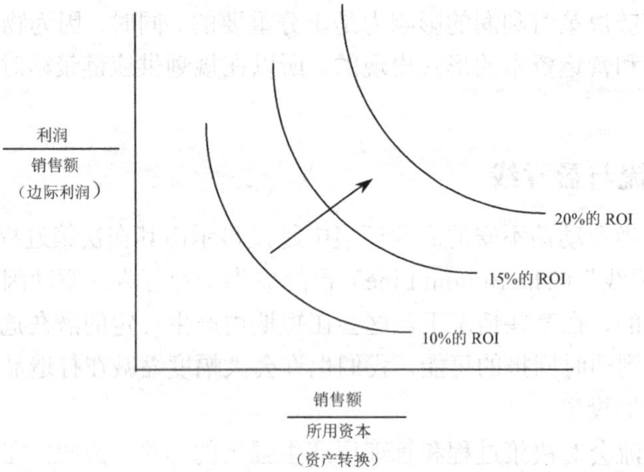

图 4-1　边际利润和资产转换对 ROI 的影响

物流管理影响投资回报率的方法是多种多样的。图 4-2 强调指出决定投资回报率的主要因素，阐明通过有效的物流管理来提高投资回报率的潜在可能。

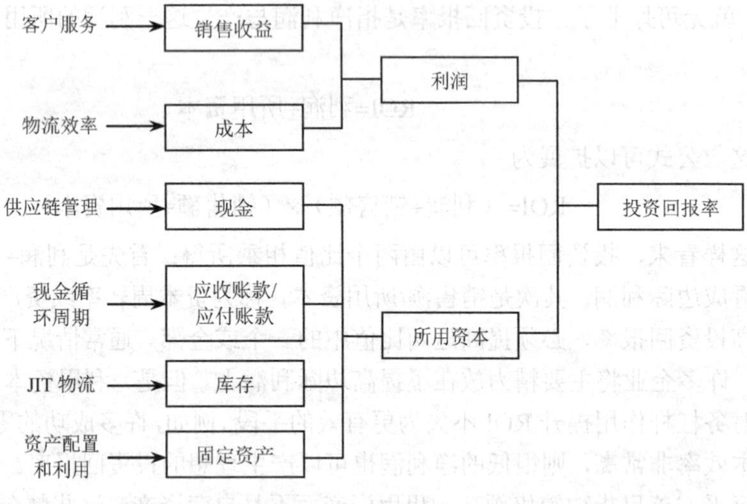

图 4-2　物流对投资回报率的影响

4.1.3　物流成本与物流活动

1. 物流成本的概念

根据 2001 年 8 月 1 日正式实施的《中华人民共和国国家标准·物流术语》（GB/T 18354—2001），物流成本可定义为“物流活动中所消耗的物化劳动和活劳动的货币表现”，即产品在实物运动过程中，如包装、运输、储存、流通加工、物流信息等各个环节所支出的人力、物力和财力的总和。物流成本是完成诸种物流活动所需的全部费用。

2. 总成本系统思维

总成本分析是管理物流职能的关键。组织的一个主要目标应是减少物流活动的总成本，而不是集中在孤立的单一活动。试图减少单个活动的成本也许会导致总成本增加，因为，各物流功能活动中有较明显的效益背反现象。例如，将制成品库存合并到少数几个配送中心将会减少存货持有成本和仓储成本，但可能导致运费的巨大上升或由于客户服务水平下降所导致的销售量减少。类似地，与大批量采购有关的节约可能低于库存持有成本的关联上升。

图 4-3 指出了物流的六个主要成本类别。管理层必须考虑图中所描述的所有物流成本的总和。一项成本的减少必然导致其他组成部分的成本上升。只有通过将物流看成一个完整的系统，并以给定企业的客户服务目标为前提，将总成本最小化，才能实现有效的管理和真正的成本节约。

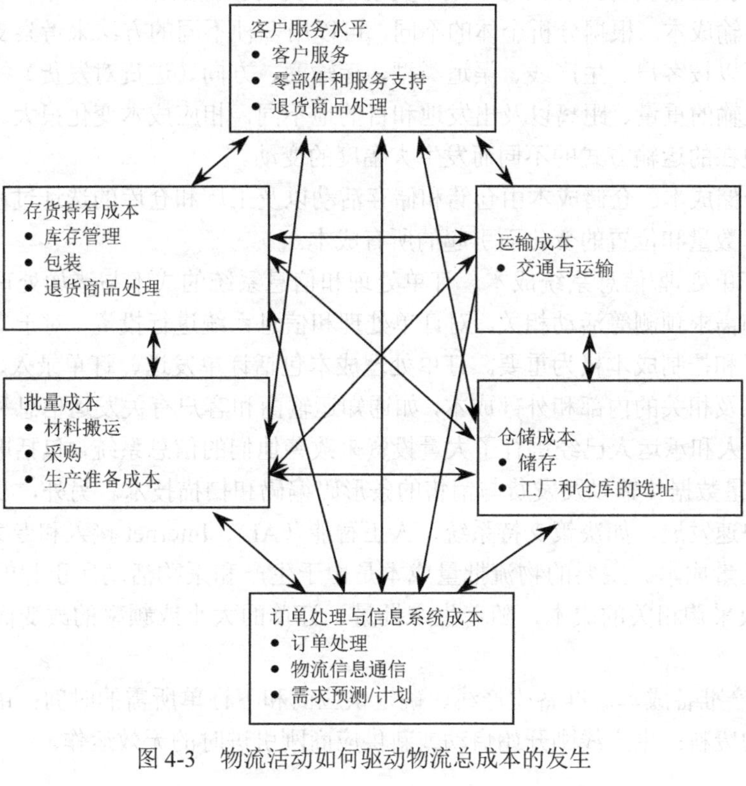

图 4-3 物流活动如何驱动物流总成本的发生

3. 物流活动与物流成本的关系

物流成本是由支持物流过程的活动所驱使或造成的，主要的成本类别有客户服务、运输、仓储、订单处理和信息系统、批量以及存货持有成本。

（1）客户服务水平。与不同客户服务水平相关的关键的成本权衡因素是丧失销售的成本。客户服务成本包括订单履行成本以及零部件和服务支持的成本，还包括与退货处理相关的成本，这主要影响着客户对组织服务的感受以及最终的客户满意水平。

丧失销售的成本不仅包括失去的现有销售所带来的贡献，还包括未来的潜在销售。公司可能由于以前顾客的反面的口头宣传而丧失未来的销售机会。某一项评估表明，每个不满意的顾客会将他对于产品或服务的不满向其他九个人诉说。毫无疑问，要衡量客户服务的真实成本是多么困难。

因此，最好的办法是根据客户需要决定希望达到的客户服务水平，并考虑哪些需求将会如何受营销组合其他方面的开支的影响。正如前面所说的，其思想是在给定客户服务目标的前提下，使总成本最小化。因为其他五个主要的物流成本因素共同作用来支持客户服务，我们需要得到有关每个成本类别的开支的正确数据。

（2）运输成本。根据分析个体的不同，可以用多种不同的方法来考察支持运输的支出。成本可以按客户、生产线、渠道类型、运输商、方向（进货对发货）等分类。根据发货量、运输的重量、距离以及出发地和目的地不同，相应成本变化很大。成本和服务还会随着现在的运输方式的不同而发生大幅度的变动。

（3）仓储成本。仓储成本由仓储和储存活动以及工厂和仓库的选址过程所造成，包括由于仓库数量和位置的变化而引起的所有成本。

（4）订单处理/信息系统成本。订单处理和信息系统的成本与诸如处理客户订单、配送信息和需求预测等活动相关。对订单处理和信息系统进行投资，对于支持良好的客户服务水平和控制成本极为重要。订单处理成本包括订单发送、订单录入、订单核实、订单处理以及相关的内部和外部成本，如通知运输商和客户有关发运信息和产品的可供情况。发运人和承运人已经进行了大量投资来改善他们的信息系统，包括电子数据交换（EDI）、卫星数据传输以及发货与销售的条形码编码和扫描技术。另外，复杂的信息技术也有了快速发展，如决策支持系统、人工智能（AI）、Internet 接入和专家系统。

（5）批量成本。主要的物流批量成本是由于生产和采购活动所引起的。批量成本是和生产或采购相关的成本，随着生产批量、订单的大小或频率的改变而变化。它们包括：

1）生产准备成本。准备生产线、确定供应商和下订单所需的时间；由于准备生产线所造成的废料；生产线刚开始启动或新供应商刚引进时的无效运作。

2）由于生产线或供应商转换期间的停工所造成的生产能力损失。

3）物料搬运、安排计划和加急。

4）购买不同数量的价格差异。

（6）存货持有成本。可能影响存货持有成本的物流活动包括库存控制、包装以及废品回收和废物处理。存货持有成本由许多因素组成，除销售的丧失成本之外，存货持有成本是最难确定的。为了要制定决策，唯一要考虑的库存相关成本是那些随着存货金额变动而变化的项目。

存货持有成本包括资本成本、储存空间成本、库存服务成本和库存风险成本。每一成本类型都有其独特的性质，其特殊的计量使它们包括不同的支出成本。

1）资本成本。资本成本有时也叫利息（interest）或机会（opportunity）成本，这种成本类型侧重于公司用于库存的资本所产生的成本（与把资本用于其他金融性生产方式上相对比）。换一种说法，“能用在其他值得做的项目上但却用在库存上的资本的潜在价值是多少？”

资本成本常常是存货持有成本的最大一方面，公司通常把它表示成为其存货的现金价值的百分比。例如，一个产品价值 100 美元，其 20%为资本成本，即 20 美元。

在应用中，确定一个可接受资本成本数量并不是一个小任务。实际上，大多数公司发现确定资本成本与其说是一门科学，不如说是一门艺术。一种为制定库存决策而计算资本成本的方法，需要确定公司的最低报酬率，即新投资的最低期望报酬率。用这种方式，在公司决定为广告、设立新工厂或增加新的计算机设备而支付金额时，大体上就可以以同样的方式来制定库存决策。

例如，假定公司库存的平均价值是 50 万美元，这项存货是公司的一项资产，就像机器设备或其他资本投资。因此，如果公司以 15%的最低报酬率为其资本成本，那么资本成本是 7.5 万美元。

2）储存空间成本。储存空间成本包括把产品运进和运出仓库所发生的搬运成本，以及诸如租金、取暖和照明等仓库成本。这些费用根据具体情况各异，变化相当大。例如，公司通常能直接从铁路车厢中卸下原材料，并可以露天储存，而一些高精度产成品则需要专门车辆搬运和非常精致的储存设备。

储存空间成本随库存水平的变化而变化。因此，公司在估算空间成本和资本的时候，不仅要把固定成本计算在内，还应该把变动成本包括进来。可以通过对比使用公用仓库和私人仓库来阐明这一问题。一个公司要使用公共仓库，实际上所有的搬运和储存成本都直接随着储存货物的数量变化而变化，因此这些成本总是和库存决策相关。若一个公司使用私人仓库，很多储存的空间成本是固定的，这样，其成本和库存的持有成本无关。

3）库存服务成本。存货持有成本的另一个方面是库存服务成本，它包括保险和税收带来的成本。根据产品的价值和类型，丢失和破损的风险需要很高的保险费。因此，在美国，很多州对库存产品征收赋税，有时一月一收。库存多税收成本就高，这对公司确定具体的储存产品的地点时，是一个重点的参考因素，保险和税收依产品不同而不同。在确定存货持有成本时必须考虑这一点。

4）库存风险成本。存货持有成本的最后一个方面是库存风险成本，它反映了存货的现金价值下降的可能性，这种可能性远远超出公司的控制范围。例如，库存的商品存放了一段时间就可能过时，因此价值要贬值。同样，一旦到了销售季节的中期或过季，时装的价值也要迅速贬值，新鲜水果和蔬菜一旦不新鲜了这种情况也能发生。尽管程度不同，但制造性产品也会面临同样的风险。极端的例子应该是高价值的产品，如计算机和外围设备或半导体产品，它们的生命周期相对来说都很短。在这种情况下，过时或贬值的成本是相当大的。

任何一种计算库存风险成本的方法都应包括与陈旧、破损、丢失、被盗以及库存商品的其他风险相关的成本，库存商品遭受风险的程度会影响库存价值和相应的持有成本。

这些成本不应该被孤立地看待，因为它们可能还会影响其他许多成本。例如，一个消费品制造商生产很大的生产批量，也许可以从供应商那里得到好价钱，获得长时间有效率的生产运作，但是也可能需要更多的储存空间来处理这些大批量。客户服务水平可能因为订单完成率下降而受到影响。原因在于产品以大批量、小频率生产，在库存降到零时，在两个生产批次之间产生了断货的情况。这也可能会增加信息和订单处理成本，原因在于顾客频繁打电话核实后续延期订货的可供状况，并取消延期订货。

由于向客户部分地或分拆订单发货，运输成本也可能上升。这归咎于大批量，由于在库存耗尽为止一直持有大量库存，存货持有成本可能会上升。某项成本对另一项成本的影响必须加以清楚的考虑。

4.2 物流成本计算

对许多企业来说，由于缺乏正确的成本信息，就难以用整合的思想进行物流管理。传统的计算方法对共同成本和间接成本进行硬性分摊，很难对物流服务产生的成本进行必要的和更细致的针对分析。为了揭示物流系统中成本权衡的潜在内容，有必要建立合适的物流导向的成本计算体系。

尽管物流成本管理在增进企业经营效果和降低总费用产生方面的作用已经被人们广为认同，但现行的成本管理和费用计算体系难以动态、全面地监控和管理物流成本。

（1）在成本管理方面，企业一直将注意力集中在生产成本的控制上，但对于物流过程中的费用研究较少，缺乏有效的物流成本管理方法，特别是对于物流全过程缺乏有效和全面的控制，造成此低彼高、物流系统整体效益不佳的状况。

（2）由于企业没有单独的物流成本计算体系，传统成本计算在价格和内容方面很难全面真实反映物流成本的各种耗费。

（3）供应链企业间的物流成本被忽略，在企业的物流活动中，企业间物流活动的协调和合作，往往能很有效地控制供应链整体成本。而如果物流系统诸环节被隔离分解，一些物流活动无法计量、无法控制、无定额标准、无完整记录，使物流成本的计算无准确真实的原始资料，这样势必影响企业间的物流活动协调和管理。正因如此，如何建立一套完整、合理的物流费用和成本管理的方法体系尤为重要。

4.2.1 物流成本计算对象

物流成本的计算取决于成本计算对象的选取。一般来说，物流成本计算对象的选取主要取决于物流成本项目、物流范围、物流成本支付形态以及企业物流成本控制的重点。

1. 以物流成本项目作为成本计算对象

物流成本项目是最基本的物流成本计算对象。以物流成本项目作为成本核算对象，是将物流成本首先按是否属于功能性成本分为物流功能和存货相关成本。其中，物流功能成本指在包装、运输、仓储、装卸搬运、流通加工、物流信息和物流管理过程中所发生的物流成本。存货相关成本指企业在物流活动过程中所发生的与存货有关的资金占用成本、物品损耗成本、保险和税收成本。

2. 以物流范围作为成本计算对象

以物流活动的范围作为物流成本计算对象，是对物流的起点和终点以及起点与终点间的物流活动过程的选取，具体包括供应物流、企业内物流、销售物流、回收物流和废弃物流等不同阶段所发生的各项成本支出。

3. 以物流成本支付形态作为成本计算对象

以物流成本支付形态作为成本计算对象是将一定时期的物流成本从财务会计数据中予以分离，按照成本支持形态进行分类计算。具体包括委托物流成本和企业内部物流成本。其中，企业内部物流成本其支付形态具体包括材料费、人工费、维护费、一般经费和特别经费。

4. 其他物流成本计算对象

除了以上物流成本计算对象，企业还可以根据物流成本管理和控制的重点选取其他物流成本计算对象。比如，以客户作为成本计算对象，以产品作为成本计算对象，以部门作为成本计算对象，以营业网点作为成本计算对象。

总之，企业可根据自身需要，选择成本计算对象进行成本计算和管理。从理论上说，企业可以以全部经营活动的任何一个管理对象作为物流成本计算对象，对象可以是一维、二维、三维或更多维，维度越多，物流成本信息也就越详尽，当然，计算难度和工作量也就越大。

4.2.2 物流成本的计算方法

1. 会计方式的物流成本计算

会计方式的物流成本计算是要通过凭证、账户、报表的完整体系，对物流耗费予以连续、系统、全面记录的计算方法。具体包括三种形式。

（1）独立的物流成本会计计算模式。这种模式要求把物流成本计算与财务会计计算体系截然分开，单独建立起物流成本的凭证、账户、报表体系。具体做法是，对于每项物流业务，均由车间成本员或者基层核算员根据原始凭证编制物流成本计账凭证一式两份，一份连同原始凭证转交财务科，据以登记财务会计账户，另一份留基层成本员据以登记物流成本账户，如图 4-4 所示。

独立的物流成本会计计算提供的成本信息比较系统、全面、连续、准确、真实；两套计算体系按不同要求进行，向不同信息要求者提供信息，对现行成本计算干扰不大。但是，这种模式工作量大，基层核算员素质也会影响核算的准确性。

（2）结合财务会计体系的物流成本计算模式。它是把物流成本计算与企业财务会计和成本核算结合起来进行，即在产品成本计算的基础上增设一个“物流成本”科目，并按物流领域、物流功能分别设置二级、三级明细账，按费用形态设置专栏。当费用发生时，借记“物流成本”及有关明细账，月末按照会计制度规定，根据各项费用的性质再还原分配到有关的成本科目中去，如图 4-5 所示。

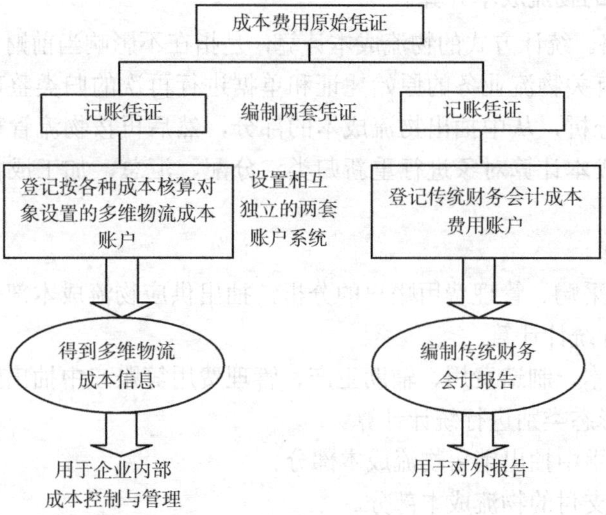

图 4-4　独立的物流成本会计计算模式

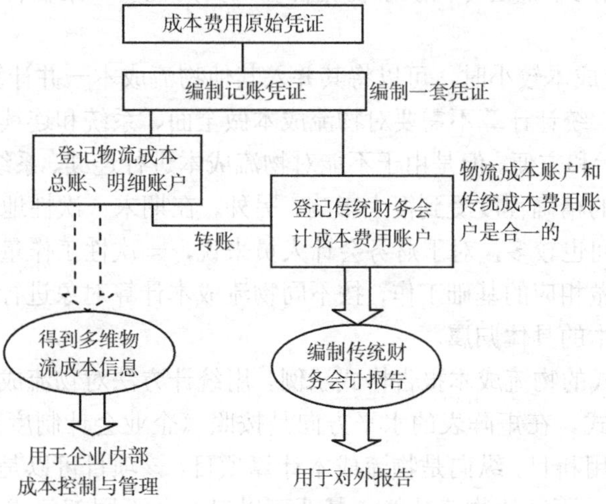

图 4-5　结合财务会计体系的物流成本计算模式

这种方法既可以保证传统财务会计核算的需要，也可以从账户系统中获得物流成本的信息。所提供的成本信息比较全面、系统、连续；与产品成本计算结合，可减少一定工作量。当然，这种方法也存在明显缺点。为共享数据，需对现有的产品成本计算体系进行调整；需划分现实物流成本和观念物流成本的界限，划分应否计入产品成本的界限，对人员要求高；管理成本都要与产品成本结合，再将物流成本与之结合难度更大。

2. 统计方式的物流成本计算

（1）基本思路。统计方式的物流成本计算，是指在不影响当前财务会计计算体系的基础上，通过对有关物流业务的原始凭证和单据进行再次的归类整理，对现行成本核算资料进行解剖分析，从中抽出物流成本的部分，然后再按物流管理的要求对上述费用按不同的物流成本计算对象进行重新归类、分配、汇总，加工成物流管理所需的成本信息。

（2）基本步骤。

1）通过材料采购、管理费用账户的分析，抽出供应物流成本部分，按功能类别或支付形态类别进行统计计算。

2）从生产成本、制造费用、辅助生产、管理费用等账户中抽出生产物流成本，按功能类别或支付形态类别进行统计计算。

3）从销售费用中抽出销售物流成本部分。

4）企业对外支付的物流成本部分。

5）物流利息（机会成本）的确定。

6）从管理费用中抽出专门从事物流管理人员的耗费，推估管理人员用于物流管理工作时间比率。

7）废弃物流成本较小时，可以将其并入其他物流成本一并计算。

（3）优缺点。统计计算不需要对物流成本做全面、系统和连续的反映，所以运用起来比较简单、灵活和方便。但是由于不能对物流成本进行连续、系统和全面的追踪反映，所以得到的信息的精确程度受到很大影响。另外，在期末一次性地进行物流成本的归类统计，花费的时间也较多，对于财务会计人员来说，一次性工作量大。如果在日常会计处理过程中没有做相应的基础工作，按不同物流成本计算对象进行成本归集时，有时也无法确定某项成本的具体归属。

（4）统计方式的物流成本报告格式示例。用统计方法对物流成本进行汇总，通常是采用矩阵表的形式。在矩阵表的水平方向是按照《企业会计制度》及其他财务会计规定设置的成本费用科目，纵向是物流成本计算项目，该项目可以是不同的费用要素（见表4-1），也可以是不同的物流功能，甚至可以对企业不同部门或者不同客户进行统计计算。

表4-1　物流成本按费用要素的计算

费用要素	主营业务成本	其他业务成本	营业费用	管理费用	财务费用	合计
工资						
材料费						

续表

费用要素	主营业务成本	其他业务成本	营业费用	管理费用	财务费用	合计
折旧费用						
燃料动力费						
利息支出						
税金						
其他支出						
合计						

3. 会计和统计相结合的成本计算方法

物流成本核算的目的是更好地进行物流成本的管理，因此企业可以按照物流成本管理的不同要求和目的设置相应的成本计算项目，并根据成本计算项目所需的数据设置成本费用科目的明细科目。设置时应考虑物流成本计算可能给企业带来的收益，以及增加物流成本计算科目将会增加会计操作成本。如此看来，会计与统计相结合的方式也许是企业进行物流成本计算的一个不错的选择。

具体做法：

（1）设置物流成本辅助账户。

（2）登记相关的物流成本辅助账户。

（3）对于现行成本计算中没有包括但应该计入物流成本的费用，根据有关统计资料进行计算，并单独设置台账反映。

（4）月末，根据物流成本辅助账户提供的成本信息，加上物流成本台账的信息，合计编制各类物流成本报告。

这种模式的优点在于，物流成本在账外进行计算，既不需要对现行成本计算的账表系统进行系统的调整，又能相对全面地提供物流成本资料，方法也较为简单，易为财会人员采用。与会计方式的物流成本计算模式比较，它操作相对简单，但可能没有会计方式得到的成本信息准确；而与统计方式的物流成本计算模式相比较，情形则相反，物流成本信息相对准确，但操作上还是复杂一些。

4.3 物流成本分析与控制

物流成本分析是利用物流成本核算结果及其他有关资料，分析物流成本水平与构成变动的情况，研究影响物流成本升降的各种因素及其变动原因，寻找降低物流成本的途径。

4.3.1 物流成本分析

1. 物流成本分析的内容

物流成本分析是企业成本管理的重要组成内容，可以概括为三个方面：

（1）在核算的基础上，通过深入分析，正确评价企业物流成本计划的执行结果，提高企业和员工讲求经济效益的积极性。

（2）揭示物流成本升降的原因，正确地查明影响物流成本高低的各种因素及其原因，进一步提高企业管理水平。

（3）寻找进一步降低物流成本的途径和方法，结合企业物流运作条件的变化，正确选定适应新情况的最合适的物流成本水平。

实际上，物流成本管理的最终目的是提高企业的经济效益。由于物流过程由多个作业环节构成，除了通过成本管理来提高企业的效益外，提高物流作业效率也是最终节约成本的有效途径，因此，将从效益和效率两方面去分析物流成本。

2. 物流成本分析的方法

物流成本分析有定性与定量分析两大类方法。企业物流成本状况及其变动，既有质的特征，又有量的界限，往往需要定性与定量分析相结合。定性分析是对物流成本变动性质的分析，目的在于揭示影响资金耗费各因素的性质、内在联系及其变动趋势。定量分析主要是对物流成本变动数量的分析，如指标对比法、因素分析法等，目的在于确定物流成本指标变动幅度及其被各因素影响的程度。定性分析是定量分析的基础，定量分析是定性分析的深化，两者相辅相成，互为补充。

3. 物流成本效益分析

计算出物流成本之后，可以通过各种比率的纵向对比来考察物流成本的变动情况，也可以通过与同行业其他企业或其他行业的横向对比来发现问题，找出差距，为进一步优化企业物流系统的运作提供相关依据。

物流成本效益分析既有对物流成本的全面分析，也有各功能环节的针对性详细分析，如采购成本分析、运输成本分析、配送成本分析、仓储成本分析等。在此，主要介绍用于物流成本全面分析的若干整体性指标。

（1）物流成本率。

$$\text{物流成本率} = \frac{\text{物流成本}}{\text{销售额}} \times 100\%$$

物流成本率用来说明每单位销售额需要支出的物流成本。这里的物流成本是完成特定物流活动所发生的所有真实成本。这个比率越高说明企业单位销售额需要支出的物流成本越高。从历年数据大体可以了解其动向，也可以与同行业或外行业对比，从不同角度了解企业物流成本水平。但是，该比率受价格变动和交易条件变化的影响较大，作为考核指标还存在一定缺陷。

（2）单位物流成本率。

$$单位物流成本率=\frac{物流成本}{企业总成本}\times 100\%$$

单位物流成本率用来评价企业物流成本占企业总成本的比重。该指标越大，说明物流成本在企业支出的比重越大，应该深入分析原因，找出改进的方法。一般可以作为考核企业内部的物流合理化或检查企业是否达到合理化目标的指标来使用。

（3）单位营业费用物流成本率。

$$单位营业费用物流成本率=\frac{物流成本}{销售费用+一般管理费用}\times 100\%$$

单位营业费用物流成本率用来分析物流成本占营业费用的比重。因为这个比率不受进货成本变化的影响，得出的数值会相对稳定，所以适合作为企业物流过程合理化的评价指标。

（4）物流职能成本率。

$$物流职能成本率=\frac{物流职能成本}{物流总成本}\times 100\%$$

物流职能成本率用来分析物流各项职能成本在物流总成本中的比例。该指标可以明确包装费、运输费、保管费、装卸费、流通加工费、信息流通费、物流管理费等各物流职能成本占物流总成本的比例，从而为企业物流成本控制提供依据。

（5）产值物流成本率。

$$产值物流成本率=\frac{物流成本}{企业总产值}\times 100\%$$

产值物流成本率用来分析企业创造单位产值需要支出的物流成本。一定时期的产值物流成本率反映了该时期物流过程耗费的经济效果，企业投入产出比率高，物流成本耗费低，产值物流成本率也低。通过与不同时期或与计划指标的比较，可以说明企业生产耗费经济效果变动情况。

（6）物流成本利润率。

$$物流成本利润率=\frac{利润总额}{物流成本}\times 100\%$$

物流成本利润率分析一定时期生产和销售一定数量产品所获得的利润总额与发生的物流成本的总和的比率。该指标越高，说明企业物流效益越高，盈利能力越强。通过不同时间或与计划指标的比较，可以说明企业资金耗费经济效益的状况。值得指出的是，因为物流成本的变动同时影响该指标的分子和分母，且影响方向相反，所以该指标对企业物流成本水平的变化反映是十分敏感的。

（7）物流部门收益分析指标。

$$物流毛收益=\frac{年物流收益总额}{年物流成本总额}$$

$$物流部门收益=（物流毛收益-管理费用）\times物流费用率权重\times修正数$$

物流部门收益分析指标把物流作为一个利润中心，分析物流成本和物流销售收益的关系。如果实际物流费用率比标准费用率高出很多，超过权重上限，则部门收益为零，甚至为负数。物流费用率标准的制定采用目标期望法，为达到费用率逐年降低的目标，可依据去年的物流费用率为本年度物流费用率，同时排除能源、劳动力的价格上涨或下跌等变化的影响。

（8）物流效用增长率。

$$物流效用增长率=\frac{物流成本本年比上年增长率}{销售额本年比上年增长率}$$

物流效用增长率用来分析企业物流成本变化和销售额变化的关系。合理的比率应该小于1，如果比率大于1，说明物流成本增加的速度超过销售额的增加速度，应引起企业的重视，考核物流费用控制具有的降低空间。

4．物流效率分析

成本效益分析是从价值量的角度来设计各个环节和方法的。还可以通过分析物流实施过程中的生产效率来找到提高效益的途径。

（1）物流效率分析的基本原理。效率分析的基本原理是对产出量和投入量的评价，即衡量每一项投入资源能获得多少产出成果。此外，可以通过设置投入与投入之间的比率，以确定投入与投入间的关系是否合理；设置产出与产出之间的比率，以衡量产出与产出之间的相关程度是否令人满意。综合来看，在进行物流效率评估时，指标应包括产出/投入、投入/产出、投入/投入、产出/产出四项。

（2）物流效率指标的推导步骤。在物流的运作中，每一物流过程所使用的人力和设备不尽相同，每一物流过程所考虑的重点也不一样，因此，先针对各项物流过程的内容，推导出详尽的具体指标，才能根据这些指标分析出问题的症结，决定从哪一过程哪一要素着手改善，最能快速有效地提升企业的效率，从而改善企业的整体绩效。下面简要地依阶段性程序来推导出各物流过程的量化指标。

第一阶段：划分物流活动的构成项目。

大致为八部分：采购、进出货、储存、盘点、订单处理、拣货、配送及整体评估。

第二阶段：针对每一物流过程设定分析指标。

1）设施空间生产力——衡量整个厂房空间设施是否已充分利用。

2）人员生产力——衡量每一人员有无尽到自己最大能力。

3）设备生产力——衡量资产设备有无发挥最大效能。

4）货物、订单效益——衡量货物销售贡献是否达到预定目标。

5）物流过程规划管理力——衡量目前管理阶层所做的决策规划是否适合。

6）时间生产力——衡量每一物流过程有无掌握最佳时间。

7）成本力——衡量此项物流过程的成本费用耗费大小。

8）品质力——衡量产品及服务品质有无达到客户满意的水准。

第三阶段：设定各物流过程效率评估的要素。

1）采购物流过程：采购成本、进货采购品质等。

2）进出货物流过程：空间利用、人员负担、设备利用、时间耗费等。

3）储存物流过程：设施空间利用度、存货效益、成本、呆废料情况等。

4）盘点物流过程：存货数量相符度。

5）订单处理物流过程：订单效益、客户服务品质等。

6）拣货物流过程：人员效率、设备利用、拣货策略、时间效率、成本耗费、拣货品质等。

7）配送物流过程：人员负担、车辆负荷、配送规划、时间效益、配送成本等。

8）整体物流过程的评价：空间效益、全体人员情况、资产装备投资效益、货物效益、时间效益、营运收支状况等。

第四阶段：建立基本资料。

基本资料是指企业营运的成果数据及各项资源的运用情形。可以将基本资料划分为仓管资料、运输资料、会计财务资料、订货验收资料、人事资料五个部分来分别收集。还可以分为固定资料和变动资料两大类。

第五阶段：导出各物流过程生产力量化指标。

划分了物流过程，选定了效率分析指标，依照所收集的基本资料，接下来就由四种效率指标运算方式（产出/投入、投入/产出、投入/投入、产出/产出）来导出各物流过程效率分析的量化指标。

4.3.2 基于作业成本法的物流成本控制

物流成本控制是企业在物流活动中依据物流成本标准，对实际发生的物流成本进行严格审核，发现浪费，进而采取不断降低物流成本的措施，实现预定的物流成本目标。进行物流成本控制，要事先进行规划，事中进行指导和监督，事后进行分析评价，总结经验教训，不断降低企业物流成本。

较为熟悉的成本控制方法有标准成本法和目标成本法。目前，作业成本法（Activity-Based Costing，ABC）因能解决传统成本核算缺乏对整条供应链产生成本的可见性这一问题，改变了“所有的费用都应当分摊（往往是强制性分摊）给独立的个体（如产品）”的理念，而被广泛认同。下面将从作业成本法的角度来介绍物流成本控制。

1．作业成本法的基本原理

作业成本法最初作为一种正确分配制造费用、计算产品制造成本的方法被提出。其基本思想是在资源和产品之间引入一个中介——作业，基本原则是作业消耗资源，产品消耗作业；生产导致作业的发生，作业导致成本的发生。

根据这一原则，作业成本计算按如下两个步骤进行。

（1）确认作业、主要作业、作业中心，按同质作业设置作业成本库；以资源动因为基础将间接费用分配到作业成本库。

（2）以作业动因为基础将作业成本库的成本分配到最终产品。

2．作业成本分析的物流费用体系

作业成本分析的物流费用体系如图4-6所示。

3．物流作业成本法的基本思路

（1）分析和确定资源。资源指支持作业的成本、费用来源，它是一定期间内为了生产产品或提供服务而发生的各类成本、费用项目。通常在企业会计明细账中可清楚地得到各种资源项目。各项资源被确认后，企业应当设立资源库，将一定会计期间的资源耗费归集至资源库。设置资源库时，有时需要将一些会计明细账目结合成一个资源库，有时需要将一些被不同作业消耗的明细账目分解开来。

（2）分析和确定作业。作业是企业为了某一特定目的而进行的资源耗费活动，是连接资源耗费和成本计算对象的桥梁。不同类型的企业，因其规模、工艺和组织形式的不同，作业的划分和定义也不同，企业可根据实际情况，选择一定的作业划分和确定方式。但作业的划分不一定与企业的职能部门相一致。作业确定后，要为每一项作业设立一个作业成本库，然后将资源耗费分配至作业成本库，建立起作业和资源之间的对应关系。

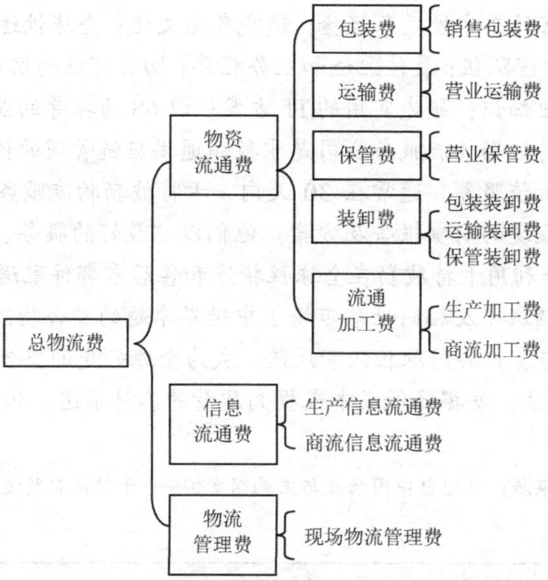

图 4-6 作业成本分析的物流费用体系

（3）确认资源动因，分配资源耗费至作业成本库。资源动因是指资源被各项作业消耗的方式和原因，它反映了作业对资源的消耗情况，是把资源库价值分配到各作业成本库的依据。在将各项资源按资源动因分配至作业成本时，应首先确定资源动因分配率，然后确定各项作业所耗费的资源。

（4）确定成本动因，分配作业成本至成本计算对象。成本动因是指作业被各种产品或劳务即最终成本计算对象消耗的方式和原因，它是作业成本库成本分配到成本计算对象中去的标准。在将作业成本分配到各成本计算对象时，应首先计算成本动因分配率，然后计算各成本计算对象应分配的作业成本。在成本分配过程中，各作业中心的作业成本要根据作业动因逐项分配至各成本计算对象中去，这样，作业成本和各成本计算对象之间的对应关系就建立起来。

全球视野

卡特彼勒物流服务公司的策略

世界领先的重型机械设备生产商美国卡特彼勒公司的子公司卡特彼勒物流服务公司在全球尤其亚太地区包括中国在内，在物流配送、信息服务、整合物流方案、优化供应链管理等方面取得了辉煌业绩。重要的原因之一就是卡特彼勒物流服务公司能很好地实现客户价值。它拥有丰富的全球性服务经验，通晓各地文化；全球性运作和雄厚的财务实力；经验丰富的物流管理队伍；最佳配送和业务程序；切实有效的供应链解决方案；强大的库存管理技术和专业知识；领先实用的IT方案；以6S为指导的业务操作规程；出色的客户服务表现。卡特彼勒物流服务公司是少数精通供应链管理的优秀企业之一，为客户提供整合的高附加价值服务。通常在30天内，卡特彼勒物流服务公司就能向客户提交一份能改进供应链表现的明确报告及方案。他们以“最好的服务、最好的质量、最低的成本”为宗旨，充分利用卡特彼勒在全球性物流和售后零部件配送方面的核心能力，成为售后零部件配送领域（及相同性质市场）中世界卓越的整合物流服务供应商。他们通过整合物流方案，与客户共同承担经营风险，成为全球领先的整合型物流方案提供者；他们成功运用6S方法，发掘降低成本或提高质量的各种渠道，从而成为运用6S最成功的公司之一。

资料来源：整理自中国物流与采购网案例——卡特彼勒物流的“中国奇迹”.

物流成本的秘诀　安利降低物流成本的秘诀

同样面临物流资讯奇缺、物流基建落后、第三方物流公司资质参差不齐的实际情况，国内同行物流成本居高不下，而安利（中国）的储运成本仅占全部经营成本的4.6%。在安利的新物流中心正式启用之时，安利（中国）大中华区储运/店营运总监许绍明透露了安利降低物流成本的秘诀：全方位物流战略的成功运用。

据许绍明介绍，安利的“店铺+推销员”的销售方式，对物流储运有非常高的要求。安利的物流储运系统，其主要功能是将安利工厂生产的产品及向其他供应商采购的印刷品、辅销产品等先转运到位于广州的储运中心，然后通过不同的运输方式运抵各地的区域仓库（主要包括沈阳、北京及上海外仓）暂时储存，再根据需求转运至设在各省市的店铺，并通过家居送货或店铺等销售渠道推向市场。与其他公司所不同的是，安利储运部同时还兼管着全国近百家店铺的营运、家居送货及电话订货等服务。所以，物流系统的完善与效率，在很大程度上影响着整个市场的有效运作。

但是，由于目前国内的物流资讯极为短缺，他们很难获得物流企业的详细信息，如从业公司的数量、资质和信用等，而国内的第三方物流供应商在专业化方面也有所欠缺，很难达到企业的要求。在这样的状况下，安利采用了适应中国国情的“安利团队+第三方物流供应商”的全方位运作模式。核心业务如库存控制等由安利统筹管理，实施信息资源最大范围的共享，使企业价值链发挥最大的效益。而非核心环节，则通过外包形式完成。如以广州为中心的珠三角地区主要由安利的车队运输，其他绝大部分货物运输都是由第三方物流公司来承担。另外，全国几乎所有的仓库均为外租第三方物流公司的仓库，而核心业务，如库存设计、调配指令及储运中心的主体设施与运作则主要由安利本身的团队统筹管理。目前已有多家大型第三方物流公司承担安利公司大部分的配送业务。公司会派员定期监督和进行市场调查，以评估服务供货商是否提供具竞争力的价格，并符合公司要求的服务标准。这样，既能整合第三方物流的资源优势，与其建立坚固的合作伙伴关系，同时又通过对企业供应链的核心环节——管理系统、设施和团队的掌控，保持安利的自身优势。

从安利的物流运作模式来看，至少有两个方面是值得国内企业借鉴的。

首先，是投资决策的实用主义。在美国，安利仓库的自动化程度相当高，而在中国，很多现代化的物流设备并没有被采用，因为美国土地和人工成本非常高，而中国这方面的成本比较低。两相权衡，安利弃高就低。“如果安利中国的销售上去了，有了需要，我们才考虑引进自动化仓库。”许绍明说。安利新的物流中心也很好地反映出安利的“实用”哲学。新物流中心占地面积达 40 000 平方米，是原来仓库的 4 倍，而建筑面积达 16 000 平方米。这样大的物流中心如果全部自建，仅土地和库房等基础设施方面的投资就需要数千万元。安利采取和另一物业发展商合作的模式，合作方提供土地和库房，安利租用仓库并负责内部的设施投入。只用了 1 年时间，投入 1 500 万元，安利就拥有了一个面积充足、设备先进的新物流中心。而国内不少企业，在建自己的物流中心时将主要精力都放在了基建上，不仅占用了企业大量的周转资金，而且费时费力，效果并不见得很好。

其次，是在核心环节的大手笔投入。安利单在信息管理系统上就投资了 9 000 多万元，其中主要的部分之一，就是用于物流、库存管理的 AS400 系统，它使公司的物流配送运作效率得到了很大的提升，同时大大地降低了各种成本。安利先进的计算机系统将全球各个分公司的存货数据联系在一起，各分公司与美国总部直接联机，详细储存每项产品的生产日期、销售数量、库存状态、有效日期、存放位置、销售价值、成本等数据。有关数据通过数据专线与各批发中心直接联机，使总部及仓库能及时了解各地区、各地店铺的销售和存货状况，并按各店铺的实际情况及时安排补货。在仓库库存不足时，公司的库存及生产系统亦会实时安排生产，并预定补给计划，以避免个别产品出现断货情况。

资料来源：蒋长兵. 现代物流管理案例集. 北京：中国物资出版社，2005.

企业案例

海尔集团利用 GIS 大力降低服务成本

海尔集团的顾客服务实行网上派工制，电话中心收到客户信息后，利用全国联网的派工系统在 5 分钟之内将信息同步派送到离用户距离最近的专业维修服务网点。

在海尔的服务管理中，用户报修的流程是这样的：首先，用户打电话报修，之后登记用户信息，关键是用户所处的位置，然后工作人员手工选择离该用户最近的维修网点，手工网上分派任务，之后维修工程师上门服务。

这些漏洞用常规手段解决很困难。刚开始，海尔使用的是人海＋人脑的战术。先记住各个城市网点的分布情况，然后根据用户提供的信息，将维修任务派送到业务员认为最近的网点。之后，业务员使用纸质地图量出用户点至维修网点的大概距离进行费用结算。纸质地图本身就存在较大的测量误差，同时，当手工量出 15 千米时，会有服务商说量的路是直的，而实际路是弯的，要求多加 5 千米。维修费就这样溜出去了。

很显然，这种通过手工方法得到的信息，在准确性、正确性和详细程度上都有很大问题。而同时，人海战术直接带来的是成本的上升。

2006 年，海尔引入了由中科院旗下的超图地理信息技术有限公司的 SuperMap GIS 地理信息系统的空间分析功能，在售后服务系统中增加了地理信息处理能力。GIS 系统包含了全国所有的县级道路网和 200 个城市的详细道路信息，还记录了全国 100 多万条地址信息。在如此海量的地理信息基础上，售后服务系统可以在很短时间内计算出距离用户最近的网点，以及网点到用户家的详细路径描述和距离，并及时将这些信息派送到最合理的服务网点。

应用 GIS 之后，海尔的售后服务流程变为这样：用户打电话报修，之后接线员登记用户信息，关键是位置信息。接线员记录后，系统自动匹配用户地址，计算出距离用户最近的网点，之后自动将维修信息派送到网点，网点维修工程师再上门服务。整个地址匹配和服务商挑选工作由系统自动完成，无须手工操作，堵住了服务漏洞。而同时，系统的快速也远不是手工能比的，以前要花几十秒甚至几分钟翻信息，现在系统自己匹配，每次处理的时间缩短到 0.1 秒以内，大大提高了客服部门的效率。在 GIS 系统的支持下，海尔客服部门现在每天可以处理 10 万次左右的服务请求，得以满足全国用户的需求。

作为海尔售后服务 GIS 系统的平台软件供应商，超图地理信息技术有限公司统计软件事业部总经理安凯博士认为，因为数据量和计算量很大，因此，类似海尔这样的用户在选择 GIS 平台时要充分考虑系统性能和稳定性。从性能上来说，如果输入数据很久都查不出相关信息，GIS 系统反而会成为负担，影响客服质量；而稳定性不高更可怕——

该到派单时派不出去，影响的就不仅仅是客服质量，甚至会遭遇投诉问题了。

资料来源：郭莹，海尔利用 GIS 降低服务成本，中国计算机报，2007-01-15，总第 1578 期.

问题：

1. 海尔的服务质量有目共睹，但是这并不意味着他们为高质量要付出很高的成本。那么，他们怎么有效控制成本呢？

2. 服务成本在哪里？

3. 乍一看，流程非常完美，但仔细看却有不少漏洞。在登记用户信息时，接线员可能对该地址一点都不熟悉，她怎样才能快速、准确地定位用户的位置？而在手工选择离该用户最近维修网点的环节，该接线员又怎样知道哪个网点离报修地点最近？海尔为上门维修的服务商按照距离配发津贴，而怎么确定距离？凭服务商报，是不是会有很大的漏洞？

复习思考题

1. 如何理解物流成本管理对企业的重要意义？
2. 为什么“物流成本管理不仅仅是管理物流成本，而是通过成本去管理物流”？
3. 什么是客户价值？它与物流管理的关系如何？
4. 边际利润和资产转换对ROI产生什么影响？
5. 比较物流管理影响投资回报率的不同方法。
6. 简述物流活动与物流成本的关系。
7. 现行的成本管理和费用计算体系在监控和管理物流成本方面存在什么问题？
8. 阐述三种划分物流成本类别的方法。
9. 各种物流成本会计计算模式有何优缺点？
10. 简述作业成本法的基本原理，如何应用于物流成本控制？

本章小结

任何物流系统的首要目标是满足客户需求。从延长客户终身价值角度看，物流管理可以提高客户满意度、巩固客户保留价值。有效的物流管理还可以提高投资回报率。狭义物流成本与客户服务水平存在着明显的效益背反，各功能环节的成本间也往往是此消彼长的关系。

物流成本计算是物流成本管理的基础。按物流范围、支付形态、成本项目划分，物流成本资料可归集为不同类别。同时，可以结合利用会计和统计的方法对物流成本进行计算。

物流成本分析是物流成本控制的基础，可以从效益和效率两大方面着手。在物流成本控制上，作业成本法是最主要的方法。

第5章

物流战略与组织管理

本章学习目标

- 理解物流战略的含义、特征和目标；
- 掌握物流战略制定的原则；
- 了解物流战略框架的组成；
- 熟悉物流战略制定的基本步骤；
- 掌握几种重要类型的物流战略概念及其主要特征；
- 理解物流组织的有关定义和内涵；
- 掌握建立现代物流组织的原则。

引导案例

宜家（IKEA）——家具供应链王国

作为现今最大的家具用品零售商，自1998年进入中国市场以来，宜家的销售额每年都实现了两位数的增长。成立于1943年的宜家家居，原是宜家在瑞典经营邮购业务的单人公司。经过六十多年的发展，已经成为一家世界知名的大型跨国家居用品销售公司。宜家在其半个多世纪的经营过程中，始终坚持低成本战略，并将其发挥到极致，最终形成了难以超越的低成本竞争优势。它的成功经验源于其准确的战略选择。

内部物流上：① 以平板包装降低库存成本。宜家的家具采用“平板包装”，即把家具做成可以拆装的零部件，采用尽可能平板化的包装方式。② 根据低成本产品设计方案进行原材料的选购。

外部物流上：① 通过顾客自行提货降低送货成本。在宜家没有亦步亦趋的销售人员，顾客需自行提货自行安装。② 准确及时的订单处理系统降低物流成本。③ 平板包装降低送货成本。④ 选择位置最佳、运送成本最低的仓库。⑤ 采用第三方物流。宜家在14个国家建立25家配送中心，在这些配送中心中有的是自己拥有的，有的则是采用第三方物流外包。

资料来源：赵海霞.宜家家居：成本领先的供应链战略.石油石化物资采购，2012（04）.

5.1 物流战略的基本内容

5.1.1 物流战略的含义

企业战略是企业为实现长期经营目标，适应经营环境变化而制定的一种具有指导性的经营规则。战略的选择与实施是企业的根本利益所在，战略的需要高于一切。

企业物流战略是指针对企业内部物流目标、任务和方向而制定的政策和措施。企业物流战略是企业为了更好地开展物流活动而制定的行动指南。

企业物流战略是企业为实现经营目标，通过对企业的外部环境和内部资源的分析而制定的较长期的全局性的重大物流发展决策。它作为企业战略的组成部分，必须服从企业战略的要求，与之一致。企业的战略目标可以是追求利润最大化、企业的生存与发展、投资回报、社会效益或市场份额等。企业战略需要带动各职能部门制定战略才能最终形成战略方案和规划。物流战略与生产运作、营销、财务、研发、人力资源战略一起，支持企业战略的实现。图5-1显示了企业物流战略规划与管理战略在构建企业核心竞争力中的作用。

5.1.2 物流战略的特征

（1）目的性。现代企业物流发展战略的制定与实施服务于一个明确的目的，那就是引导现代企业在日益变化不定的激烈的竞争环境里求得生存与发展。

（2）长期性。战略是对未来的思考，战略的长期性就是在环境分析和科学预测的基础上，展望未来，为现代企业谋求长期发展的目标与对策。

（3）竞争性。现代企业物流发展战略必须面对未来进行全局性设计和谋划，指定现代企业的竞争战略以保持企业竞争优势，从而使战略具有对抗性、战斗性。

（4）系统性。任何战略都有一个系统的模式，既要有一定的战略目标，也要有实现这一目标的途径和方针，还要制定政策和规划，企业物流发展战略构成了一个战略网络体系。

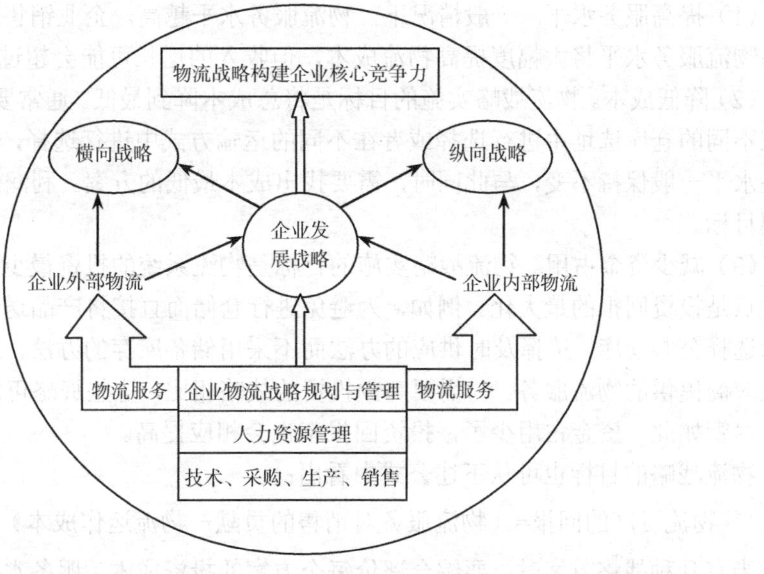

图 5-1　企业物流战略规划与管理战略在构建企业核心竞争力中的作用

（5）集成性。现代物流战略具有高度的集成性，其一是将国际、国内市场集成在一起；其二是将各种物流的功能一体化；其三是将海、陆、空多种运输方式集成在一起；其四是将多种现代化、高科技的手段如电子网络、信息化技术、智能化管理、个性化服务集成在一起，这是现代物流的又一时代特征。

（6）创新性。整个企业犹如一个复杂的有机体，而物流战略正是这个复杂有机体的重要组成部分。企业战略的制定是一个富有创造性和激励性的过程。在制定企业物流战略的过程中创新性的方法也经常会收到意想不到的效果。

5.1.3　物流战略的目标

物流战略的目标与企业物流管理的目标是一致的，在保证物流服务水平的前提下，实现物流成本的最低化。具体而言，可通过以下各个目标的实现来达到：

（1）维持企业长期物流供应的稳定性、低成本、高效率。

（2）为企业产品谋求良好的竞争优势提供支持。

（3）为企业整体战略提供预警和功能范围内的应变能力。

（4）以企业的整体战略为目标追求与生产销售系统良好的协调性。

基于以上四点，企业物流战略主要有三个目标：提高服务水平、降低成本、减少资金占用。

（1）提高服务水平。一般情况下，物流服务水平越高，企业销售的收入越高。尽管提高物流服务水平将大幅度提高物流成本，但收入的增长可能会超过物流成本的上涨。

（2）降低成本。物流战略实施的目标是将总成本降到最低。通常要评价各备选方案，如在不同的仓库选址中进行选择或者在不同的运输方式中进行选择，以形成最佳战略。服务水平一般保持不变，与此同时，需要找出成本最低的方案。利润最大化是该战略的首要目标。

（3）减少资金占用。物流战略实施的目标是物流系统的投资最少化。该战略的根本出发点是投资回报的最大化。例如，为避免进行仓储而直接将产品送达客户，放弃自有仓库选择公共仓库，选择及时供应的办法而不采用储备库存的办法，或者利用第三方物流供应商提供的物流服务。与需要高额投资的战略相比，这些战略可能导致可变成本增加。尽管如此，资金占用少了，投资回报率也会相应提高。

物流战略的目标也可从下述公式中看出：

物流资产的回报=（物流服务对销售的贡献－物流运作成本）/物流投资

当有几种战略方案时，要综合评价每个方案的投资成本、服务水平和利润情况。例如，在不同的仓库地址中进行选择或者在不同的运输方式中进行选择时，一般是先将不满足服务水平的方案剔除，再找出投资回报较好的方案。这时既要考虑物流系统的固定投资，又要将与运输和存储相关的可变成本降到最低。

5.2 物流战略的制定

5.2.1 物流战略制定的原则

总的来说，制定物流战略一般有以下一些指导原则，在不同的情况下，这些原则的重要程度不同。

1. 总成本观念

在对物流系统的成本进行分析时，要有总成本的观念。一个环节的成本下降可能是和其他环节的成本上升联系在一起的，要平衡各项活动以使其达到整体最优。在图 5-2 中，铁路运输成本比较低，但同时却产生了较大的库存成本。选择航空运输时，运输服务的成本增加了，但物流渠道中库存水平也下降了。运输成本与库存成本之间的冲突仅仅是一个小小的例子，在物流决策中到处是类似这样的成本背反问题。物流管理的基本目标就是要解决这样的成本冲突问题，对相互之间存在成本冲突的各项物流活动进行协调管理。

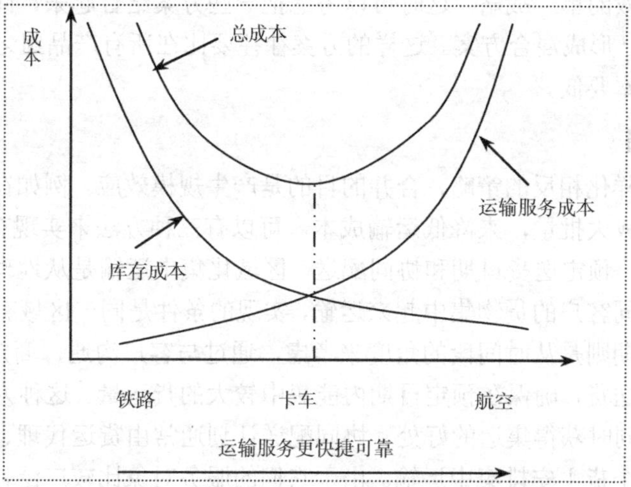

图 5-2　运输成本和库存成本之间的冲突

图中虚线所指的总成本最低点就是最优的经济方案。实际上，总成本的概念与研究的系统边界有关系。极端地说，在某种程度上，整个经济中的所有活动都与企业的物流问题有一定的经济关联，因此不可能将与一项决策有关的所有成本的背反关系都拿来进行分析。现代物流的发展就是希望考虑的因素越来越全面、越来越深入，管理人员在确定总成本进行分析时，不仅包括了所界定的物流职能部门内的因素，还要扩展到一切可控制的其他因素，甚至可能扩展到企业不能直接控制的一些外部因素。

2．多样化策略

（1）分拨的多样化。产品有不同的特征，如比例、价值、可替代性、危险性（如有毒、易腐易燃易爆、易被盗等）及时尚性（有时间要求，如产品可能贬值）等。产品在不同的生命周期的需求模式也不一样。因此不应对所有产品提供同样水平的客户服务，而应对不同的货物设计不同的分拨策略。企业在分拨多种产品时，要面对各种产品不同的客户服务需求、不同的产品特征、不同的销售水平等问题。最常用的方法是对产品进行粗略分类，如按销量分为高、中、低三组，并分别确定不同的库存水平。这一原则也可用于库存地点的选择。如果企业的每一个库存地点都存放所有品种的产品，不但不会简化管理，而且由于忽略了不同产品及其成本的内在差异，将导致过高的物流成本。

在选择分拨渠道时，要考虑产品特点、运输费用、订单大小及缺货成本等因素。实践证明，多个渠道分拨往往比单一渠道效果更好、总分拨成本更低。

（2）混合战略。在制定物流战略方案时，单一战略可以获得规模经济效益、简化管理，但如果不同品种产品的体积、重量、订单规模、销量和客户服务要求差异巨大，就难以找到一种有效的单一战略。这时可以考虑把一些方案结合起来，针对不同的产品分别确立最优方案，形成混合方案。这样的方案往往要比在所有产品组之间取平均后指定的单一的战略成本要低。

3．合并策略

合并是和多样化相反的策略，合并的目的是产生规模效应。例如在运输规划中，可以将小批量合并成大批量，来降低运输成本。可以有三种方法来实现有效的集中运输：区域化集中运输、预定送货日期和协同配送。区域化集中运输是从地理上来考虑的，它把同一区域中不同客户的货物集中起来运输，实现的条件是同一区域有足够的客户货运量。预定送货日期则是从时间段的角度来考虑，通过与客户沟通，商定一个运送计划，在预定送货日期送货，确保在预定日期内能集中较大的货运量。这种方法关键在于要满足客户的需求，同时获得集运的好处。协同配送计划通常由货运代理、仓储或运输公司为同一市场中多个货主安排集中运输。由于它们的服务对象比较广泛，具备把多个货主分散的货物集中起来的条件，比较容易实现集中运输。

通常当运量较小时，合并的原则对制定战略最有用，即运输批量越小，合并的收益就越大。

4．延迟策略

任何规划都是在预测的基础上进行的，预测的失误将造成设备能力的过剩或不足、缺货或库存量增加。但是，对需求的预测越来越难。另一个途径就是提高生产和供货的速度，企业可以考虑事先准备好通用性较强的半成品，或将产品存放在便于运送到多个客户的地方，将产品的最后加工和运输尽量推迟，这就是延迟的策略。

延迟可以分为形式延迟和地域延迟，形式延迟（又称生产延迟）就是将产品的最后加工定型包括贴标签、包装、装配和生产等尽量推迟到收到订单之后。采用这种方法，通常要对产品和工艺重新设计。地域延迟（也称物流延迟）是在物流网络中设置几个储存全套产品的中央仓库，不考虑过早地在消费地点存放产品，尤其是高价值的物品，一旦接到订单，企业就立即全力用经济有效的手段迅速将产品运到客户所在地的仓库或直接送到客户手中。

一般来说，产品单位价值高和销量波动大的企业可以考虑采用延迟战略，如表 5-1 所示。

表 5-1 可能采用延迟战略的企业及相关属性

推迟种类	适用的企业的相关属性
贴标签	以不同品牌销售同一产品，产品价值波动大
包装	以多种规格包装销售同一产品
装配	销售不同样式的产品，产品在装配前运输，体积可大大减少
生产	产品的大部分原材料随处可得
地域延迟	有众多分拨仓库

在实行延迟策略时，企业的生产流程、产品和市场特征必须具备一定的条件，才能达到理想的效果。具体来说，这些条件是：

（1）生产技术和流程应具有的特点。这些特点包括可以将初步生产和推迟作业分离、定制不太复杂、模块化的产品设计。

（2）产品应有的特征。模块的通用程度较高、客户对产品有具体的形式要求、产品单位价值高、定制后产品的体积或重量大大增加等。

（3）市场特征。产品生命周期短，销售量波动大，提前期短且可靠，有多个市场、多个客户等。

5. 标准化策略

物流活动复杂、成本高的最大原因是货物的尺寸大小参差不齐。例如，通过服装尺寸的标准化，就可以大大减少在生产、运输、库存中的成本。如何以较低成本为市场提供多样化的产品来满足客户的需求，是制定物流战略的核心问题。产品的标准化、模块化是有效解决这个问题的途径之一。

物流标准化是指在运输、配送、包装、装卸、保管、流通加工、资源回收及信息管理等环节，对重复性事务和概念通过制定、发布和实施各类标准，达到协调统一，以获得最佳秩序和社会效益。

在区域物流、国内物流和国际物流的范围中，制定一定的物流标准是提高物流效率、保证物流系统统一和协调的必要条件。而在运输和搬运过程中使用标准的集装系统（如托盘和集装箱），则可以减少物流环节，降低物流成本，保证物流质量。

物流标准根据定义可分为物流软件标准和物流硬件标准。物流软件标准包括用语统一、单位标准化、钱票收据标准化、应用条码标准化、包装尺寸标准化等；物流硬件标准包括托盘标准化、集装箱及叉车标准化、拖车载重量标准化、保管设施标准化、其他物流设备标准化等。

5.2.2 物流战略框架

一个企业物流战略通常表现在五个重要层次上，构成物流战略环形图（见图5-3），它确立了企业设计物流战略的框架。

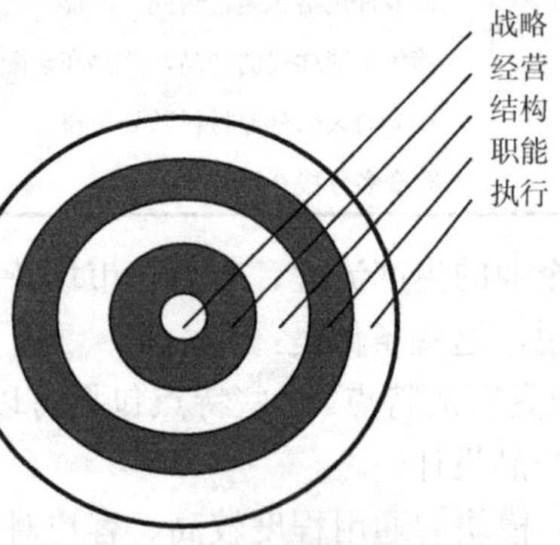

图5-3 物流战略环形图

1. 物流战略层

确立物流对企业战略的协助作用，建设两大平台（基础设施平台和信息平台）和两大系统（信息网络系统和物流配送系统）。物流首先是一种服务，企业建设物流系统的目的首先是实现企业的战略。所以，企业发展物流必须首先确立物流规划与管理对企业总体战略的协助作用。同时，企业现代物流的发展必须建设两大平台和两大系统。

2. 物流经营层

物流活动存在的唯一目的是要向内部和外部顾客提供及时准确的交货。所以，顾客服务是制定物流战略的关键。要执行一项营销战略，必须要考察企业在与争取顾客和保持顾客有关的过程中的所有活动，而物流活动就是这些关键能力之一，可以被开发成核心战略。

3. 物流结构层

物流系统的结构部分，包括渠道设计和设施的网络战略。物流渠道设计包括确定为达到期望的服务水平而需执行的活动与职能，以及渠道中的哪些成员将执行它们。渠道体系设计需要在渠道目标的制定、渠道长度和宽度的评价、市场、产品、企业以及中间商因素的研究、渠道成员的选择及职责、渠道合作等方面认真分析与判断，因为体系一旦形成，常常无法轻易地改变。随着顾客需求变化和竞争者的自我调整，企业必须对渠道战略进行再评价以维持或增强市场地位。

4．物流职能层

物流战略职能部分，主要是运输、仓储和物料管理。物流战略规划职能部分主要是对企业物流作业管理的分析与优化。运输分析包括承运人选择、运输合理化、货物集并、装载计划、路线确定及安排、车辆管理、回程运输或承运绩效评定等方面的考虑；仓储方面的考虑包括设施布置、货物装卸搬运技术选择、生产效率、安全、规章制度的执行等；在物料管理中，分析可以着重于预测、库存控制、生产进度计划和采购上的最佳运作与提高。

5．物流执行层

日常的物流管理问题。企业物流战略规划与管理的最后一层为执行层，包括支持物流的信息系统、指导日常物流运作的方针与程序、设施设备的配置及维护，以及组织与人员问题。其中，物流信息系统和组织结构设计是最为重要的内容。

5.2.3　现代物流战略规划的基本步骤

现代物流战略规划主要包括以下几个基本步骤，如图 5-4 所示。

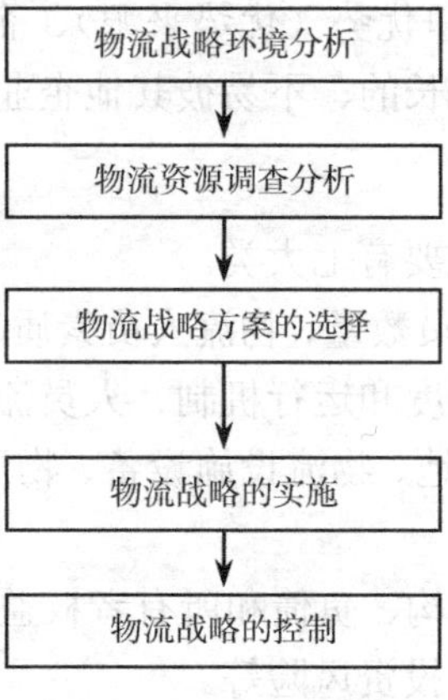

图 5-4　现代物流战略规划的基本步骤

1．物流战略环境分析

根据系统论的观点，制定战略计划，必须首先立足于其所处的环境。这里的环境既包括宏观环境和行业环境，也包括企业内部条件。

（1）宏观环境分析。宏观环境指的是以国家宏观社会经济要素为基础，结合物流企业的行业特点而制定的指标，所针对的是行业而不是单个物流企业，如目标市场的经济发展状况、政治稳定情况、社会结构状况、文化、法律完善情况以及政策稳定性等。

主要应对以下几个影响物流的因素进行分析：① 政策法律；② 政治因素；③ 经济因素；④ 重要事件；⑤ 技术进展；⑥ 改革发展；⑦ 市场潜力；⑧ 未来环境发展预测。

（2）行业环境分析。建立物流系统时，除了要分析物流系统所处的宏观环境外，最重要的还要分析一下物流行业的现状和发展。它是物流企业必须研究的重要方面，因为它是直接影响物流经营的外部环境。

需要分析下列因素：① 确定不同行业、不同用户、不同地区的竞争对手；② 掌握竞争对手的信息；③ 进行竞争分析；④ 行业所处的生命周期分析。

（3）企业内部条件分析。对物流企业职能部门的分析涉及各职能部门的现状与发展，以及各职能部门之间的联系和沟通，目的是找出制约企业发展的“瓶颈”。一般需要对本企业的以下三个方面进行分析：

1）资源优势/劣势。对人力、财力和物力等各方面资源进行调查和分析并得出相应结论。

2）业绩/经验。包括用户统计分析、营业收入统计分析、物流量统计分析、市场开发能力、人才优势、物流功能分析、国际合作经验等。

3）核心能力。包括主要竞争优势（优势来源）、企业主导业务（主要收入来源）、潜在的市场优势、企业独有或擅长的、不易被其他企业模仿的能力等。

2．物流资源调查分析

企业物流资源内容丰富，主要有七大类。

（1）人力资源。包括物流人员数量、物流人员素质、物流人员结构、物流人员配置、物流人员培训、人力资源管理制度和运行机制、人员流动和人员的劳动保护等。

（2）物力资源。包括经营场地、物流设施设备、物流设备维修状况、能源供应状况、商品供应状况、存货状况等。

（3）财力资源。包括资产结构、负债和所有者权益结构、销售收入、销售成本、赢利状况、现金流量、融资渠道、投资风险等。

（4）物流技术资源。包括物流信息技术、工程技术、物质综合利用、环保、新技术应用等。

（5）组织资源。包括组织结构、领导结构、劳动纪律、管理效率等。

（6）物流信息资源。包括环境监测、竞争情报、内部信息、物流信息共享等。

（7）信誉资料。包括服务质量、品牌形象、经营信誉、管理模式等。

企业物流资源的调查方法一般会采用问卷调查、电话调查、访问调查、会议调查和网络调查等方式。

3. 物流战略方案的选择

物流战略对于具体的企业是否可行，企业如何选择适合自己的物流战略，需要对物流战略进行评价。进行评价的第一项内容是确立评价标准，即明确企业在选择物流战略方案时需要考虑的主要问题。物流战略选择的评价准则一般包括三个方面。

（1）适宜性，即衡量一种物流战略是否与企业自身条件相适应。例如，某种物流战略是否有效地利用了企业的现有实力，克服或避开了企业的弱点，并能抵御环境的威胁。

（2）可行性，即评价一种物流战略具体实现的可行程度，如现有资源条件是否满足战略实施的要求。

（3）可接受性，即评价一种物流战略实施的结果是否可接受或令人满意。此外，可接受性还包括评价物流战略实施中包含的风险。

进行物流战略方案选择的理由是要选出最有可能使企业完成战略目标的方法，目前比较流行的评价、选择战略方案的方法主要有三种，即 SWOT 模型分析法、波士顿矩阵分析法和生命周期矩阵分析法。

4. 物流战略的实施

物流战略实施系统可以由四个方面的内容构成：物流战略的实施主体、物流战略的实施对象、物流战略实施的行为方式以及物流战略实施的组织系统。

（1）物流战略的实施主体：物流战略的实施主体是指负责组织参与实施物流战略的全体人员，不仅包括企业的高层领导者，还包括广大职能人员和基层领导直到全体职工。

（2）物流战略的实施对象：物流战略的实施对象主要指物流战略实施的具体工作内容。它主要包括企业物流战略实施计划、物流战略预算、物流战略执行程序等。

（3）物流战略实施的行为方式：物流战略实施的行为方式实质上反映了企业全体职工的共同价值观、企业文化、企业管理风格、企业精神，是在长期的生产经营活动中逐渐铸造的共同的行为准则和方式。

（4）物流战略实施的组织系统：物流战略实施的组织系统，包括物流战略层次系统和物流战略结构支持系统两方面。物流战略层次系统指将物流战略目标和任务层层分解，层层落实的组织系统。物流战略结构支持系统指企业内部管理环节上各类人员的构成及其相互的责、权、利关系的总体。其作用在于组织结构上对责、权、利有明确的分工和配合，对战略的制定与执行起着促进作用。

5. 物流战略的控制

物流战略的控制是指对物流战略规划、物流计划实施的实际成效经过信息反馈与预定的战略目标进行对比评价，检验两者的差别、偏差并及时采取措施进行纠正以达到完成战略目标的目的。

物流战略控制过程大致有四个基本步骤：

（1）制定衡量、评价战略实施状况的标准。

（2）衡量、评价物流战略实施的成效。

（3）信息反馈。

（4）实施纠正措施。

5.2.4 现代企业的物流战略

1. 即时物流战略

20世纪80年代中期以后，企业的经营管理逐步向精细化、柔性化方向发展，其中即时制管理得到了高度的重视和广泛的运用。即时制管理是即时生产和即时物流的整合体，它要求企业物流系统与生产系统一样具有很大的即时性和灵活性。即时物流侧重的不是物流的规模经济性而是范围经济的时间性，其核心是在要求的时间内及时将所需要的物料或产品运抵目标场所，及时补货，最大限度地压缩库存。即时物流战略主要依靠即时采购和即时销售完成。

当然，要实现即时战略，信息技术和信息系统的支持是必不可少的。很多企业一方面通过现代信息系统提高企业内部的物流效率（如POS系统、数字库存管理系统等），另一方面也积极利用EOS和EDI等在供应商、生产企业、批发企业和零售企业之间实现订、发货自动化，真正做到物流供应的在线、正确和即时。

2. 协同或一体化物流战略

协同化物流是打破单个企业的绩效界限，通过相互协调和统一，创造出最适宜的物流运行结构。作为企业物流战略发展的新方向，旨在弥合流通渠道中企业间对立或企业规模与实际需要对应矛盾的协同化或一体化物流应运而生。目前协同化的物流战略主要有横向协同物流战略、纵向协同物流战略和通过专业物流公司实现协同化三种形式。

（1）横向协同物流战略。横向协同物流是指同产业或不同产业的企业之间就物流管理达成协调、统一运营的机制。前者是产业内不同的企业之间为了有效地开展物流服务，降低多样化和及时配送产生的高额物流成本，而相互之间形成的一种通过物流中心的集中处理来实现低成本物流的系统。不同产业之间的协调物流是将不同产业、企业生产经营的商品集中起来，通过物流或配送中心达成企业间物流管理的协调与规模效益。

（2）纵向协同物流战略。纵向协同物流战略是指流通渠道不同阶段企业相互协调合作，形成共同的物流管理系统。这种协同作业所追求的目标不仅是物流活动的效率性（通过集中作业实现物流费用的递减），而且还包括物流活动的效果性（商品能迅速、有效地从上游企业向下游企业转移，提高商品物流服务水准）。纵向协同物流的形式主要有批发商与生产商之间的物流协作和零售商与批发商之间的物流协作等形式。

（3）通过专业物流公司实现协同化。这是一种集成物流作业模式。专业物流公司通过对物流业务合并、协调，利用先进设施设备和专业水平，使供应链中小批量库存补给变得更经济，而且还能创造出比供方和需方采用自我物流服务系统运作更快捷、更安全、更高服务水准且成本相当或更低廉的物流服务。

3. 其他物流战略

（1）全球化物流战略。当今，企业经营规模不断扩大，国际化经营不断延伸，出现了一大批立足于全球生产、全球经营和全球销售的大型全球型企业。全球型企业要想取得竞争优势，获取超额利润，就必须在全球范围内配置利用资源，通过采购、生产、营销等方面的全球化实现资源的最佳利用，发挥最大的规模效益。

但是，由于全球市场存在着异质性、多样性等特点，使得供应链的物流活动变得更加复杂和昂贵，因此对跨国企业的全球物流活动的管理是企业全球经营能否成功的关键因素之一。企业在实施全球化物流时必须处理好集中化与分散化物流的关系，否则将无法确立全球化的竞争优势。

从当今全球化物流的实践看，出现了三种形式的发展趋势：第一，作为全球化的生产企业，在世界范围内寻找原材料、零部件来源，并选择一个适应全球分销的物流中心以及关键供应物资的集散仓库，在获得原材料以及分配新产品时使用当地现有的物流网络，并推广其先进的物流技术与方法。第二，生产企业与专业物流企业的同步全球化，即随着生产企业全球化的进程，将以前所形成的完善的专业物流网络也带入到全球市场。第三，国际运输企业之间的结盟，即为了充分应对全球化的经营，国际运输企业之间开始形成了一种覆盖多种航线、相互之间以资源和经营的互补为纽带、面向长远利益的战略联盟。这不仅使全球物流更能便捷地进行，而且使全球范围内的物流设施得到了极大的利用，有效地降低了运输成本。

（2）Internet 物流战略。Internet 物流战略表现在，一方面，通过 Internet 这种现代信息工具，进行网上采购和配销，简化了传统物流烦琐的环节和手续，使企业对消费者需要的把握更加准确和全面，从而推动产品生产的计划安排和最终实现基于客户订货的生产方式（Built-To-Order, BTO），以便减少流通渠道各个环节的库存，避免出现产品过时或无效的现象；另一方面，企业利用 Internet 可以大幅度降低交流沟通成本和客户支持成本，增强进一步开发现有市场的新销售渠道的能力。

利用 Internet 的物流管理具有成本低、实时动态性和顾客推动的特征，因而，Internet 物流作为物流管理的一种新趋势正在企业实践中广为应用。Internet 物流的兴起并不是彻底否定了此前的物流体系和网络，相反，它们是相互依存的。这是因为虚拟化企业之间的合作必然在实践中产生大量的实体商品的配送和处理，而这些管理活动必须以发达的实体物流网络为基础才能实现，或者说 Internet 物流是建立在发达的实体物流网络基础之上的。

（3）绿色物流战略。从经济可持续发展的角度看，伴随大量生产、大量消费而产生的大量废弃物对经济社会产生了严重的消极影响。这不仅因为废弃物处理的困难，而且还表现在容易引发社会资源的枯竭和自然环境的恶化。所以，如何保证经济的可持续发展是所有企业在经营管理中必须考虑的重大问题，对于企业物流管理而言也是如此。

具体来讲，要实现上述目标，物流管理不仅要在系统设计或物流网络的组织上充分考虑企业的经济利益（实现最低的配送成本）和经营战略的需要，同时也要考虑商品消费后的循环物流。这包括及时、便捷地将废弃物从消费地转移到处理中心，以及在产品从供应商转移到最终消费者的过程中减少容易产生垃圾商品的出现。除此之外，还应当考虑如何使企业现有的物流系统减小对环境所产生的负面影响。

5.3 物流组织管理概述

5.3.1 物流组织管理的概念

组织，是指为实现既定目标，通过人与人、人与物以及信息的有机结合所形成的社会系统。一个企业的组织，或称之为企业组织结构、组织体系，是用来分配企业人力资源，进行企业决策，对日常经营活动进行规划、实施和评估，以实现经营目标的正式或非正式的体制。

物流组织从属于企业整体组织，是企业组织结构的一部分。物流组织是指在企业或整个社会中为了进行物流管理，把责任和权限体系化了的组织。物流组织作用的发挥，是通过建立一定的物流管理机构，确定与其相应的职位、职责和权力，合理传递信息等一系列活动，将物流各个要素整合成一个有机的整体，最终实现物流管理，乃至企业管理的总体目标。

5.3.2 物流组织存在的必要性

1. 调节物流活动目标冲突

在传统企业组织结构条件下，总的经营目标经分解变成各种活动的分目标，企业各部门都有明确的经营目标和评价体系。显而易见，各部门的经营目标之间存在着很大的差异。而这种目标的不一致性在分散管理方式下，往往会导致各部门的物流活动之间出现目标冲突。如配送渠道的选择、客户服务水平的设置以及现场存货的控制部门主要由市场部门负责，部门间的沟通以及存货水平的控制是财务部门的职责，而生产部门一般负责生产、仓储以及原材料的供应等物流活动。在各自的经营目标下，这些物流活动表现出不可避免的目标冲突，因此需要采用适当的物流组织来协调它们之间的冲突。具体情况如表 5-2 所示。

表 5-2　传统企业部门之间的目标冲突

市场部门	财务部门	生产部门
增加库存	减少库存	
多频率、短周期生产		小频率、长周期生产
快速的订单处理速度	低成本订单处理	
快速配送	低成本配送	
分散仓储	集中仓储	车间仓储
宽松的退货政策	严格的退货政策	
更细更多的产品分类		较少的产品分类

2．提高物流活动效率

物流活动分散管理带来的另一个问题是业务运作互相牵制，物流效率低下。如在一些小型流通型企业中，即使企业内部已实现信息化，由于物流活动的分散处理，也经常出现这样一种情形：采购部采购的货物已到达仓库，但采购部未及时对其验收确认并做正式入库处理，所以库存中没有相应的货物数据，这使得销售部无法配送针对这些货物的订单。对于这种情况，各部门之间往往是相互推卸责任，导致职责不明、物流活动效率的低下和资源的浪费。因此需要设置某种物流机构，来明确各部门之间的权力和职责，来保证物流运作的顺畅，控制物流运作的成本，提升企业物流运作效率。

5.3.3　建立物流管理组织的基本原则

确定物流企业组织机构的基本原则是精简、统一、自主、高效。

1．精简原则

精简，是指物流企业经营管理的各类机构的组建应同企业的经营规模和经营任务相适应，它要求精简机构设置的管理层次，压缩管理人员的编制。因此，企业要在服从经营需要的前提下，因事设机构、设职位，因职用人，尽量减少不必要的机构和人员，以达到组织机构设置的合理化，提高工作效率。同时，还要求企业各级组织的机构具有明确的职责范围、权限以及相互间的协作关系，具有健全和完善的信息沟通渠道，制定合理的奖惩制度，有利于发挥职工的主动性和积极性，使他们全力投身于工作。

2．统一原则

统一，是指物流企业各部门、各环节的组织结构必须是一个有机结合的统一的组织体系。在这个组织体系中，各层次的机构形成一条职责、权限分明的等级链，不得越级指挥与管理。实行这种指挥的优点是：指挥者与执行者责任分明，自上而下地逐级负责，层层负责，保证经营任务的顺利进行。

3．自主原则

自主，是指物流企业等级链上的各部门、各环节的机构都在各自的职责和权限范围内，独立自主地履行职能，充分发挥各级组织机构的主动性和积极性，提高管理工作效率。并且，上级对下级在其职权范围内做出的决定不能随意否定。可见，自主的原则是统一领导与分级管理、原则性与灵活性相结合的需求。

4．高效原则

高效率，是物流企业建立组织机构必须遵循的根本原则，它是验证组织机构合理与否的准绳。组织机构必须以完成经营目标和任务为准绳，必须具有管理工作的高效率和经营的高效益。

以上各项原则，是现代物流企业建立和健全管理组织机构时应当遵循的基本原则。但是每个物流企业在具体实践中，要根据本企业的具体情况和特点有所侧重；同时，还要正确处理好相互之间的一些关系，如统一指挥与分级管理、集权与分权、综合管理与专业管理、领导者与被领导者之间的关系等。

5.3.4 物流管理组织的内容

1．物流组织机构的设计

这是指确定整个企业物流组织的框架和结构，确定企业中各职能部门、各层次及各个环节的联系和协调方式。这要求从企业的生产技术、经济特点及外部环境条件出发来具体考虑。它包括五方面内容，即物流决策组织系统的设计、物流指挥系统的设计、职能参谋系统的设计、组织内部各个局部开展工作的一般要求的确定、组织信息沟通方式的选择。

2．物流组织规章制度的建立

从总体和局部两方面着手，具体明确各层次、各环节管理部门的行为准则、工作要求以及协调、检查和反馈制度，从制度上保证管理工作的整体性、系统性和有效性。

3．物流组织人力资源管理

这是指管理组织中干部和工作人员的配备。这要按照组织中层次不同，职务、岗位和职责的不同，从工作要求出发，选拔适当人才。这是管理组织能够发挥其功效的根本性保证。

物流管理组织机构的设置、组织制度的建设以及组织的人力资源管理，这三方面的紧密结合，是管理组织总体营运正常、开展组织行为的前提。

5.4 物流企业组织结构与管理方式

5.4.1　物流企业组织结构类型

物流企业根据其规模与特点不同，主要有以下七种类型的组织结构类型。

1．直线制形式

这是早期的，也是最简单的管理形式。它的特点是企业各级行政领导按照直线从上到下进行垂直领导，不另设专业职能机构。这种组织管理形式的优点是机构层次少，权力集中，命令统一，决策和执行迅速，工作效率高。缺点是领导需要处理的事务太多，精力受牵制，不利于提高企业的经营管理水平。这种管理形式适用于经营规模小，经营对象简单的小型物流企业。直线制形式如图 5-5 所示。

图 5-5　直线制形式

2．职能制形式

职能制的特点是，最高层的领导者把专业管理的职责和权限交给相应的职能管理机构，由它们在专业管理活动上直接经营指挥业务机构的活动。这种组织管理形式的优点是，能够充分发挥职能机构专业管理的作用和专业管理人员的专长，加强了管理工作的专业化分工，提倡内行领导，达到管理工作的正确性和高效率。缺点是各职能机构都有指挥权，形成多头领导，相互协调比较困难，所以它在实践中没能被多数企业所采用。职能制形式如图 5-6 所示。

3．直线职能制形式

直线职能制形式是以直线制形式为基础将职能制形式结合在一起的一种组织管理

形式。它的特点是各管理层的负责人自上而下进行垂直领导，并设职能机构或职能人员协助负责人工作，但职能机构或人员对下级单位不能下达指示命令，只能在业务上进行指导监督，下级负责人只接受上一级负责人的领导。这种形式的优点是取直线制和职能制两种形式之长，舍两者之短，是一种较好的形式，在实践中得到比较广泛的应用。我国大中型物流企业大都采用这种形式。直线职能制形式如图 5-7 所示。

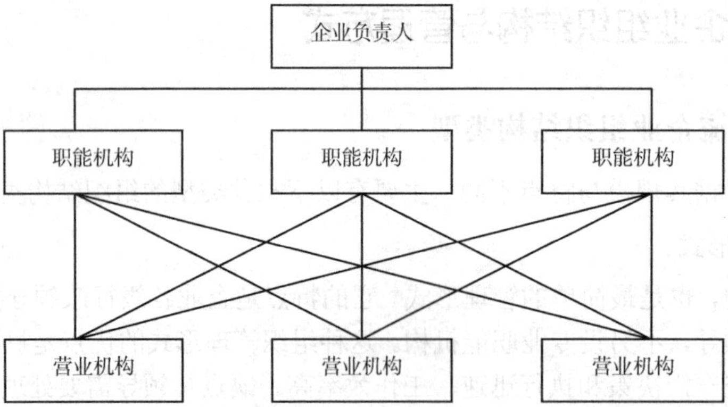

图 5-6　职能制形式

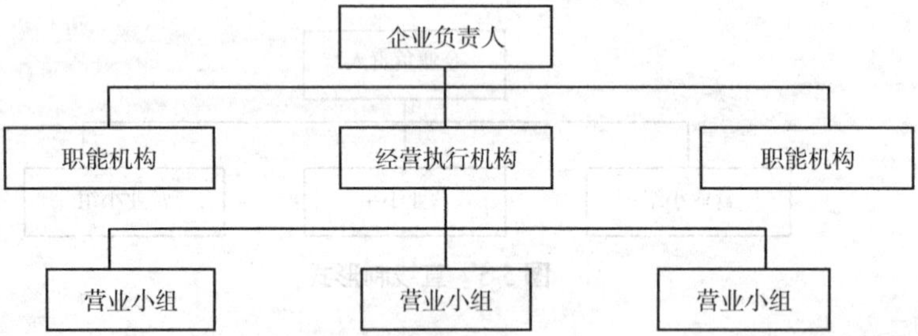

图 5-7　直线职能制形式

4．事业部式组织机构形式

事业部式是国外大型企业普遍采用的一种组织机构模式。它的特点是企业按产品类别、经营业务或地区设若干个事业部，实行集中决策下的分散经营和分权管理。事业部是实现企业目标的基本经营单位，实行独立经营、独立核算，具体管理经营活动。这种组织机构的优点是有利于总公司摆脱日常的行政事务，集中进行决策；有利于事业部根据市场变化做出相应的经营决策；有利于组织专业化生产，提高效率。缺点是由于事业部是一个利益中心，往往只考虑自己的利益而影响相互协作。它适宜规模大、产品种类多、分布面广的企业。

专业的大型物流企业是资本密集型和技术密集型兼具的企业，一般规模较大，资金雄厚，并且有着良好的物流服务信誉。它的宗旨是利用自身专业化、高效的物流信息平台和先进的物流设备，为客户提供个性化的各种物流服务。多样化的客户需求是第三方物流企业所面对的一个特殊的市场环境。另外，随着第三方物流业务的发展和延伸，物流作业跨越的区间越来越大，营业范围涉及国内配送、国际物流服务、多式联运和邮件快递等。跨区域作业使得信息技术和物流技术需要不断提高，开发建设物流管理信息系统，应用 EDI，GPS，RF，EOS，Internet 和 Barcode 等新技术，对货物进行动态跟踪和信息自动处理等。采取事业部体制的组织机构，能较好地对第三方物流进行有效的管理和运作。

第三方物流组织机构采用事业部式的优点是：第一，各事业部按物流服务类别划分，有利于充分发挥第三方物流企业的专业优势，提高物流服务的质量；第二，各事业部采用独立核算制，使得各部门的经营情况一目了然，便于互相比较，互相促进；第三，各事业部由于权力下放，分工明确，因而形成一种责任经营制，有利于锻炼和培养出精通物流经营管理的人员，有利于发挥个人的才能和创造性。但是事业部式组织机构也不是完美无缺的，主要存在诸如管理费用高和综合能力差等问题，而且容易产生本位主义和分散倾向。事业部式组织机构如图 5-8 所示。

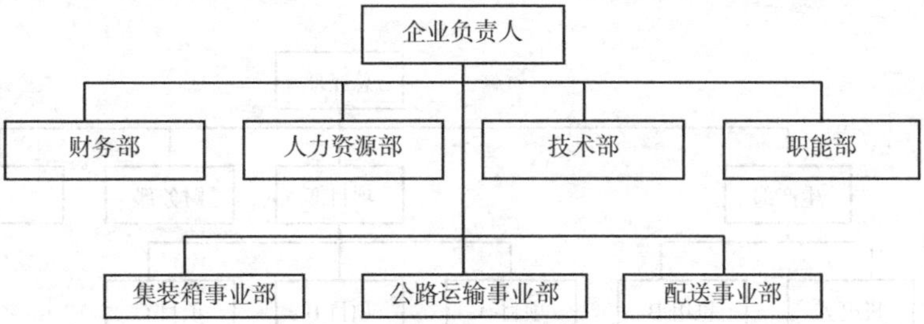

图 5-8　事业部式组织机构

5. 矩阵式组织机构

矩阵式组织机构是由纵横两套管理系统组成的机构。企业为了完成某项任务或目标，从直线职能制的纵向职能系统中抽调专业人员，组成临时或较长期的专门小组，由小组进行横向系统联系，协同各有关部门的活动，并有权指挥参与规划的工作人员。小组成员接受双重领导，但以横向为主，任务完成后便各自回原部门。这种组织机构的优点是有利于优化组合，充分发挥各部门、各专业人员的优势，有利于纵向集中指挥与横向协调的结合。缺点是小组成员容易产生临时观点，出现问题时难以解决，往往给工作带来困难。所以，矩阵式组织机构形式还需要进一步发展和完善。矩阵式组织结构如图

5-9 所示。

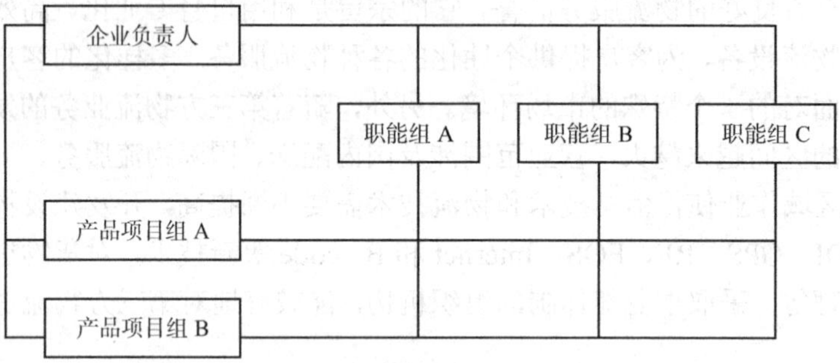

图 5-9　矩阵式组织机构

6．物流项目组织结构

物流项目组织，是以项目为核心，辅之以职能部门的组织形式。每个项目组具有独立的单元。这种组织形式的优势在于：① 针对性强；② 具体项目的工作效率高；③ 命令协调一致，④ 组织结构简单；⑤ 成本和质量控制较容易。这种组织形式的缺点在于：① 在项目衔接不紧密的时候容易出现冗员；② 企业内部员工横向协调较差；③ 工作的连续性较差，缺少安全感，容易导致员工的情绪波动。物流项目组织结构如图 5-10 所示。

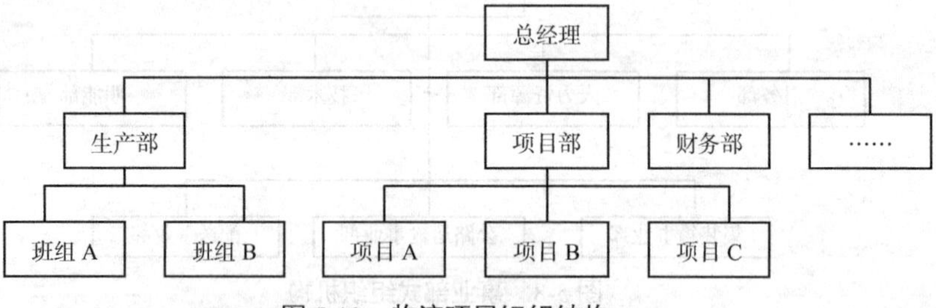

图 5-10　物流项目组织结构

7．物流子公司——物流管理组织结构的新形式

20 世纪 60 年代后期，出现了物流管理组织的一种新的形式——物流子公司。这种管理组织形式是把公司或企业的物流管理的一部分或全部分离出来，由一个具有法人资格的独立的企业，实行社会化、专业化经营。有人认为，物流子公司是物流发展道路上的商业企业，可称为物流管理公司。

日本早稻田大学教授中西先生对建立物流子公司的基本目的有过如下表述："物流子公司是根据商业与物流分离的体制建立起来的，是站在整个企业的基础上，以物流管理效率化和降低费用作为第一目标的。"物流子公司作为代行企业专司物流管理业务的部门，作为物流管理组织的一种形式，与上述几种非独立化的属于企业内部的物流管理组织相比，具有下述特点。

（1）物流子公司的优点。

1）它使物流费用明确化，从而改变了人们对物流的看法，提高了对物流成本核算的认识，有利于加强物流管理。

2）物流子公司作为独立于企业之外的物流管理组织，具有法人资格，能够进行以利润为中心的管理，有利于物流效率的提高。

3）采取物流子公司的组织形式，不仅能摆脱企业内轻视物流工作的陈腐观念，而且大大地改变了物流业务的地位，从而有利于调动物流从业人员的积极性。同时，物流业务的专门化和统一指挥，也便于加强对物流从业人员的劳务管理。

4）建立物流子公司，能开拓物流业务新领域。如前所述，从属于一个公司或企业的物流管理机构，它的活动领域只限于本公司内部。而物流子公司是独立的物流企业，就不受这种限制，它实行社会经营，可以承担许多企业、公司的物流业务，其业务领域是无限制的。而这一点是公司内部物流部门所不具备的重要优点。

（2）物流子公司的缺点。

1）物流管理业务独立化之后，子公司与原有企业成为主顾关系，两者之间的抗衡、竞争和矛盾会使原有企业不愿接受子公司提出的物流合理化建议，从而不利于原有企业物流合理化的推进。

2）如果物流子公司不和原有企业彻底脱钩，也会因原有企业转嫁损失、物流不合理以及对原有企业的依赖而无法自主经营，以致会影响物流管理组织的有效性。

（3）物流子公司发挥作用的要求。要发挥物流子公司的优势，使之有效地开展活动，最重要的是解决确保自主经营和扩大业务的问题。因此，物流子公司必须做到以下两点。

1）作为物流子公司，必须实行独立核算、自负盈亏。如果物流子公司只是为了支援总公司的生产、作为销售部门的物流职能而存在，而没有企业的独立核算性质，那就失去了子公司的意义。若建立子公司是总公司物流合理化的需要，就应该在提供廉价而优质服务的同时获得适当的利润。设立子公司的目的在于加强物流管理，降低物流费用，那么子公司只有获利才能成为企业的基础，而要有利润就必须拥有自主经营的权力。

2）物流子公司作为独立的物流企业要成长和发展，必须实行社会化经营，扩大业务领域。为此，一方面要满足总公司的需要；另一方面要面向社会开拓新的业务，谋求打进物流企业的现有市场，实现与其他企业物流共同化。与此相联系，必须注重物流开发研究以及改进物流管理技术，同时应发展横向联合，实现共同繁荣。

上面介绍的是几种现代企业物流管理组织结构形式，企业应根据自身发展的实际情况，选择有效的物流管理组织。但是，从国外物流管理组织的实践来看，把物流管理组织作为专业分权机构，作为独立核算的事业部门制度，实行以利润为中心的经济责任制，是物流机构的理想目标，发展物流子公司是物流管理组织的方向。

5.4.2 企业物流组织的管理

选择了企业物流组织类型后，接下来就要考虑如何管理组织以使之最有效，以及如何优化企业组织，使之达到最优。

1. 集中式管理与分散式管理

集中式物流管理是将物流组织设为公司一级组织，为所有产品提供服务，如图 5-11 所示；分散式物流管理由各产品分组或各分支机构负责管理物流活动，建立起各自独立的分散的物流组织为各自部门服务，如图 5-12 所示。

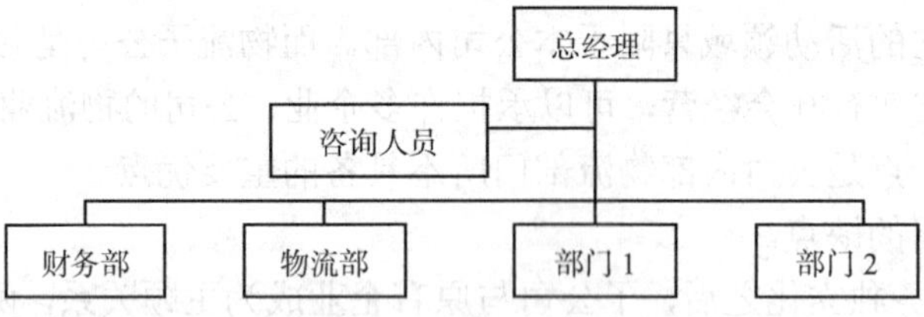

图 5-11 **集中式物流管理**

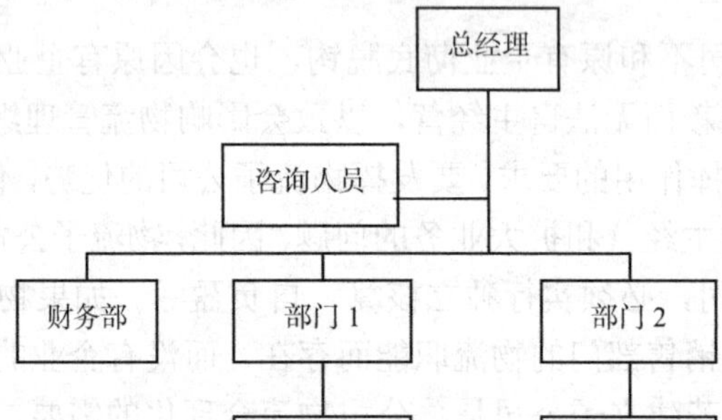

图 5-12 **分散式物流管理**

每一种组织形式都有其优劣势，因此许多企业创立的组织形式是两种形式的结合，以求得两方面的优势。集中式管理的主要优势是可以严密控制各项物流活动，将整个公司的物流活动集中由一人领导，从而获得大规模运作带来的高效率。以运输为例，许多公司拥有自己的车队，因而提高设备利用率是提高效率的关键。通过对所有运输活动集中管理，企业可能发现某分部门产品的往程运输就是另一个分部门产品的返程运输，这样就降低了返程空载率。同样，通过仓库共享、共同采购和数据共享也可以提高效率。然而在分散式的组织结构下，这些问题可能被忽略。但是集中式组织反应速度慢，分散式组织则可以对客户的需求做出快速、个性化的反应。如果不同系列的产品在营销、物流和生产等方面存在明显差异，以致几乎没有规模经济效益，分散管理则更有意义。

2. 咨询式管理与直线式管理

从组织结构来看，许多企业并没有对货物运输和仓储等物流活动进行直接或直线式管理，而是根据环境，建立咨询机构。在这种情况下，物流专家担当咨询的角色，为营销、运作及其他职能部门提供参考意见。如果出现下面情况，设置咨询机构进行管理效果会更好：新建职能部门可能会对现有人事关系造成不必要的冲突；销售、生产和其他经营活动比物流管理更重要；规划相比行政管理更重要；物流被看做各分部产品共享的服务。

咨询式组织可以挂靠在任何集中式或分散式管理的职能部门下，但物流方面的咨询在地理位置上、组织结构上应十分靠近最高管理层。因为物流人员只担任咨询的角色，所以这种形式的组织定位能够给予物流管理人员的授权更为间接。实际上，一些公司级的物流咨询人员比许多部门级的直线型组织更有权力。

3. 跨职能管理

前面的讨论是将物流看成独立的、一体化的职能，以便减少物流活动之间的冲突。然而，当这些活动间的冲突减少了，组织内部新设的职能部门又使物流活动与其他部门经营活动之间的冲突增加了。因为企业内部所有的经营活动在经济上都是相关的，所以将它们按照职能分开，各自管理适当的范围就会造成冲突。职责、权力、经营业绩和奖励的相对独立都不利于职能部门间的利益权衡，且可能造成整个企业经营的次优。这时，物流管理人员就必须进行跨职能管理。

企业的很多经营活动都处于物流与其他职能部门职能交叉的地带，因此形成共有责任，如物流与营销部门之间的客户服务、订单录入与处理、包装和零售点选址；物流与生产部门之间的厂房选址、采购和生产计划。这些边缘性的经营活动需要各职能部门之间进行某种形式的联合管理，防止出现次优决策。

以包装为例，由于外观会影响销售，所以营销部门会考虑包装问题。但是如果市场回报与包装设计无关，营销部门就不会考虑包装保护商品、便于储存及搬运的特点。企业的物流活动就会受到劣质包装的影响，造成搬运和储存的低效率。另一方面，企业也很少用包装的促销能力作为物流部门业绩的衡量标准。但是，包装是一项整体性活动，其保护功能与促销功能并不冲突。因此，在包装设计时，就需要物流与营销两个部门的合作，在市场收益和物流成本之间求得平衡。

4．跨组织管理

前面的问题都是企业内部的管理问题，但是，由于分拨渠道中任何一家企业的供给、分拨政策都会影响到渠道中其他企业的经营，就必须把该渠道整体看做一个“超组织”，为所有成员的利益而进行管理，即跨组织管理。

超组织就是一个企业群组，其中的企业垂直相关，但法律上各自独立，且在各自独立的决策中享有共同的利益。管理超组织的目标就是创造条件使渠道中的所有成员从合作中受益。企业内部管理依赖于正式的组织结构关系，而超组织管理则更多依靠讨价还价和心照不宣的安排，因此难度很大。进行超组织管理，首先应建立为超组织各成员提供信息共享的机制，其次必须制定合作受益的分配方案，最后应该有解决各成员间冲突的策略。

全球视野

丰田公司的实时物流管理战略

当前国外企业管理理论和实践正朝着精细化方向发展，其中实时管理得到了广泛的应用并卓有成效。实时物流是伴随实时生产而产生的，随着实时生产的发展与普及，实时物流也得到了迅速发展和广泛应用。

实时物流与一般物流有很大不同，实时物流不再是传统的规模经济学的范畴，而是立足于时间的经济管理学，核心是恰好在需求的时候到达。实时制的采用可以加快货物的流通速度，降低库存水平，使补货时间更加精确，达到降低成本、提高服务水平的目标。高效、灵活的生产体系，离开了高效的实时物流的支持，是根本无法实现的。下面介绍日本丰田公司的实时物流战略，以及影响企业物流战略的主要因素。

1．零部件厂商对整车企业的实时物流供应

在实时物流中，取消了仓库的概念。例如，丰田公司只设“置场”临时堆料，原材料和零配件只在此堆放几小时，短的只要几分钟，就被领用。在看板制度下，许多零件是等到下一个制造过程需要的几个小时才上线生产。为使物流跟上生产的步伐不造成缺货或生产延误，丰田公司采用了全新的“拉出方式”，即在需要时由后工序的人员去前工序领取加工品的“领取方式”，此种方式存在于整个生产范围（包括企业外部的零部件、原材料的供给）。这种方式使主动权掌握在本企业手中，使得在需要时得到物流的实时服务。

实时生产能发挥作用，除了要求“准时化生产”外，还需要零配件厂商的实时物流做保障。为此，丰田公司采用了 CAD/CAM 技术生产设计零配件，电脑分解画面进行设计，并根据此资料设计车体的各部分构造，再用 CAM 生产出样机模型，然后分派给零配件厂商，以适应生产需要。零配件厂商大多位于同一个工业园区，这样不仅降低了运输成本，使运送途中的损耗降低到最低程度，而且降低了所需的库存量。

零配件厂商和企业的关系是一种长期的、稳定的合作关系，是一种特殊的契约关系。一个零配件厂商的绝大部分产出都供应给一个或两个主机厂，而主机厂一般会在供应商那里拥有一定的股份和指挥权。由于在长期交易关系中居于支配地位，大企业可以要求协作企业采用“最佳时态”供货制，通过适时适量供应零部件来降低库存，提高有效开工率。实时物流的要求者会提供一定的资金、技术援助以推广实时生产和实时物流的概念和方式。同时供应商多少会建立一定的缓冲库存以备不测，以免失掉长期的合同。不能完全避免，但数量大大降低。

2. 整车企业对经销商及顾客的实时物流服务

丰田公司将实时管理生产体制和销售网络相结合，将日本全国经销商的电脑和丰田总公司的电脑联网，销售人员可以将客户订货的内容实时通知生产线，从而形成一个大规模的信息系统，订货手续大为简化，订单当天就可以传入总公司的电脑中，交货时间就可以减少 10 天以上，而且经销商的库存也减少 70%～80%，大幅度降低了存货成本。由于建立了“灵活销售体系”，将产品分成小批量，以更快的速度销售出去，进一步降低了产品在流通领域的费用。

在运输方面，对于出口海外的产品，丰田公司所在的丰田市距海岸只有 50 千米，汽车可以一直由生产线开到码头，而远洋货轮也实时地等待装船。消除了由于必须凑齐一定数量的汽车才能装船的库存费用。到达目的港后，由电脑分配，直接交至各经销商手中，中间不需要存储。

丰田公司实施以人为本的实时物流战略，对全体经销商进行教育培训，根据市场反馈的信息，对经销商的促销政策和经营上的问题给以适当的指导，以提高销售效率，如商品知识指导、推销员培训、经营管理或财务指导、店铺设计、广告发布指导等，并从人员和技术上协助他们进行销售和售后服务。不景气的时期，通过协商，共同承担利润减少带来的负面影响，形成一种风险共担，利益共享的关系。

资料来源：李勇. 物流经理日智.北京：机械工业出版社，2006.

物流战略伦理 物流企业组织结构变革的发展方向

在全球市场化的激烈竞争中，21 世纪的物流是形成多元化网络所必需的全球物流，物流业将呈现信息化、网络化、智能化、柔性化、标准化和社会化的特征，物流组织也必须适应环境的变化，向更科学合理的方向发展。

跨国物流企业规模大、实力强、经验丰富，具有强劲的国际竞争力。具有代表性的竞争手段有：高度重视物流解决方案设计；在服务操作上严格执行统一的服务标准；坚持严格的质量管理制度；以信息技术和信息网络贯穿物流整个服务过程。在组织结构方面，目前世界大型物流公司大多采取总公司与分公司体制，采取总部集权式物流运作，实行业务垂直管理。从事物流业务、承担全程服务时，只能有一个利润中心，其他各个机构、各个部门都是成本中心，一切听从利润中心的指挥，一切为利润中心服务。从而不断提高企业对环境、技术和市场急剧变化的适应能力。

作为管理活动的主体和物流活动的承担者——物流组织，对现代物流企业的发展和竞争能力的发挥起着非常重要的作用。我国传统的物流企业组织结构和国际物流集团相比明显呈现出落后的状态。

在经济全球化的今天，物流企业不仅要面对国内同类企业的竞争，而且要面对国际上具有更高管理和经营水平的物流企业的竞争，竞争的加剧使企业的环境变得更加不稳定，传统的物流组织结构的信息传递系统落后，无法对顾客和市场的变化做出快速的反应。

跨国公司全球化战略调整后对物流业的需求增强，物流管理在使跨国公司降低交易费用、获得更大的成本优势方面，将起到更为关键的作用。我国传统物流组织，仅仅停留在对传统的仓储、运输企业向物流企业简单转型上，没有打破地域的界限和部门的垄断，难以根据客户和市场的变化，使物流管理活动快速、高效地进行。

跨国公司全球供应链不断向中国延伸。与之相应，中国企业必然要参与到跨国公司的全球物流管理之中，传统的物流组织结构不能与国际物流相接轨，以全球视角来看待物流管理及物流组织结构，必须确保管理工作能适应快速变化的市场环境。

资料来源：贾兴洪．物流企业组织结构变革的动因与方向．经济导刊，2007.10.

企业案例

7-11 便利店的物流战略体系特色

7-11 便利店是现今全球最大的零售网络商，被公认为世界便利店的楷模。7-11 取得的辉煌业绩，除了其先进的经营方式与独特的品牌营销外，支撑其快速发展的另一重要因素就是强大的后方物流支持系统。

独特的物流体系

7-11 以区域集中化建店战略和信息灵活应用作为实现特许经营的基本策略之一，以综合考虑生产厂家、批发商、配送中心、总部、加盟店和消费者的整体结构为思考模式，从而发展出一条不建立完全属于自己公司的物流和配送中心，而是凭着企业的知名度和经营实力，借用其他行业公司的物流、配送中心，采取集约配送、共同配送方式的道路，实现自己的特许经营战略。7-11 总部的战略经营目标是使 7-11 所有加盟单店成为“周围居民信赖的店铺”。这里所说的忠诚度，是通过 7-11 所特有的三个要素来实现的：首先，只有在 7-11 能够买到的独特商品；其次，刚制作的新鲜商品；第三，零缺货，即零顾客永不失望的供货。7-11 为了确保实现忠诚度所需的三个要素的顺利施行，建立了先进、高效的物流系统，并确定了多个物流战略体系。

区域集中化战略

区域集中化战略是指在一定区域内相对集中地开出更多店铺，待这一区域的店铺达到一定数量后，再逐步扩展建店的地区。利用这种办法，不断增加建店地区内的连锁店数，以缩短商店间的距离，缩短每次配送行走的距离及时间，确保高效的运载量，从而形成提高物流效率的基础，使配送地区合理化，配送中心分散、中小规模化。

共同配送中心

由于特许经营企业的单店都是由特许经营总部进行统一领导、授权、管理、培训，同时对各单店的经营进行协调，并作为信息中心为各单店提供后台支持。因此，建立由特许经营总部指导下进行管理的共同配送中心，为不同的特许经营单店进行集约配送与共同配送不但成为可能，更是特许经营便利店的一大优势。7-11 在建立其全球零售网络时正是利用了这种优势，几乎所有由 7-11 总部制定的具体物流战略都必须依靠共同配送中心来实现。

7-11 按照不同的地区和商品群划分，组成共同配送中心，由该中心统一集货，再向各店铺配送。地域划分一般是在中心城市商圈附近 35 公里，其他地方市场为方圆 60 公里，各地区设立一个共同配送中心，以实现高频度、多品种、小单位配送。为每个单店有效率地供应商品是配送环节的工作重点。配送中心首先要从批发商或直接从制造商那里购进各种商品，然后按需求配送到每个单店。

7-11 的物流体系并非独自完成，而是由合作的生产商和经销商根据 7-11 的网点扩张，根据其独特的业务流程与技术而量身打造。根据 7-11 与各生产商、批发商达成的协议，生产商和批发商对各自所在地区内的闲置土地、设施或运转率较低的设施，投资设立共同配送中心，由参加投资的公司共同经营。生产商和批发商将配送业务和管理权委托给共同配送中心，7-11 与参加共同经营的生产商、批发商密切协作，以地区集中建店和信息网络为基础，创造成独自的系统。

不同温度带物流战略

7-11 目前已经实现了全球范围内的不同温度带物流配送体系，针对不同种类的商品设定了不同的配送温度，并使用与汽车生产厂家共同开发的专用运输车进行配送，如蔬菜的配送温度为5℃，牛奶的共同配送为5℃，加工肉类为5℃，杂货、加工食品为常温，冷冻食品为–20℃，冰激凌为–20℃，盒饭、饭团等米饭类食品为 20℃恒温配送。7-11总部根据商品品质对温度的不同要求，一般情况下会建立三个配送中心系统，即冷冻配送中心系统、冷藏配送中心系统和常温商品配送中心系统。对于不同的配送中心系统，单店都会有不同的订货，这种做法也是为了尽可能地提高商品的新鲜度。

冷藏供货商运作方式有所不同，为保证商品新鲜度，配送中心没有库存，也不打印配送单据。由单店直接向供货商发送订货信息，然后由供货商打印送货单据，并根据订货信息安排生产。单店的订货原则同样也是每天上午10点结束。供货商会在当天下午4点前将货物与送货单据送至配送中心，接着配送中心再按不同单店的订货需求分装好货物并送至店铺。单店验收完货物后，再在配送单据上签字并盖章，配送过程结束。

问题：

1. 7-11的物流战略体系包括哪几方面？
2. 结合本章的内容，谈谈7-11物流战略制定的原则及其特色所在。

资料来源：张毓辉. 范大良. 中国合作时报，2006.

复习思考题

1. 简述企业物流战略的特征和目标。
2. 制定物流战略有哪些指导原则？如何理解这些原则？
3. 如何理解物流战略的五个重要层次？
4. 现代物流战略规划的基本步骤是什么？需要考虑分析哪些因素？
5. 如何运用SWOT模型分析法、波士顿矩阵分析法和生命周期矩阵分析法评价选择物流战略方案？
6. 简述书上介绍的几种现代企业的物流战略。你认为还有哪些物流战略？
7. 简述建立物流管理组织的基本原则。如何处理好它们之间的关系？
8. 比较几种现代企业物流管理组织结构形式。为什么说发展物流子公司是物流管理组织的方向？
9. 企业物流有哪些组织管理形式？它们有哪些优缺点？
10. 如何优化企业物流组织结构，采用与之相适应的有效管理形式？

本章小结

企业物流战略是指针对企业内部物流目标、任务和方向而制定的政策和措施。它与企业的其他战略一起共同支持企业战略的最终实现。物流战略具有目的性、长期性、竞争性、系统性、综合性和创新性六个特点，它的主要目标是：提高服务水平、降低成本、减少资金占用。

企业根据总成本、多样化、合并、延迟和标准化等指导原则制定物流战略，在战略、经营、结构、职能、执行五个重要层次上确立物流战略的框架。

现代物流战略规划主要包括物流战略环境分析、物流资源调查分析、物流战略方案的选择、物流战略的实施和物流战略的控制等基本步骤。

现代企业的物流战略包括即时物流战略、协同或一体化物流战略、全球化物流战略、Internet 物流战略和绿色物流战略等。

物流组织是指在企业或整个社会中为了进行物流管理，把责任和权限体系化了的组织。物流组织结构有直线制、职能制、直线职能制、事业部式组织机构、矩阵式组织机构、物流项目组组织机构和物流子公司等形式，发展物流子公司是物流管理组织的方向。

现代物流组织的管理方式主要有分散式管理与集中式管理方式、咨询式管理与直线式管理方式、跨职能管理方式和跨组织管理方式等。

第6章

企业物流管理

本章学习目标

- 理解供应物流管理的概念和供应物流的基本过程；
- 理解生产物流的计划与控制内容；
- 掌握 JIT 和 ERP 的原理；
- 掌握 MRP 和 DRP 的原理；
- 理解销售物流的含义；
- 理解企业销售系统的任务及销售渠道的结构；
- 掌握销售物流服务的要素及销售物流客户服务能力；
- 理解逆向物流的特征和逆向物流管理模式。

引导案例

MMH 有三个配送中心位于美国，在位于加拿大魁北克省的制造工厂内有一个中央供给设施。这里介绍他们的配送资源计划（DRP）系统在为期 8 周的时间内是如何发挥作用的。

波士顿配送中心拥有的安全储备水平定在 55 个单位的小器具。当储备下降到该水平以下时，配送中心就会发出订单，补给 500 个以上的小器具。从中央供给设施装运到波士顿配送中心的前置时间是 2 周。

经波士顿配送中心的 DRP 显示，有 8 周的需求预测数，称做总需求数。一开始的现有存货剩余数为 352 个小器具，配送中心预测在第 5 周内将只有 42 个小器具（现有存货 122 个小器具减去总需求数中的 80 个小器具）。

这将低于安全储备水平，于是，DRP 在 3 周内（第 5 周减去前置时间 2 周）启动已计划订货数为 500 个小器具。如已预测的那样，备货一到，该配送中心又恢复到安全作业水平。

小器具在芝加哥是高销量货品，所以，芝加哥配送中心的总需求比波士顿配送中心高，它一次订货的小器具更多。

芝加哥配送中心的 DRP 显示，已经有 800 个小器具在运输途中（已定期接受数），并且应该在一周内抵达。它们如期抵达，并在第 6 周安排接下来的 800 个器具的订货，以处理在第 8 周内即将到来的低于安全储备的情况。

凭借经验，圣地亚哥配送中心将其安全储备表示为安全时间（2 周）。经检查 DRP 显示，圣地亚哥配送中心了解到，如果不进行补给，第 5 周内将剩余 30 个小器具（60 减 30），第 6 周内将剩余 5 个小器具（30 减 25），在第 7 周内现有存货余数将为–10（5 减 15）。于是，圣地亚哥配送中心在第 3 周～第 7 周减安全时间，再减前置时间（总计 4 周）启动已计划订货数，即 150 个小器具。

中央供给设施的总需求数是各配送中心促成的。波士顿和圣地亚哥配送中心在第 3 周生成总计为 650 个小器具的需求，而芝加哥配送中心则在第 6 周生成 800 个小器具的需求。中央供给设施发现，在第 6 周内现有存货余额将是负值。因此，它在第 3 周启动一项订货量为 2 200 个小器具的主计划，以弥补短缺。

资料来源：精英教育网物流管理案例：DRP 一个应用样本.

6.1 供应物流管理

6.1.1　供应物流概念和组成

1．供应物流的概念

供应物流是指为生产企业提供原材料、零部件或者其他物品时，物品在提供者与需求者之间的实体流动。也可以理解为企业生产所需的一切物资（原料、燃料、备品备件、辅助材料等）的采购、进货运输、仓储、库存管理、用料管理和供应管理。

企业供应物流是企业物流活动的起始阶段。供应物流的运作安排需要根据企业的生产计划，使物流运作与企业生产紧密衔接并实现操作上的一致性，从而保证企业生产活动的连贯性和持续性。供应物流是企业物流系统中独立性相对较强的子系统，与企业的生产系统、销售系统、回收系统，以及企业外部的资源市场、运输市场、其他企业的供应物流系统等有着密切的联系。

供应物流管理是指为了以最低的物流成本保证企业的物料需求，对供应物流活动进行的计划、组织、协调与控制。

2. 供应物流系统的组成

（1）采购。采购工作是供应物流与社会物流的衔接点，是依据生产企业生产——供应——采购计划来进行原材料外购的作业层，负责市场资源、供货厂家、市场变化等信息的采集和反馈。

（2）生产资料供应。供应工作是供应物流与生产物流的衔接点，是依据供应计划以消耗定额进行生产资料供给的作业层，负责原材料消耗的控制。

（3）仓储、库存管理。仓储管理工作是供应物流的转换点，负责生产资料的接货和发货，以及物料保管工作；库存管理工作是供应物流的重要部分，依据企业生产计划制定供应和采购计划，并负责制定库存控制策略及计划的执行与反馈修改。

（4）装卸、搬运。装卸、搬运工作是原材料接货、发货、堆码时进行的操作。虽然装卸、搬运是随着运输和保管而产生的作业，但却是衔接供应物流中其他活动的重要组成部分。

6.1.2 供应物流过程和模式

1. 供应物流的基本过程

不同的企业、不同的生产工艺、不同的生产组织模式、不同的供应环节和不同的物流供应链，使得企业供应物流过程有所区别，出现了许多不同模式。尽管不同的模式在某些环节上有着各自不同的特点，但其基本流程是相同的，一般有三个环节，如表 6-1 所示。

表 6-1 供应物流基本环节

第一环节	取得资源	取得资源是完成所有供应活动的前提条件
第二环节	组织到厂物流	这个物流过程可以由企业、社会公共物流部门、第三方物流企业等完成
第三环节	组织厂内物流	企业所取得的资源到达企业后，在厂区继续运动，最后到达车间/ 分厂或生产线的物流过程，称做供应物流的企业内物流

2. 供应物流的模式

供应物流的模式主要有供应商代理、委托第三方物流企业代理、企业自供物流、供应链物流供应等，如表 6-2 所示。

表 6-2 供应物流的模式

供应物流的模式	内　容
供应商代理	指供应商或者社会销售企业送货上门。供应商利用熟悉的物流渠道，对生产企业进行供应服务，并不断增加服务的内容，取得了生产企业的更多信赖，共同结成战略联盟

续表

供应物流的模式	内 容
委托第三方物流企业代理	在生产企业完成了采购程序之后，由销售方或者生产企业委托专业物流公司从事送货或者提货的物流活动
企业自供物流	由企业自己组织所采购的物品的本身供应的物流活动，这在卖方市场的市场环境状况下，是经常采用的供应物流方式
供应链物流供应	以信息和网络为依托的供应链体系将物资供应商、生产商、储运商、分销商、消费者组成供需物流网络链

3. 供应物流合理化

企业供应物流合理化的主要表现为：准确预测需求，以企业生产计划对各类物资的需求为依据确定出物资供应需求量；合理控制库存，进行库存动态调整、减少资金占压；科学采购决策；确保运输、仓储管理、服务等方面供应保障；健全管理组织机构。

供应物流合理化的方式有准时供应方式、即时供应方式、“零库存”供应方式等。

任何事物的发展都是从低级向高级发展，企业供应物流的发展也不例外，但这并不意味着处于发展高级阶段的供应物流方式对企业的益处就要远远超过处于发展低级阶段的供应物流方式对企业的益处。企业物流发展的基础不同，适用的供应物流系统也就不同，超前或滞后的供应物流系统都不能最有效地安排企业的供应物流活动。因此，企业应该根据自身特点决定其应该采用的供应物流系统，而不是一味地追求最新的、最高级别的供应物流系统。

6.2 生产物流管理

企业物流是由供应物流、生产物流、销售物流、回收与废弃物流组成的。其中生产物流处于中心地位，它是和生产同步进行的，是企业内部所能控制的。生产物流会受到生产类型、生产规模、生产的专业化水平与协作水平、内部管理等因素的制约。生产物流要保证如期发送交货，在企业物流中占重要地位，在物流供应链中处于中心地位。

6.2.1 生产物流的概念

生产物流是指原材料、燃料、外购件等投入生产后，经过下料、发料，运送到各加工点和存储点，以在制品的形态，从一个车间流入另一个车间的物料流转过程。生产物流管理就是为了达到以最低的物流成本保证企业生产计划的进行，而对生产物流活动进行的计划、组织、协调与控制。

合理组织生产物流有以下要求：

（1）连续性。连续性指企业生产的每一道工序都是以正常物流按部就班进行，一个环节扣一个环节；若某一个环节出了问题，造成停工，形成内部物流阻塞，将会影响生产的正常进行。

（2）节奏性。节奏性指在生产过程中，从投料到入库，都能保证生产各环节在相同时间间隔内生产数量相同的产品，有节奏地、均衡地完成生产。

（3）比例性。比例性指组成产品的各物流量不同，就会形成产品物流过程的比例性。

（4）适应性。适应性指当企业产品换代或改进时，要求生产过程具有较强的应变能力，即在短时间内调整生产，生产出另一种产品。而物流过程也应具备相应的应变能力。

6.2.2 企业的生产类型

企业的生产类型是生产的产品产量、品种和专业化程度在企业技术、组织和经济上的综合反映和表现。它在很大程度上决定了企业和车间的生产结构、工艺流程和工艺装备的特点，生产过程的组织形式及生产管理方法，同时也决定了与之匹配的生产物流类型。

通常情况下，企业生产的产品产量越大，产品的品种越少，生产专业化程度也越高，而物流过程的稳定性和重复性也就越大。反之，企业生产的产品产量越小，产品的品种则越多，生产的专业化程度越低，物流过程的稳定性和重复性也越小。可见，物流类型与决定生产类型的产品产量、产品品种和专业化程度有着内在的联系，并对生产组织产生不同的影响和要求。

1. 工序类型和物流特点

根据加工技术的性质，工序类型大致分为两类：单一工序、多道工序。

（1）单一工序，指无论任何规格的加工仅需一道就可以完成的工序。

（2）多道工序，指一项订货的加工须经过两道或两道以上才能完成的工序。

多道工序按照物流类型又分为以下四类：

1）多道连续工序。这是指在最初工序中投入的材料或零部件，按直线形安排的工序依次前进和加工，在最后工序制成成品而构成的工序。

2）多道合流工序。产品是由多种原材料或者零部件组成，这些原材料或零部件分别在平行安排的单一或者多道连续的工序上边加工边流动，在适当的阶段一个接一个地进行合成，或者多道装配而制成最终成品。

3）多道分支工序。一种或多种原材料在第一道工序加工结束后，制成多种产品或者中间产品，这些中间产品分别在后续工序中又成为多种产品或者中间制品，随着工序的进行分为许多工序而制成多种产品。

4）多道复合工序。从加工开始到成品为止经过许多道工序，但其间同时存在合流式和分支式的工序。

2．生产过程的三种基本生产方式和物流管理特点

按生产和物流的稳定性和重复性可以把各类生产过程分为大量生产、单件小批生产和成批生产三种基本的生产方式，它们的物流管理特点如表 6-3 所示。

表 6-3 生产过程的三种基本生产方式和物流管理特点

生产方式	特点	物流管理特点
大量生产方式	生产的品种少，每一种产品的批量大，稳定地不断重复地进行生产	一般这类产品在一定时期内具有相对稳定的需求，物流形式稳定
单件小批生产方式	产品的对象基本上是一次性需求的专用产品，一般不重复生产	生产设备和物流装备必须采用通用性原则，生产物流组织形式采用机群式布置的形式
成批生产方式	生产的对象是通用产品，生产具有重复性，介于大量生产和单件小批生产方式之间	在生产物流管理上，根据轮番重复生产这一特征，可以按对象专业化原则组织生产

6.2.3 生产物流管理方法

1．生产物流计划

生产物流计划的含义：生产物流计划的核心是生产作业计划的编制工作，即根据计划期内规定的出产产品的品种、数量、期限，以及发展了的客观实际，具体安排产品及其零部件在各工艺阶段的生产进度。与此同时，为企业内部各生产环节安排短期的生产任务，协调前后衔接关系。

生产物流计划的任务是：保证生产计划的顺利完成，为均衡生产创造条件，加强在制品管理，缩短生产周期。

期量标准是生产物流计划工作的重要依据，因此，也称为作业计划标准，是对加工对象在生产过程中的运动经过科学分析和计算，从而确定的时间和数量标准。期表示时间，如生产周期、提前期等；量表示数量，如一次同时投入生产的在制品数量、仓库在制品数量等。

期和量是构成生产作业计划的两个方面。为了合理地组织生产活动，有必要科学地规定生产过程中各个环节之间在生产时间和生产数量上的内在联系。合理地确定期量标准，为编制生产计划和生产作业计划提供了科学的依据，从而提高了计划编制的质量，使它真正起到组织生产的作用。

2. 生产物流控制

在实际的生产物流系统中，由于受系统内部和外部各种因素的影响，计划与实际之间会产生偏差，为了保证计划的完成，必须对物流活动进行有效的控制。

（1）生产物流控制的具体内容。

1）进度控制。物流控制的核心是进度控制，即物料在生产过程中的流入、流出控制，以及物流量的控制。

2）在制品管理。在制品管理，是指在生产过程中对在制品进行静态、动态控制以及占有量的控制。在制品控制包括在制品实物控制和信息控制。有效地控制在制品，对及时完成作业计划和减少在制品积压均有重要意义。

3）偏差的测定和处理。在进行作业过程中，按预定时间及顺序检测执行计划的结果，掌握计划量与实际量的差距，根据发生差距的原因、差距的内容及严重程度，采取不同的处理方法。首先，要预测差距的发生，事先规划消除差距的措施，如动用库存、组织外包等；其次，为及时调整产生差距的生产计划，要及时将差距的信息向生产计划部门反馈；再次，为了使本期计划不作或少作修改，将差距的信息向计划部门反馈，作为下期调整的依据。

完成上述控制内容的系统可以采用不同的形式和结构，但都具有一些共同的要素。这些要素包括以下几个方面：

1）强制控制和弹性控制的程度，即通过有关期量标准、严密监督等手段所进行的强制控制或自觉控制。

2）目标控制和程序控制，即控制系统的作用是核查生产实际结果并对生产程序、生产方式进行核查。

3）管理控制和作业控制。管理控制的对象是全局，是指为使系统整体达到最佳效益而按照总体计划来调节各个环节、各个部门的生产活动。作业控制是对某项作业进行控制，是局部的，其目的是保证其具体任务或目标的实现。有时不同作业控制的具体目标之间可能会出现脱节或矛盾的情况，需要管理控制对此进行协调，以使整体达到最优效果。

（2）生产物流控制的程序。生产物流控制的程序对不同类型的生产方式来说，基本上是一样的。为与控制的内容相适应，物流控制的程序一般包括以下几个步骤：

1）制定期量标准。物流控制从制定期量标准开始，所制定的标准要保持先进与合理的水平，随着生产条件的变化，标准要定期和不定期地进行修订。

2）制定计划。依据生产计划制定相应的物流计划，并保持生产系统能够正常运转。

3）物流信息的收集、传送、处理。

4）短期调整。为了保证生产的正常进行，及时调整偏差，保证计划顺利完成。

5）长期调整及其有效性的评估。

（3）生产物流控制原理。生产物流系统中，物流协调和减小各环节生产和库存水平变化的幅度是很重要的。在这样的系统中，系统的稳定与所采用的控制原理有关。有以下两种典型的控制原理：

1）物流推进（Push）控制原理。这种原理的基本方式是根据最终需求量，在考虑各阶段的生产提前期之后向各阶段发布生产指令量，这种方式称为推进方式。以这种方式进行物流控制的原理称为物流推进控制原理。

推进控制原理的特点是集中控制，每阶段物流活动服从集中控制的指令。从这方面看各阶段没有独立影响本阶段局部库存的能力，这就意味着这种控制原理不能使各阶段的库存保持期望水平。

2）物流拉引（Pull）控制原理。这种原理的基本方式是在最后阶段按照外部需求，向前一阶段提出物流供应要求，前一阶段按本阶段的物流需求量向上一阶段提出要求，以此类推，接受要求的阶段再重复地向前一阶段提出要求，这种方式称为拉引方式。这种方式在形式上是多道工序，但由指令方式不难看出，由于各阶段各自独立地发布指令，所以实质上是前一阶段的重复。采用此方式的物流控制原理称为物流拉引控制原理。

拉引控制原理的特点是分散控制，每一分散控制的目标是满足局部需求，在这种控制原理中，所有的局部控制使本阶段达到要求。然而由于没有实时的协调，满足需求和降低库存费用的总目标在各个局部控制中没有考虑到。因此，采用此控制，系统中总的库存水平一般会高于基准库存水平。

3．物流需求计划

（1）物料需求计划的概念。物料需求计划（Material Requirement Planning，MRP）是推进式生产物流控制原理的代表方法。生产制造企业根据市场需求制定了营销计划之后，生产系统必须按照规定的时间交付出产成品，由此而产生了主生产进度计划（Master Production Schedule，MPS），再根据产品的数量与产品的层次结构，可以逐层逐次地求出各种零部件的需求时间，这就叫做物料需求计划。

对于其中一部分企业自制的零部件，就要根据工艺规程确定的时间要求提前安排投产时间，形成零部件生产计划；另一部分外购件和自制本部件的原材料，则要根据各自的订货提前期统筹安排，形成采购计划。

如果能够严格按照生产工艺规程的进度制造零部件，并且准确地执行采购计划，那么生产的各个环节都能在规定的时间得到所需要的原材料或零部件进行现阶段的生产，从而能够把本环节的在制品准时地送交下一工序。

对于庞大而复杂的生产系统，MRP 计划的制定与执行具有很高的难度，必须有强有力的计算机软、硬件系统实行集中控制，才能达到预想的效果。MRP 的逻辑原理图如图 6-1 所示。以下对几个相关因素作进一步的说明。

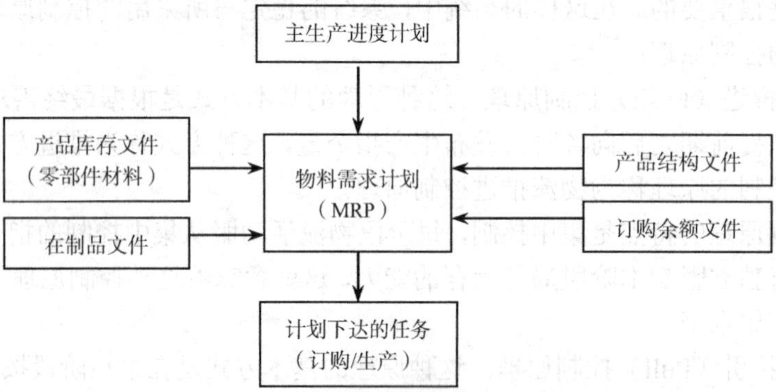

图 6-1　MRP 的逻辑原理图

1）产品结构文件。它反映产品的层次结构，即反映所有零部件的结构关系和数量组成。它可以确定该产品所有零部件的需要数量、需要时间及相互关系。

2）主生产进度计划。根据营销计划、产品结构文件和工艺规程决定成品出厂时间和各种零部件的制造进度。它决定了产成品与零部件在各个时间段内的生产量，包括产出时间和数量，或者装配时间和数量等。

3）产品库存文件。产品库存文件包括原材料、零部件和产成品的库存量、已订未到量和已分配但还没有提取的数量。根据物料需求计划计算结果所需的物料量，应先考虑库存量，不足部分再进行采购。

由 MRP 的逻辑原理图可见，物料需求计划产生产品投产计划和采购计划；生成制造任务单和采购订货单，再据此组织产品的生产和物资的采购。

（2）MRP 的特点。

1）作业计划的及时性。这种方法是根据反工艺顺序法的原理，从最终产品的数量和期限的计划出发，按产品结构展开，再按照存储量，以及提前期等，推算出各种零部件的投入、产出的数量和期限。它编制作业计划很快，情况变化时能及时调整。

2）需求的相关性。在流通企业中，各种需求往往是独立的。而在生产系统中，需求具有相关性。例如，根据订单调走了所需产品的数量之后，由产品结构文件即可推算出各种零部件和原材料的数量，这种根据逻辑关系推算出来的物料数量称为相关需求。不仅品种数量有相关性，需求时间与生产工艺过程的决定也是相关的。

3）需求的确定性。MRP 的需求都是根据主生产进度计划、产品结构文件和库存文件精确计算出来的，品种、数量和需求时间都有严格要求，不可改变。

4）计划的复杂性。MRP 计划要根据主产品的生产计划、产品结构文件、库存文件、生产时间和采购时间，把生产品的所有零部件需要数量、时间、先后关系等准确计算出来。当产品结构复杂、零部件数量特别多时，其计算工作量非常庞大，人力根本不能胜任，必须依靠计算机实施这项工程。

（3）实施 MRP 的优越性。由于所有需要的物资都按精密的计划适时适量地供应，所以一般不会产生超量库存，对于在制品还可以实现零库存。这样可以大大节约库存费用，降低生产成本。

实施 MRP 还有利于提高企业素质。因为运行 MRP 要求输入信息多、操作规范、时间观念强、系统协调性好，这样，企业必须加强系统化、信息化、规范化管理，提高企业的管理水平。

4．及时管理方式

及时管理方式（Just-in-time，JIT）的基本观点认为库存就是浪费，消除库存就是消除浪费。日本丰田公司提出了看板管理方式，即“零库存管理方式”。理论上说，在需要的时间及时供应所需要的数量就意味着在生产过程的每一阶段与工序上不会出现闲置的零部件，从而也就不会产生库存。上一道工序的加工品种和数量由下一道工序的需求来确定，从用户需求开始一直推到供应商的供货，因此不用库存。

JIT 的基本思想用一句话概括，即“在需要的时候，按需要的量，生产所需要的产品”。这种生产方式的核心就是追求一种无库存的生产系统。为了形成库存最小的生产系统，使用的方式是“看板管理”。而实现 JIT 的关键要素有三：一是适时适量生产；二是弹性配置作业人数；三是质量保证。

5．企业资源计划

企业资源计划（Enterprise Resource Planning，ERP）是在 MRP 基础上通过前馈的物流和反馈的信息流与资金流，把客户需求和企业内部的生产活动，以及供应商的资源整合起来的一种全新物流管理方式。企业资源计划的最大特点是体现了完全按用户需求制造的一种供应链管理思想的功能网络的结构模式。

6.3 销售物流管理

销售物流管理就是对于销售物流活动的计划、组织、指挥、协调和控制。销售物流管理的目标就是保证销售物流有效合理地运行。

6.3.1 企业销售物流概述

1. 企业销售系统的任务

企业销售系统是通过一系列的营销手段出售产品，以满足用户需求，从而实现商品的价值和使用价值的有机整体。企业销售系统的主要任务是：

（1）市场调查和需求预测。其对象包括国内外现有市场、新市场和潜在市场。

（2）制定产品销售的策略、政策。它包括销售渠道、销售政策和销售队伍、促销策略等。

（3）编制销售计划。正确确定计划期产品销售量和销售收入等指标。

（4）订货合同的管理工作。它包括组织合同的签订、检查执行和处理执行合同中的问题。

（5）产品的推销工作。它包括广告宣传、试销展销、人员推销、网络营销及市场信息反馈等。

（6）售后服务工作。它包括产品送货上门、安装调试、使用与维修指导、实行“三包”、提供配件、征求用户意见等。

（7）销售费用和销售成本分析。不断降低产品销售成本，提高企业经济效益和管理工作水平。

2. 销售物流的概念

企业的产品只有经过销售才能实现其价值，从而创造利润。销售物流是企业在销售过程中，将产品的实体转移给用户的物流活动，是产品从生产地到用户的时间和空间的转移，是以实现企业销售利润为目的。销售物流是储存、运输、配送等诸环节的统一。对销售物流概念的理解包括以下几个方面：

（1）销售物流是一个系统，具有一体化特征。是企业为保证自身的经营利益，不断伴随销售活动，将产品所有权转给用户的物流活动，包括订货处理、产成品库存、发货运输、销售配送等物流活动。

（2）销售物流是连接生产企业和用户的桥梁。销售物流是企业物流的一部分，也是企业物流活动的一个重要环节，它以产品离开生产线进入流通领域为起点，以送达用户并经售后服务为终点。

（3）销售物流是企业物流与社会物流的另一个衔接点。作为连接生产企业与用户的桥梁，企业销售物流与社会销售系统相互配合共同完成企业的分销和销售任务。

（4）销售物流是生产企业赖以生存和发展的条件。对于生产企业来讲，物流是企业的第三利润源，降低销售物流成本是企业降低成本的重要手段。销售物流成本占据了企业销售总成本的 20%左右，销售物流的好坏直接关系到企业利润的高低。企业一方面依靠销售物流将产品不断运至消费者和用户；另一方面通过降低销售过程中的物流成本，间接或直接增加企业利润。

（5）销售物流具有很强的服务性。销售物流是以满足用户的需求为出发点，从而实现销售和完成售后服务，因此销售物流具有更强的服务性。销售物流过程的终结标志着商业销售活动的终结。销售物流是以实现销售为目的，它的所有活动及环节都是为了实现销售利润，因此物流本身所实现的时间价值、空间价值及加工价值在销售过程中处于从属地位。

3. 企业销售渠道

企业的销售渠道按结构通常分为三种形式，如图 6-2 所示。

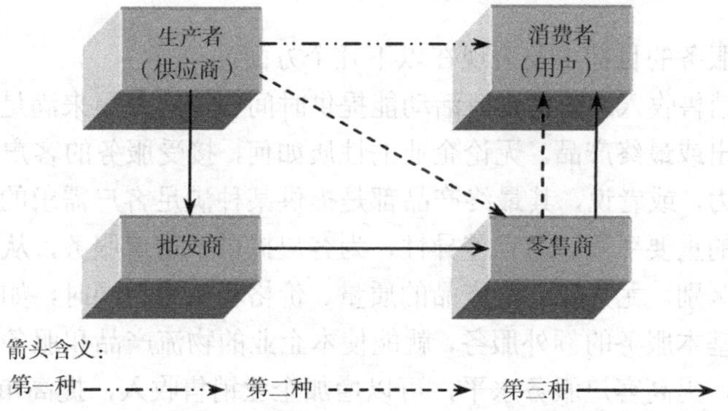

图 6-2　企业的三种销售渠道

从物流过程来看，第一种销售渠道最短，第三种销售渠道最长，第二种销售渠道介于以上两者之间。

影响企业销售渠道选择的因素有政策性因素、产品因素、市场因素和生产企业自身因素等。生产企业对影响销售渠道选择的因素进行研究分析以后，要结合企业自身的特点和要求，对各种销售渠道的销售量、费用开支、服务质量进行反复比较，找出最佳销售渠道。

企业销售渠道的选择及其销售物流的组织与产品类型有关，如钢材、木材等生产资料商品，其销售渠道一般选用第一种结构渠道和第三种结构渠道；而诸如日用百货、小五金等商品的销售，则较多地选用第二、三种结构渠道。

正确选择和运用销售渠道，合理组织销售物流，可使企业迅速及时地将产品传送到用户手中，达到扩大商品销售、加速资金周转、降低流通费用的目的。

6.3.2　企业销售物流服务

销售物流服务是指企业向客户提供及时而准确的产品输送服务，是一个广泛满足客户的时间和空间效用需求的过程。提高销售物流的客户服务水平是提高企业竞争优势的重要前提，销售物流服务与产品质量具有同等重要的作用，需要引起企业物流管理者的高度重视。

1．销售物流服务的目标

随着经济发展和科技进步，国际、国内的竞争日益加剧，传统制造领域的技术和产品的特征优势日渐缩小，人们越来越认识到销售物流服务已经成为企业销售系统，甚至整个企业成功运作的关键，是增强企业产品差异性、提高产品及服务竞争优势的重要因素。

销售物流服务的目标主要表现在以下几个方面：

（1）提高销售收入。销售物流活动能提供时间和空间效用来满足客户需求，是企业物流功能的产出或最终产品。无论企业的性质如何，接受服务的客户始终是形成物流需求的核心和动力，或者说，其最终产品都是提供某种满足客户需求的服务。服务是使产品产生差异性的重要手段。这种差异性，为客户提供了增值服务，从而有效地使自己与竞争对手有所区别。尤其在竞争产品的质量、价格相似或相同时，如果销售物流服务活动提供了超出基本服务的额外服务，就能使本企业的物流产品和服务在竞争中比对手胜出一筹。所以，提高客户服务水平，可以增加企业销售收入，提高市场占有率。

（2）提高客户的满意程度。客户服务是由企业向购买其产品或服务的人提供的一系列活动。一般来说，客户关心的是购买全部产品，即不仅仅是产品的实体，还包括产品的附加价值。销售物流服务就是提供这些附加价值的重要活动。良好的销售物流服务能提高产品的价值和附加价值，更能提高客户的满意程度。

（3）留住老客户，争取新客户。据贝恩咨询公司（Bain&Company）的研究，服务质量、留住客户和公司利润率之间有着非常高的相关性，这是因为：留住客户就可以留住业务；摊销在客户中的销售、广告；开办成本较低；为老客户的服务成本较少；满意的客户还会提供中介，即介绍新客户；满意的客户会愿意支付溢价。相反，一个对服务提供者感到不满的客户将被竞争对手获得。物流领域高水平的顾客服务能吸引客户并留住客户，对于客户来说，频繁地改变供应来源会增加其物流成本及其风险性。

（4）客户服务是降低销售物流成本的重要组成。物流管理要求以最小的总物流成本产生最大的时间和空间效用。企业在降低物流成本的同时，往往会影响所提供的服务水平。物流管理者必须全面衡量客户需求、服务水平和服务成本的供需，既不能为提供过高的服务水平而导致成本急剧增加且未带来更大利润；同时，也绝不能为降低成本而牺牲服务，而是需要在客户服务水平、总物流成本及厂商的总利润之间进行对比分析。物流服务水平与企业销售额及物流成本的关系，如图 6-3 所示。

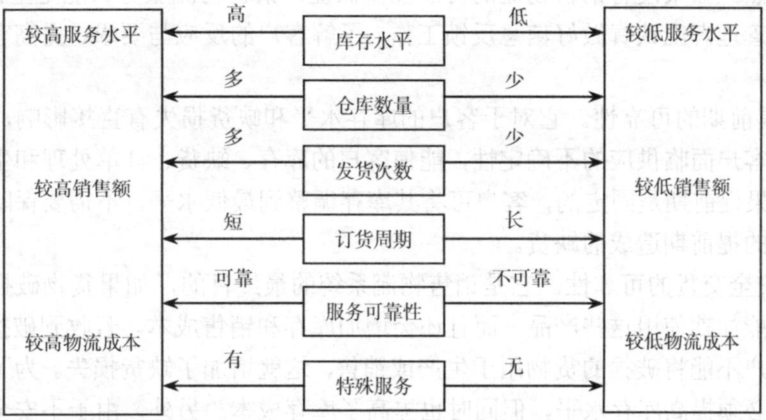

图 6-3 物流服务水平与企业销售额及物流成本的关系

2. 销售物流服务的构成要素

销售物流服务由订货周期、可靠性、信息通信、方便性等要素构成。

(1)订货周期。它是指从客户确定对某种产品有需求到需求被满足之间的时间间隔，也称提前期。客户订货周期的缩短标志着企业销售物流管理水平的提高。

订货周期主要受以下几个变量的影响：

1）订单传送时间。它是指从客户发出订单到卖方收到订单的时间间隔。订单传送时间过去邮寄数天，现在应用计算机电子数据交换（EDI）向供货方订货或通过互联网络直接订货，大大缩短了订单传送时间，提高了订货效率，目前已逐步被大多数企业所采用。

2）订单处理时间。它是指处理客户订单并准备装运的时间。这一功能涉及客户资信调查、销售记录的处理、订单移交到仓库以及装运文件的准备。可以通过有效地利用电子数据处理设备，同时处理各项工作，以提高订单处理效率。

3）订货准备时间。它涉及挑选订货并包装以备装运。从简单的人工系统到高度的自动化系统，不同的搬运系统对于订货准备时间会有很大影响，企业物流管理者应从各项成本与效益角度进行综合考虑。挑选时间与包装时间主要受以下因素影响：系统的自动化程度；客户订货的复杂程度；分拣技术设备性能和速度；是否托盘化或托盘尺寸是否匹配等。

4）订货装运时间。它是指从将订货装上运输工具到买方在目的地收到订货的时间间隔。运输时间长短与下列因素有关，即装运规模、运输方式、运输距离。

（2）可靠性。它是指根据客户订单要求，按照预订的提前期，安全地将订货送达客户指定地点。如果没有销售物流的可靠性作保证，销售物流服务只能是空谈。

物流管理者应认真做好信息反馈工作，了解客户的反应与要求，提高客户服务系统的可靠性。

1）提前期的可靠性。它对于客户的库存水平和缺货损失有直接影响，可靠的提前期能减少客户面临供应的不确定性，能使客户的库存、缺货、订单处理和生产总成本最小化。如果提前期是固定的，客户可将其库存调整到最低水平，不需要保险存货来避免由于波动的提前期造成的缺货。

2）安全交货的可靠性。它是销售物流系统的最终目的，如果货物破损或丢失，客户不仅不能如期使用这些产品，而且还会增加库存和销售成本。若收到破损的货物，就意味着客户不能将破损的货物用于生产或销售，这就增加了缺货损失。为了避免这种情况，客户必须提高库存水平，但同时也提高了库存成本。另外，由于不安全交货还会使客户向承运人提出索赔或向卖方退回破损商品。

3）正确供货的可靠性。当客户收到的与所订货物不符时，将给客户造成停工待料损失或不能及时销售产品。销售物流领域中，订货信息的传送和订货挑选可能影响企业的正确供货。因此，为了做到正确供货，在订货信息传递阶段，使用电子数据交换（EDI）系统，可以大大降低出错率。产品标识和条形码的标准化，可以减少订货挑选过程中的差错。另外，EDI 与条形码的结合还能够提高存货周转率、降低成本、提高销售物流系统的服务水平。

（3）信息通信。同客户保持信息沟通是监控客户服务可靠性的手段。设计客户服务水平必须包括客户信息沟通。通信渠道应对所有客户开放并准入，因为这是销售物流外部约束的信息来源。没有与客户的联系，物流管理者就不能提供有效的、经济的服务。沟通是双向的，卖方必须把关键的服务信息传递给客户，如卖方应把降低服务水平的信息及时通知客户，使客户及时做出必要的调整。另外，客户需要了解装运状态的信息，询问有关装运时间、运输路线等情况，因为这些信息对客户制定运行计划是非常必要的。

（4）方便性。它是指服务水平必须灵活便利。从销售物流服务的观点来看，所有客户对销售物流服务有相同的要求，有一个或几个标准的服务水平适用于所有客户是最理想的，但却是不现实的。如某一客户要求所有货物用托盘装运并由铁路运输，另一位客户要求用汽车运输，不用托盘，或者个别客户要求特定的交货时间。因此，客户在包装、运输方式、承运人和运输路线以及交货时间等方面的需求都不尽相同。为了更好地满足客户需求，就必须确认客户的不同要求，根据客户规模、区域分布、购买的产品及其他因素将客户需求进行细分，为不同客户提供适宜的服务水平，这样可使物流管理者针对不同客户以最经济方式满足其服务需求。

3. 销售物流客户服务能力

销售物流客户服务能力是指销售物流服务的基本水准，也是客户服务最基本的方面。包括可得性、作业绩效和可靠性。

（1）可得性。它是指当客户需要货物时，物流企业拥有的存货能够不断地满足其需要。可得性可以通过各种方式来实现，最基本的方法是按照预期的客户订货进行存货储备。所以，仓库的数目、地点和储存政策等便成了物流系统设计的基本问题之一。

可得性一般可用缺货频率、供应比率、订货完成率三个绩效指标来衡量。

1）缺货频率。它是指缺货发生的概率。当需求超过产品可得性时，就会发生缺货。缺货频率是用来衡量一种特定的产品需求超过其可得性的次数。将全部产品所有的缺货次数汇总起来，可以反映企业实现其基本服务承诺的状况。因此，可以说缺货频率是衡量存货可得性的起点。

2）供应比率。它是用于衡量缺货的程度或影响大小的比率。供应比率通常是按照客户服务目标予以区分的，于是对缺货程度的衡量就可以构成企业在满足客户需求方面的跟踪记录。如一位客户订货 50 个单位产品，只有 47 个单位产品可得，那么订货供应比率为 94%。要能够有效地衡量供应比率，一般在评估程序中还要包括在一段特定时间内对多位客户订货的完成情况进行衡量。同时，供应比率还可用来衡量按特定产品提供的服务水准。一般来说，供应比率高，客户会感到满意；反之，则不满意。

3）订货完成率。它用于衡量物流企业完成客户所预订的全部产品的时间。它把存货的充分可得性看做一种可接受的完成标准。可以说，缺货频率、供应比率均为零缺陷，则订货完成率就为客户享受完美订货的服务提供了潜在时间。

将以上三个衡量指标结合在一起，就可以判断、识别一个物流企业满足客户期望的程度，成为评估适当可得性水平的基础。

（2）作业绩效。物流企业从客户订货到产品交付使用的全部运作过程的效率称之为作业绩效，一般通过速度、一致性、灵活性、故障恢复能力等来衡量。

1）速度是指从客户订货开始到货物实际到达的时间。

2）一致性是指物流企业必须随时按照递送承诺加以履行的物流处理能力。

3）灵活性是指处理异常（一次性改变装运交付地点、供给中断等）的客户服务需求的能力。

4）故障恢复能力。物流企业要有能力预测服务过程中可能出现的故障或服务中断，并有适当的应急计划来完成恢复服务。当实际的服务故障发生时，应启动应急计划。应急计划还应包括客户期望恢复标准的确认和衡量服务一致性的方法。

（3）可靠性。物流企业在物流活动中，需要完整地履行承诺。物流企业最基本的质量问题是如何实现已经计划好的存货可获得性和物流作业完成能力。

销售物流服务活动中还包括能否迅速提供有关物流作业和客户订货状况的精确信息。有关调查表明，物流企业有无提供精确信息的能力是客户衡量其服务能力的一个最重要方面。一般来说，客户最讨厌意外事件，如果他们能事前收到信息，就能对缺货或延迟送货等意外情况做出快速调整。因此，有许多客户表示，有关订货内容和时间的事前信息与完美订货的履行相比更为重要。

另外，客户服务能力的一个重要组成部分是持续改善。物流管理人员应关心如何尽可能少地发生故障，以完成作业目标；而完成作业目标的一个重要方法就是从发生的故障中吸取教训，改善作业系统，以防止故障再次发生。理想的销售物流服务水平要求达到适当的质量、适当的数量、适当的时间、适当的地点、适当的价格和良好的印象。

6.3.3 销售预测与分销需求计划

1. 销售预测

销售预测是指估计未来特定时间内，整个产品或特定产品的销售数量与销售金额。销售预测是在充分考虑未来各种影响因素的基础上，结合本企业的销售实绩，通过一定的分析方法提出切实可行的销售目标。

（1）销售预测的必要性。销售预测主要以过去的销售实绩为核心，结合目前的市场变化来决定的。影响销售预测的因素有外部因素和内部因素。外部因素是指企业无法控制的因素，包括市场需求变化、经济发展状况、同业竞争水平以及政府采购动向等。内部因素是企业自身可以控制的因素，包括销售队伍的规模、推销人员的素质、广告预算、促销手段、产品质量、交易条件、交易方法、售后服务等。

销售预测在企业管理中具有十分重要的作用，它不仅是销售计划的前提，同时还影响和决定着企业生产进度的安排、原材料的采购、资金的筹措与投入、库存的控制以及设施或者技术的投入等。因此，销售预测是销售物流的基础。

（2）销售预测的内容。销售预测是市场预测的一个重要组成部分，开展销售预测必须以市场预测的有关内容为基础，这些内容具体包括：

1）企业经营地区范围内社会商品购买力发展趋势预测。由于社会商品购买力预测内容的牵涉面很广，企业一般只利用经济管理部门的有关购买力预测资料，不直接进行预测。某些大中型企业把对旺季市场和节日市场的购买力趋向也往往列为销售预测的内容之一。

2）企业生产经营商品的需求趋向预测。它包括一定时期内市场商品需求量以及品种、规格、花色、型号、款式、质量、包装、需要时间等变动趋势的预测，是企业制定产品生产、经营计划的依据。

3）产品生命周期以及新产品投入市场成功率的预测。产品都有一定的生命周期，通常包括介绍、成长、成熟、衰退四个阶段。产品处于其生命周期的不同阶段，企业经营的侧重点也不一样。只有对产品的生命周期进行科学的预测，企业才能制定适当的经营计划，才能在市场竞争中处于主动地位。新产品的研制要花费大量资金，但每年只有大约 5%的新产品投入市场得到认可。因此，预测新产品投入市场的成功率对企业发展是相当重要的。

4）产品销售量预测。企业在预测产品销售量时，必须预测企业的市场总潜力、地区市场潜力和市场占有率的变化趋向。市场总潜力是指在一定经营条件、一定时间内，一个企业所能获得最大的销售量。企业预测时，要分析出与企业经营有密切联系的地区市场潜力，对地区市场潜力进行预测，通常采用的方法有市场组合法和多重因素指数法两种。市场组合法是指企业首先确定每个市场中有哪些潜在的买主，并估算出这些潜在买主的潜在购买力，最后两者的乘积就是所要求的市场潜力。多重因素指数法是指企业在估算市场潜力时，由于顾客人数众多，无法逐一列出，就根据一定规律赋予每个因素一定权数的一种方法。

5）市场占有情况预测。市场占有情况包括市场占有率、市场扩大率和市场覆盖率。

市场占有率是指在一定时期、一定市场范围内，企业生产经营产品的销售额占当地市场同种产品销售总额的比例，是预测企业竞争能力和企业信誉高低的一项重要指标。市场占有率越高，企业产品的知名度和竞争力就越大，将本企业某种产品市场占有率与主要竞争对手同类产品市场占有率对比，可预测产品竞争情况及本企业竞争能力。

市场扩大率是将产品本年市场占有率与上年占有率对比，可预测该产品市场地位是扩大了还是缩小了。市场扩大率大于 1，表示产品的市场地位上升；市场扩大率小于 1，表示产品的市场地位下降了。

市场覆盖率是和市场占有率相关的一个指标。企业产品市场覆盖率越大，说明企业产品知名度越高，竞争力越强。

2．分销需求计划

（1）分销需求计划的概念。分销需求计划（Distribution Requirement Planning，DRP）是流通领域中的一种物流技术，是 MRP 在流通领域应用的直接结果。它主要解决分销物资的供应计划和调度问题，达到既保证有效地满足市场需要又使得配置费用最省的目的。

（2）实施DRP的意义。应用DRP的潜在经济效益很大。据资料介绍，在北美地区，企业在物资流通领域的花费约占总产值的20%。这部分物流成本的构成分析表明，其中80%～90%主要集中在库存维持、仓库管理、运输费用上，这些正是DRP能够发挥其作用的领域。

成功实施DRP，能提高顾客服务水平，减少物流系统库存量和库存积压物资，降低物流成本。更为重要的是，实施DRP还能为企业带来难以用数字描述的、更广泛的潜在效益。

既然物流企业信息化程度不高是制约物流企业发展的关键，那么就必须以先进的信息化技术和优秀的管理思想来推动物流企业的发展。DRP就是以业务流程优化为基础，以销售与库存综合控制管理为核心的采购、库存、销售、促销管理、财务以及企业决策分析功能于一体的高度智能化的企业配送业务解决方案，它能够实现物流企业高效率的集成化管理，具有优化流程与规范化管理、降低经营成本、优化资源分配等功能。

（3）DRP的原理。DRP作为计划和控制销售的一种技术方法，主要是通过时间分段订货点的方法来控制流通中的多级库存，其核心思想是根据用户需求组织供应货源，安排各级库存，以实现按需销售和配送。

DRP在两类企业中可以得到应用。一类是流通企业，如储运公司、配送中心、物流中心、流通中心等。这些企业的基本特征是，不一定搞销售，但一定有储存和运输的业务，它们的目标是在满足用户需要的原则下，追求有效利用资源（如车辆等），达到总费用最省。另一类是一部分较大型的生产企业，它们有自己的销售网络和储运设施。这些企业既搞生产又搞流通，产品全部或一部分自己销售。企业中有流通部门承担分销业务，具体组织储、运、销活动。这两类企业的共同之处是：

1）以满足社会需求为自己的宗旨。

2）依靠一定的物流能力（储、运、包装、装卸搬运能力等）来满足社会的需求。

3）从制造企业或物资资源市场组织物资资源。

DRP的原理如图6-4所示，输入三个文件，输出两个计划。现分别说明如下：

1）输入文件。

社会需求文件：包括所有用户的订货单、提货单和供货合同，以及下属子公司、企业的订货单，此外还要进行市场预测，确定一部分需求量。所有需求要按品种和需求时间进行统计，整理成社会需求文件。

库存文件：库存文件是对自有库存物资进行统计列表，以便针对社会需求量确定必要的进货量。

供应商资源文件：包括可供应的物资品种和生产厂的地理位置等，地理位置和订货提前期有关。

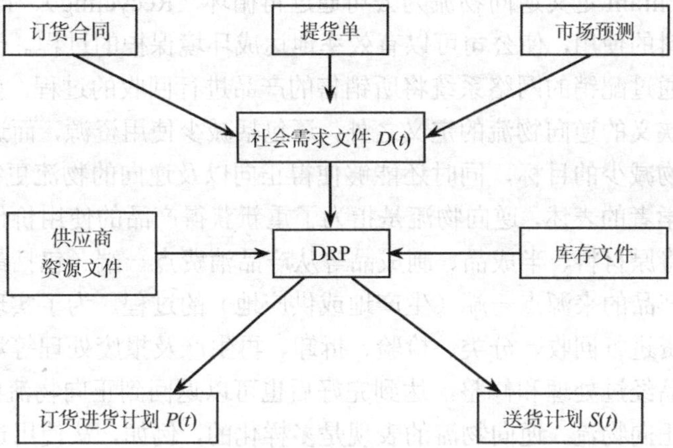

图 6-4　DRP 的原理

2）输出文件。

送货计划：送货计划是对用户的送货计划。为了保证按时送达，要考虑作业时间和路程远近，提前一定时间开始作业。对于大批量需求可实行直送，而对于数量众多的小批量需求可以进行配送。

订货进货计划：订货进货计划是指从生产厂订货进货的计划。对于需求物资，如果仓库内无货或者库存不足，则需要向生产厂订货。当然，也要考虑一定的订货提前期。

这两个文件是 DRP 的输出结果，是组织物流的指导文件。

6.4 逆向物流管理

6.4.1　逆向物流的含义

通常说的物流都是指“正向物流”，但一个完整的供应链不仅应该包括正向的物流，还应该包括逆向的物流。1992 年，Stock 给美国物流管理协会（CLM）的一份研究报告中，最早提出“逆向物流”这个名词。他在报告中指出：逆向物流为一种包含了产品退回、物料替代、物品再利用、废弃处理、再处理、维修与再制造等流程的物流活动。

美国物流管理协会对逆向物流的定义是：“计划、实施和控制原料、半成品库存、制成品和相关信息，高效和成本经济地从消费点到起点的过程，从而达到回收价值和适当处置的目的。”

Carter 和 Ellram 定义逆向物流为公司通过再循环（Recycling）、再使用（Reusing）以及减少原材料的使用，使公司可以有效率地达成环境保护的过程。他们认为逆向物流狭义的定义为通过配销的网络系统将所销售的产品进行回收的过程。但是，广义的逆向物流除了包含狭义的逆向物流的定义之外，还包括减少使用资源，而通过减少使用资源可以达到废弃物减少的目标，同时还能够使得正向以及逆向的物流更有效率。

综合这些学者的表述，逆向物流是指为了重新获得产品的使用价值或正确处置废弃产品的目的，将原材料、半成品、制成品等从产品消费点一端（包括最终用户和供应链上客户）返回产品的来源点一端（生产地或供应地）的过程。为了实现物流的目的，必须对退回的物资进行回收、分类、检验、拆卸、再生产及报废处理等活动。在逆向物流中被回收的物品经过处理和修整，达到完好后也可以返回到正向物流中的任何环节上，并可重新融入正向物流。逆向物流的表现是多样化的，例如，从使用过的包装到经处理过的电脑设备，从未售货物的退货到机械零件等。逆向物流网络示意图如图 6-5 所示。

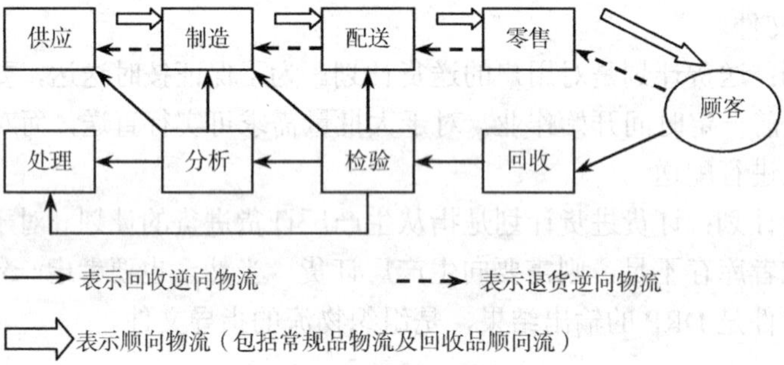

图 6-5　逆向物流网络示意图

逆向物流包括退货逆向物流和回收逆向物流两部分。退货逆向物流是指下游顾客将不符合订单要求的产品退回给上游供应商，其流程与常规产品流向正好相反。回收逆向物流是指将最终顾客所持有的废旧物品回收到供应链上各节点企业，它包括以下五种物资流。

（1）直接再售产品流。

（2）再加工产品流。

（3）再加工零部件流。

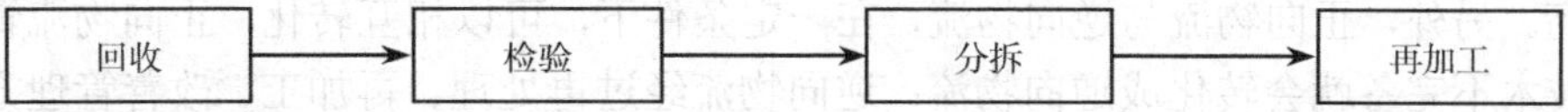

（4）报废产品流。

（5）报废零部件流。

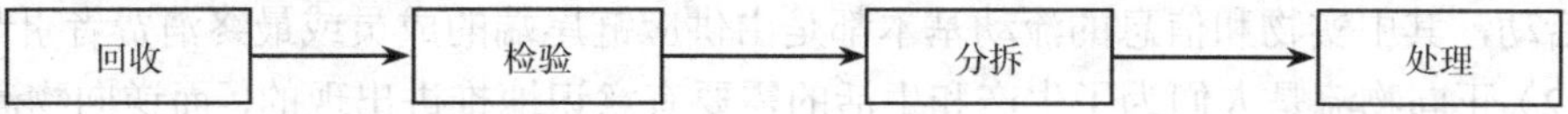

具体各环节为：

（1）回收。回收是将顾客所持有的产品通过有偿或无偿的方式返回销售方。这里的销售方可能是供应链上任何一个节点，如来自顾客的产品可能返回到上游的供应商、制造商，也可能是下游的配送商、零售商。

（2）检验与处理决策。该环节是对回收产品的功能进行测试分析，并根据产品结构特点以及产品和各零部件的性能确定可行的处理方案，包括直接再销售、再加工后销售、分拆后零部件再利用和产品或零部件报废处理等。然后，对各方案进行成本效益分析，确定最优处理方案。

（3）分拆。按产品结构的特点将产品分拆成零部件。

（4）再加工。对回收产品或分拆后的零部件进行加工，恢复其价值。再加工则意味着将已使用过的或存在各类其他问题的退回产品进行加工，从而转换成再次可用产品的生产过程。这一过程有清洁、替换和再组装。如已使用地毯再循环产生的尼龙、已用电脑和复印机的零件再生产等。

（5）再分销。指将可再度使用的产品返回潜在市场并进行物理上的转移到未来使用者手中的过程。这个过程包括销售（租赁、服务合同等）、运输和储存活动。材料的循环使用和再生产的复印机租赁是典型例子。

（6）报废处理。对那些没有经济价值或严重危害环境的回收产品或零部件，通过机械处理、地下掩埋或焚烧等方式进行销毁。西方国家对环保要求越来越高，而后两种方式会对环境带来一些不利影响，如占用土地、污染空气等。

6.4.2 逆向物流的特征

物的正向物流和衍生物的逆向物流是循环物流系统的两个子系统，两者是相互联系、相互作用和相互制约的。逆向物流是在正向物流运作过程中产生和形成的，没有正向物流，就没有逆向物流。逆向物流流量、流向、流速等特性是由正向物流属性决定的；如果正向物流利用效率高、损耗小，则必然逆向物流流量小、成本低，反之则流量大、成本高。另外，正向物流与逆向物流，在一定条件下，可以相互转化，正向物流管理不善、技术不完备就会转化成逆向物流；逆向物流经过再处理、再加工、改善管理方法制度，又会转化成正向物流，被生产者和消费者再利用。

逆向物流作为企业价值链中特殊的一环，是物料从顾客端到供应端的过程，与正向物流相比，逆向物流有以下特征：

（1）逆向物流与正向物流运作的起始点完全相反。逆向物流更加趋向于反应性的行为与活动，其中实物和信息的流动基本都是由供应链尾端的成员或最终消费者引起。

（2）正向物流是人们为了生产和生活的需要有意识地推进出现的，而逆向物流是伴随正向物流产生的，其产生的地点、时间和数量是难以预见的。

（3）发生逆向物流的原因较为复杂，通常与产品的质量或数量的异常有关。

（4）逆向物流产生的不确定性，尤其时间和空间的不确定性，使逆向物流的处理系统与方式复杂多样。

按成因、途径和处置方式的不同，根据不同产业形态，逆向物流被学者们区分为投诉退货、终端使用退回、商业退回、维修退回、生产报废和副品以及包装6大类别。表6-4显示了6类主要逆向物流的特点。

表6-4　逆向物流类别与特点

类　别	周　期	驱动因素	处理方式	例　证
投诉退货（运输短少、偷盗、质量问题、重复运输等）	短期	市场营销客户满意服务	确认检查，退换货补货	电子消费品，如手机、DVD机、录音笔等
终端使用退回（经完全使用后需处理的产品）	长期	经济市场营销	再生产、再循环	电子设备的再生产，地毯循环，轮胎修复
		法规条例	再循环	白色和黑色家用电器
		资产恢复	再生产、再循环、处理	电脑元件及打印机硒鼓
商业退回（未使用商品退回还款）	短到中期	市场营销	再使用、再生产、再循环、处理	零售商积压库存，时装、化妆品
维修退回（缺陷或损坏产品）	中期	市场营销法规条例	维修处理	有缺陷的家用电器、零部件、手机
生产报废和副品（生产过程的废品和副品）	较短期	经济法规条例	再循环、再生产	药品行业，钢铁业
包装（包装材料和产品载体）	短期	经济	再使用	托盘、条板箱、器皿
		法规条例	再循环	包装袋

资料来源：唐渊．国际物流学．北京：中国物资出版社，2004.

6.4.3 逆向物流管理模式

逆向物流不仅能降低成本，提高顾客满意度，也是我国企业提升竞争力的必经之路。但是我国企业在具体运作逆向物流业务时，常会遇到逆向物流与正向物流相冲突、供应链上的风险扩大化、经济利益与环境效益相矛盾、核心业务与附属业务相争权等问题，因此企业应根据自身的特点选择合适的逆向物流运作和管理模式。

1．构建一体化的正向物流与逆向物流运营系统

实践中供应链流程往往是双向的，既包括正向物流，也包括逆向物流。逆向物流与正向物流相比，也需要经过运输、加工、库存和配送等环节。大多数企业很关心管理物流的正向部分，对管理逆向物流的投入很有限，当两者发生冲突时，常常会放弃逆向物流。要有效地管理逆向物流，就必须统一规划正向物流与逆向物流，考虑货物的双向流动。

2．横向结网设立集中返品中心管理模式

集约化处理已成为逆向物流管理的主导方式。目前，外国跨国企业的配送中心都设有专门的退货集中地，逆向物流流程上所有的产品都会被先送到这里，经过分类、处理后，再送到其最终的归属地。我国的企业除了有个别大型企业有实力设立自己的集中返品中心外，大部分的企业都属于中小型企业，自身没有实力去建立返品中心，因此可以考虑几家合伙的方式建设返品中心。而且中国的工业同盟或行业协会在管理逆向物流的过程中，也可以发挥其独特的作用，将类似的很多企业联合起来共同面对逆向物流的问题，从而实现规模效益和技术进步。

3．构建供应链集成的逆向物流组织模式

也就是在供应链的网络内构建企业的逆向物流系统。成功的供应链管理确实能使企业在激烈的市场竞争中，明显地提升企业的核心竞争力。无论何时，企业的生存与发展必须依靠供应链上的每个节点，包括其上游供应商和下游顾客，倾听顾客的呼声，满足顾客的退货需求。逆向物流是一个复杂的运动过程，牵涉供应商、制造商、中间商等节点企业和顾客，如果其中有某一节点企业没有处理好退货问题，就会影响到供应链的整体绩效。因此，企业要实施逆向物流，还必须与供应链上的其他企业合作，建立契约式合作的战略伙伴关系。

4．引进第三方逆向物流来协助管理

第三方逆向物流已经成为逆向物流发展的趋势。随着大型企业的脚步逐渐向边缘地区延伸，有些销售网络的布局相对分散，企业不利于设立自己的返品中心对逆向物流实行集中管理。出于经济效益的考虑，一些大型企业委托从事第三方物流的公司承担逆向物流管理业务。这些公司也由此逐步发展成为以逆向物流管理为主的专业化公司。对于我国大部分中小企业而言，无力投资进行逆向物流系统的建设，第三方逆向物流就显得尤为重要。对于大型企业，为了集中精力形成核心竞争力也非常有必要将部分或全部逆向物流活动外包。

全球视野

沃尔玛的退货管理

——海格物流试水“逆向物流”

在深圳平地，离深惠高速公路平地出口一里之遥，坐落着一个不大起眼的仓库，与周边所有厂房仓库一样，拐个弯，上个坡，一大排平房摆在眼前。虽貌不惊人，但这里却是全球最大的零售商沃尔玛退货处理区。这里，便是深圳市海格物流有限公司 RTV 项目深圳组所在。

Return-to-vendor（RTV）service，即店面退货服务。凭借 Milkrun 服务于国际大型零售商的积累的丰富经验，海格物流开始熟悉和了解零售企业的物流需要，并关注零售企业整个供应链运作状况。基于此，2007 年，海格提出 RTV 运作服务，充分融入现代物流信息技术，全面关注零售企业的逆向物流，依靠高数据处理能力，帮助提高采购、店面管理水平，使店面退货区域面积减少、可控，逆向物流速度加快，降低管理、库存、运输整体成本，提高供应商对逆向物流安排的满意度。

正因为海格曾服务国际大型零售商的经验，并在“逆向物流”解决方案上提出自己独特见解，海格物流最终赢得了沃尔玛的信赖，也赢得了沃尔玛整个中国地区全部退货处理业务。为保证退货过程中的成本最小化，海格物流将退货处理中心分为南、北两个区域，北区退货处理中心位于天津，南区便是海格物流 RTV 项目深圳组。由于“逆向物流”的特殊性，海格物流与沃尔玛的合作可谓是大胆尝试。

走入海格物流 RTV 项目组，首先映入眼帘的是穿梭不息的各式货车，有些是沃尔玛专用卸货车辆，这些车规格统一，还有统一的标识；还有些是沃尔玛的部分供应商前来拉回货物的货车，这类车大小规格不一，所装的货物更是千差万别。不管是怎么样的车来，装货台上的工人总是有条不紊地做出各项处理，迅速地装卸货物。

走入仓库内部，很清楚地看到仓库用地面划线和标识分为好几个区域。首先是装卸区，是货物进出的必经之路，也是与外部连接的渠道。装卸区用很明显的黄色线与其他区域分开，从物流概念来说，黄线以内的货物就是海格物流要负责处理的货物，货物在进入黄线之前和移出黄线之后不属于管辖范围。概念上而已，事实上，不管是入线前还是出线后，海格的员工总是尽职尽责地完成货物从车到仓库或是从仓库到车上的工作。装卸区旁边，是理货区。来自不同超市不同品种的货物从车上卸下来后，首先全部放入这里。再由专业的理货员进行分门别类的清理。仓库内部分为四大区域：A区，按供应商区分，存放成批次的货物；B区，按供应商区分，存放零散小件的货物；C区，如果发现某一供应商的货物已经达到装满一车的量，理货员就会把这些货物清理出来，统一存放在C区。这样做也是为了加速出货时的速度，只要供应商来车接货，理货员就能迅速地把货物从仓库转移到车上。最后，在仓库一隅，还有一个用防护网隔离出来的区域，这便是贵重物品区，一些小件但价值不菲的货物送至仓库时便立即转入此处，如手表珠宝、珍藏红酒等。存放在 RTV 仓库等待回收的物品大小不一，价值悬殊，有价值百元左右的大棉被，也有小巧高档的精密仪器。所有的货物都按一定规则存放在仓库中，充分体现了逆向物流中货源来源的多样性和不确定性。所有货物均标有条形码，通过信息系统统一管理，在系统中，根据关键词检索，可以很快了解仓库内的货物情况，并保证精准、全面。

资料来源：海格物流网：沃尔玛的退货管理——海格物流试水"逆向物流".

企业案例

上海浦东汽车运输总公司物流系统案例

在上海浦东汽车运输总公司（以下简称浦运）的现代物流系统变革中，快步易捷公司全程参与了浦运公司的企业变革。双方的合作集中在三个方面：一是企业战略规划，包括市场战略、内部运作体系战略；二是开发应用一套可适应多种业务模式和多种调度模式的一体化运输管理系统；三是物流系统变革的实施。

要保证物流系统达到预期目标，实施步骤是关键。第一阶段，快步易捷公司在对浦运实际的运作情况和业务流程进行分析的基础上，提出了详尽的企业变革计划。在变革计划实施的过程中，快步易捷公司的物流顾问团队直接参与了浦运营销中心的建立，领导和完成了 SOP（标准运作流程）和 KPI 体系的设计。

第二阶段，快步易捷公司为浦运设计了未来业务模式的核心目标，目标之一就是：建立起一个支持浦运快速业务发展、适应多种业务类型和运作方式的一体化运输管理系统。快步易捷公司在对系统进行全面设计和开发的过程中，融合了国际先进物流管理理念和深厚的本土行业经验，以及跨系统、跨平台的集成方案，协助浦运建立起基于客户业务模式的、跨部门的、动态实时配置的流程管理平台。

方案凭借强大的技术平台，实现企业物流信息的高效管理，重组企业业务流程，其目的是对运输过程中的人、车、货、客户进行有效的协调和管理，以提高运输企业的经营管理水平，创造更好的效益与利润，从而最终做到：

（1）形成在全国范围内提供多种增值服务、处于领导者地位的资产型专业运输公司。

（2）通过运输管理系统，将托运单调度作业流程统一化、规范化和高效化，实现最优的客户服务和最大的资源利用。

（3）使所有运作成本透明化，帮助浦运进行成本控制的集中管理。

系统面向管理、调度、作业、车辆技术、人事和市场营销等各个部门，实现了贯穿托运单处理及调度、作业全过程的信息化处理，能向企业内部的周边系统及客户提供有关托运单处理的相关信息。在统一的流程驱动基础上，规范了托运单的处理和优化调度，实现了最大化资源的利用，确保托运单全过程相关方获得透明、准确、一致的信息。

经过一段时间的上线运作，上海浦运基本做到了从收到订单开始到货物准时、安全抵达客户手中的运作过程的全程可视性。目前，通过一体化物流信息平台的接入，再加上良好的管理制度，上海浦运轻松地实现了企业间物流流程的电子化连接、集成和整合。

问题：

1. 根据上海浦东汽车运输总公司的发展规划，你认为上海浦东汽车运输总公司发展的目标是什么？

2. 上海浦东汽车运输总公司在全国范围内提供多种增值服务会对企业未来发展有什么影响？

3. 谈谈你对上海浦东汽车运输总公司通过运输管理系统，将托运单调度作业流程统一化、规范化和高效化，实现最优的客户服务和最大的资源利用的策略有什么样的看法，并说明理由。

资料来源：中国物流行业协会网.

复习思考题

1. 供应物流的基本过程和职能活动是什么？

2. 供应物流有哪些主要模式？它们相应的内容是什么？

3. 供应物流合理化的主要表现和方式是什么？

4. 合理组织生产物流有哪些要求？

5. 企业的生产类型与物流类型有什么联系？说明基本生产方式的内容和物流管理特点。

6. 生产物流控制包含哪些具体内容?
7. 请说明物流推进控制原理（Push）和物流拉引控制原理（Pull）各有的特点。
8. 比较MRP与DRP的逻辑原理和特点。
9. 实现JIT的关键要素是什么? 为什么?
10. 企业的销售渠道按结构通常分为几种形式? 举例说明。
11. 为什么说企业销售渠道的选择及其销售物流的组织与产品类型有关?
12. 请阐述物流服务水平与销售额及物流成本的关系。
13. 如何提高销售物流客户服务能力?
14. 阐述逆向物流的特征。
15. 如何根据企业自身的特点选择合适的逆向物流运作和管理模式?

本章小结

企业物流是由供应物流、生产物流、销售物流和逆向物流组成的。

供应物流管理是指为了以最低的物流成本保证企业的物料需求，对供应物流活动进行的计划、组织、协调与控制。它是企业物流活动的起始阶段，其基本过程一般有三个环节：取得资源、组织到厂物流和组织厂内物流。供应物流的模式主要有：供应商代理、委托第三方物流企业代理、企业自供物流、供应链物流供应。供应物流合理化的主要表现：准确预测需求、合理控制库存、科学采购决策、确保供应保障、健全管理组织机构。供应物流合理化的方式有：准时供应方式、即时供应方式、“零库存”供应方式等。

生产物流是指原材料、燃料、外购件等投入生产后，经过下料、发料，运送到各加工点和存储点，以在制品的形态，从一个车间流入另一个车间的物料流转过程。它处于企业物流的中心地位。合理组织生产物流的基本要求是连续性、节奏性、适应性、比例性。生产物流计划的核心是生产作业计划的编制工作，两种典型的生产物流控制原理是物流推进控制原理（Push）和物流拉引控制原理（Pull）。现代生产物流控制方法有物料需求计划（MRP）、及时管理方式（JIT）和企业资源计划（ERP）。

销售物流是指企业在销售过程中，将产品的实体转移给用户的物流活动，是产品从生产地到用户的时间和空间的转移，是以实现企业销售利润为目的。销售物流服务由订货周期、可靠性、信息通信、方便性等要素构成。销售物流客户服务能力是指销售物流服务的基本水准，包括可得性、作业绩效和可靠性。分销需求计划（DRP）作为计划和控制销售的一种物流技术方法，主要是通过时间分段订货点的方法来控制流通中的多级库存，其核心思想是根据用户需求组织供应货源，安排各级库存，以实现按需销售和配送。

逆向物流是指为了重新获得产品的使用价值或正确处置废弃产品的目的，将原材料、半成品、制成品等从产品消费点一端返回产品的来源点一端的过程。与正向物流相比，逆向物流具有运作的起始点完全相反、难以预见、发生的原因较为复杂和处理系统与方式复杂多样等特征。逆向物流管理模式有：构建一体化的正向物流与逆向物流运营系统、横向结网设立集中返品中心管理模式、构建供应链集成的逆向物流组织模式和引进第三方逆向物流来协助管理。

第7章

第三方物流管理与运作

本章学习目标

- 理解第三方物流的概念；
- 掌握第三方物流的基本特征；
- 理解第三方物流的正负面效应；
- 了解第三方物流的运作模式；
- 掌握第三方物流增值服务的方式；
- 熟悉配送的形式；
- 了解配送中心的类型。

引导案例

冠生园集团是国内唯一一家拥有“冠生园”、“大白兔”两个驰名商标的老字号食品集团。近几年为集团生产大白兔奶糖、蜂制品系列、和酒、冷冻微波食品、面制品、互易鲜等新产品市场需求逐步增加，集团生产的食品总计达到了2 000多个品种，其中糖果销售近4亿元。市场需求增大了，但运输配送跟不上。集团拥有的货运车辆近100辆，要承担上海市3 000多家大小超市和门店的配送，以及北京、太原、深圳等地的货物运输。由于长期计划经济体制造成运输配送效率低下，出现淡季运力空放，旺季忙不过来的现象，加上车辆的维修更新，每年维持车队运行的成本费用要上百万元。为此集团专门召开会议，研究如何改革运输体制，降低企业成本。

冠生园集团作为在上海市拥有3 000多家网点并经营市外运输的大型生产企业，物流管理工作是十分重要的一项。他们通过使用第三方物流，克服了自己搞运输配送带来的弊端，加快了产品流通速度，增强了企业的效益，使冠生园集团产品更多更快地进入了千家万户。2002年年初，冠生园集团下属合资企业达能饼干公司率先做出探索，将公司产品配送运输全部交给第三方物流。物流外包下来，不仅配送准时准点，而且费用要比自己搞节省许多。达能饼干公司把节约下来的资金投入到开发新品与改进包装上，使企业又上了一个新台阶。为此，集团销售部门专门组织各企业到达能饼干公司去学习，决定在集团系统推广他们的做法。

第三方物流机构能为企业节约物流成本，提高物流效率，这已被越来越多的企业，特别是中小企业所认识。据悉，美国波士顿东北大学供应链管理系统调查，美国《财富》杂志上 500 强企业中有六成半都使用了第三方物流服务。在欧洲，很多仓储和运输业务也都是由第三方物流来完成。

作为老字号企业的冠生园集团，产品规格品种多、市场辐射面大，靠自己配送运输成本高、浪费大，为此，他们实行物流外包战略。签约虹鑫公司，搞门对门物流配送。结果 5 个月就节约了 40 万元的费用，产品流通速度加快，销售额和利润有了较大增长。

按照供应链的理论来说，当今企业之间的竞争实际上是供应链之间的竞争，企业之间的产品、规模，谁的成本低、流通速度快，谁就能更快赢得市场。因此，物流外包充分利用外部资源，也是当今增强企业核心竞争力的一个有效的举措。

资料来源：http://www.chinacpx.com.

7.1 第三方物流概述

物流这一概念，随着人们对商品生产、流通和消费的需要，越来越引起人们的注意。物流对企业在市场上能否取胜的决定作用变得越来越明显。从本质上说企业在市场上的表现主要是由产品的质量、价格以及产品的供给三个因素决定，其中任何一个因素对企业的竞争能力都起着重要的影响作用，而这三个因素都分别直接受到物流的影响。世界经济将在纵向上对工业、供应商、服客、贸易和物流公司进行重新分工，介入生产以及销售环节的物流公司的出现将是物流业发展的必然趋势。随着现代企业生产经营方式的变革和市场外部条件的变化，“第三方物流”（Third Party Logistics，TPL）这种物流形态开始引起人们的重视，并对此表现出极大的兴趣。在西方发达国家，先进企业的物流模式已开始向第三方物流甚至第四方物流方向转变。

7.1.1 第三方物流的概念

第三方物流的概念源自于管理学中的业务外包（Out-souring），意指企业动态地配置自身和其他企业的功能和服务，利用外部的资源为企业内部的生产经营服务。将 Out-souring 引入物流管理领域，就产生了第三方物流的概念。所谓第三方物流，是指生产经营企业为集中精力搞好主业，把原来属于自己处理的物流活动，以合同方式委托给专业物流服务企业，同时通过信息系统与物流服务企业保持密切联系，以达到对物流全程的管理和控制的一种物流运作与管理方式。因此第三方物流又叫合同制物流（Contract Logistics）。提供第三方物流服务的企业，其前身一般是运输业、仓储业等从事物流活动及相关的行业。从事第三方物流的企业在委托方物流需求的推动下，从简单的存储、运输等单项活动转为提供全面的物流服务，其中包括物流活动的组织、协调和管理，设计建议最优物流方案，物流全程的信息搜集、管理等。目前第三方物流的概念已广泛地被西方流通行业所接受。

第三方物流是由物品供方和需方以外的物流企业提供物流服务的业务模式，是在物流渠道中，由专业物流企业以合同的形式在一定期限内提供用户所需的全部或部分物流服务。第三方物流企业的利润不是来自运费、仓储费等直接费用收入，而是来源于现代物流管理科学的推广所产生的新价值。第三方物流提供者是一个为外部客户管理、控制和提供物流服务作业的公司，他们并不在供应链中占有一席之地，仅是第三方，但通过提供一整套物流活动来服务供应链。

第三方物流给企业（顾客）带来了众多益处，主要表现在：

（1）集中主业。企业能够实现资源优化配置，将有限的人力、财务集中于核心业务，进行重点研究，发展基本技术，努力开发出新产品参与世界竞争。

（2）节省费用，减少资本积压。专业的第三方物流提供者利用规模生产的专业优势和成本优势，通过提高各环节能力的利用率节省费用，使企业能从分离费用结构中获益。根据对工业用车的调查结果，企业解散自有车队而代之以公共运输服务的主要原因就是减少固定费用，这不仅可以节省购买车辆的投资，还节省了车间仓库、发货设施、包装器械以及与员工相关的开支。从日益增长的工业成品营销服务需求看，工业品营销费用已逐年增长，并占总费用的很大比例。若企业自行分配产品，则意味着对营销服务任何程度的深入参与，都将引起费用的大幅增长。只有使用专业服务公司提供的公共服务，才能减少额外开支。

（3）减少库存。企业不能承担原料和库存的无限拉长，尤其高价值的部件要及时送往装配点以保证库存的最小量。第三方物流提供者借助精心策划的物流计划和适时运送手段，最大限度地养活库存，改善了企业的现金流量，实现成本优势。

（4）提升企业形象。第三方物流提供者与顾客，不是竞争对手，而是战略伙伴，他们为顾客着想，通过全球性的信息网络使顾客的供应链管理完全透明化，顾客随时可通过 Internet 了解供应链的情况；第三方物流提供者是物流专家，他们利用完备的设施和训练有素的员工对整个供应链实现完全的控制，减少物流的复杂性；他们通过遍布全球的运送网络和服务提供者（分承包方）大大缩短了交货期，帮助顾客改进服务，树立自己的品牌形象。第三方物流提供者通过“量体裁衣”式的设计，制定出以顾客为导向、低成本高效率的物流方案，为企业在竞争中取胜创造有利条件。

以上种种原因，极大地推动了第三方物流的向前发展，使第三方物流服务成为 21 世纪国际物流发展的主流。

7.1.2　第三方物流的特征

从字面上来看，第三方物流是相对于“第一方”发货人和“第二方”收货人而言的。它超越了传统基础物流一单对一单的服务内容，增加了一些新的特点，如长期性——一年以上的稳定关系；正规性——通过合同确定合约双方关系；密切性——第三方从货主的角度管理物流业务；服务的增值性——除了运输与仓储业务，还涵盖了相关的管理、分析、设计等增值服务内容。

第三方物流具有以下的基本特征：

（1）合同制有偿服务。第三方物流服务是根据合同条款的要求，以合同为导向的系列服务，而不是根据客户临时的需求提供的服务。

（2）与客户建立长期战略联盟。第三方物流企业不是货代公司，也不是单纯的速递公司，它的业务深深地延伸到客户的销售计划、库存管理、订货计划、生产计划等整个生产经营过程，所以超出了与客户一般的买卖关系，形成了一种长期的战略合作伙伴关系。

（3）以现代信息技术为基础。信息技术是第三方物流生存和发展的必要条件。它包括快速交换的 EDI 技术、资金快速交付的 EFT 技术、条形码技术以及网上交易的电子商务技术等。现代信息技术实现了数据的快速传递，提高了业务处理的自动化水平以及各环节运作的一体化程度，使客户把原来由内部完成的物流活动分离出去交给第三方物流公司完成。

（4）第三方物流是社会化分工和现代物流发展的方向。目前我国基本上还没有几家像样的第三方物流企业，这是当前物流发展中最薄弱的环节。据调查统计，在工业企业中，原材料的物流交由第三方物流完成的占 18%；商品销售物流仅占 16%。相当多的企业物流主要靠自己组织，这是造成整个经济运行效率低下的重要原因。今后推动物流产业的发展，要重点发展第三方物流，用信息化、智能化、服务综合化及个性化塑造先进的物流服务形态，培育具有国际竞争力的市场主体。今后新建的大规模物流企业，应以第三方物流服务为主。

7.1.3 第三方物流产生的利益和效应

1. 第三方物流产生的利益

第三方物流发展的推动力就是要为客户及自己创造利润。第三方物流公司必须以有吸引力的服务来满足客户需要，服务水平必须符合客户的期望，要使客户在物流方面得到利润，同时自己也要获得收益。因此，第三方物流公司必须通过自己物流作业的高效化、物流管理的信息化、物流设施的现代化、物流运作的专业化、物流量的规模化来创造利润。

（1）作业利益。第三方物流服务首先能为客户提供“物流作业”改进利益。一方面，第三方物流公司可以通过第三方物流服务，提供给客户自己不能自我提供的物流服务或物流服务所需要的生产要素，这是产生物流外包并获得发展的重要原因。在企业自行组织物流活动情况下，或者局限于组织物流活动所需要的专业知识，或者局限于自身的技术条件，使企业内部物流系统难以满足自身物流活动的需要，而企业自行改进或解决这一问题又往往是不经济的。物流作业的另一个改进就是改善企业内部管理的运作表现，增加作业的灵活性，提高质量和服务、速度和服务的一致性，使物流作业更具效率。

（2）经济利益。第三方物流服务为客户提供经济或与财务相关的利益是第三方物流服务存在的基础。一般低成本是由于低成本要素和规模经济的经济性而创造的，其中包括劳动力要素成本。通过物流外协，可以将不变成本转变成可变成本，又可以避免盲目投资而将资金用于其他用途从而降低成本。稳定和可见的成本也是影响物流外协的积极因素，稳定成本时的规划和预算手续更为简便。一般来讲，一个环节的成本难以清晰地与其他环节区分开来，但通过物流外协，使用第三方物流服务，则供应商要申明成本和费用，成本的明晰性就增加了。

（3）管理利益。第三方物流服务给客户带来的不仅仅是作业的改进及成本的降低，还应该给客户带来与管理相关的利益。正如前面所述，物流外包可以使用企业不具备的管理专业技能，也可以将企业内部管理资源用于别的更有利可图的用途中去，并与企业核心战略相一致。物流外包可以使公司的人力资源更集中于公司的核心活动，而同时获得的是别的公司（第三方物流公司）的核心经营能力。此外，单一资源和减少供应商数目所带来的利益也是物流外包的潜在原因，单一资源减少了公关等费用，并减轻了公司在几个运输、搬运、仓储等服务商间协调的压力。第三方物流服务可以给客户带来的管理利益还有很多，如订单的信息化管理、避免作业中断、运作协调一致等。

（4）战略利益。物流外包还能产生战略意义及增加灵活性，包括地理范围块度的灵活性（设点或撤销）及根据环境变化进行调整的灵活性。集中主业在管理层次与战略层次高度一样具有重要性。共担风险的利益也可以通过第三方物流服务来获得。

2. 第三方物流的正反面效应

（1）第三方物流的正面效应。第三方物流越来越受到工商企业的青睐，原因就在于它使企业能够获得比原来更大的竞争优势，这种优势主要体现在以下几个方面：

1）归核优势。一般来说，生产企业的关键业务不会是物流业务，并且物流业务也不是他们的专长，而新兴的第三方物流企业由于从事多项物流项目的运作，可以整合各项物流资源，使得物流的运作成本相对较低，物流作业更加高效，生产企业如果将物流业务交给他们来做，将得到更加专业的物流服务，同时也可以集中精力开展核心业务。

2）业务优势。使生产企业获得自己本身不能提供的物流服务。由于客户所从事的行业不同，由此带来的客户服务要求也是千差万别。例如，生鲜产品对快速、及时、冷藏的要求，危险化工品对安全、仓储设备的要求。这些要求的差异往往是生产企业内部的物流系统所不能满足的，但却是第三方物流市场细分的基础。生产企业通过物流业务的外包就可以将这些任务转交给第三方物流公司，由他们来提供具有针对性的定制化物流服务。降低物流设施和信息网络滞后对企业的影响。小企业的物流部门缺乏与外部资源的协调，当企业的核心业务迅猛发展时，需要企业物流系统快速跟上，这时企业原来的自营物流系统往往由于硬件设施和信息网络的局限而滞后，而物流第三方恰好可以突破这种资源限制的瓶颈。

3）成本优势。第三方物流可降低生产企业运作成本。专业的第三方物流提供商利用规模生产的专业优势和成本优势，通过提高各环节资源的利用率实现费用节省，使企业能从分离费用结构中获益。对于生产性企业来说，物流成本在整体生产成本中占据了较大的比重。另外，由于企业使用外协物流作业，可以事先得到物流服务供应商申明的成本或费用，可变成本转变成不变成本，稳定的成本使得规划和预算手续更为简便，这也是物流外包的积极因素。第三方物流可以减少固定资产投资。现代物流领域的设施、设备与信息系统的投入是相当大的，企业通过物流外包可以减少对此类项目的建设和投资，变固定成本为可变成本，并且可以将由物流需求的不确定性和复杂性所带来的财务风险转嫁给第三方。尤其那些业务量呈现季节性变化的公司，外包对公司资产投入的影响更为明显。

4）客服优势。第三方物流的信息网络优势。第三方物流企业所具有的信息网络优势使得他们在提高顾客满意度上具有独特的优势。他们可以利用强大便捷的信息网络来加大订单的处理能力、缩短对客户需求的反映时间、进行直接到户的点对点的配送，实现商品的快速交付，提高顾客的满意度。第三方物流的服务优势。第三方物流企业所具有的专业服务可以为顾客提供更多、更周到的服务，加强企业的市场感召力。另外，设施先进的第三方物流企业还具有对物流全程监控的能力，通过其先进的信息技术和通信技术对在途货物实施监控，及时发现、处理配送过程中出现的意外事故，保证订货及时、安全送到目的地。

（2）第三方物流的负面效应。不难看出，第三方物流确实能给企业带来多方面的利益，但这并不意味着物流外包就是所有企业的最佳选择，事实上，第三方物流也不可避免地存在以下负面效应：

1）生产企业对物流的控制能力降低。由于第三方的介入，使得企业自身对物流的控制能力下降，在双方协调出现问题的情况下，可能会出现物流失控的风险，从而使企业的客服水平降低。另外，由于外部服务商的存在，企业内部更容易出现相互推诿的局面，影响效率。

2）客户关系管理的风险。企业与客户的关系被削弱。由于生产企业是通过第三方来完成产品的配送与售后服务，同客户的直接接触少了，这对建立稳定密切的客户管理非常不利。

3）客户信息泄露风险。客户信息对企业而言是非常重要的资源，但第三方物流公司并不只面对一个客户，在为企业竞争对手提供服务的时候，企业的商业机密被泄露的可能性将增大。

4）连带经营风险。第三方物流是一种长期的合作关系，如果服务商自身经营不善，则可能影响企业的经营，解除合作关系又会产生较高的成本，因为稳定的合作关系是建立在较长时间的磨合期上的。

7.2 第三方物流运作模式及增值服务

7.2.1　第三方物流运作模式

1. 传统外包型物流运作模式

简单普通的物流运作模式是第三方物流企业独立承包一家或多家生产商或经销商的部分或全部物流业务。

企业外包物流业务，降低了库存，甚至达到“零库存”，节约物流成本，同时可精简部门，集中资金、设备于核心业务，提高企业竞争力。第三方物流企业各自以契约形式与客户形成长期合作关系，保证了自己稳定的业务量，避免了设备闲置。这种模式以生产商或经销商为中心，第三方物流企业几乎不需专门添置设备和业务训练，管理过程简单。订单由产销双方完成，第三方物流只完成承包服务，不介入企业的生产和销售计划。

目前我国大多数物流业务就是这种模式，实际上这种模式比传统的运输、仓储业并没有走多远。这种模式以生产商或经销商为中心，第三方物流之间缺少协作，没有实现资源更大范围的优化。这种模式最大的缺陷是生产企业与销售企业以及与第三方物流之间缺少沟通的信息平台，会造成生产的盲目和运力的浪费或不足，以及库存结构的不合理。据统计，目前物流市场以分包为主，总代理比例较少，难以形成规模效应。

2. 战略联盟型物流运作模式

第三方物流包括运输、仓储、信息经营者等以契约形式结成战略联盟，内部信息共享和信息交流，相互间协作，形成第三方物流网络系统，联盟可包括多家同地和异地的各类运输企业、场站、仓储经营者，理论上联盟规模越大，可获得的总体效益越大。信息处理这一块，可以共同租用某信息经营商的信息平台，由信息经营商负责收集处理信息，也可连接联盟内部各成员的共享数据库（技术上已可实现）实现信息共享和信息沟通。目前我国的一些电子商务网站普遍采用这种模式。

这种模式比起第一种有两方面的改善：首先，系统中加入了信息平台，实现了信息共享和信息交流，各单项实体以信息为指导制定运营计划，在联盟内部优化资源。同时信息平台可作为交易系统，完成产销双方的订单和对第三方物流服务的预定购买。其次，联盟内部各实体实行协作，某些票据联盟内部通用，可减少中间手续，提高效率，使得供应链衔接更顺畅。例如，联盟内部经营各种方式的运输企业进行合作，实现多式联运，一票到底，大大节约运输成本。

这种模式中联盟成员是合作伙伴关系，实行独立核算，彼此间服务租用，因此有时很难协调彼此的利益，在彼此利益不一致的情况下，要实现资源更大范围的优化就存在一定的局限。例如，A地某运输企业运送一批货物到B地，而B地恰有一批货物运往A地，为减少空驶率，B地承包这项业务的某运输企业应转包这次运输，但A和B两家在利益协调上也许很难达成共识。

3. 综合物流运作模式

组建综合物流公司或集团。综合物流公司集成物流的多种功能——仓储、运输、配送、信息处理和其他一些物流的辅助功能，如包装、装卸、流通加工等，组建完成各相应功能的部门。综合第三方物流大大扩展了物流服务范围，对上家生产商可提供产品代理、管理服务和原材料供应，对下家经销商可全权代理为其配货送货业务，可同时完成商流、信息流、资金流、物流的传递。

综合物流项目必须进行整体网络设计，即确定每一种设施的数量、地理位置、各自承担的工作。其中信息中心的系统设计和功能设计以及配送中心的选址流程设计都是非常重要的问题。物流信息系统的基本功能应包括信息采集、信息处理、调控和管理，物流系统的信息交换目前主要利用 EDI、无线电和 Internet，Internet 因为其成本较低（相对于 EDI 技术），信息量大，已成为物流信息平台发展趋势。配送中心是综合物流的体现，地位非常重要，它衔接物流运输、仓储等各环节。综合物流是第三方物流发展的趋势，组建方式有多种渠道，目前我国正处在探索阶段，但一定要注意避免重复建设，资源浪费问题。

综合第三方物流的组建方式可以有以下三种方案：方案一是由某一项目发展商，投资新建或改建自己原有设备，完善综合物流设施，组织执行综合物流各功能的业务部门，这种方案非常适合迫切需要转型的大型的运输、仓储企业，可充分利用原有资源，凭借原有专项实力，有较强的竞争力。方案二是项目发展商收购一些小的仓储、运输企业以及一部分生产、销售企业原有的自备车辆和仓库，对其进行整编改造。据统计，企业自备车辆和仓库占到总体物流设施的一半左右，如果能够对这一部分设施收编改造，就可直接推动商家租用第三方物流的服务，激活第三方物流市场。方案三就是原有的专项物流运营商以入股方式进行联合，这种方式初期投入资金少，组建周期短，联合后各单项物流运营商还是致力于自己的专项，业务熟悉利于发挥核心竞争力，参股方式可避免联盟模式中存在的利益矛盾，更利于协作。

物流活动是一个社会化的活动，涉及行业面广，涉及地域范围更广，所以它必须形成一个网络才可能更好地发挥其效用。综合物流公司或集团必须根据自己的实际情况选择网络组织结构。现在主要有两种网络结构，一种是大物流中心加小配送网点的模式，另一种是连锁经营的模式。前者适合商家、用户比较集中的小地域，选取一合适地点建立综合物流中心，在各用户集中区建立若干小配送点或营业部，采取统一集货，逐层配送的方式。后者是在业务涉及的主要城市建立连锁公司，负责对该城市和周围地区的物流业务，地区间各连锁店实行协作，该模式适合地域间或全国性物流，连锁模式还可以兼容前一模式。

7.2.2 第三方物流增值服务

增值服务是根据客户需要，为客户提供的超出常规服务范围的服务，或者采用超出常规的服务方法提供的服务。增值服务是竞争力强的企业区别于一般小企业的重要方面。例如，摩托罗拉公司可以根据客户的要求生产出定做的产品，这也为客户提供了增值服务。增值服务的特征就是，在提供基本服务的基础上，满足更多客户期望，为客户提供更多的利益和不同于其他企业的优质服务。物流增值服务是指在完成物流基本功能的基础上，根据客户需求提供的各种延伸业务活动。它是针对特定客户或特定的物流活动，在基本服务基础上提供的定制化服务。物流增值服务是第三方物流经营的闪光点。根据经营方式的不同，物流增值服务可以分别在以下领域中完成：

1．以顾客为核心的增值服务

以顾客为核心的增值服务是指由第三方物流提供的、以满足买卖双方对于配送产品的要求为目的的各种可供选择的方式。例如，美国 UPS 公司开发的独特服务系统，专门为批发商配送纳贝斯克食品公司的 Planters/Lief Savers 快餐食品，这种配送方式不同于传统的糖烟配送服务。这些增值活动的内容包括：处理顾客向制造商的订货，直接送货到商店或顾客家，以及按照零售商的需要及时地持续补充进货。这类专门化的增值服务可以被有效地用来支持新产品的引入，以及基于当地市场的季节性配送。

2．以促销为核心的增值服务

以促销为核心的增值服务是指为刺激销售而独特配置的销售点展销台及其他各种服务。销售点展销包含来自不同供应商的多种产品，组合成一个多结点的展销单元，以便于适合特定的零售商品。在许多情况下，以促销为核心的增值服务还包括对储备产品提供特别介绍、直接邮寄促销、销售点广告宣传和促销材料的物流支持等。

3．以制造为核心的增值服务

以制造为核心的增值服务是通过独特的产品分类和递送来支持制造活动的物流服务。每个客户进行生产的实际设施和制造设备都是独特的，在理想的状态下，配送和内向物流的材料和部件应进行顾客定制化。例如，有的厂商将外科手术的成套器具按需要进行装配，以满足特定医师的独特要求。此外，有家仓储公司切割和安装各种长度和尺寸的软管以适合个别客户所使用的不同规格的水泵。这些活动在物流系统中都是由专业人员承担的。这些专业人员能够在客户的订单发生时对产品进行最后定型，利用的是物流的时间延迟。

4．以时间为核心的增值服务

以时间为核心的增值服务涉及使用专业人员在递送以前对存货进行分类、组合和排序。以时间为核心的增值服务的一种流行形式就是准时化（JIT）。在准时化概念下，供应商先把商品送进工厂附近的仓库，当需求产生时，仓库就会对由多家供应商提供的产品进行重新的分类、排序，然后送到配送线上。以时间为基础的服务，其主要的一个特征就是排除不必要的仓库设施和重复劳动，以便能最大限度地提高服务速度。基于时间的物流战略是竞争优势的一种主要形式。

7.2.3　第三方物流增值服务企业

提供增值服务的第三方物流企业具有以下的主要特征：

（1）管理技术能力：第三方物流企业的管理技术能力是最体现其专业水平的能力，

其所具备的系统策划能力、个性服务能力、信息系统服务能力及网络覆盖能力是决定其提供第三方物流增值服务广度及深度的重要因素。

（2）高效的运作效率：第三方物流服务供应商为客户创造价值的基本途径是达到比客户更高的运作效率，能提供较高的服务成本比。运作效率的提高意味着第三方物流在物流的基本活动中，如仓储、运输、配送等方面能够以较低的成本满足客户的需求，这取决于物流公司足够高效的设施及熟练的操作技能。除了作业技能外，还需要高效的协调和沟通技能，协调和沟通技能在很大程度上与信息技术关联。完善、高效的物流信息系统能很大程度地提高管理效率和工作效率，从而节省成本、增加效益。

（3）多客户运作平台的整合：第三方物流增值的另一因素是充分利用多客户运作的平台，整合平台资源，或者说在客户中分享资源。例如，多客户整合的仓储或运输网络，能够削峰填谷，使物流运作过程平稳，降低成本和风险，取得整合后较高的经济效益。因此说，整合运作的规模效益能够取得比其他资源更高的价值，从而创造增值效益。

（4）横向或纵向的整合：管理技术能力、运作效率和客户运作平台的整合，是基于第三方物流公司内部创造价值的方法；横向或纵向的整合，则是外部整合以创造价值的方法。纵向整合是指发展与低层次服务的供应商关系，根据第三方物流供应方的特性，对单项物流功能进行外购，如物流设施的维护、运输工具的短期租赁等。横向上，第三方供应方能够结合类似的但不是竞争性的公司，比如扩大为客户提供服务的地域覆盖面、委托空运或海运等。物流运作的专门化使第三方物流公司在专门技术和系统领域内超越客户的潜在能力，因为客户公司还要分配资源并同时关注其他几个领域。对第三方物流公司来讲还有一个主要资源或者说是增值因素就在于拥有众多的物流人才，物流人才的集聚效应可发挥物流行业更高的管理水平与运作效率，从而帮助客户创造价值。

7.3 配送及配送中心

7.3.1 配送的概念

配送，作为商业物流的基本功能之一，在商业物流活动中占有相当重要的地位和作用。物流的最终目的即满足用户的最终需要，它多是由配送来完成的。

配送概念有许多种表述。日本工业标准表述：将货物从物流节点送交收货人。日本1991年版《物流手册》的表述：生产厂到配送中心之间的物品空间移动叫“运输”，从配送中心到顾客之间的物品空间移动叫“配送”。美国《物流管理供应链过程的一体化》的表述：实物配送这一领域涉及特制成品交给顾客的运输。……实物配送过程可以使顾客服务的时间和空间的需求成为营销的一个整体组成部分。我国出版的《现代物流学》的表述：配送是以现代送货形式实现资源最终配置的经济活动；按用户订货要求，在配送中心或其他物流节点进行货物配备并以最合理方式送交用户。

配送是指在经济合理区域范围内，根据客户要求，对物品进行拣选、加工、包装、分割、组配等作业，并按时送达指定地点的物流活动。

配送概念的内涵如下：

（1）配送提供的是物流服务，因此满足顾客对物流服务的需求是配送的前提。

由于在买方市场条件下，顾客的需求是灵活多变的，消费特点是多品种、小批量的，因此从这个意义上说，配送活动绝不是简单的送货活动，而应该是建立在市场营销策划基础上的企业经营活动。

同时，单一的送货功能，无法较好地满足广大顾客对物流服务的需求，因此配送活动是多项物流活动的统一体。更有些学者认为，配送就是"小物流"，只是比大物流系统在程度有些降低和范围上有些缩小罢了。从这个意义上说，配送活动所包含的物流功能，应比我国《物流术语》提出的功能还要多而全面。

（2）配送是"配"与"送"的有机结合。所谓"合理地配"，是指在送货活动之前必须依据顾客需求对其进行合理的组织与计划。只有"有组织有计划"地"配"才能实现现代物流管理中所谓的"低成本、快速度"地"送"，进而有效满足顾客的需求。

（3）配送是在经济合理区域范围内的送货。配送不宜在大范围内实施，通常仅局限在一个城市或地区范围内进行。

7.3.2　配送的形式

1．按配送商品的种类和数量划分

（1）少品种大批量配送。这种配送适用于需要数量较大的商品，单独一种或少数品种就可以达到较大运输量，可实行整车运输。这种商品往往不需要再与其他商品进行搭配，可由专业性很强的公司实行这种配送。此种配送形式主要适用于大宗货物，如煤炭等。

（2）多品种少批量配送。按用户要求，将所需的各种商品（每种商品需要量不大）配备齐全，凑成整车后由配送中心送达用户手中。日用商品的配送多采用这种方式。多品种少批量的配送，适应了现代消费多样化、需求多样化的新观念。

2．按配送时间及数量划分

（1）定时配送。按规定的时间间隔进行配送，配送品种和数量可根据用户的要求有所不同。

（2）定量配送。按规定的批量进行配送，但不严格确定时间，只是规定在一个指定的时间范围内配送。这种配送计划性强，备货工作简单，配送成本较低。

（3）定时定量配送。按规定的准确时间和固定的配送数量进行配送。

（4）即时配送。不预先确定不变的配送数量。也不预先确定不变的配送时间及配送路线，而是按用户要求的时间、数量进行配送。

3．按配送的组织形式划分

（1）集中配送。就是由专门从事配送业务的配送中心对多个用户开展配送业务。集中配送的品种多、数量大，一次可同时对同一线路中几家用户进行配送，其配送的经济效益明显，是配送的主要形式。

（2）共同配送。几个配送中心联合起来，共同制定计划，共同对某一地区用户进行配送，具体执行时共同使用配送车辆。

（3）分散配送。分散配送是由商业零售网点对小量、零星商品或临时需要的商品进行的配送业务。这种配送适合于近距离、多品种、少批量的商品的配送。

（4）加工配送。在配送中心进行必要的加工，这种将流通加工和配送一体化，使加工更有计划性，配送服务更趋完善。

4．按配送的职能形式划分

（1）销售配送。批发企业建立的配送中心多开展这项业务。批发企业通过配送中心把商品批发给各零售商店的同时，也可与生产企业联合，生产企业可委托配送中心储存商品，按厂家指定的时间、地点进行配送。若生产厂家是外地的，则可以采取代理的方式，促进厂家的商品销售，还可以为零售商店提供代存代供配送服务。

（2）供应配送。供应配送是大型企业集团或连锁店中心为自己的零售店所开展的配送业务。它们通过自己的配送中心或与消费品配送中心联合进行配送，零售店与供方变为同一所有者的公司各部门内部的业务，从而减少了许多手续，缓和了许多业务矛盾，各零售店在订货、退货、增加经营品种上也得到更多的便利。

（3）销售与供应相结合的配送。配送中心与生产厂家及企业集团签订合同，既负责一些生产厂家的销售配送，又负责一些企业集团的供应配送。配送中心具有上连生产企业的销售配送、下连用户的供应配送两种职能，实现配送中心与生产企业及用户的联合。

（4）代存代供配送。用户将属于自己的商品委托配送中心代存、代供，有时还委托代订，然后组织配送，这种配送，在实施前不发生商品所有权的转移，配送中心只是用户的代理人，商品在配送前后都属于用户所有。配送中心仅从代存、代理中获取收益。

7.3.3 配送中心

配送中心是物流系统中一种现代化的物流节点，尤其城市物流领域，配送中心对于实行城市和区域范围的配送，优化城市和区域范围的物流系统起到很大的作用。在连锁商业和连锁服务业领域，配送中心已经成为商业系统的有机结构，商业发展在很大程度上也依托于配送中心的建设。

1．配送中心的概念

配送中心是指接受并处理末端用户的订货信息，对上游运来的多品种货物进行分拣，根据用户订货要求进行拣选、加工、组配等作业，并进行送货的设施和机构。《物流手册》对配送中心的定义："配送中心是从供应者手中接受多种大量的货物，进行倒装、分类、保管、流通加工和情报处理等作业，然后按照众多需要者的订货要求备齐货物，以令人满意的服务水平进行配送的设施。"《现代物流学》的定义："配送中心是从事货物配备（集货、加工、分货、拣选、配货）和组织对用户的送货，以高水平实现销售或供应的现代流通设施。"日本《市场用语词典》对配送中心的解释："是一种物流节点，它不以储藏仓库的这种单一的形式出现，而是发挥配送职能的流通仓库，也称做基地、据点或流通中心。配送中心的目的是降低运输成本、减少销售机会的损失，为此建立设施、设备并开展经营、管理工作。"

2．配送中心的作用

配送中心是以组织配送性销售或供应，执行实物配送为主要职能的流通型节点。在配送中心中，为了能更好地做送货的编组准备，必然需要采取零星集货、批量进货等种种资源搜集工作和对货物的分整、配备等工作。因此，配送中心也具有集货中心、分货中心的职能。为了更有效地、更高水平地配送，配送中心往往还有比较强的流通加工能力。此外，配送中心还必须执行货物配备后的送达到户的使命，这是和分货中心只管分货不管运达的重要不同之处。由此可见，如果说集货中心、分货中心、加工中心的职能还是较为单一，那么，配送中心的功能则较全面、完整，也可以说，配送中心实际上是集货中心、分货中心、加工中心功能之综合，并有了配与送的更高水平。

3．配送中心的分类

（1）按照配送中心承担的流通职能分类。按照配送中心承担的流通职能，可分为供应配送中心和销售配送中心。

1）供应配送中心。配送中心执行供应的职能，专门为某个或某些用户（如连锁店、联合公司）组织供应的配送中心。例如，为大型连锁超级市场组织供应的配送中心；代替零件加工厂送货的零件配送中心，使零件加工厂对装配厂的供应合理化。供应配送中心的主要特点是，配送的用户有限并且稳定，用户的配送要求范围也比较确定，属于企业型用户。因此，配送中心集中库存的品种比较固定，配送中心的进货渠道也比较稳固，同时，可以采用效率比较高的分货式工艺。

2）销售配送中心。配送中心执行销售的职能，以销售经营为目的，以配送为手段。销售配送中心大体有两种类型：一种是生产企业为本身产品直接销售给消费者的配送中心，在国外，这种类型的配送中心很多；另一种是流通企业作为本身经营的一种方式，建立配送中心以扩大销售，我国目前拟建的配送中心大多属于这种类型，国外的例证也很多。销售配送中心的用户一般是不确定的，而且用户的数量很大，每一个用户购买的数量又较少，属于消费者型用户。这种配送中心很难像供应配送中心一样，实行计划配送，计划性较差。销售配送中心集中库存的库存结构也比较复杂，一般采用拣选式配送工艺。销售配送中心往往采用共同配送方法才能够取得比较好的经营效果。

（2）按照配送范围分类。按照配送范围分类，可分为城市配送中心和区域配送中心。

1）城市配送中心。以城市范围为配送范围的配送中心，由于城市范围一般处于汽车运输的经济里程，这种配送中心可直接配送到最终用户，且采用汽车进行配送。所以，这种配送中心往往和零售经营相结合，由于运距短，反应能力强，因而从事多品种、少批量、多用户的配送较有优势。城市配送中心一般采用“日配”方式，在网络经济时代，为了配合和执行电子商务的配送，也有采取“时配”方式。

2）区域配送中心。以较强的辐射能力和库存准备，向省（州）际，乃至全国范围的用户配送的配送中心。这种配送中心配送规模较大，一般而言，用户也较大，配送批量也较大，而且，往往是配送给下一级的城市配送中心和大型商业企业。也配送给营业所、商店、批发商和企业用户，虽然也从事零星的配送，但不是主体形式。一般而言，区域配送中心的区域范围是有限的，往往是采用“日配”和“隔日配”可以覆盖的地区。如果地域范围太广阔，往往建立物流中心来衔接城市配送中心，进行分层次的分销和配送，而不由一个配送中心做大范围的覆盖。

（3）按照配送中心的内部特性分类。按照配送中心的内部特征，可分为储存型配送中心、流通型配送中心和加工型配送中心。

1）储存型配送中心。有很强储存功能的配送中心，一般来讲，在买方市场下，企业成品销售需要有较大库存支持，其配送中心可能有较强储存功能；在卖方市场下，企业原材料、零部件供应需要有较大库存支持，这种供应配送中心也有较强的储存功能。大范围配送的配送中心，需要有较大库存，也可能是储存型配送中心。我国目前拟建的一些配送中心，都采用集中库存形式，库存量较大，多为储存型。瑞士 GIBA—GEIGY 公司的配送中心拥有世界上规模居于前列的储存库，可储存 4 万个托盘；美国赫马克配送中心拥有一个有 163 000 个货位的储存区，可见存储能力之大。

2）流通型配送中心。基本上没有长期储存功能，仅以暂存或随进随出方式进行配货、送货的配送中心。这种配送中心的典型方式是，大量货物整进并按一定批量零出，采用大型分货机，进货时直接进入分货机传送带，分送到各用户货位或直接分送到配送汽车上，货物在配送中心里仅做少许停滞。日本的阪神配送中心，中心内只有暂存，大量储存则依靠一个大型补给仓库。

3）加工型配送中心。配送中心具有加工职能，根据用户的需要或者市场竞争的需要，对配送物进行加工之后进行配送的配送中心。在这种配送中心内有分装、包装、初级加工、集中下料、组装产品等加工活动。世界著名连锁服务店肯德基和麦当劳的配送中心，就是属于这种类型的配送中心。在工业、建筑领域，生混凝土搅拌的配送中心也是属于这种类型的配送中心。

全球视野

美国客户眼中的第三方物流

在美国，那种简单地把“仓储、运输、配送”等同于“物流”的观念早已过时，第三方物流公司的客户已开始从供应链管理的高度以及为企业创造经济附加值的角度，来衡量物流的作用。为了降低产品的储存成本和管理成本，提高运营效率和增强国际竞争力，他们发现有必要把非核心业务外包给第三方物流公司，以使企业运作更具弹性，同时可以腾出更多的精力和物力从事自己的专业生产，满足更多的销售要求。

尽管客户对第三方物流的评价往往各不相同，但为物流失控而日夜操心的客户几乎是零。这就是说，尽管还存在这样和那样的问题，第三方物流的发展已经进入成熟阶段。在实际中，客户最担心的是这样的问题：我所付出的物流费用能否得到相应的回报呢？

美国田纳西州大学物流研究中心为此对美国几家著名的物流公司和它们的客户进行了调查，结果发现答案是肯定的，即接近100%的客户认为，采用第三方物流达到了预定目的，只是过程中存在不同程度的服务质量问题。客户心目中理想的第三方物流服务，并非人们所想象中的那样——通过创造各种前所未有的服务，使客户的电子商务只需在电脑上“点击”一下，货物就会被运走或者运到。他们希望物流成本进一步减少，物流管理的机动性进一步提高，物流服务覆盖面从美国本土到全世界进一步扩大。例如，目前美国第三方物流公司开始逐步倾向于内包而不是外包物流业务，而客户对此并不感兴趣。对于他们来讲，无论内包还是外包，只要物流服务质量全部达标就是“好包”。此外，大约有92.9%的客户表示，物流供应链的全国乃至全球一体化，应该是第三方物流的发展方向。美国田纳西州大学物流研究中心的专家认为，这恰恰是第三方物流公司必须充分注意的。

在美国，客户们尽管普遍满意第三方物流公司的服务，但也指出目前存在的问题。例如，在提供物流服务方面的诸多许诺没有全部到位，在物流转运过程中的操作往往并不令人满意，供应链服务的信息预报技术没有到位，在物流操作过程中所花费的时间和精力并没有减少的迹象，物流服务供应方往往疏于公开提供便于客户衡量和比较的物流经营业绩，履约保证和有关行业的其他标准，第三方物流公司在外包业务方面的管理能力很差。

那么，第三方物流公司如何对待自身存在的问题呢？根据美国田纳西州大学物流研究中心物流专家的调查，真正能够认真对待客户提出的建议、意见和投诉，及时解决问题或者予以答复的，仅仅只占到第三方物流的 32%，而认为第三方物流在不断改进服务质量的客户只占到客户总量的 65%。

尽管如此，第三方物流总的发展趋势还是好的。在过去的两年中，美国第三方物流公司的客户们，物流成本下降了 11.8%，物流资产下降了 24.6%，办理订单的周转时间从 7.1 天缩短为 3.9 天，存货总量下降了 8.2%。客户们普遍反映，现在比过去任何时候更加容易了解第三方物流的服务，并且希望进一步提高有关第三方物流的服务项目和服务范围的使用效率。

那些表示不愿意使用第三方物流服务的公司、企业和生产厂商，理由是不愿意失去有关其物流活动的控制和管理。但是物流专家们认为，实际上他们是担心第三方物流会增加客户的生产经营成本，或者认为自己的物流服务力量足以自给自足。根据统计，大约 69%的公司企业（货主）不打算使用第三方物流，大约 22%的公司企业（客户）正在研究是否使用物流第三方的可能性，只有大约 9%的工厂、企业、公司货主表示在不远的将来使用第三方物流。但是那些非常欢迎第三方物流的客户却说，他们之所以愿意成为第三方物流公司的用户或者客户，恰恰是因为第三方物流有助于他们进一步加强物流的控制和管理。

据美国的一些运输经济学家研究，在美国第三方物流拥有大约每年 7 000 亿美元的市场潜力，而现在第三方物流仅仅达到这个数字的 9.3%，可见第三方物流在美国的发展前景非常可观。美国著名经济分析家 James Winchester 指出，5 年内第三方物流公司将拿到 15%的外包市场份额，10 年后，这一份额将至少达到 20%。他认为，综合各方面因素考虑，估计在今后的 5 年里，第三方物流在美国的年增长率是 16.5%，在美国物流业特别是在交通运输业中，维持最高速度的增长。这将促使美国市场中第三方物流的占有率，接近或者达到欧洲地区"遍地开花"的经营水平。

在客户要求和市场竞争的双重压力下，第三方物流公司为了自身的生存和发展，往往不满足现状，在信息技术方面继续投资和发展。因为管理广泛的物流流程，必须依托互联网技术这个关键工具。供应链过程中各个环节或者商业伙伴，利用互联网技术，实现相互之间的信息沟通，提高各自客户服务的及时性、准确性和透视性。大多数第三方物流公司积极地与物流软件公司签订协议，发展和维护公司的物流技术，而不是光靠自己闭门造车。

http://news.vlongbiz.com/trade/2010-05-13/1273707682d1283415_1.html

第三方物流中的效益　第三方物流能为客户创造哪些经济效益

在市场日益成熟、竞争日益激烈的环境下，第三方物流不仅仅是为客户提供仓储、提供运输等狭义层面上的服务，而是越来越多地成为为客户提供增值性服务的过程。第三方物流企业逐渐把物流作为客户的一个增值过程来管理，通过降低物流费用以及提高物流效率，来帮助客户赢得并保持顾客满意，通过不断更新技术与设备等，增加投资，提高供应链灵活性，满足客户个性化需求。

从总体上来看，第三方物流服务能从两大方面为客户创造价值。一方面，降低客户物流费用，直接增加客户总收益。另一方面，帮助客户实现价值多元化，从高效率的物流服务中，在同等成本基础上，获得更多价值。

第三方物流是通过一系列的业务过程来实现客户价值增值的。大型第三方物流企业，由于经营的规模性，能够在多个方面降低客户物流费用，从而提高客户的市场竞争能力。

企业案例

TCL 第四方物流

众所周知，TCL 拥有中国最强大的分销网络，分销网络的载体是 TCL 的家电销售公司。而 TCL 的物流改革恰恰源于家电销售公司当时的核心领导团队。

建立一个公共的分销服务平台的思路在这些领导者心中逐渐清晰起来。前端销售部门不再是销售、财务、物流的小麻雀，而是专注于销售的战斗队，取消了财务职能、物流职能的销售前端可以在任何时间、任何地点、针对任何产品设置或者取消，对于激烈变化的市场，分销网络获得了极大的灵活性和伸缩性。

（1）一体化分销物流模式的设计蓝图。双方合作的第一步是建立一个完整的、面向未来的物流目标模式和实施途径。整个分销物流模式解决了几个方面的关键问题。

（2）物流信息系统 Tulip 的建立。整个 TCL 变革没有投资任何仓库、车辆等硬件设施，TCL 在物流方面的投资体现在双方合作建立一体化物流信息平台（Tulip），这个物流信息平台是 TCL 公共物流服务平台的载体，实时运转了从客户订单到履约完成的订单全过程，从产品下线到零售前端的库存全过程，为 TCL 各大产品事业部、销售公司总部、各个区域公司、客户、物流公司提供了集中的、唯一的物流信息共享服务。并且与工厂 ERP、各级财务系统、前端 CRM 系统、物流公司系统实现了集成接口，成为物流信息枢纽。

（3）变革实施。几乎就在当 TCL 分销网络物流变革基本完成的同时，TCL 展开了与飞利浦的合作，合作的其中一个非常重要的部分是 TCL 开始利用自身的分销网络为飞利浦提供服务。这意味着 TCL 的分销网络管理能力到了可以为全球管理最规范的公司提供服务的程度。

问题：

1. 根据 TCL 的家电销售公司的情况，你认为销售公司的未来应该是什么样？分销网络下一步的价值是什么？前端经营部门、区域管理部门、销售公司总部、事业部各自的定位应该发生什么样的变化？

2. 整个分销物流模式解决了几个方面的关键问题？

http://www.ne56.com/experiential/ne56109111367DJJC3.html

复习思考题

1. 第三方物流的优势和风险有哪些？
2. 简述第三方物流的基本特征。
3. 怎样评价第三方物流运作模式？
4. 第三方物流如何提供增值服务？
5. 第三方物流增值服务企业具备什么能力和条件？
6. 应该怎样理解配送？配送与物流有何关系？
7. 如何理解配送中心与物流中心的区别？
8. 结合实际谈谈配送中心的作用。
9. 举例说明各种类型的配送中心。

本章小结

第三方物流是指生产经营企业为集中精力搞好主业，把原来属于自己处理的物流活动，以合同方式委托给专业物流服务企业，同时通过信息系统与物流服务企业保持密切联系，以达到对物流全程的管理和控制的一种物流运作与管理方式，因此第三方物流又称合同制物流。

第三方物流能给企业（顾客）带来集中主业、节省费用，减少资本积压、减少库存、提升企业形象等益处，能产生作业利益、经济利益、管理利益和战略利益。同时，第三方物流也具有正反两方面的效应。

第三方物流有传统外包型、战略联盟型、综合型等运作模式。第三方物流的经营应该在提供基本服务的基础上为客户提供更多的增值服务，它体现在以顾客为核心的增值服务、以促销为核心的增值服务、以制造为核心的增值服务和以时间为核心的增值服务等领域。第三方物流增值服务企业应该具有管理技术能力、高效运作效率、多客户运作平台的整合和横向或纵向的整合等特征。

配送是指在经济合理区域范围内，根据客户要求，对物品进行拣选、加工、包装、分割、组配等作业，并按时送达指定地点的物流活动。

配送中心是指接受供应者所提供的多品种、大批量的货物，通过储存、保管、分拣、配货以及流通加工、信息处理等作业后，将按需要者订货要求配齐的货物送交顾客的组织机构和物流设施。配送中心是物流系统中一种现代化的物流节点，是集货中心、分货中心、加工中心功能的综合，并有了配与送的更高水平。

第 8 章

物流系统分析

本章学习目标

- 掌握物流系统的含义和特点；
- 掌握物流系统的构成要素；
- 理解物流系统的目标；
- 掌握物流系统分析的程序和方法；
- 掌握物流系统分析的主要内容；
- 理解物流系统分析的原则、要点和要素；
- 了解物流系统优化应遵循的原则。

引导案例

国美，一个在家电价格大战中脱颖而出的响亮的名字，仅仅用了 13 年的时间，就从街边一家小店发展成为今天在北京、天津、上海、成都、重庆、河北等地拥有 40 家大型家用电器专营连锁超市的大公司，从一个毫无名气、只经营电视机的小门脸，发展到如今专门经营进口与国产名优品牌的家用电器、计算机，通信产品及发烧音响器材，影响辐射全国的著名电器连锁企业。日益强大的国美也加快了奋进的脚步，提出了建立全国性最大家电连锁超市体系的发展目标。国美电器凭借什么实现它的宏伟蓝图？支持国美高速扩张的物流系统是如何运作的？

从供应链的角度来看，国美的物流系统可分为三部分：采购、销售、配送。正是因为国美供应链系统中，采购、销售、配送三大环节以合理的结构与定位相互促进，成就了国美电器今日的辉煌。

（1）统一采购，优势明显。国美几十家连锁店都由总部统一进行采购，国美远远超过一般零售商的采购量，使其能以比其他商家低很多的价格拿到商品。

（2）销售，国美物流系统的关键。国美意识到，企业要想发展，必须建立自己的供销模式，摆脱中间商的环节，直接与生产商贸易，把市场营销主动权控制在自己手中。

（3）精心安排，合理配送。采购与销售只是完成了整个家电产品的商流过程，而作为整个销售过程的重要部分，仓储配送是销售不可或缺的部分，可以说是销售的命脉。国美专门成立了物流配送中心。配送中心由各分部下属的市场营销中心直接管理，完成货物储存、保管、配送等工作。国美地区配送中心、门店小库构成了国美电器全国连锁体系的物流系统的枢纽。

资料来源：中国工商协会网.

8.1 物流系统基本概念

随着全球经济发展的历程，物流系统从手工化物流系统、机械化物流系统、自动化物流系统、集成化物流系统、智能化物流系统逐步发展起来。物流的含义是将正确的物品，在正确的时刻，以正确的顺序，送到正确的地点。物流系统的目的是实现物资的空间效益和时间效益，在保证社会再生产进行的前提条件下，实现各种物流环节的合理衔接，并取得最佳的经济效益。

8.1.1 系统

1. 系统的定义

所谓系统，是由若干个相互区别、相互依赖和相互制约的要素，为了一个共同的目标组成的，具有特定功能的有机整体。每个要素可以称为一个子系统，它又可以分成更小的子系统。系统本身又是更大系统的组成部分。

系统定义的要点如下：

（1）多个要素。

（2）相互区别、相互依赖和相互制约。

（3）具有特定功能。

（4）有机整体。

（5）往下可以再分，往上可以再合。

（6）系统都有一个环境。

2. 系统的结构

系统结构指系统内部各组成要素之间的相互关系、相互作用的方式或秩序，即各要素之间在时间和空间排列及组合的具体形式。它表现为系统内部各个要素之间的相对稳定的联系方式、组织秩序及其时空关系的内在表现形式，是系统内部各要素之间相互联系和相互作用的方式。简单地说，系统的结构是系统内部要素的秩序。

3．系统的功能

系统与外部环境相互作用所反映的能力，体现了一个系统与外部环境之间的物质、能量和信息的输入/输出的转换关系。系统的环境是系统的外部条件，是系统在与外部环境相互联系和相互作用过程中所具有的行为、能力和功效，是系统对外的表现或系统结构的外在表现。系统功能的典型特征为有源性和多样性，包括：系统的输入——环境对系统的直接输入，是系统处理的对象；系统的输出——系统对环境的直接输出，是系统处理的结果；约束和干扰——系统处理的外部条件，是环境对系统的间接输入、强迫性输入，是系统处理的约束条件。

4．系统的特征

（1）集合性（整体性）：是由两个以上的要素结合起来的有机整体。要素是构成系统最基本的部分，没有要素或单个要素无法构成系统。整体的功能可能大于各个子系统的分功能之和。

（2）相关性：各单元互相区别又互相联系。系统的诸要素之间、要素与整体之间以及整体与环境之间存在着一定的有机联系。主要表现在：各要素之间的关系；各层次之间的等级层次关系；要素和系统之间的关系；要素、系统和环境之间的关系。

（3）目的性：为完成特定功能而结合起来，要根据系统的目标来设立系统。由于系统要素之间的相互作用，使系统作为一个整体具有特定的功能，这是各要素个体所不具备的功能。

（4）环境适应性：系统的环境是系统本身之外更大的系统，即系统必须接受的外部条件，系统必须适应环境才能生存；系统可以能动地改造环境。

5．系统的分类

（1）按系统的形成方式可分为自然系统、人造系统和复合系统。

1）自然系统。原始的系统都是自然系统，如天体、海洋、生态系统等。又如，呼吸系统、消化系统、循环系统、免疫系统等。自然系统是一个高阶复杂的均衡系统，如季节周而复始地变化形成的气象系统、食物链系统、水循环系统等。自然系统中的有机物、植物与自然环境保持了一个平衡态。在自然界中，物质流的循环和演变是最重要的，自然环境系统没有尽头，没有终止，只有循环往复，并从一个层次发展到另一个层次。

2）人造系统。如人造卫星、海运船只、机械设备等。又如，交通系统、商业系统、金融系统、工业系统、农业系统、教育系统、经济系统、文艺系统、军事系统、社会系统等。

3）复合系统。既包含人造系统又包含自然系统。系统工程所研究的对象大多是复合系统。从系统的观点讲，对系统的分析应自上而下地而不是自下而上地进行。例如，研究系统与所处环境，环境是最上一级，先注意系统对环境的影响，然后再进行系统本身的研究，系统的最下级是组成系统的各个部分或要素。自然系统常常是复合系统的最上一级。

（2）按系统实体的性质可分为实体系统和概念系统。

所谓实体系统，是指以物理状态的存在作为组成要素的系统，由各种物质要素构成的系统如大气、海洋、生物、机器等都是实体系统。这些实体占有一定空间，如自然界的矿物、生物，生产部门的机械设备、原始材料等。

与实体系统相对应的是抽象概念系统，它是由概念、原理、假说、方法、计划、制度、程序等非物质实体构成的系统，如物流管理系统，法制、教育、文化系统等。以各种概念要素构成的系统，如哲学体系、科学体系、法律体系等都是概念系统。近年来，逐渐将概念系统称之为软科学系统，并日益受到重视。

以上两类系统在实际中常结合在一起，以实现一定功能。实体系统是概念系统的基础，而概念系统又往往对实体系统提供指导和服务。例如，为实现某项工程实体，需提供计划、设计方案和目标分解，对复杂系统还要用数学模型或其他模型进行仿真，以便抽象出系统的主要因素，并对多个方案进行分析，最终付诸实施。在这一过程中，计划、设计、仿真和方案分析等都属于概念系统。

（3）按系统的运行性质可分为静态系统和动态系统。静态系统亦称无记忆系统，是指那些在任一时刻的输出只与该时刻的输入有关，而与此前或此后的输入无关的系统。反之即为动态系统，动态系统亦称有记忆系统。

（4）按系统与环境的关系可分为开环系统和闭环系统。每个物流系统都处在一个更大的系统之中，这个更大的系统就是物流系统的环境。它是指物流系统所处的更大的系统，它是物流系统模式中不可缺少的组成部分，是物流系统转换处理面对的外部条件。物流系统与其环境之间的相互作用具体表现为物流系统的输入、输出、约束和干扰。

开环系统：系统被控对象由输入端到输出端直接输出。

闭环系统：系统被控对象的输出（被控制量）反馈到输入端，影响控制器的输出，形成一个或多个闭环。 闭环控制系统有正反馈和负反馈，若反馈信号与系统给定值信号相反，则称为负反馈；若极性相同，则称为正反馈。

（5）按学科领域可分为自然系统、社会系统和思维系统。自然界中的无生命和有生命系统通称自然系统。经济、政治、军事、法律、教育等都是社会系统。语言、文字、逻辑、思维方式与方法等都属于思维系统。

(6) 按范围可分为宏观系统和微观系统。微观系统指单个经济实体，如企业、公司、商店等。宏观系统着眼于整个国民经济总量分析，如社会总产值、国民收入、社会消费、投资结构、物价水平和工资水平等。

8.1.2 物流系统

1. 定义

物流系统是指在一定的时间和空间里，由所需位移的物资、物流设施、物流设备、人员和通信联系等若干相互制约的动态要素所构成的，以完成物流活动为目的，具有特定功能的有机整体。

一般来说，物流系统主要由环境、输入、输出、处理、反馈等构成，如图 8-1 所示。

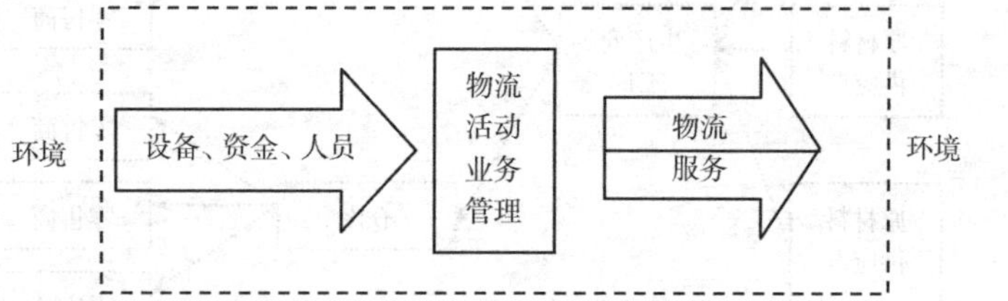

图 8-1 物流系统基本构成

(1) 环境：包括外部环境和内部环境。外部环境包括用户需求、观念及价格等因素。内部环境包括系统的人、财、物的规模与结构，以及系统的管理模式、策略、方法等。一般来说，外部环境是系统不可控的，而内部环境则是系统可控的。

(2) 输入：指通过一系列对物流系统所发生的作用，包括原材料、设备、人员等。

(3) 处理：具体物流业务活动。包括运输、储存、包装、搬运、送货等，还包括信息的处理及管理工作。

(4) 输出：提供的物流服务的结果。包括货物的转移、各种劳务、质量、效益等。

(5) 反馈：外部反馈通过输入和输出使物流系统与外部环境进行交换，发现问题，改正弊端，使系统适应于外部环境。内部反馈指系统内部的转换，使其功能更加完善、合理及科学。

2. 物流系统的特征

物流系统具有一般系统所共有的特点，即整体性、相关性、目的性、环境适应性，同时还具有规模庞大、结构复杂、目标众多等大系统所具有的特征。

（1）物流系统是一个“人机系统”。物流系统由人和形成劳动手段的设备、工具所组成。它表现为物流劳动者运用运输设备、装卸搬运机械、仓库、港口、车站等设施，作用于物资的一系列生产活动。在这一系列的物流活动中，人是系统的主体。因此，在研究物流系统的各个方面问题时，把人和物有机地结合起来，加以考察和分析。

（2）物流系统是一个大跨度系统。在现代经济社会中，企业间物流经常会跨越不同地域，国际物流的地域跨度更大。物流系统通常采用存储的方式解决产需之间的时间矛盾，其时间跨度往往也很大。物流系统的跨度越大其管理方面的难度越大，对信息的依赖程度也越高。简单物流系统如图 8-2 所示。

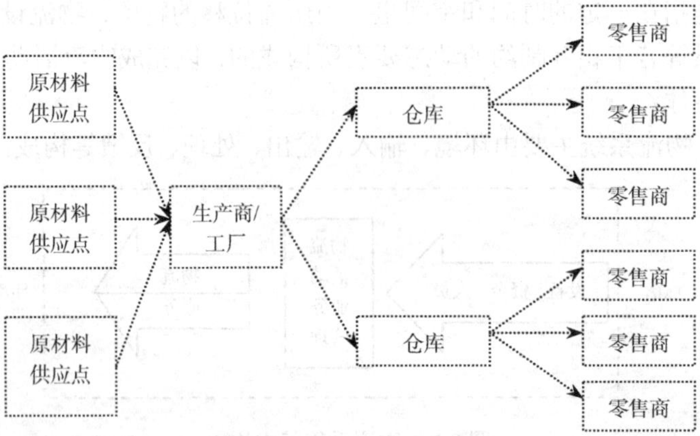

图 8-2　简单物流系统

（3）物流系统是一个可分系统。无论规模多大的物流系统，都可以分解成若干个相互联系的子系统。这些子系统的多少和层次的阶数，是随着人们对物流系统的认识和研究的深入而不断深入、不断扩充的。系统与子系统之间，子系统与子系统之间，存在着时间和空间上及资源利用方面的联系，也存在总目标、总费用及总运行结果等方面的相互联系。

根据物流系统的运行环节，可以划分为以下几个子系统：物资的包装系统、物资的装卸系统、物资的运输系统、物资的储存系统、物资的流通加工系统、物资的回收再利用系统、物资的情报系统、物流的管理系统等。

上述这些子系统构成了物流系统。物流各子系统又可进一步分成下一层次的系统。例如，运输系统可进一步分为水运系统、空运系统、铁路运输系统、公路运输系统及管道运输系统。物流子系统的组成是由物流管理目标和管理分工自成体系的。

（4）物流系统是一个动态系统。物流系统一般联系多个生产企业和用户，随需求、供应、渠道、价格的变化，系统内的要素及系统的运行也经常发生变化。物流系统受社会生产和社会需求的广泛制约，所以物流系统必须是具有环境适应能力的动态系统。为适应经常变化的社会环境，物流系统必须是灵活、可变的。当社会环境发生较大的变化时，物流系统甚至需要进行重新设计。

（5）物流系统是一个复杂系统。物流系统的运行对象——“物”，可以是全部社会物资资源，资源的多样化带来了物流系统的复杂化。物资资源品种成千上万，从事物流活动的人员队伍庞大，物流系统内的物资占用大量的流动资金，物流网点遍及城乡各地。这些人力、物力、财力资源的组织和合理利用，是一个非常复杂的问题。

在物流活动的全过程中，伴随着大量的物流信息，物流系统要通过这些信息把各个子系统有机地联系起来。收集、处理物流信息，并使之指导物流活动，亦是一项复杂的工作。

（6）物流系统是一个多目标系统。物流系统的总目标是实现其经济效益，但物流系统要素间存在非常强烈的“背反”现象，常称为“二律背反”或“效益背反”现象，要同时实现物流时间最短、服务质量最佳、物流成本最低这几个目标几乎是不可能的。例如，在储存子系统中，为保证供应、方便生产，人们会提出储存物资的大数量、多品种问题，而为了加速资金周转、减少资金占用，人们又提出降低库存。所有这些相互矛盾的问题，在物流系统中广泛存在。而物流系统又恰恰要在这些矛盾中运行，并尽可能满足人们的要求。显然要建立物流多目标函数，并在多目标中求得物流的最佳效果。复杂物流系统如图 8-3 所示。

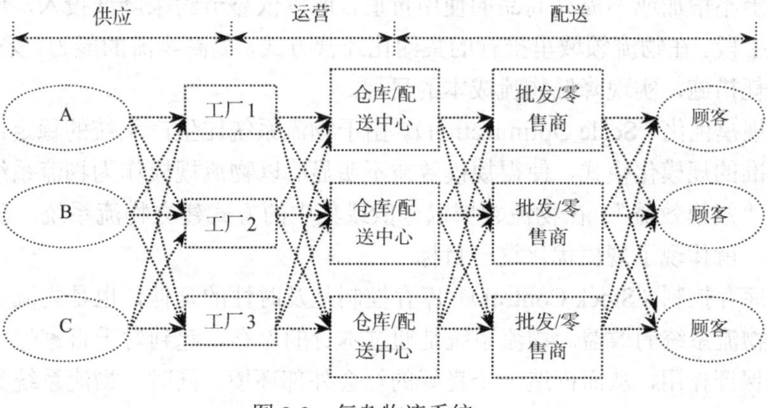

图 8-3 复杂物流系统

3. 物流系统的目标

物流系统是社会经济系统的一部分，其目标是获得宏观和微观经济效益。

物流系统的宏观经济效益是指一个物流系统作为一个子系统，对整个社会流通及国民经济效益的影响。物流系统是社会经济系统中的一部分，如果一个物流系统的建立，破坏了母系统的功能及效益，那么，这一物流系统尽管功能理想，但也是不成功的。物流系统不但对宏观的经济效益产生作用，而且还会对社会其他方面发生影响。例如，物流设施的建设还会对周边的环境带来影响。

物流系统的微观经济效益是指该系统本身在运行活动中所获得的企业效益。其直接表现形式是这一物流系统通过组织“物”的流动，实现本身所耗与所得之比。系统基本稳定运行后，主要表现在企业通过物流活动所获得的利润，或物流系统为其他系统所提供的服务上。

建立和运行物流系统时，要以两个效益为目的。具体来讲，物流系统要实现以下5个目标。

（1）服务（Service）。物流系统的本质是以用户为中心，树立用户第一的观念。其利润的本质是“让渡”性的，不一定是以“利润为中心”的系统。物流系统采取送货、配送业务，就是其服务性的表现。在技术方面，近年来出现的“准时供应方式”（JIT）、“柔性供货方式”等，也是其服务性的表现。

（2）快速、及时（Speed）。及时性是服务性的延伸，既是用户的要求，也是社会发展进步的要求。随着社会大生产的发展，对物流快速性、及时性的要求更加强烈。在物流领域采用直达运输、联合一贯运输、时间表系统等管理和技术，就是这一目标的体现。

（3）低成本（Saving）。在物流领域中除流通时间的节约外，由于流通过程消耗大而又基本上不增加或不提高商品的使用价值，所以依靠节约来降低投入，是提高相对产出的重要手段。在物流领域里推行的集约化经营方式，提高物流的能力，采取各种节约、省力、降耗措施，实现降低物流成本的目标。

（4）规模优化（Scale Optimization）。由于物流系统比生产系统的稳定性差，因而难于形成标准的规模化模式，使得规模效益不明显。以物流规模作为物流系统的目标，以此来追求“规模效益”。在物流领域以分散或集中的方式建立物流系统，研究物流集约化的程度，就体现了规模优化这一目标。

（5）库存控制（Stock Control）。库存控制是及时性的延伸，也是物流系统本身的要求，涉及物流系统的效益。物流系统是通过本身的库存，起到对千百家生产企业和消费者的需求保证作用，从而创造一个良好的社会外部环境。同时，物流系统又是国家进行资源配置的一环，系统的建立必须考虑国家进行资源配置、宏观调控的需要。在物流领域中正确确定库存方式、库存数量、库存结构、库存分布就是这一目标的体现。

要提高物流系统化的效果，就要把从生产到消费过程的货物量作为一贯流动的物流量看待，依靠缩短物流路线，缩短物流时间，使物流作业合理化、现代化，从而实现物流系统的目标。

4. 物流系统的构成要素

与一般的管理系统一样，物流系统是由人、财、物、设备、信息和任务目标等要素组成的有机整体。根据物流系统的特点，物流系统的要素可具体分为功能要素、支撑要素、物质基础要素等。

（1）物流系统的功能要素。物流系统的功能要素指的是物流系统所具有的基本能力，这些基本能力有效地组合、联结在一起，以完成物流系统的目标。一般认为物流系统的功能要素有运输、储存保管、包装、装卸搬运、流通加工、配送和物流信息。

上述功能要素中，运输及储存保管分别解决了供给者及需要者之间空间和时间的分离问题，是物流创造"空间效用"及"时间效用"的主要功能，因而在物流系统中处于主要功能要素的地位。

（2）物流系统的支撑要素。物流系统处于复杂的社会经济系统中，物流系统的建立需要有许多支撑手段，要确定物流系统的地位、协调与其他系统的关系，这些要素必不可少。物流系统的支撑要素主要包括：

1）体制、制度。物流系统的体制、制度决定物流系统的结构、组织、领导、管理方式，国家对其控制、指挥，管理方式以及系统的地位、范畴，是物流系统的重要保障。有了这个支撑条件，物流系统才能确立在国民经济中的地位。

2）法律、规章。物流系统的运行，不可避免会涉及企业或人的权益问题。法律、规章一方面是限制和规范物流系统的活动，使之与更大系统协调；另一方面是给予保障，合同的执行、权益的划分、责任的确定都需要靠法律、规章维系。

3）行政、命令。物流系统一般关系到国家军事、经济命脉，所以，行政、命令等手段也常常是支持物流系统正常运转的重要支持要素。

4）标准化系统。实施标准化保证物流环节协调运行，是物流系统与其他系统在技术上实现无缝联结的重要支撑条件。

（3）物流系统的物质基础要素。物流系统的建立和运行，需要有大量技术装备手段，这些手段的有机联系对物流系统的运行有决定意义，这些要素对实现物流和某一方面的功能也是必不可少的。

1）物流设施：包括物流站、货场、物流中心、仓库、公路、铁路、港口等。

2）物流装备：包括仓库货架、进出库设备、流通加工设备、运输设备、装卸机械等。

3）物流工具：包括包装工具、维护保养工具、办公设备等。

4）信息技术及网络：根据所需信息水平不同，包括通信设备及线路、传真设备、计算机及网络设备等。

5）组织及管理：它是物流网络的“软件”，起着联结调运、协调、指挥各要素的作用，以保障物流系统目标的实现。

5. 物流系统的组成

一般来说，物流系统主要由管理系统、作业系统和网络信息系统、输入输出环境系统几部分组成。物流系统的构成如图 8-4 所示。

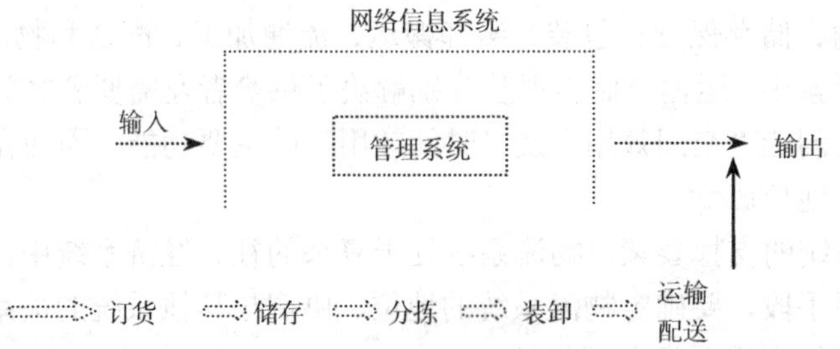

图 8-4　物流系统的构成

（1）管理系统。管理系统是指物流系统的计划、控制、协调、指挥等所组成的系统，它是整个物流系统的支柱。

管理系统具体包括：

1）物流系统的战略目标。系统战略目标主要包括服务的对象、顾客的性质与地理位置，所提供的与此相适应的物流服务。

2）物流能力。主要确定物流系统所达到的目标，既定的物流能力的大小主要取决于企业投入人、财、物的数量及管理水平等。

3）物流需求预测与创造。管理系统的另一个主要职能是要对市场进行预测分析，以掌握和了解未来客户需求物流的规模，提供相应的服务，做好物流工作。另一方面，要通过网络广泛地收集用户的需求及其要求的服务，开展促销业务，以系统的高效率、低成本和高质量的服务，创造物流需求。

4）物流过程管理。销售与存货管理、运输管理、作业过程管理、网络管理、人力资源管理、财务管理等。

（2）作业系统。作业系统是物流实物作业过程所构成的系统。物流实物作业应根据管理系统下达的信息指令来进行。作业系统主要包括货物的接收、装卸搬运、存货、运输配送等。在运输、保管、搬运、包装、流通加工等作业中使用种种先进技能和技术，并使生产据点、物流据点、输配送路线、运输手段等网络化，以提高物流活动的效率。

（3）网络信息系统。这是由接受、处理信息以及订货等所组成的系统。目前在物流应用较多的网络信息系统主要有：

1）POS 系统（销售时点管理系统），即企业收集、处理、管理物流时点上的各种物流信息和用户信息的系统。

2）VAN 系统（附加价值通信网），即利用电信通信业的线路，将不同企业的不同类型的计算机联系在一起，构成共同的信息交流中心。

3）EOS 系统（电子订货系统），即利用企业内终端电脑，依货架或台账输入欲订购的货物，经网络传递到总部物流中心或供应商，完成订购手续，并验收货物。

4）MIS（内部管理信息系统），负责货物的进、存、物流管理，并进行物流经营的辅助决策工作，如货物的自动补给系统等。

5）EDI（电子数据交换系统），即在不同的计算机应用系统之间依据标准文件格式交换商业单证信息。对于物流企业以及需要进行物流的企业来说，在互联网上进行物流单证信息的传输不仅可以节约大量的通信费用，而且也可以有效地提高工作效率。在保证订货、进货、库存、出货、配送等信息通畅的基础上，使通信据点、通信线路、通信手段网络化，提高物流作业系统的效率。

6. 物流系统化

物流系统化是指将一定范围的物流活动视为一个大系统，运用系统科学原理进行规划、设计、组织实施，从而能以最佳的结构、最好的配合，充分发挥系统功效，逐步实现物流合理化的过程。

8.2 物流系统分析概论

系统分析（System Analysis）不是一门新的学科，早在第二次世界大战期间，就和运筹学同时出现。不过直到 1950 年左右，根据有关学者的建议，由美国道格拉斯飞机公司出面组织了各方面的科学家为美国空军研究“洲际战争”计划，目的是向空军提出有关设备和技术的建议，当时称为“研究与开发（Research and Development）”计划。因为道格拉斯这个组织可以影响美国空军的计划和军事订货，为防止外界不应有的猜测和保护自身的名誉，1948 年 5 月，执行这项“研究与开发”计划的部门从道格拉斯飞机公司独立出来，正式成立兰德公司（RAND Company）。长期以来，兰德公司发展并总结了一套解决复杂问题的方法和步骤，他们称为“系统分析”。也叫兰德型的系统分析，它致力于提供重大的研究与发展计划和相应的科学依据，提供实现目标的各种方案并给出评价，供有关决策人进行决策。

8.2.1 系统分析的定义

美国学者夸德（E.S.Quade）对系统分析作了这样的说明：所谓系统分析，是通过一系列的步骤，帮助决策者选择决策方案的一种系统方法。这些步骤是：研究决策者提出的整个问题，确定目标，建立方案，并且根据各个方案的可能结果使用适当的方法（尽可能用解析的方法）去比较各个方案，以便能够依靠专家的判断能力和经验去处理问题。

综上所述，所谓系统分析，就是利用科学的分析工具和方法，分析和确定系统的目的、功能、环境、费用与效益等问题，抓住系统中需要决策的若干关键问题，根据其性质和要求，在充分调查研究和掌握可靠信息资料的基础上，确定系统目标，提出为实现目标的若干可行方案，通过模型进行仿真试验，优化分析和综合评价，最后整理出完整、正确、可行的综合资料，从而为决策提供充分依据。

在模型运用的方法方面，为了达到目的可以灵活运用任何一个分科中的方法。由此也可看出系统分析不像运筹学那样是技术方法的集合，它是对问题的一种接近法。由于帮助决策者进行决策是系统分析的任务，所以对决策过程中人的行为的理解是理解这种分析的关键。

从以上的定义可以看出，系统分析的根本目的在于提出并比较各种方案的技术经济指标，形成最优方案，为决策提供依据。系统分析流程如图8-5所示。

图8-5　系统分析流程

8.2.2 物流系统分析的基本概念及主要内容

1．物流系统分析的含义

物流系统分析是指在一定时间、空间里，对其所从事的物流活动和过程作为一个整体来处理，以系统的观点、系统工程的理论和方法进行分析研究，以实现其空间和时间的经济效应。

如前所述，物流系统是由运输、储存、装卸、搬运、包装、配送、流通加工、信息处理等各环节所组成的，它们也称为物流的子系统。作为系统的输入是运输、储存、搬运、装卸、包装、物流信息、流通加工等环节所消耗的劳务、设备、材料等资源，经过物流系统的处理转化，以物流服务的方式输出系统。整体优化的目的就是要使输入最少，即物流成本最低，消耗的资源最少，而作为输出的物流服务效果最佳。

2. 物流系统分析的原则

一个物流系统由许多要素组成，要素之间相互作用，物流系统与环境互相影响，这些问题涉及面广而又错综复杂，因此进行物流系统分析时，应认真考虑以下一些原则：

（1）物流系统内部与物流系统环境相结合。一个企业的经营管理物流系统，不仅受到企业内部各种因素如企业生产规模、产品技术特征、员工文化技术水平、管理制度与管理组织等的作用，而且还受到社会经济动向及市场状况等环境因素的影响。

（2）局部效益与整体效益相结合。在分析物流系统时常常会发现，物流子系统的效益与物流系统整体的效益并不总是一致的。有时从物流子系统的局部效益来看是经济的，但物流系统的整体效益并不理想，这种方案是不可取的；反之，如果从物流子系统的局部效益看是不经济的，但物流系统的整体效益是好的，这种方案是可取的。

（3）当前利益与长远利益相结合。在进行方案的优选时，既要考虑当前利益，又要考虑长远利益。如果所采用的方案，对当前和长远都有利，这样当然最为理想。但如果方案对当前不利，而对长远有利，此时要通过全面分析后再作结论。一般来说，只有兼顾当前利益和长远利益的物流系统才是好物流系统。

（4）定量分析与定性分析相结合。物流系统分析不仅要进行定量分析，而且要进行定性分析。物流系统分析总是遵循“定性—定量—定性”这一循环往复的过程，不了解物流系统各个方面的性质，就不可能建立起探讨物流系统定量关系的数学模型。只有将定性和定量二者结合起来综合分析，才能达到优化的目的。

3. 物流系统分析的实质与要点

物流系统分析是一种决策工具，目的是为决策者提供直接判断，设计最优化的物流系统。

物流系统分析把任何研究对象均视为系统，以系统的整体最优化为工作目标，并力求建立数量化的目标函数。强调科学的推理步骤，使所研究物流系统中各种问题的分析均能符合逻辑的原则和事物的发展规律，而不是凭主观臆断和单纯经验。

应用数学的基本知识和优化理论，从而使各种替代方案的比较，不仅有定性的描述，而且基本上都能以数字显示其差异。至于非计量的有关因素，则运用直觉、判断及经验加以考虑和衡量。

通过物流系统分析，使得待开发物流系统在一定的条件下充分挖掘潜力，做到人尽其才，物尽其用。

系统分析是通过对现有系统的调查和分析，以确定新系统的目标的极为重要的阶段，是系统设计的技术前导。系统分析首先要对现有系统进行详细调查，包括调查现有系统的工作方法、业务流程、信息数量和频率、各业务部门之间的相互联系，在对现有系统从时间和空间上对信息的状态作详细调查基础上，分析现有系统的优缺点，并了解其功能。一般来说，对物流系统分析需要回答下面几个问题：

（1）为什么要进行这项工作？

（2）进行该项工作能增加什么价值？

（3）为什么要按照现有程序进行该项工作？

（4）为了提高效率，能否改变作业步骤的次序？

（5）为什么要有某一个小组或个人来完成这些工作？

（6）还有更好的系统运行方式吗？

可把上述内容归纳成解决问题的6W，即What, Why, When, Who, Where和How。例如，假设接受了某个物流系统的开发项目，那么接下来就必须设定问题，如果拟出下列疑问句自问自答，就容易抓住问题的要点。

（1）项目的对象是什么，即要干什么？（What）

（2）这个项目何以需要，即为什么这样子？（Why）

（3）它在什么时候和在什么样的情况下使用，即何时干？（When）

（4）使用的场所在哪里，即在何处干？（Where）

（5）是以谁为对象的物流系统，即谁来干？（Who）

（6）怎样做才能解决问题，即如何干？（How）

对物流系统的分析设计可以由企业专职的系统分析设计师完成，但更多的企业乐于采用借助外部咨询机构。

4．物流系统分析的应用范围

物流系统分析贯穿于从系统构思、技术开发到制造安装、运输的全过程，其重点放在物流系统发展规划和系统设计阶段。具体包括：指定系统规划方案；生产力布局：厂址选择、库址选择、物流网点的设置、交通运输网络设置等；工厂内（或库内、货场内）的合理布局；库存管理，对原材料、在制品、产成品进行数量控制；成本（费用）控制等。

5．物流系统分析的要素

物流系统分析的因素很多，根据 RAND 型系统分析代表人物之一——稀奇的思想，物流系统分析必须把握以下几点：

（1）明确期望达到的目的和目标。

（2）确定达到预期目标所需要的设备、技术条件和资源条件。

（3）计算和估计各种可行方案所需要的资源、费用和产生的效益。

（4）建立各种替代方案的模型。

（5）建立一定的优化判别准则。

根据上面的思想，可以概括总结出物流系统分析的五个基本要素，即目的、可行方案、模型、费用和效益、评价基准。

6．物流系统分析的内容

（1）物流系统组织结构的分析。组织是一切经营活动的载体，也是为规范和协调物流业务活动及相关参与主体利益冲突进行规制安排的一种形式，有效的和有效率的物流组织是物流系统管理中至关重要的因素。

随着供应链竞争时代的到来，在物流业务活动已经越来越多地突破了传统的企业边界，参与主体日趋多元化和复杂化的同时，许多企业或供应链物流系统却常常缺乏统一、合理、跨企业的物流组织安排，导致有关物流业务参与主体及相关活动陷于职能混乱与利益冲突中。显然，如何围绕企业或供应链竞争力的改善，通过有效的物流组织战略重构过程，合理划分物流业务职能，实现物流资源的有效整合，已成为当前营销供应链物流管理战略过程面临的核心问题之一。

（2）物流系统网络结构的分析。物流网络，即物流系统的空间网络结构，是指物流系统（物流企业或组织）构造和组织的与经营有关的物流节点、物流线路的空间网络结构。

物流网络的设计以顾客服务水平、选址决策、库存规划、运输管理四个主要规划项目为基础。顾客服务水平包括产品的可得性、产品的交货周期、收到产品的状况等。选址决策与供应和需求的分配有关。库存规划包括建立适当的库存水准和库存补充计划。运输管理涉及运输方式选择、运输路线选择、车辆时间安排、货物拼装等。这四个方面相互联系，为了获得最大效益必须对它们进行综合考虑。

物流网络分析的主要任务是确定货物从供应地到需求地整个流通渠道的结构。包括决定物流节点的类型，确定物流节点的数量和位置；分派各物流节点服务的客户群体，确定各物流节点间的运输方式等。

（3）物流信息系统的分析。物流系统是由多个子系统组成的复杂系统，物流信息系统成为各个子系统沟通的关键，在物流活动中起着中枢神经系统的作用。有效的物流信息管理使这些物流子系统成为一个有机整体。物流信息系统分析的主要任务有：

1）确定建立物流信息系统的目的，把握要解决的问题。

2）进行系统的需求分析，建立系统的功能模型和信息模型，设计系统的总体结构和功能，进行系统的软件、硬件、网络、组织机构配置及制定项目管理计划，对项目所需全部经费进行分析，并进行预期效益分析。

3）进行系统的概要设计和详细设计。

4）进行系统的实现、运行与维护。

（4）物流系统绩效评估。有效的物流绩效评估与控制，对物流系统内资源的合理配置与优化具有十分重要的意义。作为绩效管理在物流领域的延伸和发展，物流绩效管理强调的是持续追踪与评价物流系统计划绩效目标达成的程度，从而确认改善系统绩效的各项机会，其实质是对现代企业物流业务或服务能力的竞争力、发展力的综合衡量。

物流系统绩效评估的主要任务有：确定物流系统绩效评估的内容和程序；建立物流系统绩效评估的指标体系；选择物流系统绩效评估的评价模型；分析评估的结果；制定物流系统管理改进的方案与计划。

7．物流系统模式分析

（1）物流系统的典型模式（见图 8-6）。

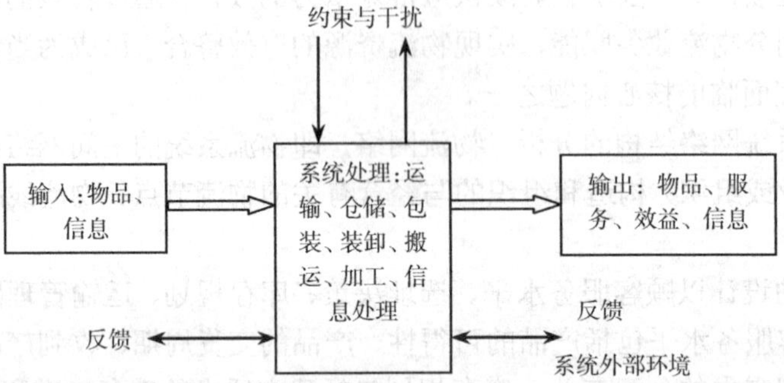

图 8-6　物流系统的典型模式

1）物流系统的环境。它是指物流系统所处的更大的系统，是物流系统模式中不可缺少的组成部分，是物流系统转换处理面对的外部条件。物流系统与其环境之间的相互作用具体表现为物流系统的输入、输出、约束和干扰。物流系统所处的环境变化主要表现为：消费者行为的个性化和多样化，生产经营的零库存，物流装备的自动化和物流管理的信息化等。这些变化导致物流系统呈现出多品种化、零星化、高频率化、快速交货等趋势。

2）物流系统的输入与输出。输入是外部环境对物流系统的直接输入，包括物品和信息，这是物流系统处理的对象。物流系统的输出，是物流系统对环境的直接输出，也是物品和信息。但是输出的物品和信息是通过物流系统的转换处理的，对输入的物品/信息赋予了空间效用、时间效用和形质效用，即是体现物流服务的物品/信息，不同于输入的物品/信息。它是物流系统转换处理的结果。

3）物流系统的约束、干扰和反馈。约束是环境对物流系统的间接输入，包括人力、物力、信息、能源以及政治、经济、文化、地理、气候等软、硬件条件。它们是物流系统处理的条件，是系统情愿或不情愿都必须接受的外部条件，是对系统的约束条件。系统的干扰是一种偶然的约束，也是一种间接的、强迫性的输入。反馈主要是信息的反馈，存在于输入过程和输出过程中，在约束或干扰中也有。信息反馈一般都是系统和环境之间的信息反馈。

4）物流系统的转换处理。指物流系统本身的转化处理过程，即把输入的物品、信息转化为输出的物品、信息的过程。其基本原理就是通过运输、储存、包装、装卸、搬运、加工或信息等各种物流作业对输入的物品/信息赋予空间效用、时间效用或形质效用，使之变成顾客所需的物品或信息，并且对环境进行输出。

（2）典型物流系统模式分析。

1）供应物流系统模式。供应物流系统包括选择供货单位、收货单位、仓库、运输通道、物流信息等，涉及的内容包括咨询、协调价格及供货条件、选择运输方式、选择运输经营者、验货标准、仓储供应等物流业务范围。

供应物流系统设计需要考虑供应商与生产商之间的关系。

供应物流系统形成主要考虑这些因素：包括供货对象、供货品种、供货数量、供货渠道、供货频数、供货成本等在内的供应物流链设计；供货仓库规划与布局；运输方式与工具；供货信息发布；包装标准化；供应物流服务项目设计与实现；装卸搬运设备；供货系统运行机制；供应物流经营费用；物流信息网及支持技术。

2）生产物流系统模式。生产物流系统包括厂址选择、土地、设备、资金、信息、产品等要素在内，涉及原材料、外协件采购，经过生产车间加工、装配、成品检验、入库到销售这样一个综合的物流过程。

生产物流系统的设计考虑的主要内容有：满足原材料、外协件品种与数量的供应；运输车辆的车型、数量设置；仓库、仓储面积、货架布局；装卸搬运车辆的配置；车间之间及内部各工作地之间物流环节、距离等的设计，物流进出方便；生产均衡性的保障；传输设施设备、作业机械化；安全生产的需要；制品质量保障；经营费用及信息集成管理技术等。

3）销售物流系统模式。销售物流系统一般包括物流节点的选择；商品的采购、运输、验收、储存；流通加工、包装、装卸搬运；分拣、备货、配送服务，一直到零售商店或消费者手中的物流过程。

销售物流系统的设计主要考虑这些因素：商品仓库的选址、仓库规模的设计、仓库的结构与布局、固定设施的设置；分拣自动化、仓库服务系统、仓库保安系统；库存控制与配送、运输配送车辆的配置；包装标准化、装卸搬运机械化；销售渠道设计、构筑与主要用户的长期关系；经营费用；销售信息网络；商流、信息流与物流计算机集成管理技术等。销售物流系统的形成，还要考虑到这些因素之间的配套与协调动作等问题。

8.3 物流系统分析方法

8.3.1 物流系统分析常用的理论及方法

1. 数学规划法（运筹学）

它是一种对系统进行统筹规划，寻求最优方案的数学方法。其具体理论与方法包括线性规划、动态规划、排队论和库存论等。线性规划、动态规划和库存论等是解决物流系统中物料储存的时间与数量的工具。

2. 统筹法（网络分析法）

运用网络来统筹安排，合理规划系统的各个环节。它用网络图来描述活动流程的线路，把事件作为节点。在保证关键线路的前提下，安排其他活动，调整相互关系，以保证按期完成整个计划。

3. 系统优化法

在一定约束条件下，求出使目标函数最优的解。物流系统包括许多参数，这些参数相互制约，互为条件，同时受外界环境的影响。系统优化研究，在不可控参数变化时，根据系统的目标，来确定可控参数的值，使系统达到最优状态。

4. 系统仿真法

系统仿真是指利用模型对实际系统进行实验研究。

上述方法各有特点，在实际中都得到广泛的应用，其中系统仿真技术是近年来应用最为普遍的。系统仿真技术的发展及应用依赖于计算机软硬件技术的飞速发展。随着计算机科学与技术的巨大发展，系统仿真技术的研究也不断完善，应用不断扩大。

5. 系统分析与技术经济分析

系统分析也不同于一般的技术经济分析，它必须从系统的总体最优设计思想出发，采用各种分析工具和方法，对系统进行定性的和定量的分析。它不仅分析技术经济方面的有关问题，而且还分析包括政策方面、组织体制方面、信息方面、物流方面等各个方面的问题。

6. 系统分析与运筹学比较

表 8-1 从目的、性质和方法等方面对系统分析和运筹学进行了比较。

表 8-1 系统分析与运筹学的比较

	运 筹 学	系统分析
目的	为决策者选择最优决策提供定量依据	帮助决策者对所要决策的问题逐步提高清晰度
性质	是一门应用学科，广泛应用现有的科学技术和数学方法，从方法、战术的角度解决实际中提出的专门问题	不但可应用于多层次大规模的复杂系统，而且要考虑以人为中心的系统行为，强调从战略角度研究系统的整体结构和行为过程
方法	主要有各种规划方法、图、图论、排队论、存储论、对策论及决策论等相关方法	采用系统的观点和方法，用定性和定量工具，对所研究的问题进行系统结构和系统状态的分析，提出各种可行方案和替代方案，并进行比较、评价和协调

8.3.2 物流系统分析的步骤

根据霍尔的系统工程的三维结构图，将其进一步明确化，可以建立物流系统分析的基本步骤，如图 8-7 所示。

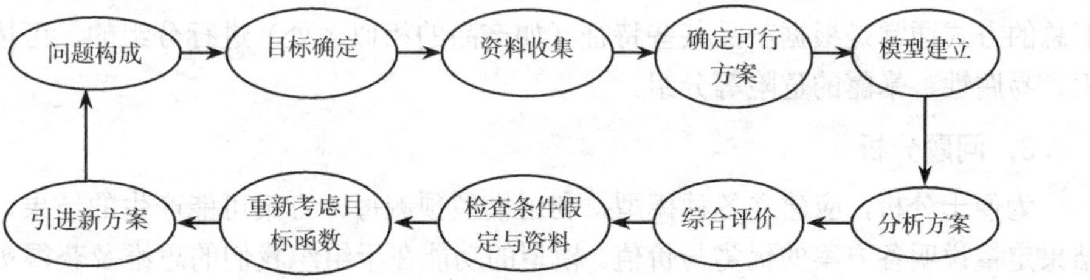

图 8-7 物流系统分析的基本步骤

1. 问题构成与目标确定

当一个研究分析的问题确定以后，首先要将问题作有物流系统与合乎逻辑的叙述，其目的在于确定目标，说明问题的重点与范围，以便进行分析研究。

定义问题对以后的系统设计是至关重要的，所以必须了解问题的表面现象和问题实质之间的区别。第一阶段包括准确建立新系统的预期目标、企业运营规则、约束、选择最优系统的标准等。首先要定义整个物流系统的产品，这样才能有针对性地分析问题。定义问题的一些关键要素：

（1）问题定义的详细程度。考虑完整的系统还是考虑系统的一部分？解决这个问题依据的是资源可得性、物流网络规模、物流系统各组分相对重要性、系统费用、系统整合程度。

（2）系统目标。公司必须建立商业目标以便对物流系统进行有效的设计和开发，商业目标影响物流策略的类型，它反过来又决定了物流网络的设计和它的组成部分。比较常用的三种商业目标有总资金成本最小、运行成本最小以及顾客服务最好。

（3）物流产品。恰当地理解物流产品是非常关键的，它是通过物流这种渠道流动的商品。产品的各种特性直接影响物流系统的类型

2．收集资料与探索可行方案

在问题构成之后，就要拟订大纲和决定分析方法，然后依据已收集的有关资料找出其中的相互关系，寻求解决问题的各种可行方案。

包括确定数据需求、数据来源，分析可得到数据的充分性和正确性、数据聚类，建立收集辅助数据的方法，对得不到的数据进行估计取得。

（1）数据需求和来源分析。数据需求依赖于工程项目的性质，数据来源则根据数据需求而定。

（2）数据的充分性、正确性分析。比较不同数据来源的同一数据也有助于证实数据的准确性。

（3）数据汇总与分析。数据汇总的目的是有助于使较复杂庞大的问题简单化。数据汇总的方式通常是根据产品某些特征（如产品的相似之处）进行分组的，可按重量、体积、易腐性、暴露的危险等分组。

3．问题分析

为便于分析，应建立各种模型，利用模型预测每一方案可能产生的结果，并根据其结果定量说明各方案的优劣与价值。模型的功能在于组织我们的思维及获得实际问题所需的指示或线索。模型充其量只是现实过程的近似描述，如果它说明了所研究的物流系统的主要特征，就算是一个满意的模型。

分析的目标就是开发替代方案或选择符合期望标准的最优设计或替代方案。分析工具也从简单的电子数据表格到复杂的运筹学等方法，这些在物流系统分析中经常采用。

4．综合评价

利用模型和其他资料所获得的结果，将各种方案进行定量和定性的综合分析，显示出每一项方案的利弊得失和成本效益，同时考虑各种有关的无形因素，如政治、经济、军事、理论等，将所有因素加以合并考虑并研究，获得综合结论，以指示行动方针。

5．系统实施

准确适时地进行系统实施是任何一个新的物流系统成功的关键。

系统成功实施有两个主要步骤：

（1）系统有效性和系统性能对输入的灵敏度分析。

（2）系统方案设计的有效性包括证明系统的输入是否具有直观性。这个过程可采用

专家意见来评价输出结果。系统分析的结果也可以与其他相似的系统进行比较。

灵敏度分析对系统性能的优劣是至关重要的。系统输入有微小变化时，系统输出变化也不应太大。因为在现实中输入值是相对准确的，而不是很精确的，这就要求设计一个有效的实验方案来进行灵敏度分析。

系统实施中另一项重要工作是进行用户培训和系统测试及把系统移交给用户。

6．物流系统分析中需注意的问题

凡需用作物流系统分析的问题，常常是十分迫切而复杂的问题，决策者往往急于获得答案，这种环境因素往往会影响物流系统分析者的判断，导致种种错误。主要有以下几方面：

（1）忽视明确问题。分析往往是从问题的构成开始，最大的疏忽常常是对这一阶段的工作没有给予应有的重视，以至于还没有弄清究竟是什么问题，就急于分析，当然也难以得出正确的结论。

（2）过早得出结论。物流系统分析是一个反复优化的过程，仅仅进行一次循环就得出结论和建议，往往有失全面、以偏赅全。

（3）过分重视模型而忽视问题本身。物流系统分析者往往热衷于模型与计算以及诸多数量关系，不恰当地扩大了模型的作用，反而忽视了问题本身，造成分析结果对解决问题帮助不大。

（4）抓不住重点。分析者往往希望建立一个能面面俱到的模型，从而使模型变得越来越复杂，以至于过分注意细节，反而忽略了问题的重点所在，捡了芝麻丢了西瓜。

（5）误用模型。任何一种模型，都有其一定的假定、前提、适用范围，只有在这种条件下，得出的结论才有效，超越了假定条件和范围，将失去其相应的意义和价值。

（6）忽略了主观因素。分析人员往往集中注意数量化的分析结论，而忽视了非计量的因素和主观的判断，从而可能导致未曾想到的损失。

（7）物流系统的范围选取不当。如果物流系统选得过窄，则不能适当地同外部因素隔开，需要人为隔开以致忽视重要的控制变量与干扰因素。如果物流系统选得过宽，则不能在规定的期限和经费限额内进行适当的研究。

（8）数据有误。由于样本不足，造成以点代面；由于考察对象选择错误，使得收集的数据失误；由于分析有错，在错误的思想指导下所得数据必不真实。

物流系统分析虽然对制定决策有很大的助益，但是它不能完全代替想象力、经验和判断力。

物流系统分析最重要的价值在于它能解决问题的容易部分，这样决策者就可集中其判断力，来解决较难的问题。

物流系统分析基本上是以经济学的方法来解决问题，虽然其中所包括的经济学原理相当简单，但要用之解决实际问题，则必须具备有相当的经济学知识。

对任何问题，通常均有不同的解决方案，应用物流系统分析研究问题时，应首先对各种解决问题的方案计算出全部费用，然后再进行比较。直接费用最少的方案，不一定就是最佳的选择，因为选择最佳方案的着眼点，不在“省钱”而可能在“总体”有效。

8.3.3 物流系统优化的基本原则

对于大多数的企业来说，物流系统优化是其降低供应链运营总成本的最显著的商机所在。但是，物流系统优化过程不仅要投入大量的资源，而且是一个需要付出巨大努力，克服困难和精心管理的过程。

美国领先的货运计划解决方案供应商 Velant 公司的总裁和 CEO Don Ratliff 博士集 30 余年为企业提供货运决策优化解决方案的经验，在 2002 年美国物流管理协会（CLM）年会上提出了“物流优化的 10 项基本原则”，并认为通过物流决策和运营过程的优化，企业可以获得降低物流成本 10%～40%的商业机会。这种成本的节约必然转化为企业投资回报率的提高。

（1）目标（Objectives）。设定的目标必须是定量的和可测评的。制定目标是确定预期愿望的一种方法。要优化某个事情或过程，就必须确定怎样才能知道目标对象已经被优化了。使用定量的目标，计算机就可以判断一个物流计划是否比另一个更好。企业管理层就可以知道优化的过程是否能够提供一个可接受的投资回报率。

（2）模型（Models）。模型必须忠实地反映实际的物流过程。建立模型是把物流运营要求和限制条件翻译成计算机能够理解和处理的某种东西的方法。例如，需要一个模型来反映货物是如何通过组合装上卡车的。一个非常简单的模型，诸如发货的总重量或总体积就能够忠实地反映某些货物的装载要求，如大宗液体货物。

（3）数据（Data）。数据必须准确、及时和全面。数据驱动了物流系统的优化过程。如果数据不准确，或有关数据不能够及时地输入系统优化模型，则由此产生的物流方案就是值得怀疑的。对必须产生可操作的物流方案的物流优化过程来说，数据也必须全面和充分。

（4）集成（Integration）。系统集成必须全面支持数据的自动传递。因为对物流系统优化来说，要同时考虑大量的数据，所以，系统的集成是非常重要的。例如，要优化每天从仓库向门店送货的过程就需要考虑订货、客户、卡车、驾驶员和道路条件等数据。人工输入数据的方法，哪怕是只输入很少量的数据，也会由于太花时间和太容易出错而不能对系统优化形成支持。

（5）表述（Delivery）。系统优化方案必须以一种便于执行、管理和控制的形式来表述。由物流优化技术给出的解决方案，除非现场操作人员能够执行，管理人员能够确认预期的投资回报已经实现，否则就是不成功的。现场操作要求指令简单明了，要容易理解和执行。管理人员则要求有关优化方案及其实施效果在时间和资产利用等方面的关键标杆信息更综合、更集中。

（6）算法（Algorithms）。算法必须灵活地利用独特的问题结构。不同物流优化技术之间最大的差别就在于算法的不同（借助于计算机的过程处理方法通常能够找到最佳物流方案）。关于物流问题的一个无可辩驳的事实是每一种物流优化技术都具有某种特点。为了在合理的时间段内给出物流优化解决方案，就必须借助于优化的算法来进一步开发优化技术。

（7）计算（Computing）。计算平台必须具有足够的容量在可接受的时间段内给出优化方案。因为任何一个现实的物流问题都存在着大量可能的解决方案，所以，任何一个具有一定规模的问题都需要相当的计算能力支持。这样的计算能力应该使得优化技术既能够找到最佳物流方案，也能够在合理的时间内给出最佳方案。

（8）人员（People）。负责物流系统优化的人员必须具备支持建模、数据收集和优化方案所需的领导和技术专长。如果缺乏具有适当技术专长和领导经验的人的组织管理，复杂的数据模型和软件系统要正常运行并获得必要的支持是不可能的。没有他们的大量工作，物流优化系统就难以达到预期的目标。

（9）过程（Process）。商务过程必须支持优化并具有持续的改进能力。物流优化需要应对大量在运营过程中出现的问题。物流目标、规则和过程的改变是系统的常态。所以，不仅要求系统化的数据监测方法、模型结构和算法等能够适应变化，而且要求他们能够捕捉机遇并促使系统变革。如果不能在实际的商务运行过程中对物流优化技术实施监测、支持和持续的改进，就必然导致优化技术的潜力不能获得充分的发挥，或者只能使其成为“摆设”。

（10）回报（ROI）。投资回报必须是可以证实的，必须考虑技术、人员和操作的总成本。物流系统优化从来就不是免费的午餐。它要求大量的技术和人力资源投入。要证实物流系统优化的投资回报率，必须把握两件事情：一是诚实地估计全部的优化成本；二是将优化技术给出的解决方案逐条与标杆替代方案进行比较。

在计算回报的时候，要确定物流优化技术系统的使用效果，必须做三件事：一是在实施优化方案之前根据关键绩效指标（Key Performance Indicators，KPI）测定基准状态；二是将实施物流优化技术解决方案以后的结果与基准状态进行比较：三是对物流优化技术系统的绩效进行定期的评审。

全球视野

青岛啤酒的物流系统目标

青岛啤酒企业集团于1998年第一季度，提出了以“新鲜度管理”为系统目标的物流管理系统思路，开始建立新的物流管理系统。当时青岛啤酒的年产量不过30多万吨，但是库存就高达1/10，维持在3万吨左右。

这么高的库存，引发了几个问题：① 占压了相当大的流动资金，资金运作的效率低。② 需要有相当数量的仓库来储存这么多的库存。当时的仓库面积有7万多平方米。③ 库存数量大，库存分散。导致经常出现局部仓库爆满、局部仓库空闲的问题，同时没有办法完全实现先进先出，使一部分啤酒储存期过长，新鲜度下降甚至变质。

青岛啤酒集团并没有把压缩库存作为物流系统的直接目标，而是把“新鲜度管理”作为物流系统的直接目标。这个目标的提出，不但能够解决库存降低、流动资金降低、损耗降低的目的，更重要的是面向消费者的实际需要，在实现消费者满意的新鲜度目标的同时，达到解决库存问题的目的。

新鲜度管理的物流系统目标提出：“让青岛人民喝上当周酒，让全国人民喝上当月酒”。实施方法是：以提高供应链运行效率为目标的物流管理改革，建立集团与各销售点物流、信息流和资金流全部有计算机网络管理的快速信息通道和智能化配送系统。

他们首先成立了仓储调度中心，重新规划全国的分销系统和仓储活动，实现统一管理和控制。由提供单一的仓储服务，到进行市场区域分布、流通时间等全面的调整、平衡和控制，成立独立的法人资格的物流有限公司，以保证按规定的要求，以最短时间、最少环节和最经济的运行方式将产品送至目的地。这样，就实现了全国的订货，产品从生产厂直接运往港、站；省内的订货，从生产厂直接运到客户仓库。同时对仓储的存量规定做了大幅度压缩，规定了存量的上限和下限，上限为12 000吨，低于下限发出要货指令，高于上限不再安排生产，这样使仓库成为生产调度的“平衡器”。

企业案例

海尔物流系统的建立

作为世界著名的家电跨国企业，海尔的产品每天要通过全球5.8万个营销网点，销往世界160多个国家和地区，每月采购26万种物料、制造1万多种产品，每月接到6万个销售订单。对于海尔集团来说，高效率的现代物流系统就意味着企业内部运作的生命线，为此海尔开始了与SAP的合作。

根据海尔的实际情况，SAP 先与其合作伙伴 EDS 为海尔物流本部完成了家用空调事业部的 MM（物料管理）模块和 WM（仓库管理）模块的硬件实施。2000 年 3 月开始为海尔设计实施基于协同化电子商务解决方案 my SAP.com 的 BBP（电子采购平台）项目。经过双方 7 个月的艰苦工作，使 my SAP.com 系统下的 MM（物料管理）、PP（生产计划与控制）、FI（财务管理）和 BBP（电子采购平台）正式上线运营。

至此，海尔的后台 ERP 系统已经覆盖了整个集团原材料的集中采购、原材料库存及立体仓库的管理与 19 个事业部 PP 模块中的生产计划、事业部生产线上工位的原材料配送、事业部成品下线的原材料消耗以及物流本部零部件采购公司的财务等业务，构建了海尔集团的内部供应链。由于海尔物流管理系统的成功实施和完善，构建和理顺了企业内部的供应链，为海尔集团带来了显著的经济效益：采购成本大幅降低，仓储面积减少一半，降低库存资金约 7 亿元，库存资金周转日期从 30 天降低到了 12 天以下。

问题：

结合书本内容，试思考海尔物流系统的特点，以及海尔物流管理系统给我们带来哪些效益？

复习思考题

1. 什么是系统？
2. 怎么理解物流系统？
3. 物流系统分析的含义及目的是什么？
4. 什么是物流系统的“效益背反”现象？
5. 物流系统分析主要有哪些内容？
6. 物流系统的目标是什么？
7. 为什么要进行物流系统评价？
8. 物流系统的构成要素有哪些？
9. 物流系统分析常用的理论及方法有哪些？
10. 物流系统优化应遵循哪些原则？

本章小结

所谓系统，是由若干个相互区别、相互依赖和相互制约的要素，为了一个共同的目标组成的，具有特定功能的有机整体。每个要素可以称为一个子系统，它又可以分成更小的子系统。系统本身又是更大系统的组成部分。

物流系统是指在一定的时间和空间里，由所需位移的物资、物流设施、物流设备、人员和通信联系等若干相互制约的动态要素所构成的，以完成物流活动为目的，具有特定功能的有机整体。一般来说，物流系统主要由环境、输入、输出、处理、反馈等方面构成。

物流系统是社会经济系统的一部分，其目标是获得宏观和微观经济效益。建立和运行物流系统时，要以两个效益为目的。具体来讲，物流系统要实现以下5个目标：服务快速及时、低成本、规模优化、库存控制。要提高物流系统化的效果，就要把从生产到消费过程的货物量作为一贯流动的物流量看待，依靠缩短物流路线、缩短物流时间，使物流作业合理化、现代化，从而实现物流系统的目标。

物流系统分析是指在一定时间、空间里，对其所从事的物流活动和过程作为一个整体来处理，以系统的观点、系统工程的理论和方法进行分析研究，以实现其空间和时间的经济效应。物流系统分析主要内容：① 物流系统组织结构的分析；② 物流系统网络结构的分析；③ 物流信息系统的分析；④ 物流系统绩效评估。

物流系统评价强调的是持续追踪与评价物流系统计划目标达到的程度，从而确认改善物流系统的各项机会，其利用模型和其他资料所获得的结果，将各种方案进行定量和定性的综合分析，显示出每项方案的利弊得失和成本效益，同时考虑到各种有关的无形因素，如政治、经济、军事、理论等，将所有因素加以合并考虑并研究，获得综合结论，以指示行动方针。

第9章

国际物流管理

本章学习目标

- 了解国际物流的分类和特点；
- 理解国际物流和国际贸易的区别与联系；
- 理解国际物流系统的组成；
- 掌握国际物流主要业务的内容；
- 理解国际货运代理的性质；
- 熟悉国际货运代理业务的内容。

引导案例

一场全球采购盛会正在中国东北中部的吉林省长春市上演。6日，包括美国沃尔玛、法国家乐福、德国麦德龙三大采购巨头在内的23个国家、200多家大型采购商相聚第八届中国吉林·东北亚投资贸易博览会，与这里的近2 000户中国商家签订采购协议。

此次采购商大会还吸引了韩国最大连锁超市乐天玛特、泰国大型连锁超市卜蜂莲花、香港大型连锁超市华润万家、台湾大润发等多家境外知名零售企业，采购的商品涉及机械制造、光电子、石油化工、新能源、新材料及轻工食品、服装纺织、五金工具、建筑材料等产品。

"举办国际采购商大会，就是为大力宣传、推介东北地区的名优产品，搭建起东北三省间的对接交易平台。"吉林省商务厅厅长王甫轶说，此外，朝鲜、蒙古和俄罗斯的资源型产品，日本、韩国的高新技术产品，中国的劳动密集型产品相互之间具有很强的互补性，"搭建这样一个东北亚各国间的特色产品交易平台，不仅可以顺应各国贸易往来的需要，更有利于加深国家间的双边与多边合作"。

资料来源：马扬何悦．全球采购巨头紧盯中国东北市场．新华网，2012.9.6.

9.1 国际物流管理概述

9.1.1 国际物流管理定义和分类

1. 国际物流的定义

国际物流（International Logistics，IL）是应国际贸易的需要而发生在不同国家之间的物流，具体是指当生产和消费分别在两个或两个以上的国家（或地区）独立进行时，为了克服生产和消费之间的空间距离和时间隔离，对物资（商品）进行物理性移动的一项国际商品贸易或交流活动，从而完成国际商品交易的最终目的。国际物流属于宏观物流，是国内物流的延伸和进一步扩展。

国际物流的实质是按照国际分工协作的原则，其总目标是为国际贸易和跨国经营服务，使各国物流系统相互“接轨”，即选择最佳的方式和路径，以最低的费用和最小的风险，保质、保量、适时地将货物从某国的供方运到另一国的需方，使国际物流系统整体效益最大。

对国际物流的理解分为广义和狭义两个方面。广义的国际物流是指各种形式的物资在国与国之间的流入和流出，包括进出口商品、转运物资、过境物资、捐赠物资、援助物资、加工装配所需物料等在国与国之间的流动。狭义的国际物流是指与另一国进出口贸易相关的物流活动，包括货物集运、分拨配送、包装、仓储、装卸、流通加工、报关、保险等。

2. 国际物流的分类

（1）按货物的流向分类。根据货物在国与国之间的流动方向分类可分为进口物流和出口物流。当国际物流服务于一国的货物进口时，为进口物流；反之，为出口物流。各国在物流进出口政策上各不相同，因此进口物流与出口物流相比，既有交叉的业务环节，也存在不同的业务环节，需要区别对待。

（2）按货物流动关税区域分类。根据货物流动关税区域的不同，国际物流可分为国家间的物流和经济区域间的物流。

为了提升区域内经贸交流及保护区域内的经贸伙伴，全球各主要贸易区域纷纷达成区域内经贸协议。区域经济的发展是当今世界经济发展的一大特征。如欧洲经济共同体国家属于同一关税区，其成员国之间物流运作与欧洲经济共同体成员国与其他国家或经济区域之间的物流运作在方式和环节上都有很大的差异。

（3）按跨国运输方式分类。根据不同的运输方式，国际物流可分为国际陆运物流、国际海运物流、国际空运物流、国际管道运输和国际联运物流。不同的运输方式的内容如表 9-1 所示。

表 9-1 不同的运输方式的内容

形 式	内 容	运输工具
陆路运输	陆地相邻国家，通常采取陆路运送货物的方式	火车、卡车
海路运输	国际贸易大部分是通过海上运送完成的，尤其矿石类等量大不易变质的货物	各种船舶
航空运输	时效性强、贵重和数量少的货物	专门的运输机或普通客机
管道运输	借助高压气泵的压力将管道内的货物输送到目的地的一种运输方式，输送的介质已由常见的石油、天然气延伸到煤炭、矿石等	管道
多式联运	至少两种不同的运输工具参与的运输方式	常见的有海陆联运

海洋运输是国际货物运输的主要运输方式，海运量在国际货物运输总量中占 80%以上。海洋运输之所以被如此广泛采用，是因为它与其他国际货物运输方式相比，具有通过能力大、运量大、运费低等优点。内河运输作为水上运输的重要组成部分，是连接内陆腹地与沿海地区的纽带，在进出口货物的运输和集散中起着重要的作用。

铁路运输一般不受气候条件的影响，可保障全年的正常运输，而且运量较大，速度较快，有高度的连续性，运转过程中可能遭遇的风险也较小。在国际货物运输中，铁路运输是仅次于海洋运输的主要运输方式。

航空运输是一种现代化的运输方式，它与海洋运输、铁路运输相比，具有运输速度快、货运质量高且不受地面条件的限制等优点。因此，它最适宜运送急需物资、鲜活商品、精密仪器和贵重物品。

陆路运输不仅可以在边境将进出口货物直接运进或运出，而且也是车站、港口和机场进出口货物集散的重要手段。

管道运输是国际能源运输的重要方式，它借助于高压气泵的压力将管道内货物输往目的地，其主要特点是运输通道与运输工具合二为一；运量大，成本低；运输漏损少，安全性好；受气候影响小，便于长期稳定运营；劳动生产率高；专业性强等。管道运输按其不同的输送对象可分为液体管道运输、气体管道运输和浆液管道运输。

国际多式联运是按照经济合理的原则，取各种运输方式之所长，将不同的运输方式有机地结合起来，形成全程的连贯运输。国际多式联运是集装箱运输发展的产物，也是当今世界货物运输技术发展的一项重大成就。

由于各种运输方式各有特点，适合不同种类、不同距离的货物运输。根据货物的性质、运量的大小、运距的长短、需要的缓急、运输费用的高低、气候和自然条件以及国际政治形势等因素，全面考虑、选择合适的运输方式，或采用先进的国际集装箱多式联运方式，对顺利地完成国际货物运输具有重要的作用。

（4）按跨国运送货物的特征分类。按跨国运送货物的特征，国际物流可分为国际军火物流、国际商品物流、国际邮品物流、捐助或救助物资物流、国际展品物流和废弃物物流等。

9.1.2 国际物流特点

1. 市场广阔

国际物流是跨国界的物的流通，其市场广阔，故有时称其为国际大流通或大物流。全世界共有200多个国家和地区，人口有60多亿，如此广阔的地域范围和众多的消费群体是任何国家的国内物流所不能企及的。同时，由于种族、习惯和经济水平的差异，各国及各地的需求层次和数量差别较大。因此，国际物流必须适应的是一个多层次、多维体的需求市场。从市场营销的角度看，这是形成有效市场的基本前提。

2. 系统庞大复杂

国际物流系统是由运输、储存、包装、装卸搬运、流通加工、检验检疫、通关、配送等子系统构成的。不同的子系统所适用的行业法规不一，物流技术和标准也不同。国际物流系统应协调各子系统的关系，充分发挥各自的功能，协力实现国际物流系统要求达到的系统整体效益最大的总目标。而且，国际物流在物流通信系统设置、法律环境、物流标准和商业现状等方面存在差异。不同的国家适用不同的物流法规，所以其复杂性远高于一国的国内物流。物流环境的差异性迫使一个国际物流系统需要在几个不同法律、人文、习俗、语言、科技、设施的环境下运行，这大大增加了物流的难度和系统的复杂性。

3. 国际物流必须有国际化信息系统的支持

国际化信息系统是国际物流，尤其国际联运非常重要的支持手段。国际信息系统建立的难度，一是管理困难，二是投资巨大，再由于世界上各地区物流信息化水平不均衡，因而信息系统的建立更为困难。

4. 标准化要求高

标准化是对产品、工作、工程或服务等普遍的活动规定统一的标准，并且对这个标准进行贯彻实施的整个过程。国际物流标准化指的是以国际物流为一个大系统，制定系统内部设施、机械装备、专用工具、信息系统等各个分系统的技术标准。要使国际物流畅通，标准化工作十分重要，可以说，如果没有国际物流的标准化，国际物流水平将难以提高。目前，美国、欧洲基本实现了物流工具、设施的统一标准，如托盘采用1 000mm

×1 200mm；国际标准化组织也着力推行集装箱尺寸规格标准化和标记代号标准化工作，大大降低了物流费用，降低了转运的难度，使得集装箱可以在不同的运输方式和不同的国家之间进行高效联运。在物流信息传递技术方面，欧洲各国不仅实现企业内部的标准化，而且实现了企业之间及欧洲统一市场的标准化，这就使欧洲各国之间的系统比其与亚、非洲等地区交流更简单、更有效。

5. 时间性强

国际市场竞争十分激烈，不仅要求商品质量好，而且要求适时供应市场。进出口货物如不能及时运到目的地，很可能造成重大的经济损失。特别是一些鲜活易腐货物、季节性货物，如运输迟缓，不能及时上市，所造成的损失更为严重。所以，货物的装运期、交货期被列为贸易合同的条件条款，要求严格按照合同规定的时间组织国际物流运输。

9.1.3 国际物流与国际贸易

国际贸易已成为世界各国经济发展中不可缺少的重要部分，是当代国际交往中最活跃的形式。国际贸易和国际物流是实现世界经济合作与发展的重要手段，二者相辅相成。国际贸易是国际物流的前提，国际物流是国际贸易的一个必然组成部分，各国之间的相互贸易最终都将通过国际物流来实现。

1. 国际物流是实现国际贸易的保障

国际物流贯穿于国际贸易的整个过程。首先在签订国际贸易合同时，需注明采用的运输条款；合同签订后，按运输条款所约定的时间、地点和条件，通过一种以上的运输方式，将货物从卖方所在地通过关境运送至买方指定交货地点，完成交货任务。在这一过程中，卖方交付单证、货物和收取货款，买方接受单证、收取货物并支付货款，从而实现贸易对等条件。没有国际物流，国际贸易中所包含的国际商流、国际资金流和国际信息流就可能发生阻滞，进出口货物的使用价值就无法实现，国际贸易也无法进行。国际物流的科学化、系统化和合理化是实现国际贸易发展的有力保障。

2. 国际贸易的发展对国际物流提出新的要求

国际物流是为适应国际贸易的需要而产生和发展的，随着世界各国生产的发展和国际贸易额的不断增长，国际贸易市场竞争愈演愈激烈，对运输质量、交货时间、运输速度、运输费用等更为重视。国际贸易的新趋势和新特点，对国际物流在效率、安全、质量、经济和信息化方面也提出了更新、更高的要求。

（1）效率要求。国际贸易活动的集中体现就是合约的订立和履行，国际贸易合约的履行是由国际物流活动来完成的。加强国际物流流程管理，采用与货物特点相适应的巨型专用货船、专用泊位以及大型机械等专业运输设备，以提高物流效率。

（2）安全要求。国际物流涉及的国家多、地域广、在途时间长，易受气候、地理条件等自然因素和政局、罢工、战争等社会政治因素的影响。在组织国际物流，选择运输方式和运输路径时，应密切注意所经地域的上述因素，以防这些人为因素和不可抗拒的自然力造成的货物损失。

（3）质量要求。国际贸易结构正在发生巨大的变化，高附加值、精密加工的产品的增加，对国际物流工作的质量提出了更高的要求。此外，国际贸易需求的多样化还造成了物流的多品种和小批量化，从而要求国际物流向精细、多样化发展。

（4）经济要求。国际物流环节多、备运期长。在国际物流领域，控制物流费用，降低成本具有很大潜力。对国际物流企业来说，选择最佳物流方案、提高物流经济性、降低物流成本、保证服务水平，是提高竞争力的有效途径。

（5）信息化要求。随着现代信息技术的迅速发展，电子贸易、国际电子商务等已在国际贸易和国际物流领域广泛应用。国际物流业也正逐步实现信息化，包括 EDI 通关、电子化检验检疫以及电子订舱等。

总之，国际物流必须不断地适应国际贸易结构和商品流通形式的变化，向国际物流合理化方向发展。

9.2 国际物流系统与业务

9.2.1 国际物流系统要素

1. 国际物流系统的定义

国际物流系统是一个高度综合的概念，带有明显的系统集成（一体化）特色。它是在一定的时间和空间（包括国内、国家间、区域间和洲际间）进行物流活动，主要由物流人员、物流设施、货物和物流信息等要素组成的具有特定功能的有机整体。

2. 国际物流系统基本要素

国际物流系统涉及的基本要素有主要有一般要素、功能要素、支撑要素和物质基础要素等。

（1）国际物流系统一般要素主要是由劳动者、资金和物三方面构成。劳动者是物流系统的运作者，劳动者要素是现代物流系统的核心要素，提高劳动者素质，是建立合理化的国际物流系统并使其有效运转的根本；资金要素伴随着物流的全过程，离开资金这一要素，国际物流服务无法实现，国际物流系统建设也将成为空谈；物的要素包括国际物流系统的劳动对象，也包括劳动工具、劳动手段等。

（2）国际物流系统支撑要素也成为支撑手段，是指在复杂的社会经济系统中，要确定国际物流系统的地位，协调与其他系统的关系，需要有体制、制度、法律、规章、行政、命令和标准化系统等的支撑手段。

（3）国际物流系统物质基础要素主要包括物流设施，如物流场、站、物流中心等；物流装备，如仓库货架、进出库设备、加工设备等；物流工具，如包装工具、维护工具、办公设备等；信息技术与网络，如通信设备及线路、传真设备等。

（4）国际物流系统功能要素是指国际物流系统所具备的基本能力，这些基本能力通过国际物流各相关子系统的有效运转和相互联系得以体现。

9.2.2 国际物流系统组成

国际物流系统是由相互作用、相互依存的若干子系统所构成，它主要包括商品的运输、储存、包装、出入境检验检疫和通关、装卸搬运和信息处理等子系统。其中，运输和储存子系统是国际物流系统的重要组成部分。国际物流通过运输和储存实现商品的空间和时间的效益，满足国际贸易活动和跨国公司经营的基本要求。国际运输子系统更被看做国际物流的核心。

1. 国际物流运输子系统

运输的作用是将商品使用价值进行空间位移，物流系统依靠运输作业克服商品生产地和需求地的空间距离阻碍，创造了商品的空间效益。

国际货物运输是国际物流系统的核心，具有路线长、环节多、涉及面广、手续繁杂、风险性大、时间性强等特点，包括运输方式的选择、运输单据的处理以及投保等。

在国际货物运输中，涉及的运输方式很多，根据所使用的运输工具和运输路线，主要分为以下几种方式，如表 9-2 所示。

表 9-2 国际货物运输方式

<table>
<tr><td rowspan="2">陆上运输</td><td>铁路运输</td><td colspan="2">国际铁路货物联运、内地与港澳地区的铁路货物运输</td><td rowspan="9">联合运输
国际多式联运</td></tr>
<tr><td>公路运输</td><td colspan="2">国际公路货物运输、内地与港澳地区的公路货物运输</td></tr>
<tr><td rowspan="4">水上运输</td><td rowspan="3">海洋运输</td><td>沿海运输</td><td rowspan="4">河海联运</td></tr>
<tr><td>近海运输</td></tr>
<tr><td>远洋运输</td></tr>
<tr><td colspan="2">内河运输</td></tr>
<tr><td>航空运输</td><td colspan="3">国际航空货物运输、内地与港澳地区的航空货物运输</td></tr>
<tr><td>管道运输</td><td colspan="3">国际管道货物运输</td></tr>
<tr><td>邮政运输</td><td colspan="3">国际邮政运输</td></tr>
</table>

由于各种运输方式各有特点，适合不同种类、不同距离的货物运输。根据货物的性质、运量的大小、运距的长短、需要的换季、运输费用的高低、气候及自然条件以及国际政治形势等因素，全面考虑、选择合适的运输方式，或采取先进的国际集装箱多式联运方式，对顺利地完成国际货物运输具有重要的作用。

2. 国际物流仓储子系统

仓储是克服商品的使用价值在时间上的差异，国际物流依靠储存保管来创造进出口商品的时间价值。

国际物流仓储同国际物流运输一样，都是国际贸易和国际物流不可缺少的环节。国际物流仓储不仅包括对进出口商品的储存保管，而且还包括出口加工、挑选、整理、包装、刷唛、备货、组装、配送和发运等一系列工作。

3. 国际物流装卸搬运子系统

装卸搬运是物流过程中的重要环节，它在生产领域及各个物流环节中起着连接和转换的作用。装卸搬运合理与否，直接影响到整个物流系统的效率和经济效益。

进出口商品的装卸搬运作业，相对于商品的运输来说，是短距离的商品搬移，是仓库作业和运输作业的桥梁和纽带，所实现的也是物流的空间效益，它是保证商品运输和保管连续性的一种物流活动。

4. 国际物流包装子系统

包装是在流通过程中保护产品，方便储存，促进销售，按一定技术方法采用容器、材料及辅助物等将物品包封并予以适当的装运标志的工作总称。包装往往处于生产过程的终点及物流过程的起点，是现代物流中不可缺少的环节。

国际物流系统要求的“包、储、运”一体化，即从商品一开始包装，就要考虑储存的方便、运输的快捷，以符合加速物流，方便储运，减少物流费用等现代物流系统设计的各种要求。

5. 国际物流检验检疫、通关子系统

国际物流是跨越关境的物的流通，为了维护国家政治、经济、文化利益，各国海关都对进出口货物实施必要的监督管理。在我国，检验检疫机构与海关建立了“先报检，后报关“的通关协调机制，海关一律凭报关地检验检疫机构签发的通关单验放货物。

检验检疫和通关在国际物流中都是必不可少的重要环节，但作为国际贸易的技术壁垒和关税壁垒，对国际物流的顺畅流通客观上起到一定的限制和阻碍作用。要实现通关高效率，就要实施“大通关”，即在货物的进出口通关过程中，通过运用现代管理、信息化和高科技手段，对单证流、货物流、信息流进行整合，使之合理、规范、畅通，以最短的时间、最低的成本为企业提供最好的服务，体现政府行政监督的能力和效率，提高我国的综合竞争力。

6. 国际物流信息子系统

国际物流信息是国际物流活动的反映，也是组织和调控国际物流活动的依据。其主要内容包括进出口单证的作业过程、支付方式信息、客户资料信息、市场行情信息和供应信息等。国际物流信息子系统的主要功能是采集、处理和传递国际物流和商流的信息情报。没有功能完善的信息系统，国际贸易和跨国经营将寸步难行。

9.2.3 国际物流业务

国际物流业务是依赖于国际物流系统而进行的，因此，国际物流业务主要包括：船务代理、货运代理、通关业务、商检业务和第三方综合物流服务等业务。

1. 船务代理

船务代理是指接受承运人的委托，代办与船舶有关的一切相关业务的人，主要业务有船舶进出港、货运、供应及其他服务性工作等。船方的委托和代理人的接受以每船一次为限，称为航次代理；船方和代理人之间签订有长期代理协议，称为长期代理。

2. 货运代理

货运代理是指接受货主的委托，代表货主办理有关货物报关、交接、仓储、调拨、检验、包装、转运、订舱等业务的人，主要有订舱揽货代理、货物装卸代理、货物报关代理、转运代理、理货代理、储存代理和集装箱代理等。

3. 通关业务

通关是指进出境货物的收发货人及其代理人、进出境货物的所有人以及进出境运输工具的负责人向海关办理进出口手续，海关对其呈报的有关进出境单证和申请进出境的货物、运输工具和物品依法进行审核、查验、征缴税费、批准进出口的全过程。

进出口货物通关的主体是指参与通关过程的相关各方，包括通关的管理主体和通关的当事人。

随着改革开放的深入和多种贸易方式的并存，以及我国从沿海到内地的进一步对外开放，对外经济活动在全国范围内普遍发展，不仅货物的通关时间范围前伸和后延，货物的通关范围也大为拓展。

货物的通关时间范围，随着预申报、预归类等措施的实施，前伸至尚未进入关境的预申报阶段；对于保税加工贸易进口货物、经海关批准的减免税或缓纳税款的进口货物、暂时进口货物、转关运输货物等，口岸海关接受申报后，经审核符合规定的，即可放行转为后续管理；结关时间则后延至海关核销为止，时间长的可达几年。

货物的通关空间范围，不再局限于对外开放的口岸，内地也设立了更多的海关。此外，海关的监管范围还扩展到虽未设海关但有海关监管业务的保税仓库、出口监管仓库和保税工厂等。

4．商检业务

简单来说就是商品的检验。一般用于进出口贸易，由商检机构出单证明进出口货物品质和数量的检验结果。买家凭借商检机构出具的商检单可以了解到货物的品质是否与其需要的一致。商检单有时会列为议付单据之一。

商检机构依法对进出口商品实施检验与管理，具有两个主要作用：一是把关，二是服务。

中国出入境检验检疫局是我国国内最权威、最大的检验机构。一般中国产品出口都由此处进行商品检验。国际上最公立的商检机构是瑞士的通用公证行（SGS），该机构在中国主要城市都设有办事处。

5．第三方综合物流服务

第三方物流通常称为契约物流或物流联盟，是指从生产到销售的整个流通过程中进行服务的第三方。它本身不拥有商品，而是通过签订合作协议或结成合作联盟，在特定的时间段里按照特定的价格向客户提供个性化的物流代理服务。

在某种意义上可以说，它是物流专业化的一种形式。具有：信息网络化、关系合同化、功能专业化、服务个性化的特点。

9.3 国际货运代理

9.3.1 国际货运代理的定义

国际货运代理，是接受进出口货物收货人、发货人的委托，以委托人的名义或自己的名义，为委托人办理国际货物运输及相关业务并收取服务报酬的企业。其责任是，组织安排各类货物的国际运输，协调各种运输方式，如公路运输、铁路运输、航空运输和海上运输，为委托人提供最佳运输方案，把货物运送到目的地，交给收货人。

在社会产业结构中，国际货运代理属于第三产业，即服务业。货运代理完全是为货主服务，从目的和动机来看完全属于商业或服务贸易行为，其服务内容与国际贸易合同执行有关，与对外贸易运输组织有关，但是与实际承运人的具体运输业务（如货物装载、搬运、积载、运送和卸载等）无关系。

9.3.2　国际货运代理的性质和作用

1. 国际货运代理的性质

从国际货运代理的基本性质看，它主要是接受委托人的委托，就有关货物运输、转运、仓储、保险，以及与货物运输有关的各种业务提供服务的一个机构。国际货运代理是一种中间人性质的运输业者，它既代表货方，保护货方的利益，又协调承运人进行承运工作。这种中间人性质在过去尤为突出。

然而，随着国际物流和多种运输形式的发展，国际货运代理的服务范围不断扩大，其在国际贸易和国际运输中的地位也越来越重要。在实践中，国际货运代理对其所从事的业务，正在越来越高的程度上承担着承运人的责任，这说明国际货运代理的角色已发生了很大的变化。许多国际货运代理企业都拥有自己的运输工具，用来从事国际货运代理业务，包括签发多式联运提单，有的甚至还开展了物流运输业务，这实际上已具有承运人的特点。将来会有越来越多的国际货运代理通过建立自己的运输组织并以承运人身份承担责任的方式来谋求更广阔的业务发展。国际货运代理的双重身份，即代理人与当事人并存的局面仍会继续存在下去。

2. 国际货运代理的作用

国际货运代理企业通晓国际贸易环节，精通各种运输业务，熟悉有关法律、法规，业务关系广泛，在促进本国和世界经济发展的过程中起着重要的作用。

（1）组织协调作用。国际货运代理使用最现代化的通信设备（包括资料处理），来推动国际贸易程序的简化。国际货运代理是“运输的设计师”，是“门到门”运输的组织者和协调者。

（2）中间人作用。国际货运代理作为“货物中间人”，既是发货人或收货人的代理，可以代理的名义及时订舱，洽谈公平费率，于适当时候办理货物递交，也可以委托人的名义与承运人结清运费，并向承运人提供有效的服务。

（3）咨询顾问作用。国际货运代理是企业的顾问，能就运费、包装、进出口业务必需的单证、金融、海关、领事要求等方面提供咨询，还能对国外市场销售的可能性提出建议。

（4）提供专业化服务。国际货运代理的各种服务都是专业化的。它对复杂的进出口业务，海、陆、空运输，对结算、集运、仓储、集装箱运输、危险品运输、保险等都掌握专门的知识。特别是它十分了解经常变化着的国内外海关手续、运费与运费回扣、港口与机场的业务程序、海空货物集装箱运输的组织及出口货物的包装和装卸等。有时，它还负责申请商品检验和代向国外客户收取款项。

（5）提供特殊服务。国际货运代理可以提供各种特殊项目的服务。例如，将小批量的货物集中成整组货物，这对从事出口贸易的人很有价值。所有客户都可以从这种特殊的服务中受益，尤其对那些规模较小、自己又没有出口及运输能力的企业则更是如此。

（6）费用及服务具有竞争力。国际货运代理可以监督运费在货物售价中的比例，建议客户采用最快最省的运输方式。此外，还可在几种运输方式和众多的承运人中间，就关键的运价问题进行选择，挑选最有竞争能力者进行承运，在这些方面，它能比货方和承运人做得更好。因为这不是一家海运公司所能做到的，承运人遵循的原则是利用它们的运输设备获取尽可能多的利润。

9.3.3 国际货运代理的服务范围

国际货运代理在国际贸易运输方面具有广博的专业知识、丰富的实践经验和卓越的办事能力。他们熟悉各种运输方式、运输工具、运输路线、运输手续和各种不同的社会经济制度、习惯做法等，精通国际货物运输中各个环节的种种业务，与国内外各有关机构如海关、商检、银行、保险、仓储、包装、各种承运人等有着广泛的联系，并且在世界各地建有客户网和自己的分支机构，使得他们在国际货物运输中起着任何其他人也取代不了的作用。

1. 为发货人服务

国际货运代理为发货人代办货物运输过程中的任何一项手续：

（1）以最快、最省的运输方式，安排合适的货物包装，选择货物的运输路线。

（2）向客户建议仓储与分拨。

（3）选择可靠的效率高的承运人，并负责签订运输合同。

（4）办理货物的保险。

（5）办理货物的拼装。

（6）装运前或在目的地分拨货物之前，将货物存仓（如果需要的话）。

（7）安排货物到港口或目的地的运输，办理海关等有关单证的手续，并把货物交给承运人。

（8）代表托运人或收货人承付运费、关税、税收等。

（9）从承运人那里取得签发的提单，并把它们交给发货人或收货人。

（10）通过遍及世界的服务网络，监督货物运输的进程，使货主及时了解货物的去向。

2. 为海关服务

国际货运代理一般都具有报关人资格，能够代办进出口货物报关业务。当国际货运代理作为报关人办理进出口货物的海关手续时，他不仅代表他的客户，也要对海关负责，在法定的单证中正确申报货物的金额、数量和品名，确保关税不受损失。这项业务已成为国际货运代理的一项必不可少的业务。如果国际货运代理没有报关人资格，他的服务质量和效率将要大打折扣。

3. 为班轮公司服务

国际货运代理与班轮公司的关系随业务的不同而不同。国际货运代理为班轮公司争取货源，订好足够的舱位，安排在适当的时间内交货，并以发货人的名义解决与承运人的运费账目等问题。

4. 提供拼箱服务

随着国际贸易中集装箱运输的增长，国际货运代理业务引进了拼箱服务。在这种服务中，国际货运代理把同一地多个发货人发往同一目的地的小件货物集中起来，作为整箱货发运到目的地，交给国际货运代理在当地的代理，并通过他把单票货物分交给各个收货人。如果发货人、收货人有特殊要求，国际货运代理也可在出运地提货、在目的地交付，即提供“门到门”的服务。

5. 提供多式联运服务

国际货运代理作为多式联运经营人，收取货物并签发多式联运提单，在一个单一的合同下，承担承运人的风险责任，组织货物运输和保管，通过多种运输方式，进行“门到门”的货物运输，为货主提供运输服务。在运输中，他可以与其他承运人或代理分别谈判并签订合同。

全球视野

国际集装箱班轮运输的第四次革命

国际集装箱班轮运输第一期革命是革新船岸连接方式的集装箱化运输模式本身，第二期革命是开发集装箱多式联运和船舶铁路集装箱运输整体经营，第三期革命是集装箱转口运输服务大发展和船船集装箱转运连接模式的优化。国际集装箱运输市场大部分业界人士认为，集装箱班轮运输的第四次革命将是全世界集装箱运输服务结构模式重建，最终创立国际集装箱运输全球格局。

集装箱班轮运输将充分发挥国际集装箱运输全球格局优势，在东西向、南北向和其它方向的集装箱贸易航线上全面组成全球一体化经营网络机制，使班轮航线调度和集装箱转口一条龙操作，为分布在全球各地的客户提供安全、稳定、准确、及时和无缝式集装箱运输服务。

集装箱班轮运输的第四次革命将大幅度推动适用于国际主干航线，尤其是东西向贸易航线上的集装箱船舶越造越大，集装箱港口码头规模继续扩展，大批老龄船舶和设备陈旧集装箱船舶被加速淘汰，国际集装箱班轮直达航线通过延伸而取代一部分地区支航线，全球集装箱运输服务格式不断优化。

巴拿马运河和苏伊士运河都是国际贸易航线的重要环球水路通道。分布在巴拿马运河、苏伊士运河，以及南北向和东西向国际航线四周的纯粹集装箱转运港口必将在集装箱运输第四次革命中大有用武之地。一些名气并不响亮，甚至名不见经传的港口将会充分运用其天时地理人和等优势，迅速发展成为停靠单船运力5500TEU以上集装箱船舶、甚至巨无霸超大型集装箱船舶的集装箱转口枢纽港，其中包括美国东海岸北加罗莱纳州的杰克逊维尔港和威尔明顿港，南美洲秘鲁的卡亚俄港，中国的上海港、厦门港、福州港、连云港和宁波港等等。围绕这些港口，各条国际集装箱班轮运输航线将互相联合，最大限度发挥集装箱运输优势，不断提高分布在世界各地大大小小港口集装箱航线运量和效率。全球集装箱运输将逐步形成连接各条贸易航线的集装箱班轮运输地区专业化和多式集装箱拼拆运送服务组合化的格局，从而形成四通八达的全球集装箱转运网络，使集装箱运输的经济效益进一步提高。

因此，第四次集装箱班轮运输革命应是远洋承运人与全球集装箱港口码头经营人、铁路和公路，甚至内河航运承运人在提高服务质量和延伸其覆盖面等方面的积极参与和密切配合的结果。

资料来源：在线国际商报

国际贸易物流经验之谈　国际贸易物流中降低成本十条经验

一家高技术灵敏仪器的制造商煞费苦心地确保它的海外客户是合法组织，然而这家海外公司却改变宗旨——把这个设备又转售给一个未授权的组织。结果，导致美国政府的严厉惩罚。

不管你喜欢还是不喜欢，今天的出口商必须确切地知道他们货物的购买者是谁，即使终端客户处于供应链的不同位置。如果企业不能做到这一点，那么他们将遭受大量的损失，甚至会被市场所淘汰。因此，如果他们与全球海关代理机构强制的进口法规相抵触，销售商也会面临此困境。

问题的解决需要有一套一流的管理国际贸易物流的行之有效的方案。管理人员必须掌握进出口法规、产品分类、认证方针、进口关税、配额及限制、关税退税及第三方物流提供商的日常绩效等。此外，他们还必须严格遵守“9·11”事件以后颁布的安全法规。这样就形成一个能有效地管理全球供应链的产品流、数据流、资金流组成的体系，从而使企业受益。实际上供应链的每个环节都受国际贸易物流的影响。以下是企业在国际贸易物流中积累的能提高效率、降低成本的十条有效的实践经验：

（1）集中和整合。全球采购处于上升阶段，尤其在中国。但是如果企业不能有效地管理从工厂到客户的数据流和产品流，全球采购带来的成本降低就会被抵消。而且，不同来源的信息流处理不当，常常导致延误、信息传达错误以及无效率。杰出的企业能够顺利地管理整个流程，从采购订单和运前通知（ASN）开始、通过电子数据交换（EDI）或者通过基于网络的标准诸如可扩展语言（XML），这两种方式都可以处理突发事件引起的数据改变。

（2）尽早控制装运。新的美国货物安全法要求运送人更多地了解供应商和物流提供商。举例来说，24 小时发货明细单规定所有的发货明细单信息至少在货物装船前的 24 小时内整理完成。但是企业不应该仅仅是整理正确的信息，也应该考虑对尽早装运负责。C.I.F（成本、保险费、加运费）这一术语要求运货人坚持对承运人、运输路线、税费及其他因素从一开始就进行直接控制，而不只是装货上船时。企业也必须能够广泛地与外包服务的提供者包括第三方物流服务提供商、关税代理商和货物拼装者合作，同时保持对运送过程自始至终的监控。即使制造商是独立拥有、独立经营的，也应该完全融入一体化的供应链。这样可以使销售商很容易地实现其对客户的承诺。

（3）提前分类和提前清关。无论多么失败的进口商，海关当局都不希望延迟。发货人近几年来一直与海关打交道，特别是在美国和加拿大，提前清关可以确保货物到达边界后不受阻拦。这些公司不断更新产品分类的所有相关信息，时时保持与海关的联系，以确保能够尽可能早地实现清关。特别是在汽车行业，提前分类和提前清关尤其重要，因为汽车行业的零部件一般来自不同的国家，需要跨大陆的供应链。

（4）推行自动化操作。国际贸易商绝不会充分挖掘信息技术的潜力来支持他们的物流计划。他们的目标应该是提供进出口业务的无缝操作，消除重复手工操作引起的错误。国际贸易管理软件，如 Vaster 软件能够实现数据的电子接收，并将数据应用于库存控制和订单处理。然后，按照国际惯例重新设计数据格式，并传输给政府有关机构进行提前清关。Vaster 软件的一些主要电信用户使用这个软件管理他们的合同制造商，使企业之间的信息障碍最小化。

（5）采取新的安全措施改进供应链。软件程序有助于企业遵守政府新的规定、要求。采用由 Global eXchange 服务公司提供的软件系统可以使到达配送中心的集装箱的施封数与运前通知相匹配，从而可以通过海关—贸易反恐合作计划缩短清关的时间。那些不匹配的集装箱被置于堆存区。企业常常使用无线电频率识别（RFID）和电子产品代码（EPC）标准管理许多的提前装船事件，包括已到订单、在制品、检验品和产成品的预定运输。

（6）考虑直接进口。供应链的每个环节都消耗时间和金钱，因此必须正确评价各环节在产品进入市场中所起的作用。据 UPS Supply Chain Solutions 公司的供应商管理副总裁鲍勃·加里森介绍，随着消费性产品（CPG）数目的日益增加，供应商的运送模式也发生了相应的转变——由经过批发商或配送商的三级模式转变为直接运到客户的二级模式。现在，很多企业都在不同程度地尝试这项操作，约有 10%～20%的货物采用直接运输。这样，可以明显地降低成本，提高企业利润。

（7）利用贸易政策手段成为好的企业。在当今信息化的社会，企业形象非常重要。最近，敦豪速递公司的一个大型跨国客户差点被美国政府禁止与中国贸易，因为这家跨国企业曾与一家往伊拉克运过货物的物流服务公司进行过贸易。现在，越来越多的企业都很关注他们在公众中的形象。敦豪速递公司采用 Open Harbor 提供的黑名单数据库确保它的客户都是遵守贸易政策的企业。另外，敦豪速递公司最近又开展了一项新的业务“自动交易服务”——在互联网上为客户提供全面的交易和关税信息。

（8）战略思考。一个供应商能够以最低的成本提供最优的物流服务，是很有吸引力的。但是企业应该注意供应商的变化。供应链中的突发事件，如自然灾害、恐怖袭击、流行病、工人罢工、能源大幅涨价、新法案的颁布、无法预料的交通堵塞、运输公司破产等，是经常存在的。即使在最佳时期，企业也应该居安思危，把“鸡蛋放在多个篮子里”，选择多个供应商，确保能及时应对突发事件。大多数企业的问题就是没有从战略角度管理贸易。从战略角度管理物流和贸易，有助于企业降低运输成本和关税。随着双边贸易和多边贸易的大幅增加，战略管理变得更为重要。另外，企业也应该从战略角度考虑外包。企业应该集中精力搞好核心业务，对于非核心业务应该外包给更擅长的第三方物流公司。

（9）把下载当做出口对待。许多供应商似乎都没有意识到软件下载的重要性，其实软件下载同产品的实体流动一样，可以被当做出口对待。Peterson 举了 BEA Systems 有限公司的例子，这是一家应用软件的大型供应商，它几乎所有的产品都是通过下载来传输。美国境外的购买者必须进行注册，经过 Open Harbor 筛选之后才能被接受。订单循环周期至多也就 1 分钟，因此这一个过程几乎是即时的。Open Harbor 核对所有进行申请的客户的网络和电子邮件地址，以确认他们的身份和位置。但是许多美国企业在进行海外销售时，并不按照这一程序操作，致使他们频频违反出口法规而受到罚款，这正如Peterson所说的，“这些企业随时都面临着风险”。

（10）建立国际性的负载控制中心。企业一般都会高度控制国内运输网络，但是却不太关心国际运输。国内模式应该拓展，这样一定区域内的所有的物流合作者就可以很容易地管理。从国内来讲，一个管理良好的运货人应该知道任意给定时间的卡车的工作数量，以及即将到达配送中心的数量。Garrison说，现在只有第三方物流供应商能够实现这一目标。但是当制造业进入中国后，情况变得复杂得多。进入中国的工厂必须克服时区和语言与美国总部的差异，完成负载控制的任务。据Garrison介绍，“负载控制中心”这一概念还处于初级阶段。这一概念产生于中国，倡导者大部分是需要改进供应链效率的零售商。将来，企业会将这一战略扩展至整个亚洲，需要掌握多国语言的人员。

资料来源：徐剑，周晓晔，李贵华主编．物流与供应链管理[M]．北京：国防工业出版社，2006.

企业案例

IBM的全球物流

随着中国改革开放的不断深入，IBM在中国业务日益扩大。

20世纪80年代后期，IBM先后在北京、上海设立办事处。1992年，IBM在北京正式宣布成立国际商业机器中国有限公司，这是IBM在中国的独资企业。此举使IBM在实施其在中国战略中迈出了实质性的一步，掀开了在中国业务的新篇章。随后IBM中国有限公司又在上海、广州、沈阳、深圳、南京、武汉、西安等地建立了分公司，并在福州设立了办事处，从而进一步扩大了在华业务覆盖面。

而在全球物流上，IBM如何通过全球物流的优化、整合，节约成本，得到更大的市场占有率呢？IBM采取了几个典型的步骤，这些步骤帮助IBM在供应链的各个环节得到优化。

从1995年开始，IBM通过6年的时间，经过三个阶段，把IBM整个供应链实行了变革，达到成本的节约，市场效益变得更大。第一阶段是组织和流程重建，主要做高层面组织结构的重组和流程的重新规划，把以前的一些效率低的流程和冗余组织进行一些优化。第二阶段是在服务的提供上做集成、做优化，供应链不只是IBM一家，还有上下游的供应商，有上下游的合作伙伴，才能把整个供应链推向一个更高的层面。最后一个阶段是协作，即如何与IBM的供应商和下游的客户渠道，达到更好的合作、可视化。在强调集成供应链的时候，IBM强调全球的可视化，从供应链的最上游到最下端，整个过程中对供应链的可视化，让大家共享供应链的信息，这样各个部门、各个合作伙伴都会从可视化供应链中得到收益。

在具体实施上，首先进行内部的优化。如把物流服务提供商流程设计和重组，把 IBM 团队全球化，建立合理的绩效管理机制等。其次，在 1997 年到 1998 年，主要跟合作伙伴一起讨论如何把整个供应链建立更高的透明度。当与合作伙伴合作关系和整个集成架构搭起来之后，就把怎么样更上一个台阶作为目标，并提高内部协作和外部协作，提高和各个合作伙伴之间的透明度和信任度。

在业务层面，则通过 IBM 的 ODIS 来帮助企业达到供应链的提升。IBM 的 ODIS 是随需应变的创新服务。IBM 和其他的供应商、竞争对手、合作伙伴相比有什么不同？这就是 IBM 有一个非常大的全球团队，来支持其创新和服务。一方面是 IBM 研究院。IBM 中国研究中心成立于 1995 年 9 月，是跨国公司在华建立的第一个研究机构；2006 年 3 月，由 IBM 中国研究中心正式更名为 IBM 中国研究院。与 IBM 全球研究机构一样，IBM 中国研究院的使命是为 IBM 未来的成功做出重要的贡献。IBM 中国研究院的研究跨越了系统技术、基础架构、中间件、服务、解决方案多个层次，这样也促使来自各个学科的想法和观念的融汇结合。其主要研究领域涉及未来系统、网络技术与业务、分布式系统及管理、信息管理及交互和创新服务等。同时基于对行业领域的见解和实践，IBM 中国研究院也通过运筹优化技术来解决业务复杂度问题，如大量数据计算和业务运营的实际应用问题。另外还有 IBM 全球资讯服务部，这里的资深顾问人员对每一个行业都有非常深的了解。

通过 IBM 咨询部门和 IBM 研究院鼎力合作，IBM 为其内部和外部的客户来提供服务。一方面，其业务转型服务、战略层面的业务转型服务，通过 IBM 研究院的研究人员和咨询部门的行业人员一起为客户、为其内部的供应链做业务转型设计。对新兴技术来讲，IBM 研究院和咨询部门会合作一起来做，如无线视频识别技术，IBM 内部已经有非常成熟的解决方案。

另外，IBM 还有一个解决方案 TOMA。TOMA 的观点是在战术层面进行优化。目前更多的企业在做物流网络分析的时候，可能通过 Excel 表格，人工脑力去分析，一方面要花很多精力去做，做出来结果也不一定有效。而 IBM 已经定义在里面的数据模型，只要把你的数据放进去，和你的业务人员一起讨论，把你的模型放进去，你就会得出一个非常优化的结果，这就是信息化工具比人脑和 Excel 的优势。

资料来源：中国物流与采购网.

复习思考题

1. 如何理解国际物流的含义？
2. 国际物流具有什么特点？为什么？
3. 阐述国际物流与国际贸易的关系。
4. 国际物流系统由哪些子系统组成？
6. 国际物流主要涉及哪些业务？
7. 简述国际货运代理与委托人的关系。
8. 简述国际货运代理的服务范围。
9. 国际货运代理在国际物流中是如何发挥作用的？
10. 请你列举本年度在我国发生的三件国际物流事件。

本章小结

国际物流是应国际贸易的需要而发生在不同国家之间的物流。它具有市场广阔、系统庞大复杂、需要国际化信息系统的支持、标准化要求高、时间性强等特点。国际物流是实现国际贸易的保障，国际贸易的发展也对国际物流不断提出新的要求。

按照货物的流向、货物流动关税区域、跨国运输方式、跨国运送货物的特征等标准划分，国际物流可以分为若干类型。

国际物流系统是由相互作用、相互依存的若干子系统所构成，它主要包括商品的运输、储存、包装、出入境检验检疫和通关、装卸搬运和信息处理等子系统。其中，运输和储存子系统是国际物流系统的重要组成部分。国际物流通过运输和储存实现商品的空间和时间的效益，满足国际贸易活动和跨国公司经营的基本要求。国际运输子系统更被看作是国际物流的核心。

国际货运代理是指接受进出口货物收货人、发货人的委托，以委托人的名义或自己的名义，为委托人办理国际货物运输及相关业务并收取服务报酬的企业。它既代表货方、保护货方的利益，又协调承运人进行承运工作，在促进本国和世界经济发展的过程中起着组织协调、咨询顾问、提供专业化服务、降低费用的作用。

第 10 章

供应链管理

本章学习目标

- 了解并熟悉供应链管理的概念；
- 了解供应链管理思想产生的历史背景；
- 掌握供应链管理的关键要素；
- 熟悉供应链设计的有关过程，掌握基本的供应链设计方法；
- 了解供应链绩效评价与单纯企业绩效评价的区别；
- 掌握供应链绩效评价的主要方法。

引导案例

香港国际机场海天客运码头的供应链管理

香港国际机场海天客运码头，是粤港两地政府落实 CEPA 协议加强粤港经贸合作的重点项目之一，是广东省航运集团及其下属驻港企业——珠江船务企业（集团）有限公司为促进粤港合作而在香港发展粤港水路客运业的长期战略项目。

自 2003 年 9 月 29 日开业至 2010 年 5 月底，完成总客运量达 1 073 万人次，并有 70 家航空公司参与了转驳合作，已开通东莞、蛇口、中山、珠海、福永、澳门外港码头、澳门氹仔码头、广州南沙港、广州莲花山共 9 条航线。这些码头极大地方便了旅客出行和商务往来，特别是珠三角地区的台商，开创了他们往来海峡两岸的新通道，更积极地促进了粤港经贸合作与人员往来，发挥了重要的桥梁作用。

在粤港两地政府部门及香港机场管理局的鼎力协助下，珠江客运通过投资建设该码头，采用供应链管理方法与技术，实施“海天联运、无缝连接”的客运新理念、新模式，取得了明显的经济和社会效益。

回顾过去，在进入21世纪，珠江客运公司营运和代理的粤港水路客运业受到来自陆路及水路其他竞争对手的强烈冲击：珠三角各城市间的“立体化”快速交通网络呼之欲出，港珠澳大桥已开工，珠江西岸的广州至珠海（含广佛地铁）城际快速铁路和连贯珠江东岸的广州至香港的高速客运铁路正在建设与运行，以及深港西部通道等交通项目，极大地改变整个珠三角地区的交通状况，实现真正的“1小时经济社会生活圈”，使港澳彻底融入整个区域。在激烈的竞争下，珠江客运公司市场占有率大幅下降，部分航线面临着无法继续经营的困境，现有市场的发展空间已经十分有限，传统客运运输市场逐渐演变为“红海”区域。

因此，广东省航运集团需要不断创造新的竞争优势，寻找新的蓝海。于是，面向潜在的客户需求，通过合并细分市场（海、空客运）来整合需求，有效处理“红海”与选择市场资源，体现蓝海战略的海天联运应运而生！

现代客流运营要求客流运输系统化和客流要素集成化，这是基于电子信息化的供应链管理新要求，对客流网络及构成要素之间的客流主体、载体、流向、流量、流程五个流动要素，信息、资源等生产要素，运作规范、管理制度等机制要素进行内部和外部连接，使系统的要素之间通过联合运输成为供应链整体化的一部分，形成更大的供应链系统平台，各子系统之间形成对接，放大了各子系统的功能，进而形成供应链系统的无缝连接，构建了一种联合式转驳交通服务，形成航班服务对接、管理信息对接、口岸检查对接和客运产品对接，对接使旅客按照航线的区域化有序便捷的无缝连接流动，创造了客流量的显著增加。

资料来源：2010年广东省企业管理现代化创新成果评审资料

10.1 供应链管理概述

进入21世纪以来，信息化技术的高速发展已给全球经济和人民生活带来了翻天覆地的变化，立足于信息化技术的企业之间竞争越来越加剧，市场上对产品需求的不确定性也大大增加，导致需求日益多样化。为了解决这一问题，企业采取了许多先进的单项制造技术和管理方法，如计算机辅助设计（CAD）、柔性制造系统（FMS）、准时生产制（JIT）、制造资源计划（MRPⅡ）和企业资源计划（ERP）等，虽然这些方法取得了一定的实效，但在经营的灵活性、快速响应顾客需求方面并没有实质性改观。人们终于意识到问题不在于具体的制造技术与管理方法本身，而在于它们仍囿于传统生产模式的框框之内。

长期以来，企业出于对生产资源进行管理和控制的目的，对为其提供原材料、半成品或零部件的其他企业一直采取投资自建、投资控股或兼并的“纵向一体化”（Vertical Integration）管理模式。实行“纵向一体化”的目的在于加强核心企业（Core Company）对原材料供应、产品制造、分销和销售全过程的控制，使企业能够在市场竞争中掌握主动，从而达到增加各个业务活动阶段利润的目的。

这种模式在传统市场竞争环境是有其存在的合理性，然而在基于信息化的高科技迅速发展、市场竞争日益激烈、顾客需求不断变化的今天，“纵向一体化”模式已逐渐显示出其无法快速、敏捷地响应市场机会的薄弱之处。因此，越来越多的企业对传统管理模式进行改革或改造，把原来由企业自己生产的零部件外包出去，充分利用外部资源，与这些企业形成一种水平关系，人们形象地称为“横向一体化”（Horizontal Integration）。供应链管理就体现了“横向一体化”的基本思想。

10.1.1 供应链管理的概念

对于供应链管理，国外也有许多不同的定义和称呼，如有效客户反应（Efficiency Consumer Response，ECR）、快速反应（Quick Response，QR）、虚拟物流（Virtual Logistics，VL）或连续补充（Continuous Replenishment）等。这些称呼因考虑的层次、角度不同而不同，但都通过计划和控制实现企业内部和外部之间的合作，实质上它们在一定程度上都反映了对供应链各种活动进行人为干预和管理的特点，使过去那种自发的供应链系统成为自觉的供应链系统，有目的地为企业服务。

许多学者从不同的角度对供应链管理进行了定义，几种典型的供应链管理的定义如表10-1所示。

表10-1 几种典型的供应链管理的定义

Monczka，Trent 和 Handfiel（1998）	供应链管理（SCM）要求将传统上分离的职能作为整个过程由一个负责的经理人员协调整个物流过程，并且还要求与横贯整个流程各个层次上的供应商形成伙伴关系。SCM是这样一个概念：“它的主要目标是以系统的观点，对多个职能和多层供应商进行整合和管理外购、业务流程和物料控制。”
La Londe 和 Masters（1994）	供应链战略包括：“……供应链上的两个或更多企业进入一个长期协定……信任和承诺发展成伙伴关系……需求和销售信息共享的物流活动的整合……提升对物流过程运动轨迹控制的潜力。”
Stevens（1989）	管理供应链的目标是使来自供应商的物流与满足客户需求协同运作，以协调高客户服务水平和低库存、低成本之间相互冲突的目标

续表

Houlihan（1988）	供应链管理和传统物料制造控制的区别：① 供应链被看成一个统一的过程。链上的各个环节不能分割成诸如制造、采购、分销、销售等职能部门。② 供应链管理强调战略决策。“供应”是链上每一个职能的共同目标并具有特别的战略意义，因为它影响整个链的成本及市场份额。③ 供应链管理强调以不同的观点看待库存，将其看成新的平衡机制。④ 一种新的系统方法——整合而不是接口连接
Cooper（1997）	供应链管理是“……一种管理从供应商到最终客户的整个渠道的总体流程的集成哲学”
Mentzer（2001）	供应链管理是对传统的企业内部各业务部门间及企业之间的职能从整个供应链进行系统的、战略性的协调，目的是提高供应链及每个企业的长期绩效

在归纳分析不同学者对供应链管理定义的基础上，对供应链管理定义如下：供应链管理就是使供应链运作达到最优化，以最少的成本，让供应链从采购开始，到满足最终顾客的所有过程，包括工作流（Work Flow）、实物流（Physical Flow）、资金流（Funds Flow）和信息流（Information Flow）等均能高效率地操作，把合适的产品、以合理的价格，及时、准确地送到消费者手上。

从这个定义不难看出，供应链管理就是要对传统的、自发运行的供应链进行人为的干预，使其能够按照企业（核心企业）的意愿，对相关合作伙伴的工作流程进行整合，从而达到供应链整体运作绩效最佳的效果。因此，供应链管理所反映的是一种集成的管理思想和方法。

国家标准（GB/T 18354—2001）物流术语中定义供应链管理的概念为：“利用计算机网络技术全面规划供应链中的商流、物流、信息流、资金流等，并进行计划、组织、协调与控制”。

10.1.2 供应链管理的内容

供应链管理主要涉及五个主要领域：需求（Demand）、计划（Plan）、物流（Logistics）、供应（Sourcing）、回流（Return）。由图 10-1 可见，供应链管理是以同步化、集成化生产计划为指导，以各种技术为支持，尤其以 Internet/Intranet 为依托，围绕供应、生产作业、物流（主要指制造过程）、需求来实施的。供应链管理主要包括计划、合作和控制从供应商到用户的物料（零部件和成品等）和信息。供应链管理的目标在于提高用户服务水平和降低总的交易成本，并且寻求两个目标之间的平衡（这两个目标往往有冲突）。

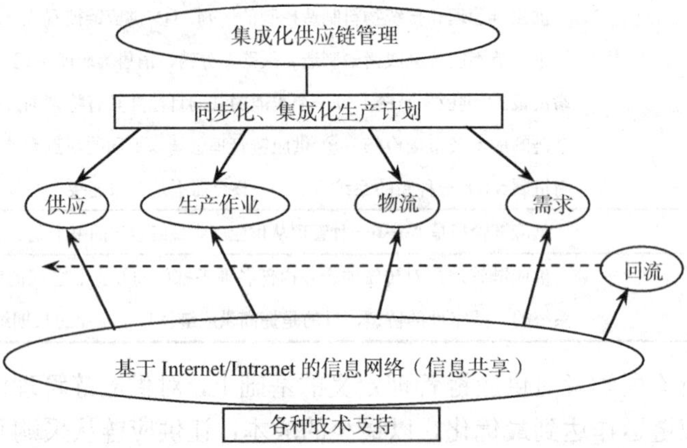

图 10-1　供应链管理涉及的领域

以这五个领域为基础，可以将供应链管理细分为基本职能领域和辅助职能领域。基本职能领域主要包括产品工程、产品技术保证、采购、生产控制、库存控制、仓储管理、分销管理等。而辅助职能领域主要包括客户服务、制造、设计工程、会计核算、人力资源、市场营销等。

除了企业内部与企业之间的运输问题和实物分销以外，供应链管理还包括以下主要内容：

（1）战略性供应商和用户合作伙伴关系管理。

（2）供应链产品需求预测和计划。

（3）供应链的设计（全球节点企业、资源、设备等的评价、选择和定位）。

（4）企业内部与企业之间物料供应与需求管理。

（5）基于供应链管理的产品设计与制造管理、生产集成化计划、跟踪和控制。

（6）基于供应链的用户服务和物流（运输、库存、包装等）管理。

（7）企业间资金流管理（汇率、成本等问题）。

（8）反向物流（回流）管理。

（9）基于 Internet/Intranet 的供应链交互信息管理等。

供应链管理注重总的物流成本（从原材料到最终产成品的费用）与用户服务水平之间的关系，为此要把供应链各项职能活动有机地结合在一起，从而最大限度地发挥出供应链整体的力量，达到供应链企业群体获益的目的。

10.1.3 供应链管理的要素

在供应链管理活动中，有几个要素是非常重要的，它们分别是采购要素、运营要素、配送要素和整合要素。下面对它们进行简要说明。

1．采购要素

传统的买家—供应商关系注重多重采购、竞标，使用短期合同，这些相互冲突的关系导致买家与供应商之间经常处于敌对关系，买家只关心采购价格，而不是供应商的能力和它对买家长期竞争力的贡献。进入 21 世纪以来，为了获得前面提到的竞争优势，出现了与供应商建立长期战略合作伙伴关系的趋势。采购是供应链管理中一项极其重要的因素，因为买家—供应商关系及供应商的能力决定着进货物料质量、送达时间、采购价格等因素。供应商的问题最终会导致消费最终消费品的客户付出的代价大小。

因此，供应商管理中一项重要的工作就是供应商评估，或者叫判明供应商的能力。这种评估或者是针对将来发生采购的潜在供应商进行，或者是对现有供应商执行能力的阶段评估。另一项紧密相关的工作是供应商认证，认证项目可以是公司自己制定并执行的，也可以是国际公认的标准程序，如 ISO 9000 系列认证。供应商认证使得买家假设供应商符合产品质量和服务的要求，因此减少买家重复的测试、监督和更深入的评估。

2．运营要素

当物料、零部件和其他采购的产品被运到买方，在组装或者将零部件成品化的过程中，一系列的内部运营工作变得十分重要，以确保所生产的产品数量准确，并满足特定的质量、成本和客户服务的要求。

在一年当中，需求经常发生季节性的变化。根据历史需求模型，公司可以预测这种变化何时发生，并利用预测技术指导周和月度生产计划。如果需求与预测不相符，那么企业要么是出现大量库存（或服务能力过剩），要么是无法满足需求。这两种情况都会导致公司资金损失甚至永久丢失将来的生意。为使这些损失最小化，企业依靠需求管理战略和系统，以生产能力和需求相匹配为目标，或者改进生产计划、压缩需求、延期交货，或者增加生产能力。

控制和管理库存是运营管理的一个重要方面，对公司有重要价值。企业一般都使用物料需求计划软件系统管理库存。这个系统可以通过企业资源规划贯穿整个企业并连接供应链伙伴，为供应链参与者提供实时销售数据、库存和生产信息。这些系统的结构根据产品的复杂程度和供应链的设计可以有很多变化。

3．配送要素

当产品完成以后，它们通过各种运输方式被送到客户手中。按照规定的时间、质量和数量将产品运送给客户，需要公司和客户之间高水平的计划与协作，涉及各种配送要素或服务（如运输、仓储、拆分和再包装服务）。许多情况下服务是在同一时间被生产和传递给客户的，所以服务非常依赖服务者的能力和成功的服务传递以满足客户要求。

配送需要输出的是客户服务。为了向客户提供他们所急需的服务，企业必须明确客户的需求，并提供运输、仓储、包装和信息服务的正确组合，成功地满足客户的要求。通过与客户经常性的联系，企业总结出客户关系管理战略，包括如何满足预定日期的送货、如何成功地解决客户投诉、如何与客户沟通、如何决定所需要的配送服务等。从供应链管理的角度，这些应对客户的行为都增添了配送的重要性，因为在供应链中第二级、第三级和最终产品的客户都直接受益于供应链内部各个阶段配送的效率。

4．整合要素

供应链中的各种行为需要协同运作，因为当供应链的参与者一起工作，制定生产、仓储、运送和采购决策时会影响供应链利润。如果其中的一个行为失败或运转很差，链条的供应就会中断，危害整个供应链的效率和效益。在这个过程中也需要参与公司进行更好的内部职能整合，这样供应链才会成为一个整体。这种供应链整合的观念同原有各家公司追求本公司利润最大化的目标常常相反，致使在许多供应商—买家—客户的关系中，供应链整合很难被接受。因此，企业需要打破障碍，转变观念，改变敌对关系，减少冲突，在企业内部和企业之间的各种障碍之间架设桥梁，直至供应链整合成为现实。

10.2 供应链的设计

为了提高供应链管理的绩效，除了一个有效的供应链战略外，建立或者加入一个高效精简的供应链也是极为重要的一环。一般而言，每一个企业都有必要运行或者参与一个有效的供应链。因为它可以使企业获得提高用户服务水平、达到成本和服务之间的有效平衡、提高企业竞争力、提高柔性、渗透入新的市场、通过降低库存提高工作效率等利益。但是，不合适的供应链设计也可能导致浪费和失败，所以正确的设计是必需的。

10.2.1 供应链设计的内容和原则

1．供应链设计的内容

战略层面的供应链设计主要内容包括：供应链的成员及合作伙伴选择、网络结构设计，以及供应链运行基本规则设计。

（1）供应链的成员及合作伙伴选择。一个供应链是由多个供应链成员组成的，供应链成员包括了为满足客户需求，从原产地到消费地，供应商或客户直接或间接的相互作用的所有公司和组织。这样的供应链是非常复杂的。因此，关于供应链成员及合作伙伴的选择是供应链管理的研究重点。

（2）网络结构设计。供应链网络结构主要由供应链成员、网络结构变量和供应链间工序连接方式三方面组成。为了使非常复杂的网络更易于设计和合理分配资源，有必要从整体出发进行网络结构的设计。

（3）供应链运行基本规则设计。供应链上节点企业之间的合作是以信任为基础的。信任关系的建立和维系除了各个节点企业的真诚和信赖之外，必须有一个共同平台，即供应链运行的基本规则，其主要内容包括协调机制、信息开放与交互方式、生产物流的计划与控制体系、库存的总体布局、资金结算方式、争议解决机制等。

2．供应链设计的原则

在供应链的设计过程中，为了保证贯彻实现供应链管理的思想，需要构建一些基本的设计原则。

（1）自上而下和自下而上相结合的设计原则。自上而下的设计方法是从全局的宏观规划到局部实现步骤的设计方法；自下而上的设计方法是从局部的功能实现到全局的功能集成的设计方法。在设计供应链系统时，通常是先由高层管理者从企业发展战略规划的角度考虑，根据市场环境的需求和企业发展的现实状况，制定宏观的设计目标，然后由下级实施部门从各个操作环节和流程出发进行供应链流程的设计。在设计过程中，下级设计部门经常就一些问题与高层管理人员进行沟通交流，双方从上、下两个层次对设计目标和设计细节作适当的调整，达成可以继续设计的共识。因此，供应链设计通常采用的是自上而下和自下而上相结合的综合设计方法。

（2）简洁性原则。简洁性原则是供应链设计遵循的一个重要原则。为了保证供应链具有灵活、快速响应市场的能力，供应链的每一个节点，如作业、资源或节点企业，都应该具有敏捷、简单、活力及快速实现业务流程组合的特点。所以，在设计或改造供应链时，供应链上的无效作业要尽可能地减少，可以自动化处理的作业尽可能由自动化设备来处理，供应商的选择要少而精，合作伙伴的选择要具有战略性，采购管理要保证能减少采购成本，推动准时生产，推行精益思想。

（3）集优化原则。集优化原则也称互补性原则。核心企业在选择供应链上节点企业的过程中，应该遵循强强联合的选择原则，充分实现最大限度地利用外部资源的目的，使每个节点企业集中精力致力于其核心业务的发展，就如同企业内部一个独立的作业单元。这些独立的单元化企业具有自我组织、简单优化、面向目标、动态联合、动态运行、活力充沛的特点，能够快速联合其他单元企业，有效反应客户需求，从而实现供应链业务的快速运行。

（4）协作性原则。供应链绩效的好坏直接取决于供应链合作伙伴关系是否和谐，取决于供应链动态连接合作伙伴的柔性程度。因此，利用协作性原则建立战略合作伙伴关系是实现供应链最佳效能的保证之一。只有充分地发挥系统各成员和子系统的能动性、创造性及系统与环境的总体协调性，才能保证整体系统发挥最佳的功能，避免各个节点企业产生利益本位主义，动摇组成系统的各个节点企业之间的和谐关系。

（5）动态性原则。配合集优化原则，对于供应链中随处可见的不确定性活动及市场需求信息的迅即变化，供应链需要有一定柔性以适应变化的环境。不确定性容易导致供应链需求信息的扭曲，对供应链运作产生影响。因此，必须减少信息在传递过程中出现的延迟和失真，增加信息透明度，减少业务运行过程中不必要的中间环节，提高信息预测的精确度和时效性。

（6）创新性原则。创新是供应链设计需要把握的关键原则。没有创新的设计思维，就不可能有创新的供应链管理模式。特别是在现代企业管理理论和管理技术飞速发展的环境下，供应链的设计更要讲究创新性，只有这样才能产生一个不同于过去的新模式下的供应链系统。

（7）战略性原则。从核心企业战略发展的角度设计供应链，有助于建立稳定的供应链体系模型；从供应链战略管理的角度考虑设计供应链，有助于供应链规划发展的长远性和预见性。总之，供应链系统结构的发展是和企业的发展战略规划保持一致的，并在企业战略规划的指导下进行。所以，在设计供应链时，首先必须考虑战略性原则。

10.2.2 供应链设计的标准和步骤

1. 供应链设计的标准

供应链的构建及运行方式的选择对供应链能否发挥预定的效果起着至关重要的作用。一个好的供应链可以获得提高客户服务水平、提高利润率、提高企业对市场反应的灵敏度、降低库存的优势。供应链的构造有多种设计标准。

（1）基于产品的供应链设计标准。供应链的设计要以产品为中心。供应链的设计首先要了解客户对产品的要求、对服务的要求，同时还要方便预测需求量，便于掌握供应链各厂商的生产能力等特性。

不同的产品类型对供应链的设计有不同的要求，高边际利润、不稳定需求的革新性产品的供应链设计就不同于低边际利润、有稳定需求的功能性产品。两种不同类型产品的比较如表 10-2 所示。

表 10-2 两种不同类型产品的比较

需求特征	功能性产品	革新性产品
产品寿命周期	大于 2 年	1～3 年
边际贡献	5～20	20～60
产品多样性	低（每条目录 10～20 种）	高（每条目录上千种）
预测的平均边际利润率（%）	10	40～100
平均缺货率（%）	1～2	10～40
季末降价率（%）	0	20～25
按订单生产的提前期	6 个月～1 年	1 天～2 周

由表 10-2 可以看出，功能性产品一般用于满足用户的基本需求，变化很少，具有稳定的、可预测的需求和较长的寿命周期，但边际利润较低；革新性产品的需求一般不可预测，寿命周期也较短。正因为这两种产品的不同，才需要有不同类型的供应链去满足不同的管理需要。

（2）基于成本的供应链设计标准。基于成本的供应链设计标准注重供应链的运作在降低成本方面的作用。这种方法将成本进行划分，如物料成本、运输成本、信息成本、人员成本等，寻求达到成本最低的供应链运行方式和相应的节点企业。

这种设计原则以成本为标准，运用了供应链在降低成本方面的作用。但供应链的核心优势并不仅仅局限于成本的降低，在很多情况下，一个有效的供应链，成本没有降低反而升高，但其利润、顾客满意度、反应灵敏度提升更大的比例。所以，如果单单考虑这种设计标准，往往会导致一个次优的供应链，反而不能发挥出供应链的作用。

（3）基于集成机制的供应链设计标准。基于集成机制的供应链设计标准注重供应链中信息的作用，现代供应链以现代化的信息为核心。这种方法注重动态建模的思想，强调一个不断循环和并行的过程，其组建过程及运行过程是一个不断循环的过程，如图 10-2 所示。

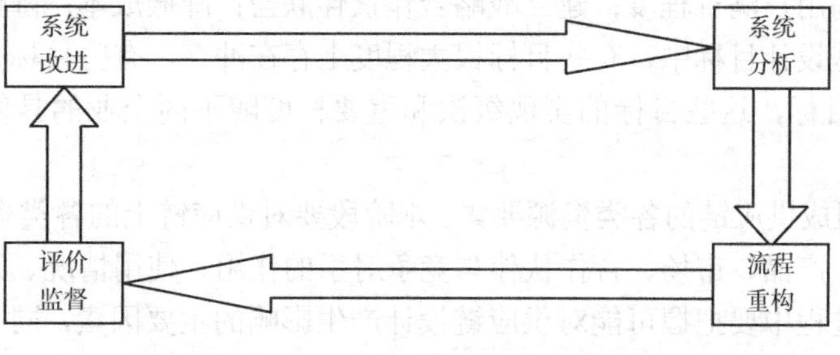

图 10-2 供应链构建及运行过程

集成机制的供应链设计方法主要有基于信息流的建模方法、基于过程优化的建模方法、基于案例分析的建模方法，以及基于商业规则的建模方法。这种方法提供了一种很好的指导思想，关键是各种分析及评价指标的构建和模型的设计。

2. 供应链设计的步骤

基于产品和服务的供应链设计步骤可以概括性地归纳为以下 10 步。

（1）分析核心企业的现状。这个阶段的工作主要侧重于对核心企业的供应能力和需求管理现状进行分析和总结。如果核心企业已经有了自己的供应链管理体系，则对现有的供应链管理现状进行分析，以便及时发现在供应链的运作过程中存在的问题，或者说哪些方面已出现或可能出现不适应时代发展的端倪，同时挖掘现有供应链的优势。本阶段的目的不在于评价供应链设计策略中哪些更重要和更合适，而是着重于研究供应链设计的方向或者设计定位，同时将可能影响供应链设计的各种要素分类罗列出来。

（2）分析核心企业所处的市场竞争环境。通过对核心企业现状分析，了解企业内部的情况；通过对市场竞争环境的分析，知道哪些产品的供应链需要开发，现在市场需求的产品是什么，有什么特别的属性，对已有产品和需求产品的服务要求是什么；通过对市场各类主体，如用户、零售商、生产商和竞争对手的专项调查，了解到产品和服务的细分市场情况、竞争对手的实力和市场份额、供应原料的市场行情和供应商的各类状况、零售商的市场拓展能力和服务水准、行业发展的前景，以及诸如宏观政策、市场大环境可能产生的作用和影响等。

这一步的工作成果是有关产品的重要性排列、供应商的优先级排列、生产商的竞争实力排列、用户市场的发展趋势分析，以及市场不确定性的分析评价的基础。

（3）明确供应链设计的目标。基于产品和服务的供应链设计的主要目标在于获得高品质的产品、快速有效的用户服务、低成本的库存运作、低单位成本的费用投入等几个目标之间的平衡，最大限度地避免这几个目标之间的冲突。同时，还需要实现以下基本目标：进入新市场；拓展老市场；开发新产品；调整老产品；开发分销渠道；改善售后服务水平；提高用户满意程度；建立战略合作伙伴联盟；降低成本；降低库存；提高工作效率。在这些设计目标中，有些目标很大程度上存在冲突，有些目标是主要目标，有些目标是首要目标，这些目标的实现级次和重要程度随不同企业的具体情况而有所区别。

（4）分析组成供应链的各类资源要素。本阶段要对供应链上的各类资源，如供应商、用户、原材料、产品、市场、合作伙伴与竞争对手的作用、使用情况、发展趋势等进行分析。在这个过程中要把握可能对供应链设计产生影响的主要因素，同时对每一类因素产生的风险进行分析研究，给出风险规避的各种方案，并将这些方案按照所产生作用的大小进行排序。

（5）提出供应链的设计框架。分析供应链的组成，确定供应链上主要的业务流程和管理流程，描绘出供应链物流、信息流、资金流、作业流和价值流的基本流向，提出组成供应链的基本框架。在这个框架中，供应链中各组成成员如生产制造商、供应商、运输商、分销商、零售商及用户的选择和定位是这个步骤必须解决的问题。另外，组成成员的选择标准和评价指标应该基本上得到完善。

（6）评价供应链设计方案的可行性。供应链设计框架建立之后，需要对供应链设计的技术可行性、功能可行性、运营可行性、管理可行性进行分析和评价。这不仅是供应链设计策略的罗列，而且是进一步开发供应链结构、实现供应链管理的关键的、首要的一步。在供应链设计的各种可行性分析的基础上，结合核心企业的实际情况以及对产品和服务发展战略的要求，为开发供应链中技术、方法、工具的选择提供支持。同时，这一步还是一个方案决策的过程，如果分析认为方案可行，就可继续进行下面的设计工作；如果分析认为方案不可行，就需要重新进行设计。

（7）调整新的供应链。供应链的设计方案确定以后，这一步可以设计产生与以往有所不同的新供应链。因此，这里需要解决以下关键问题：供应链的详细组成成员，如供应商、设备、作业流程、分销中心的选择与定位、生产运输计划与控制等；原材料的供应情况，如供应商、运输流量、价格、质量、提前期等；生产能力的设计，如需求预测、生产运输配送、生产计划、生产作业计划和跟踪控制、库存管理等；销售和分销能力设计，如销售/分销网络、运输、价格、销售规则、销售/分销管理、服务等；信息化管理系统软、硬平台的设计；物流通道和管理系统的设计等。在供应链设计中，需要广泛地应用许多工具和技术，如归纳法、流程图、仿真模拟、管理信息系统等。

（8）检验已产生的供应链。供应链设计完成以后，需要对设计好的供应链进行检测。通过模拟一定的供应链运行环境，借助一些方法、技术对供应链进行测试、检验或试运行。如果模拟测试结果不理想，就返回第五步重新进行设计；如果没有什么问题，就可以实施了。

（9）比较新旧供应链。如果核心企业存在旧的供应链，通过比较新旧供应链的优势和劣势，结合它们运行的现实环境的要求，可能需要暂时保留旧的供应链上某些不科学或不完善的作业流程和管理流程，待整个市场环境逐步完善时再用新供应链上的规范流程来取代。同样地，尽管新的供应链流程采用科学规范的管理，但在有些情况下，它们取代过时的陈旧的流程仍需要一定的过程。所以，比较核心企业的新旧供应链，有利于新供应链的有效运行。

（10）完成供应链的运行。供应链的出现必然带来供应链的管理问题。不同特征的供应链，其管理特征、内涵、方法及模式也有所不同。

10.2.3 供应链设计的评价指标

评价供应链的设计是否合理的指标有以下几个方面。

（1）柔性。供应链的组织形式就是为了能够更好地适应竞争激烈的市场，提高对用户的服务水平，及时满足用户的要求，如交货期、交货数量、商品质量以及用户对产品的某些特殊要求。为了提高供应链的柔性（灵活性），还需要 Internet、Intranet 和 EDI 等信息技术的支持，以提高链中各企业的响应速度。因此，柔性的高低就成为评价供应链组织结构合理性的一个指标。

（2）稳定。供应链是一种相对稳定的组织结构形式，影响供应链稳定的因素有两个：一个是供应链中的企业，它必须是具有优势的企业，即要有竞争力，因为如果供应链中的企业不能在竞争中长期存在，必然影响到整个供应链的存在；另一个就是供应链的组织结构，如供应链的长度，供应链的环节过多，信息传导中就会存在信息扭曲，造成整个供应链的波动，稳定性就差。

（3）协调。供应链是多个企业的集成网链，每个企业又是独立的利益个体，所以它比企业内部各部门之间的协调更加复杂，更加困难。供应链的协调包括利益协调和管理协调。利益协调必须在供应链组织结构构建时将链中各企业之间的利益分配加以明确。管理协调则是按供应链组织结构要求，借助信息技术的支持，协调物流、信息流的有效流动，以降低整个供应链的运行成本，提高供应链对市场的响应速度。

（4）简洁。供应链是物流链、信息链，也是一条增值链，它的构建不能任意而为。供应链中每一个环节都必须是价值增值的过程。非价值增值过程不仅增加了供应链管理的难度，增加了产品/服务的成本，而且还降低了供应链的柔性，影响供应链中企业的竞争实力。因此，在设计供应链的组织结构时，必须慎重选择链中企业，严格分析每一环节是否存在真正的价值增值活动。

（5）集成。供应链不同于传统的单个企业之间的关系，它是将链中的企业加以集成，使得链中企业的资源能够共享，获得优势互补的整体效益。供应链集成包括信息集成、物资集成、管理集成等。集成度的高低或者说整体优势发挥的大小，关键在于信息集成和管理集成，即需要形成信息中心和管理中心。

10.2.4 供应链节点的选择

供应链节点的选择也就是供应链合作企业的选择，这种选择要基于企业之间关系的性质及供应链组建的目标和市场环境等各种因素，制定出合理的选择模型和指标。

一般来说，无论在供应链的管理模式下还是在传统的企业运作模式下，企业之间的合作关系都是存在的，但合作关系的性质不同。企业间的合作关系大致可划分为重要合作伙伴关系和次要合作伙伴关系，这两种关系有一个可以量化的划分标准，即重要合作伙伴关系的合作参与方都是少而精的，而次要合作伙伴关系的合作各方的数量相对比较多。在次要合作伙伴关系中，任何一个合作伙伴的变化对整个合作关系不会产生大的影响。

目前国内外常用的节点选择方法有以下几种。

1．直观判断法

直观判断法主要根据决策人员所了解的情况，根据个人印象做出判断。这种方法很主观，往往以决策人员的个人好恶和已有的经验作为判断的标准。很显然，这种方法不适应大的关键性的供应链合作伙伴的选择。

2．成本法

成本法一般考虑采购和销售成本报价因素，包括采购价格、运输费用、管理费用等，采用成本最低的合作伙伴。这种方法的缺点是单单从成本方面考虑，而忽视了其他的一些重要因素，往往会造成显性成本降低，但隐性成本上升，如果合作伙伴除成本以外其他方面的表现不好，会不利于企业的长远发展。

在成本分析方法中有一种常用的 ABC 成本法（作业成本法）。ABC 成本法优于单纯以某一企业的成本来选择的地方在于：它根据所有合作各方的总成本来选择合作伙伴。由 Roodhooft 和 Koninss 提出的模型为

$$S_i^B=(p_i-p_{\min})q+\sum_i c_{ij}^B D_{ij}^B$$

式中，S_i^B 为第 i 个合作伙伴的成本值；p_i 为第 i 个合作伙伴的单位销售价格；$p_{\min}$ 为合作伙伴中单位销售价格的最小值；q 为采购量；c_{ij}^B 为企业因采购相关活动导致的成本因子 j 的单位成本；D_{ij}^B 为因合作伙伴 i 导致的在采购企业内部的成本因子 j 的单位成本。

这种成本分析方法将合作伙伴之间的相互影响纳入考虑范围，在这个基础上选择成本值最小的合作伙伴。这种方法显然比直接孤立地考虑单个企业成本大小的方法要科学很多。

3．两阶段的伙伴选择模型

Talluri 和 R C. Baker 提出了定量化的两阶段的伙伴选择模型。这种方法第一阶段利用 DEA 判别有效业务流程，然后运用 0—1 整数目标规划求解，选择出伙伴组建动态联盟。

4．层次分析法

层次分析法的基本原理是根据具有递阶结构的目标、子目标等评价方案，采取两两比较的方法确定判断矩阵，把判断矩阵的最大特征值相对应的特征向量的分量作为相应的系数，然后给出各方案的权重。

层次分析法适合于解决考虑因素少的选择问题，因为它牵涉判断矩阵算法，当遇到变量众多的情况时往往由于判断矩阵一致性的问题而难以求解，但这种方法目前应用比较广泛。

10.3 供应链的绩效评价

10.3.1 供应链绩效评价的特点和原则

1．供应链绩效评价的特点

（1）从单个企业角度进行绩效评价的特点。供应链管理是通过前馈的信息流和反馈的物流及信息流将供应商、制造商、分销商直到最终用户联系起来的一个整体的管理模式，因此它与单个企业管理模式有着较大区别，在对企业运行绩效的评价上也有许多不同。

单个企业绩效评价侧重于评价其内部职能部门或者职工个人，其评价指标在设计上有如下一些特点：

1）绩效评价指标的数据来源于财务结果，在时间上略微滞后，不能反映供应链动态运营情况。

2）以评价企业职能部门工作完成情况为主，不能对企业业务进程进行评价，更不能科学、客观地评价整个供应链的运营情况。

3）不能对供应链的业务流程进行实时评价和分析，而是侧重于事后分析。因此，当发现偏差时，偏差已成为事实，其危害和损失已经造成，并且往往很难补偿。

鉴于此，为衡量供应链整体运作绩效，以便决策者能够及时了解供应链整体状况，应该设计出更适合于供应链绩效评价的指标和方法。

（2）供应链绩效评价指标的特点。根据供应链管理运行机制的基本特征和目标，供应链绩效评价指标应该能够恰当地反映供应链整体运营状况以及上下节点企业之间的运营关系，而不是单独地评价某一供应商的运营情况。例如，对于供应链上的某一供应商来说，该供应商所提供的某种原材料价格很低。如果孤立地对这一供应商进行评价，就会认为该供应商的运行绩效较好。若其下游节点企业仅仅考虑原材料价格这一指标，而不考虑原材料的加工性能，就会选择该供应商所提供的原材料。而若该供应商提供的这种价格较低的原材料，其加工性能不能满足下游企业生产工艺要求，势必增加生产成本，从而使这种因价格低节约的成本被增加的生产成本所抵消。所以，评价供应链运行绩效的指标，不仅要评价该节点企业（或供应商）的运营绩效，而且还要考虑该节点企业（或供应商）的运营绩效对其他节点企业或整个供应链的影响。

单个企业绩效评价指标主要是基于部门职能的绩效评价指标，而供应链绩效评价指标是基于业务流程的绩效评价指标，通过图 10-3 图 10-4 可以看出它们之间的差异。

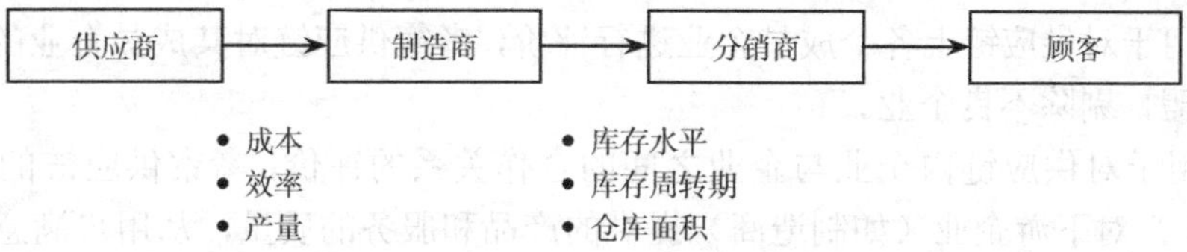

图 10-3 基于职能的绩效评价指标示意

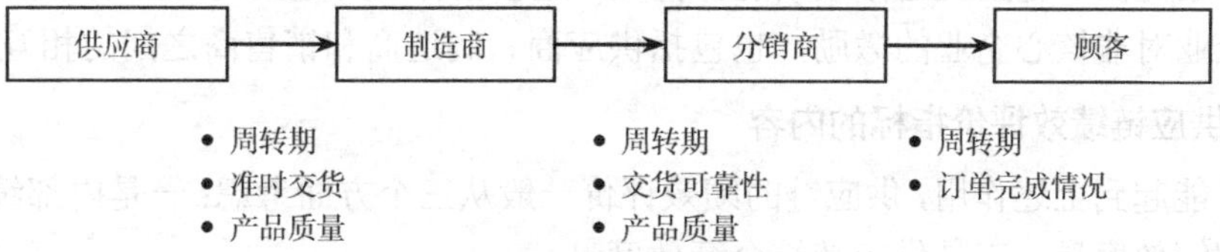

图 10-4 基于供应链业务流程的绩效评价示意

2. 供应链绩效评价应遵循的原则

随着供应链管理理论的不断发展和供应链实践的不断深入，为了科学、客观地反映供应链的运作情况，需考虑建立与之相适应的供应链绩效评价方法，并确定相应的绩效评价指标体系。供应链绩效的评价指标有其自身的特点，其内容比企业评价指标更为广泛，要能测评供应链的上游企业是否有能力及时满足下游企业或市场的需求。在实际操作上，为了建立能有效评价供应链绩效的指标体系，应遵循如下原则：

（1）突出重点，要对关键绩效指标进行重点分析。

（2）采用能反映供应链业务流程的绩效指标体系。

（3）评价指标要能反映整个供应链的运作情况，而不是仅仅反映单个节点企业的运作情况。

（4）应尽可能采用实时分析与评价的方法。要把绩效度量范围扩大到能反映供应链实时运作的信息上去，因为这比仅做事后分析要有价值得多。

（5）在衡量供应链绩效时，要采用能反映供应商、制造商及用户之间关系的绩效评价指标，把评价的对象扩大到供应链上的相关企业。

10.3.2 供应链绩效评价指标和方法

1. 供应链绩效评价指标的作用

为了能评价供应链的实施给企业群体带来的效益，方法之一就是对供应链的运作状况进行必要的度量，并根据度量结果对供应链的运行绩效进行评价。因此，供应链绩效评价主要有以下4个方面的作用。

（1）用于对整个供应链的运作效果进行评价，找出供应链运作方面的不足，及时采取措施予以纠正。

（2）用于对供应链上各个成员企业进行评价，考察供应链对其成员企业的激励，吸引企业加盟，剔除不良企业。

（3）用于对供应链内企业与企业之间的合作关系的评价，考察供应链的上游企业（如供应商）对下游企业（如制造商）提供的产品和服务的质量，从用户满意度的角度评价上、下游企业之间的合作伙伴关系的好坏。

（4）除对供应链企业运作绩效的评价外，这些指标还可起到对企业的激励作用，包括核心企业对非核心企业的激励，也包括供应商、制造商和销售商之间的相互激励。

2. 供应链绩效评价指标的内容

为了能起到上述作用，供应链的绩效评价一般从三个方面考虑：一是内部绩效度量，二是外部绩效度量，三是供应链综合绩效度量。

（1）内部绩效度量主要是对供应链上的企业内部绩效进行评价，常见的指标有成本、客户服务、生产率、良好的管理、质量等。

（2）外部绩效度量主要是对供应链上的企业之间协调运行状况的评价。外部绩效度量的主要指标有客户满意度等。

关于供应链绩效评价的一般性统计指标如表10-3所示。

表10-3 供应链绩效评价的一般性统计指标

客户服务	生产与质量	资产管理	成　本
饱和率	人工费系统	库存周转	全部成本/单位成本
脱销率	生产指数	负担成本	进出货运输费
准时交货率	破损率	废弃的库存	仓库成本
补货订单	退货数	库存水平	管理成本
周转时间	信用要求数	供货天数	直接人工费
发运错误	破损物价值	净资产回报	退货成本
订单准确率		投资回报	

（3）除了以上一般性统计指标外，供应链的绩效还辅以一些综合性的指标如供应链生产效率来衡量，也可由某些由定性指标组成的评价体系来反映，如客户满意度、企业核心竞争力、核心能力等。

3．供应链绩效的评估方法

当前人们对供应链整体绩效越来越关注，这就要求衡量标准能够综合反映各方面的观点，并能在各职能部门之间以及各供应链组织间进行比较。对供应链绩效的评估方法包括现金到现金的周转时间、供应链库存数量、闲置时间、在货架上的货物占库存货物的百分比、供应链总成本以及供应链反应时间。

（1）现金到现金周转时间。现金到现金周转时间是将花费在库存上的成本转化成销售收入所需的时间，它可以通过将库存周转天数与未清的应收账款天数相加，再减去未清的应付账款天数来进行计算。现假定一零售商有 30 天的库存数量，供货商提供 30 天的贸易信用天数，仅用现金交易方式卖给终端消费者，理论上这个公司的现金到现金周转时间等于零，因为它向最终消费者售货并取得货款的时候，正是应该向供应商支付货款的时候。更重要的是，无论资产负债表上怎样写，这家公司的实际库存投资为零。

（2）供应链库存数量。传统的库存绩效衡量指标——周转率和库存数量将重点集中在单个的公司上。从供应链的观点来看，这些衡量指标的缺陷在于一家公司可以仅仅通过转移库存到供应商或客户手中来提高其绩效。供应链库存数量关注各个环节的总库存，一般情况下定义为工厂、配送中心、批发商、零售商处的全部成品库存数量。

（3）闲置时间。闲置时间是另一个用来衡量整体供应链在资产管理方面绩效的指标。库存闲置时间是指在供应链中库存闲置不用的天数与库存被有效地利用或配置的天数的比率。虽然有时由于质量控制的原因或为了缓冲某些不确定性而使得库存需要被放置不用，但延长了的闲置时间仍然反映了潜在的无生产性库存的数量。闲置时间同时也可以用于其他资产的计算，特别是运输设备。例如，铁路车辆的利用率可以由铁路车辆放置不用和空置的天数与它装满货物的天数来计算。减少资产闲置时间是许多物流管理人员的一个关键工作目标。闲置的资产对一个组织的生产力没有任何贡献。

（4）在货架上的货物占库存货物的百分比。供应链中的所有参与者的关键目标是，不论何时何地，只要终端消费者需要购买产品，就有产品可以供应。传统的单独对分销中心和对零售商店的绩效评价指标很难保证当消费者在商店中选择商品时，公司就有产品可以供应。由于这个原因，在一些供应链关系中，对整体绩效的一个关键的衡量指标是货架货物占库存货物的百分比。其基本原理是一个消费者不可能或不愿意选择和购买一个在商店货架上不容易得到的商品。提高货架货物占库存物的百分比便可以使供应链中的所有成员受益，而不仅仅是零售商。

（5）供应链总成本。迄今很多关于成本的讨论中，主要关注于单个企业的成本。图 10-5 描述了这样一个事实，即供应链总成本是供应链上所有公司成本的总和，而不仅是单个公司的成本。这个观点对有效的供应链管理至关重要。仅仅关注单个公司的成本也许会导致局部优化和一家公司将费用转移到另外一家公司。如果供应链管理的目标是降低总成本，只要总成本的降低大于供应链中的某一个或几个成员成本的增加，则供应链作为一个整体就有改进。于是那些成本减少的公司就有责任将利益分割一些给那些成本增加的公司以做补偿。这种在运作整合的变革中共享利益和共担风险的意愿是供应链管理的真正核心。

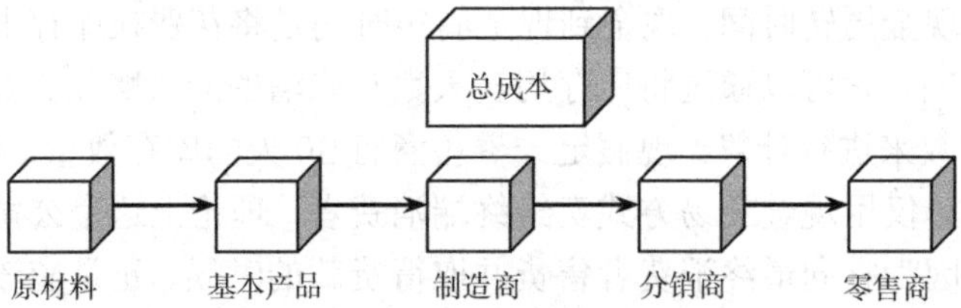

图 10-5　供应链总成本

（6）供应链反应时间。综合供应链绩效的一个衡量标准是供应链反应时间（Supply Chain Response Time，SCRT）。SCRT 可以通过满足需要的时间来计算，即一个公司认识到市场需求的根本性变化，将这一发现内在化，然后重新计划和调整产量来满足该需求所需要的时间。例如，在汽车工业中，当发现市场上对运动型汽车的需求极高时，汽车公司往往要花上几年时间来开发充足的生产量和能力，重新安排供应商关系，并满足消费者的需求。在大多数的情况下，一个真实的 SCRT 衡量标准实际上是一个理论的近似值。然而，当供应链管理人员考虑整个供应链需要多长时间才能准备好，以面对产品需求比预期的大（小）很多的情况时，SCRT 就极其有用了。

10.3.3　整个供应链业务流程的绩效评价

整个供应链是指从最初供应商开始直至最终用户为止的整条供应链。综合考虑指标评价的客观性和实际可操作性，整个供应链运营绩效可以根据以下的评价指标进行评价。

1．产销率指标

产销率是指在一定时间内已销售出去的产品数量与生产的产品数量的比值。

$$产销率=\frac{一定时间内已销售出去的产品数量（S）}{一定时间内生产的产品数量（P）}$$

因为 $S \leqslant P$，所以产销率小于或等于 1。

产销率指标又可分成如下三个具体的指标：

（1）供应链节点企业的产销率。

$$\text{供应链节点企业的产销率}=\frac{\text{一定时间内节点企业已销售的产品数量}}{\text{一定时间内节点企业已生产的产品数量}}$$

该指标反映供应链节点企业在一定时间内的经营状况。

（2）供应链核心企业的产销率。

$$\text{供应链核心企业的产销率}=\frac{\text{一定时间内核心企业已销售的产品数量}}{\text{一定时间内核心企业已生产的产品数量}}$$

该指标反映供应链核心企业在一定时间内的经营状况。

（3）供应链产销率。

$$\text{供应链产销率}=\frac{\text{一定时间内各节点企业已销售的产品数量之和}}{\text{一定时间内各节点企业已生产的产品数量之和}}$$

该指标反映整个供应链在一定时间内的经营状况，其时间单位可以是年、月、天。随着供应链管理水平的提高，时间单位也可以取值越来越小，甚至可小到以天为单位。该指标也反映供应链资源（包括人、财、物、信息等）的有效利用程度，产销率越接近 1，说明资源利用程度越高。同时，该指标也反映了供应链库存水平和产品质量，其值越接近 1，说明供应链库存量越小。

2．平均产销绝对偏差指标

$$\text{平均产销绝对偏差}=\sum_{i=1}^{n}\frac{|P_i-S_i|}{n}$$

式中，n 为供应链节点企业的个数；P_i 为第 i 个节点企业在一定时间内生产产品的数量；S_i 为第 i 个节点企业在一定时间内已生产的产品中销售出去的数量。

该指标反映在一定时间内供应链总体库存水平。其值越大，说明供应链库存量越大，库存费用越高。反之，说明供应链库存量越小，库存费用越低。

3．产需率指标

产需率是指在一定时间内，节点企业已生产的产品数量与其下层节点企业对该产品的需求量的比值。具体分为如下两个指标：

（1）供应链节点企业产需率。

$$供应链节点企业产需率=\frac{一定时间内各节点企业已生产的产品数量}{一定时间内下层节点企业对该产品的需求量}$$

该指标反映上、下层节点企业之间的供需关系。产需率越接近1，说明上、下层节点企业之间的供需关系越协调，准时交货率越高；如果该产需率大于1，说明供大于求；如果该产需率小于1，说明供不应求。无论如何，节点企业的产需率还是要追求不断接近1，偏离1越远，则表明问题越大。

（2）供应链核心企业产需率。

$$供应链核心企业产需率=\frac{一定时间内核心企业已生产的产品数量}{一定时间内用户对该产品的需求量}$$

该指标反映供应链整体生产能力和快速响应市场能力。若该指标数值大于或等于1，说明供应链整体生产能力较强，能快速响应市场需求，具有较强的市场竞争能力；若该指标数值小于1，则说明供应链生产能力不足，不能快速响应市场需求。

4．供应链产品出产（或投产）周期或节拍指标

当供应链节点企业生产的产品为单一品种时，供应链产品出产周期（Cycle Time）是指产品的出产节拍；当供应链节点企业生产的产品品种较多时，供应链产品出产周期是指混流生产线上同一种产品的出产间隔。由于供应链管理是在市场需求多样化经营环境中产生的一种新的管理模式，其节点企业（包括核心企业）生产的产品品种较多。因此，供应链产品出产周期一般是指节点企业混流生产线上同一种产品的出产间隔期。它可分为如下两个具体的指标：

（1）供应链节点企业（或供应商）零部件出产周期。该周期指标反映了节点企业库存水平及对其下层节点企业需求的响应程度。该周期越短，说明该节点企业对其下层节点企业需求响应越快速。

（2）供应链核心企业产品出产周期。该周期指标反映了整个供应链的在制品库存水平和成品库存水平，同时也反映了整个供应链对市场或用户需求的快速响应能力。核心企业产品出产周期决定着各节点企业产品出产周期，即各节点企业产品出产周期必须与核心企业产品出产周期合拍。该周期越短，说明整个供应链的在制品库存量和成品库存量都比较少，总的库存费用都比较低；另一方面也说明供应链管理水平比较高，能快速响应市场需求，并具有较强的市场竞争能力。

5．供应链总运营成本指标

供应链总运营成本包括供应链通信成本、供应链总库存费用及各节点企业外部运输总费用。它反映供应链运营的效率。具体分析如下：

（1）供应链通信成本。供应链通信成本包括各节点企业之间通信费用，如 EDI、Internet 的建设和使用费用；供应链信息系统开发和维护费用等。

（2）供应链总库存费用。供应链总库存费用包括各节点企业在制品库存和成品库存费用、各节点之间在途库存费用。

（3）各节点企业外部运输总费用。各节点企业外部运输总费用等于供应链所有节点企业之间运输费用总和。

6. 供应链核心企业产品成本指标

供应链核心企业的产品成本是供应链管理水平的综合体现。根据核心企业产品在市场上的价格确定出该产品的目标成本。再向上游追溯到各供应商，确定出相应的原材料、配套件的目标成本，只有当目标成本小于市场价格时，各个企业才能获得利润，供应链才能得到发展。

7. 供应链产品质量指标

供应链产品质量是指供应链各节点企业（包括核心企业）生产的产品或零部件的质量。质量指标主要包括合格率、废品率、退货率、破损率、破损物价值等指标。

10.3.4 供应链上、下节点企业之间关系的绩效评价

供应链上、下节点企业之间关系的绩效评价是以供应链层次结构为基础的。供应链可看成由不同层次供应商组成的递阶层次结构，下层供应商可看成其上层供应商的用户。

因此，以下层供应商来评价和选择与其业务相关的上层供应商更直接、更客观。如此递推，即可对整个供应链的绩效进行有效的评价。为了能综合反映供应链上、下层节点企业之间的关系，提出了满意度指标。

满意度指标是反映供应链上、下节点企业之间关系的绩效评价指标，即在一定时间内下层供应商 i 对其相邻上层供应商 j 的综合满意程度 C_{ij}。

$$C_{ij}=\alpha_j\times\text{供应商}\ j\ \text{准时交货率}+\beta_j\times\text{供应商}\ j\ \text{成本利润率}+\lambda_j\times\text{供应商}\ j\ \text{产品质量合格率}$$

式中，α_j，β_j 和 λ_j 为权数，且（$\alpha_j+\beta_j+\lambda_j$）$\div 3=1$。

准时交货率是指上层供应商在一定时间内准时交货的次数占其总交货次数的百分比。供应商准时交货率低，说明其协作配套的生产能力达不到要求，或者是对生产过程的组织管理跟不上供应链运行的要求；供应商准时交货率高，说明其生产能力强，生产管理水平高。成本利润率是指单位产品净利润占单位产品总成本的百分比；产品质量合格率是指质量合格的产品数量占产品总产量的百分比，它反映了供应商提供货物的质量

水平。

在满意度指标中，权数的取值可随着上层供应商的不同而不同。但是对于同一个下层供应商，在计算与其相邻的所有上层供应商的满意度指标时，其权数均取相同值。这样，通过满意度指标就能评价不同供应商的运营绩效以及这些不同的运营绩效对其上层供应商的影响。

供应链最后一层为最终用户层，最终用户对供应链产品的满意度指标是供应链绩效评价的一个最终标准。可按如下公式进行计算：

$$\text{满意度}=\alpha\times\text{供应商准时交货率}+\beta\times\text{产品质量合格率}+\lambda\ \frac{\text{用户期望的产品价格}}{\text{实际的产品价格}}$$

全球视野

ICI 世界集团实现先进供应链管理案例

英国卜内门化学工业有限公司即 ICI 世界集团（以下简称 ICI）是一个全球性的化工集团，财富世界 500 强企业之一、全球最大的建筑装饰漆供应商之一，在全球化工行业名列前十。ICI 公司于 1992 年在中国成立卜内门太古漆油（中国）有限公司，并于 1994 年在广州投资 2 400 万美元建成 ICI 广州生产厂，又于 1995 年在上海成立卜内门太古漆油（上海）有限公司，紧接着在 1998 年投资 4 000 万美元，建成 ICI 首家全自动化油漆生产线工厂。

基于 ERP，实施企业移动。ICI 在中国拥有两间油漆生产工厂，在各地有 8 个中转仓库。现应用 BPCS 管理，对产品的管理精细到批号，即以产品批号为信息基础实现生产、仓储、销售环节的诸如生产计划、出货、销售渠道控制等管理。但是因为同一批号的产品可能会发给不同的中转仓和经销商，所以单单以批号为基本信息单元将无法全面掌握产品的渠道流向信息并很难满足诸如防伪、销售采样等需要。以企业移动为中心的企业移动条码系统将作为 ERP 系统的有效辅助，帮助 ICI 规范上述销售渠道管理，全面掌握产品的渠道流向信息，有效消除窜货和假冒伪劣现象。

企业移动条码系统服务供应链管理，MC1000 大显身手。ICI 在全国建有 8 个分销中心，国内每个城市都有若干个经销商。ICI 的销售主管要对这些经销商进行销售分区查询和条码仿伪查询的工作，并且运用讯宝科技企业数字助理 MC1000（或 PC+SYMBOL 条码扫描器）采集相关销售数据，后台系统接收、存储、管理以上数据，各地分销中心和经销商利用 MC1000，连接本地办公室 PC 机，并通过 VPN 访问 ICI 的后台数据库，则可以实现每日前端数据的接收、存储、备份与报表、数据录入（客户销售数据、雇员信息等)、雇员工作业绩分析与薪酬计算、市场数据分析等服务内容。

ICI 负责该项目的项目经理黄剑锋认为:“传统的产品管理从生产线开始,到仓储和物流环节都存在着各种难以解决的纰漏。而传统的产品管理模式对手工操作依赖性强,而且操作以及整理货物的空间有限,对销售供应链的管理更是难上加难,依靠人工记录反馈终端销售信息,难以做到销售细化管理、数字管理的需要。此外,ICI 日常需要完成生产、包装、入库、盘点、移库、发货等一系列工作,我们一直希望能够借助全球领先的企业移动解决方案系统化并简化这一系列工作,最大限度减少人工出错的可能性,最终有效提高生产效率,优化仓储产品管理,实现对销售供应链的真正有效控制。以讯宝科技 MC1000 为代表的企业移动解决方案很好地帮助我们完成了这一系列任务,有效地强化了 ICI 对销售供应链的管理。”

资料来源:http://www.cioage.com/art/200710/53375_2.htm

供应链中的道理　戴尔:供应链管理实现“零库存”

戴尔的核心能力,在于管理好整条供应链,让新产品在最短时间交到客户手上。和这件事无关的,都会交出来给供应链上的伙伴。戴尔的供应链管理可以归纳为:一,减少供货商并将他们集中。将原本下给 200 多家供货商的订单集中,以就近供货原则交给其中 50 家,从而使戴尔本身的零件库存不到 2 小时,接到订单后,再通知供货商送零件来,从进料到组装完出货只要 4 小时。二,强化供应链上的信息流通速度和透明度。戴尔的供货商,等于转接了戴尔的库存压力,因此必须很清楚戴尔未来的出货计划,以免出现库存过多自己赔本、库存不够被戴尔撤换的情况。三,在研发上,戴尔也选择降低研发和设计比重,放大伙伴价值的做法。例如,戴尔把笔记本的研发和设计交给台湾的代工伙伴广达承揽,自己则专心去争取订单。此外,在发动价格战争时,供应商也需要扮演极具效率的后勤支持角色。借助供应链的威力,戴尔可以实现顾客下单到出货存货周转天数 4 天、每人每小时的生产效率提升 160%、订单处理效率提高 50%,以及订单错误率降低 50%的竞争力。

资料来源:上海证券报,2007 年 9 月 7 日

企业案例

海尔柔性供应链管理

海尔集团取得今天的业绩,和企业实行全面的信息化管理是分不开的。借助先进的

信息技术，海尔发动了一场管理革命：以市场链为纽带，以订单信息流为中心，带动物流和资金流的运动，通过整合全球供应链资源和用户资源，逐步向"零库存、零营运资本和（与用户）零距离"的柔性供应链终极目标迈进。

以市场链为纽带重构柔性供应链业务流程

从生产规模看，海尔现有 10 800 多个产品品种，平均每天开发 1.3 个新产品，每天有 5 万台产品出库。海尔一年的资金运作进出达 996 亿元，平均每天需做 2.76 亿元结算，1 800 多笔账。随着业务的全球化扩展，海尔集团在全球有近 1 000 家分供方（其中世界 500 强企业 44 个），营销网络 53 000 多个，海尔还拥有 15 个设计中心和 3 000 多名海外经理人，如此庞大的业务体系，依靠传统的金字塔式管理架构或者矩阵式模式，很难维持正常运转，业务流程重组势在必行。

总结多年的管理经验，海尔探索出一套市场链管理模式。海尔认为，在新经济条件下，企业不能再把利润最大化当做目标，而应该以用户满意度的最大化、获取用户的忠诚度为目标，这就要求企业更多地贴近市场和用户。市场链简单地说就是把外部市场效益内部化。过去，企业和市场之间有条鸿沟，在企业内部，人员相互之间的关系也只是上下级或是同事。如果产品被市场投诉了，或者滞销了，最着急的是企业领导，下面的员工可能也很着急，但是使不上劲。所以海尔不仅让整个企业面对市场，而且让企业里的每一个员工都去面对市场。由此，海尔也把市场机制成功地导入企业的内部管理，把员工相互之间的同事和上下级关系转变为市场关系，形成内部的市场链机制。员工之间实施 SST，即索赔、索酬、跳闸。如果你的产品和服务好，下道工序给你报酬，否则会向你索赔或者"亮红牌"。

结合市场链模式，海尔集团对组织机构和业务流程进行了调整，把原来各事业部的财务、采购、销售业务全部分离出来，整合成商流推进本部、物流推进本部、资金流推进本部，实行全集团统一营销、采购、结算；把原来的职能管理资源整合成创新订单支持流程 3R（研发、人力资源、客户管理）和基础支持流程 3T（全面预算、全面设备管理、全面质量管理），3R 和 3T 流程相应成立独立经营的服务公司。

整合后，海尔集团商流本部和海外推进本部负责搭建全球的营销网络，从全球的用户资源中获取订单；产品本部在 3R 支持流程的支持下不断创造新的产品满足用户需求。产品事业部将商流获取的订单和产品本部创造的订单执行实施。物流本部利用全球供应链资源搭建全球采购配送网络，实现 JIT 订单加速流。资金流搭建全面预算系统。这样就形成了直接面对市场的、完整的核心流程体系和 3R、3T 等支持体系。商流本部、海外推进本部从全球营销网络获得的订单形成订单信息流，传递到产品本部、事业部和物流本部，物流本部按照订单安排采购配送，产品事业部组织安排生产，生产的产品通过物流的配送系统送到用户手中，而用户的货款也通过资金流依次传递到商流本部、产品本部、物流本部和分供方手中，这样就形成横向网络化的同步业务流程。

柔性供应链的快速客户响应

示例：哈尔滨用户因房间摆放需要，想要一台左开门冰箱，他首先想到了海尔，到海尔网站一看，果然有用户定制服务，用户可以选择冰箱开门方式等 10 几个特殊需求，他按需要下了订单后，海尔冰箱生产部门立即在定制生产线上组织生产，接受信息、组织生产、配送、交易整个过程，7 天时间就搞定，获得了用户的好评。

在业务流程再造的基础上，海尔形成了“前台一张网，后台一条链”［前台一张网是海尔客户关系管理网站（haiercrm.com），后台一条链是海尔的市场链］的闭环系统，构筑了企业内部供应链系统、ERP 系统、物流配送系统、资金流管理结算系统和遍布全国的分销管理系统及客户服务响应 Call-Center 系统，并形成了以订单信息流为核心的各子系统之间无缝连接的系统集成。

海尔 ERP 系统和 CRM 系统的目的是一致的，都是为了快速响应市场和客户需求。前台的 CRM 网站作为与客户快速沟通的桥梁，将客户的需求快速收集、反馈，实现与客户的零距离；后台的 ERP 系统可以将客户需求快速触发到供应链系统、物流配送系统、财务结算系统、客户服务系统等流程系统，实现对客户需求的协同服务，大大缩短对客户需求的响应时间。

海尔集团于 2000 年 3 月 10 日投资成立海尔电子商务有限公司，在家电行业率先建立企业电子商务网站，全面开展面对供应商的 B2B 业务和针对消费者个性化需求的 B2C 业务。通过电子商务采购平台和定制平台与供应商和销售终端建立紧密的互联网关系，建立起动态企业联盟，达到双赢的目标，提高双方的市场竞争力。在海尔搭建的电子商务平台上，企业和供应商、消费者实现互动沟通，使信息增值。

面对个人消费者，海尔可以实现全国范围内网上销售业务。消费者可以轻点鼠标，在海尔的网站上浏览、选购、支付，然后可以在家里静候海尔的快捷配送及安装服务。海尔首先推出 23 种 800 多个产品在网上直接销售，各大城市的网上订购的用户可以在两天内拿到自己需要的称心如意产品和零距离的全天候星级服务。

问题：

1. 海尔柔性供应链是依据什么理念来设计的？
2. 说明海尔柔性供应链的运行模式。
3. 根据你的理解，海尔的这种柔性供应链是否还可以做进一步的优化？

资料来源：http://www.youshang.com/content/2010/05/27/15453.html

复习思考题

1. 如何理解供应链管理的概念。
2. 评述形成供应链管理思想的社会经济背景。
3. 将客观存在的供应链实施有效的管理会面临哪些困难?
4. 如何理解供应链管理的四大要素?
5. 请阐述供应链设计的原则。
6. 请谈谈供应链设计评价指标的内涵。
7. 为什么需要对供应链进行绩效评价?
8. 供应链绩效评价的原则有哪些?
9. 供应链绩效评估可以从哪几个角度来进行?
10. 如果你是一家大型超市的总经理，你会如何进行供应链管理?

本章小结

供应链是指围绕核心企业，通过对信息流、物流、资金流的控制，从采购原材料开始，制成中间产品以及最终产品，最后由销售网络把产品送到消费者手中的将供应商、制造商、分销商、零售商、直到最终用户连成一个整体的功能网链结构；供应链管理是使供应链运作达到最优化，以最小的成本，让供应链从采购开始，到满足最终顾客的所有过程，包括工作流、实物流、资金流和信息流等均能高效率地操作，把合适的产品、以合理的价格，及时、准确地送到消费者手上所进行的管理活动。

战略层面的供应链设计包括供应链成员及合作伙伴选择、设计网络结构以及设计供应链基本规则等。供应链设计的关键点主要集中在供应链设计的目标、供应链系统的结构和供应链的优化。供应链设计的评价指标包括柔性、稳定、协调、简洁和集成五个方面。

供应链运作的绩效评估可从现金流绩效评估和业务流程绩效评估两个方面进行评价。

第 11 章

供应链管理方法

本章学习目标

- 了解供应链管理方法中快速反应（QR）和有效客户反应（ECR）产生的历史背景；
- 熟悉供应链管理方法中的快速反应（QR）和有效客户反应（ECR）的具体原理；
- 了解库存管理理论中的独立需求和相关需求的有关概念；
- 掌握独立需求库存控制技术的经济订货批量方法；
- 了解并熟悉供应商管理库存方法和联合库存管理方法。

引导案例

宝洁（中国）公司在供应链管理上的卓越表现的主要原因之一就在于宝洁对 ECR 的贯彻执行。为了贯彻执行 ECR，宝洁公司的做法最值得一提的有两个方面。

一是保证基本环节正常运作。宝洁公司拥有完善的订单管理系统，能完全按时按量交货，负责损失赔偿，并正确开具发票。自从宝洁公司启动了 ECR 以后，上述各方面工作的效率从起初的 65%提高到 90%以上。在这之前宝洁公司每个月需要人工处理 27 000 多份订单的错误。而现在，订单错误率已经降低了 80%，每年节省 2 000 万美元。

二是团结协作的精神。在宝洁公司，大家相信团结协作是 ECR 能够成功的关键。为了推进自己和零售商的事业共同前进，宝洁公司建立了一个彼此信任、彼此责任和机会共享的环境。

为了创造团结协作的气氛，宝洁公司主要从以下三个方面着手：确定囊括各部分利益的共同目标；制定大家都认可的计划；在中肯而非挑剔的气氛中执行计划。

在良好的合作氛围中，宝洁公司的 ECR 利用 EDI 通信标准来帮助其从零售商的分销系统获取大量信息，尤其产品储存信息。

由于宝洁数年来一直坚持上述两条基本原则，ECR 无时无刻不在为宝洁公司及其客户和全球消费者工作。自从宝洁公司采用了 ECR 后，产品库存减少了近 20%；通过提供更加透明的购买环境，简化了客户和消费者对产品的选择；单位产品成本平均下降 2 美元，公司和经销商的库存总共降低了 10%。这些都促进了宝洁产品的销量和市场份额加速增长。

资料来源：http://www.cnexp.net/huoyun_wuliu_yunshu/wuliuanli/42728.html

11.1 快速反应

供应链管理理论的产生远远落后于具体的技术与方法。供应链管理最早多是以一些具体的方法出现的。在第 10 章讨论了供应链设计和绩效评价方法，本章将讨论两种最常见的供应链管理方法：快速反应与有效客户反应，以及供应链管理环境下的库存控制。

11.1.1 快速反应的概念

1. 快速反应的概念

快速反应（Quick Response，QR）是指物流企业面对多品种、小批量的买方市场，不是储备了“产品”，而是准备了各种“要素”，在用户提出要求时，能以最快速度抽取“要素”，及时“组装”，提供所需服务或产品。

快速反应是美国纺织服装业发展起来的一种供应链管理方法。它是由美国零售商、服装制造商以及纺织品供应商开发的整体业务概念，目的是减少原材料到销售点的时间和整个供应链上的库存，最大限度地提高供应链管理的运作效率。

快速反应要求零售商和供应商一起工作，通过共享 POS 信息来预测商品的未来补货需求，以及不断地监视趋势以探索新产品的机会，以便对消费者的需求能更快地做出反应。在运作方面，双方利用 EDI 来加速信息流，并通过共同组织活动来使得前置时间和费用最小。

快速反应的着重点是对消费者需求做出快速反应。快速反应的具体策略有待上架商品准备服务（Floor Ready Merchandise）、自动物料搬运（Automatic Material Handling）等。实施 QR 可分为三个阶段。

第一阶段：对所有的商品单元条码化，即对商品消费单元用 EAN / UPC 条码标识，对商品贸易单元用 ITF—14 条码标识，而对物流单元则用 UCC / EAN—128 条码标识。利用 EDI 传输订购单报文和发票报文。

第二阶段：在第一阶段的基础上增加与内部业务处理有关的策略。如自动补库与商品即时出售等，并采用 EDI 传输更多的报文，如发货通知报文、收货通知报文等。

第三阶段：与贸易伙伴密切合作，采用更高级的 QR 策略，以对客户的需求做出快速反应。一般来说，企业内部业务的优化相对较为容易，但在贸易伙伴间进行合作时，往往会遇到诸多障碍，在 QR 实施的第三阶段，每个企业必须把自己当成集成供应链系统的一个组成部分，以保证整个供应链的整体效益。例如，Varity Fair 与 Federated Stores，是北美地区的先导零售商，在与他们的贸易伙伴采用联合补库系统后，他们的采购人员和财务经理就可以省出更多的时间来进行选货、订货和评估新产品。Boscov 百货商店也声称在采用 QR 策略后，可以将其订货时间从原来的 6 周降到 2 周。

2. QR 的产生背景

20 世纪六七十年代，美国的杂货行业面临着国外进口商品的激烈竞争。80 年代早期，美国国产的鞋、玩具及家用电器的市场占有率下降到 20%，而国外进口的服装占据了美国市场的 40%。面对与国外商品的激烈竞争，纺织与服装行业在 70 年代和 80 年代采取的主要对策是在寻找法律保护的同时，加大现代化设备的投资。到了 80 年代中期，美国的纺织与服装行业是通过进口配额系统保护最重的行业之一，而纺织业是美国制造业生产率增长最快的行业。尽管上述措施取得了巨大的成功，但服装行业进口商品的渗透却在继续增加。一些行业的先驱认识到，保护主义措施无法保护美国服装制造业的领先地位，他们必须寻找其他方法。

1984 年，美国服装、纺织以及化纤行业的先驱们成立了一个“用国货为荣委员会”（Crafted with Pride in USA Council），该委员会的任务是为购买美国生产的纺织品和服装的消费者提供更大的利益。1985 年该委员会开始做广告，提高了美国消费者对本国生产服装的信誉度。该委员会也拿出一部分经费，研究如何长期保持美国的纺织与服装行业的竞争力。1985—1986 年，Kurt Salmon 协会进行了供应链分析，结果发现，尽管系统的各个部分具有高运作效率，但整个系统的效率却十分低。于是纤维、纺织、服装及零售业开始寻找那些在供应链上导致高成本的活动，结果发现，供应链的长度是影响其高效运作的主要因素。

整个服装供应链，从原材料到消费者购买，时间为 66 周：11 周在制造车间，40 周在仓库或转运，15 周在商店。这样长的供应链不仅各种费用大，更重要的是，建立在不精确需求预测上的生产和分销，因数量过多或过少造成的损失非常大。

整个服装供应链系统的总损失每年可达 25 亿美元，其中 2/3 的损失来自零售或制造商对服装的降价处理以及在零售时的缺货。进一步的调查发现，消费者离开商店而不购买的主要原因，是找不到合适尺寸和颜色的商品。这项研究导致了快速反应策略的应用和发展。快速反应是零售商及其供应商密切合作的策略，应用这种策略，零售商和供应商通过共享 POS 系统信息，联合预测未来需求、发现新产品营销机会等，对消费者的需求做出快速的反应。从运作的角度来讲，贸易伙伴需要用 EDI 来加快信息的流动，并共同重组他们的业务活动，以将订货前导时间和成本极小化。在补货中应用 QR 可以将交货前导时间降低 75%（见图 11-1）。

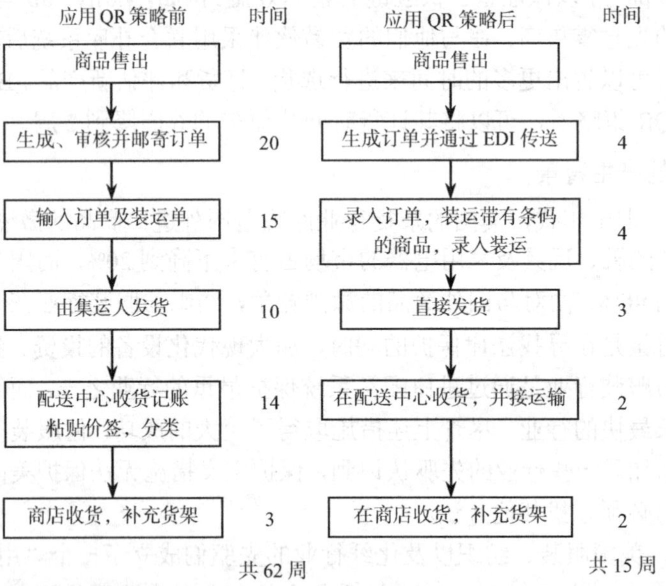

图 11-1　应用 QR 前后补货周期比较

11.1.2　实施 QR 成功的条件

美国是 QR 的发源地，有许多企业都已开始实施 QR，并取得了成功。实施 QR 的零售商有 Sears，沃尔玛，凯玛特，JCPenney，Dayton Hudson，Target，Federated，Dillards，The Limited，Hudson's Bay，Montgomery Ward 和 Cireuit City 等。实施 QR 的供应商有 Levi Strauss，VF Corp., Arrow Produets，Estee Lauder，耐克，SaraLee Hosiery，Whirlpool 和 Panasonic。实施 QR 的承运商有 Roadway 和 Schneider。

Black Burn 在对美国纺织服装业研究的基础上，认为 QR 成功的 5 项条件如下。

（1）改变传统的经营方式、企业经营意识和组织结构。企业不能局限于依靠本企业独自的力量来提高经营效率的传统经营意识，要树立通过与供应链各方建立合作伙伴关系，努力利用各方资源来提高经营效率的现代经营意识。零售商在垂直型 QR 系统中起主导作用，零售店铺是垂直型 QR 系统的起始点。在垂直型 QR 系统内部，通过 POS 数据等销售信息和成本信息的相互公开和交换，来提高各个企业的经营效率。明确垂直型 QR 系统内各个企业之间的分工协作范围和形式，消除重复作业，建立有效的分工协作框架。必须改变传统的事务作业的方式，通过利用信息技术实现事务作业的无纸化和自动化。

（2）开发和应用现代信息处理技术。这些信息技术有条码技术、电子订货系统（EOS）、POS 系统、EDI 技术、电子资金转账（EFT）、供应商管理库存（VMI）、连续补货（CRP）等。

（3）与供应链各方建立战略伙伴关系。具体内容包括两个方面：一是积极寻找和发现战略合作伙伴；二是在合作伙伴之间建立分工和协作关系。合作的目标定为削减库存，避免缺货现象的发生，降低商品风险，避免大幅度降价现象发生，减少作业人员和简化事务性作业等。

（4）改变传统的对企业商业信息保密的做法。将销售信息、库存信息、生产信息、成本信息等与合作伙伴交流共享，并在此基础上，要求各方在一起发现问题、分析问题和解决问题。

（5）供应商必须缩短生产周期，降低商品库存。具体来说供应商应努力做到：缩短商品的生产周期；进行多品种少批量生产和多频度少数量配送，降低零售商的库存水平，提高顾客服务水平；在商品实际需要将要发生时采用 JIT 方式组织生产，减少供应商自身的库存水平。

11.1.3　实施 QR 的收益

1. 实施 QR 的收益

对于零售商来说，大概需要销售额的 1.5%～2%的投入以支持条码、POS 系统和 EDI 的正常运行。这些投入包括 EDI 启动软件，现有应用软件的改进，租用增值网，产品查询，开发人员费用，教育与培训，EDI 工作协调，通信软件，网络及远程通信费用，CPU 硬件，条码标签打印的软件与硬件等。

实施 QR 的收益是巨大的，它远远超过其投入。它可以节约销售费用的 5%，这些节省不仅包括商品价格的降低，也包括管理、分销及库存等费用的大幅度减少。Kurt Salmon 协会的 David Cole 在 1997 年曾说过："在美国那些实施第一阶段 QR 的公司每年可以节省 15 亿美元的费用；而那些实施第二阶段 QR 的公司每年可以节省费用 27 亿美元。"他提出，如果企业能够过渡到第三阶段（联合计划、预测和补货），每年可望节约 60 亿美元的费用。

根据 Blackburn 的研究，QR 的效果如表 11-1 所示。

表 11-1 QR 的效果

对象商品	实施 QR 的企业	零售业者的 QR 效果
休闲裤	零售商：沃尔玛 服装生产厂家：Semiloe 面料生产厂家：Milliken	销售额：增加 31% 商品周转率：提高 30%
衬衫	零售商：JCPenney 服装生产厂家：Oxford 面料生产厂家：Burlinton	销售额：增加 59% 商品周转率：提高 90% 需求预测误差：下降 50%

Blackburn 研究结果显示，零售商在应用 QR 系统后，销售额大幅度增加，商品周转率大幅度提高，需求预测误差大幅度下降。应用 QR 系统后之所以有这样的效果，其原因如下。

（1）销售额的大幅度增加。应用 QR 系统后可以从四个方面增加销售：一是可以降低经营成本，从而能降低销售价格，增加销售； 二是伴随着商品库存风险的减少，商品以低价位定价，增加销售；三是能避免缺货现象，从而避免销售的机会损失；四是易于确定畅销商品，能保证畅销品的品种齐全，连续供应，增加销售。

（2）商品周转率的大幅度提高。应用 QR 系统可以减少商品库存量，并保证畅销商品的正常库存量，加快商品周转。

（3）需求预测误差大幅度减少。根据库存周期长短和预测误差的关系（见图 11-2）可以看出，如果在季节开始之前的 26 周进货（基于预测提前 26 周进货），则需求预测误差（缺货或积压）达 40%左右。如果在季节开始之前的 16 周进货，则需求预测误差为 20%左右。如果在很靠近季节开始的时候进货，需求预测误差只有 10%左右。应用 QR 系统可以及时获得销售信息，把握畅销商品和滞销商品，同时通过多频度小数量送货方式，实现实际需求型进货（零售店需要的时候才进货），这样使需求预测误差可减少到 10%左右。

这里需要指出的是，虽然应用 QR 的初衷是为了对抗进口商品，但是实际上并没有出现这样的结果。相反，随着竞争的全球化和企业经营的全球化，QR 系统管理迅速在各国企业界扩展，航空运输为国际间的快速供应提供了保证。现在，QR 方法成为零售商实现竞争优势的工具，同时随着零售商和供应商结成战略联盟，竞争方式也从企业与企业间的竞争，转变为战略联盟与战略联盟之间的竞争。

2. QR 的最新发展

QR 已有 15 年以上的历史，如今尽管 QR 的原则没有变化，但 QR 的策略以及技术却今非昔比。最初，供应链上的每一个业务实体（如制造商、零售商或承运商）都单独

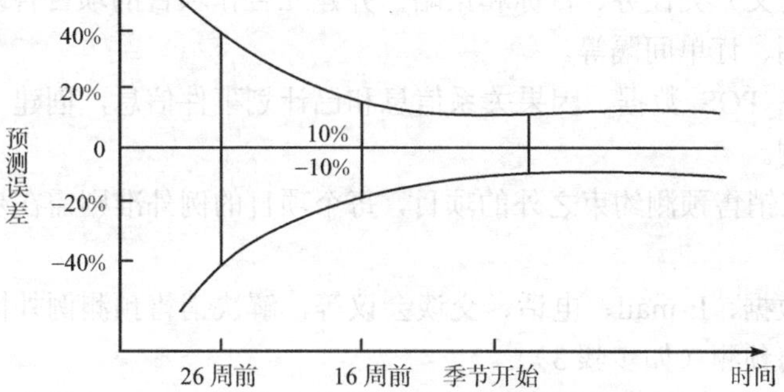

图 11-2　库存周期与预测误差的关系

发挥作用，因此，每一个企业都对其贸易伙伴的业务不感兴趣，更谈不上同其贸易伙伴共享信息。随着市场竞争的加剧，企业及经营者逐渐认识到，应改进自己的业务系统，提高产品的质量，以便为客户提供最好的服务。但令人失望的是，他们很少考虑内部系统的改变给他们的客户和供应商带来的不利影响。

20 世纪 80 年代末到 90 年代初，在市场竞争的强大压力之下，一些先导企业开始考虑评估和重构他们做生意的方式，从而导致了对供应链物流和信息的重组活动。在 80 年代，人们对供应链的优化的聚焦点是技术解决方案，现在已转变为重组他们做生意的方式以及与贸易伙伴的密切合作方面。例如，宝洁与沃尔玛通过密切合作来确定库存水平和营销策略。

目前在欧美，QR 的发展已跨入第三个阶段，即联合计划、预测与补货（Collaborative Planning，Forecasting and Replenishment，CPFR）阶段。CPFR 是一种建立在贸易伙伴之间密切合作和标准业务流程基础上的经营理念。它应用一系列技术模型，这些模型具有如下特点：

（1）开放，但安全的通信系统。

（2）适应于各个行业。

（3）在整个供应链上是可扩展的。

（4）能支持多种需求（如新数据类型，各种数据库系统之间的连接等）。

我国学者已对 CPFR 进行了研究，提出了基于 CPFR 的供应链管理的运作过程模型，该过程模型分为 3 个阶段共 9 个步骤。第 1 个阶段为计划，包括步骤 1 和 2；第 2 个阶段为预测，包括步骤 3～8；第 3 个阶段为补给，包括步骤 9。具体步骤为：

（1）建立供应链合作伙伴关系的指南和规则，共同达成一个通用业务协议，包括合作的全面认识、合作目标、机密协议、资源授权、合作伙伴的任务和成绩的检测。

（2）供应链合作伙伴相互交换战略和业务计划信息，以发展联合业务计划。建立合作伙伴关系战略，定义分类任务、目标和策略，并建立合作项目的项目管理简况，如订单最小批量、交货期、订单间隔等。

（3）利用零售商 POS 数据、因果关系信息和已计划事件信息，创建一个支持共同业务计划的销售预测。

（4）识别分布在销售预测约束之外的项目，每个项目的例外准则需在步骤 1 中得到认同。

（5）查询共享数据、E-mail、电话、交谈会议等，解决销售预测例外情况，并将产生的变化提交给销售预测（如步骤 3）。

（6）合并 POS 数据、因果关系信息和库存策略，产生一个支持共享销售预测和共同业务计划的订单预测，提出分时间段的实际需求数量，并通过产品及接收地点反映库存目标。

（7）识别分布在订单预测约束之外的项目。

（8）查询共享数据、E-mail、电话、交谈、会议等，调查研究订单预测例外情况，并将产生的变化提交给订单预测（如步骤 6）。

（9）将订单预测转换为承诺订单，订单可由制造厂或零售商 / 分销商依靠能力、系统和资源来完成。

CPFR 研究的重点是供应商、制造商、批发商、承运商及零售商之间协调一致的伙伴关系，以保证供应链整体计划、目标和策略的先进性。

然而，值得提出的是，即使在美国，如今也有一半以上的零售商不允许别人访问他们的 POS 扫描数据，而这些数据对于供应商来说至关重要，因此他们不得不用高库存来应付因缺货造成的损失，但这样做却大大提高了存货成本，不利于供应链效益的提高。要真正实现 CPFR，零售商必须向其贸易伙伴开放自己的 POS 扫描数据。

美国的 Kurt Salmon 协会通过调查、研究和分析认为，通过实施 CPFR 可以达到如下目标：

（1）新产品开发的前导时间可以减少 2/3。

（2）可补货产品的缺货将大大减少，甚至消除（通过供应商与零售商的联合从而保证 24 小时供货）。

（3）库存周转率可以提高 1～2 倍（通过制造商减少前导时间、零售商利用顾客需求导向策略）。

（4）通过敏捷制造技术，企业的产品中可以有 20%～30%是根据用户的特定需求而制造的。

QR 在过去的 15 年中取得了巨大的成功。商品的供应商和零售商通过这一方法为他们客户提供了更好的服务，同时也减少了整个供应链上的非增值成本。QR 作为一种供应链管理方法，必将向其更高的阶段发展，必将为供应链上的贸易伙伴——供应商、分销商、零售商和最终客户带来更大的价值。

11.2 有效客户反应

有效客户反应（Efficient Consumer Response，ECR）的应用始于食品杂货分销系统中，分销商和供应商为消除系统中不必要的成本和费用，给客户带来更大效益而进行密切合作的一种供应链管理方法。

11.2.1 ECR 的概念

1. ECR 的概念

ECR 是以满足顾客要求和最大限度降低物流过程费用为原则，能及时做出准确反应，使提供的物品供应或服务流程最佳化的一种供应链管理战略。

ECR 的最终目标是建立一个具有有效反应能力和以客户需求为基础的系统，使零售商及供应商以业务伙伴方式合作，提高整个食品杂货供应链的效率，而不是单个环节的效率，从而大大降低整个系统的成本、库存和物资储备，同时为客户提供更好的服务。

要实施 ECR，首先应联合整个供应链所涉及的供应商、分销商以及零售商，改善供应链中的业务流程，使其最合理有效；然后再以较低的成本，使这些业务流程自动化，以进一步降低供应链的成本和时间。具体地说，实施 ECR 需要将条码、扫描技术、POS 系统和 EDI 集成起来，在供应链（由生产线直至付款柜台）之间建立一个无纸系统（见图 11-3），以确保产品能不间断地由供应商流向最终客户，同时，信息流能够在开放的供应链中循环流动。这样，才能满足客户对产品和信息的需求，即给客户提供最优质的产品和适时准确的信息。

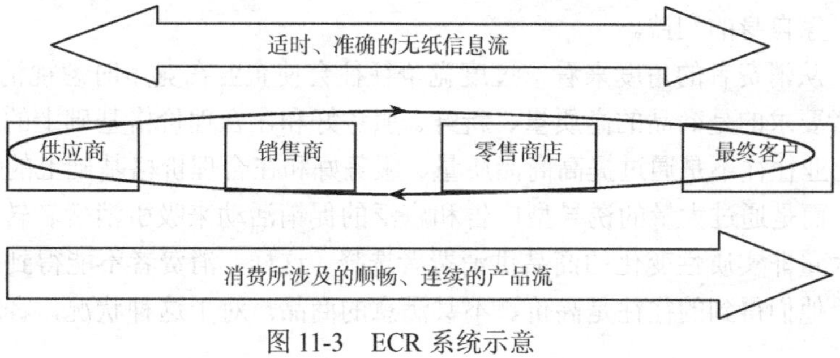

图 11-3　ECR 系统示意

ECR 是一种运用于工商业的策略，供应商和零售商通过共同合作（如建立供应商／分销商／零售商联盟），改善其在货物补充过程中的全球性效率，而不是以单方面不协调的行动来提高生产力，这样能节省由生产到最后销售的贸易周期的成本。

通过 ECR，如计算机辅助订货技术，零售商无须签发订购单，即可实现订货；供应商可利用 ECR 的连续补货技术，随时满足客户的补货需求，使零售商的存货保持在最优水平，从而提供高水平的客户服务，并进一步加强与客户的关系。同时，供应商也可从商店的销售点数据中获得新的市场信息，改变销售策略。对于分销商来说，ECR 可使其快速分拣运输包装，加快订购货物的流动速度，进而使消费者享用更新鲜的物品，增加购物的便利和选择，并加强消费者对特定物品的偏好。

2．ECR 产生的背景

在 20 世纪 60 年代和 70 年代，美国日杂百货业的竞争主要是在生产厂商之间展开。竞争的重心是品牌、商品、经销渠道及大量的广告和促销，在零售商和生产厂家的交易关系中生产厂家占据支配地位。进入 80 年代特别是到了 90 年代以后，在零售商和生产厂家的交易关系中，零售商开始占据主导地位，竞争的重心转向流通中心、商家品牌（PB）、供应链效率和 POS 系统。同时在供应链内部，零售商和生产厂家之间为取得供应链主导权的控制，同时为商家品牌（PB）和厂家品牌（NB）占据零售店铺货架空间的份额展开着激烈的竞争，这种竞争使得在供应链的各个环节间的成本不断转移，导致供应链整体的成本上升，而且容易牺牲力量较弱一方的利益。

在这期间，从零售商角度来看，随着新的零售业态如仓储商店、折扣店的大量涌现，使得它们能以相当低的价格销售商品，从而使日杂百货业的竞争更趋激烈。在这种状况下，许多传统超市业者开始寻找对应这种竞争方式的新管理方法。从生产厂家角度来看，由于日杂百货商品的技术含量不高，大量无实质性差别的新商品被投入市场，使生产厂家之间的竞争趋同化。生产厂家为了获得销售渠道，通常采用直接或间接的降价方式作为向零售商促销的主要手段，这种方式往往会大量牺牲厂家自身的利益。所以，如果生产商能与供应链中的零售商结成更为紧密的联盟，将不仅有利于零售业的发展，同时也符合生产厂家自身的利益。

另外，从消费者的角度来看，过度竞争往往会使企业在竞争时忽视消费者的需求。通常消费者要求的是商品的高质量、新鲜、服务好和在合理价格基础上的多种选择。然而，许多企业往往不是通过提高商品质量、服务好和在合理价格基础上的多种选择来满足消费者，而是通过大量的诱导型广告和广泛的促销活动来吸引消费者转换品牌，同时通过提供大量非实质性变化的商品供消费者选择。这样，消费者不能得到他们需要的商品和服务，他们得到的往往是高价、不甚满意的商品。对于这种状况，客观上要求企业从消费者的需求出发，提供能满足消费者需求的商品和服务。

在上述背景下，美国食品市场营销协会（Food Marketing Institute，FMI）联合包括可口可乐、宝洁、Safeway Store 等六家企业与流通咨询企业 Kurt Salmon Associates 公司一起组成研究小组，对食品业的供应链进行调查、总结、分析，于 1993 年 1 月提出了改进该行业供应链管理的详细报告。在该报告中系统地提出有效客户反应（ECR）的概念体系。经过美国食品市场营销协会的大力宣传，ECR 概念被零售商和制造商所接纳并被广泛地应用于实践。

3. ECR 的四大要素

有效产品引进、有效商店品种、有效促销及有效补货被称为 ECR 的四大要素（见表 11-2）。

表 11-2 ECR 四大要素的内容

要素	内容
有效产品引进	通过采集和分离供应链伙伴间时效性强的更加准确的购买数据，提高新产品的成功率
有效商店品种	通过有效地利用店铺的空间和店内布局，来最大限度地提高商品的盈利能力，如建立空间管理系统，有效的商品品种等
有效促销	通过简化分销商和供应商的贸易关系，使贸易和促销的系统效率最高，如消费者广告（优惠券、货架上标明促销）、贸易促销（远期购买、转移购买）
有效补货	从生产线到收款台，通过 EDI，以需求为导向的自动连续补货和计算机辅助订货等技术手段，使补货系统的时间和成本最优化，从而降低商品的售价

基于以上四大要素的 ECR 的运作过程如图 11-4 所示。

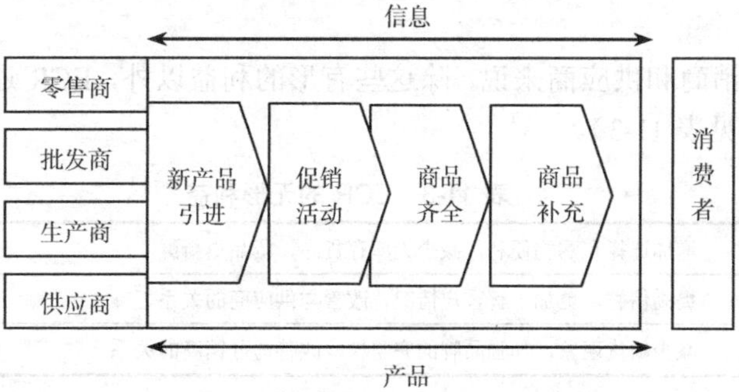

图 11-4 ECR 的运作过程

11.2.2 实施 ECR 的原则和收益

1．实施 ECR 的原则

（1）以较少的成本，不断致力于向供应链客户提供更优的产品、更高的质量、更好的分类、更好的库存服务及更多的便利服务。

（2）ECR 必须由相关的商业带头人启动。该商业带头人应决心通过代表共同利益的商业联盟取代旧式的贸易关系，而达到获利之目的。

（3）必须利用准确、适时的信息以支持有效的市场、生产及后勤决策。这些信息将以 EDI 的方式在贸易伙伴间自由流动，它将影响以计算机信息为基础的系统信息的有效利用。

（4）产品必须随其不断增值的过程，从生产至包装，直至流动至最终客户的购物篮中，以确保客户能随时获得所需产品。

（5）必须采用通用一致的工作措施和回报系统。该系统注重整个系统的有效性（通过降低成本与库存以及更好的资产利用，实现更优价值），清晰地标识出潜在的回报（增加的总值和利润），促进对回报的公平分享。

2．实施 ECR 的效益

根据欧洲供应链管理委员会的调查报告，接受调查的 392 家公司，其中制造商实施 ECR 后，预期销售额增加 5.3%，制造费用减少 2.3%，销售费用减少 1.1%，货仓费用减少 1.3%及总盈利增加 5.5%。而批发商及零售商也有相似的获益：销售额增加 5.4%，毛利增加 3.4%，货仓费用减少 5.9%，货仓存货量减少 13.1%，每平方米的销售额增加 5.3%。由于在流通环节中缩减了不必要的成本，零售商和批发商之间的价格差异也随之降低，这些节约了的成本最终将使消费者受益，各贸易商也将在激烈的市场竞争中赢得一定的市场份额。

对客户、分销商和供应商来说，除这些有形的利益以外，ECR 还有着重要的不可量化的无形利益（见表 11-3）。

表 11-3　ECR 的无形利益

客　户	增加选择和购物便利，减少无库存货品，货品更新鲜
分销商	提高信誉，更加了解客户情况，改善与供应商的关系
供应商	减少缺货现象，加强品牌的完整性，改善与分销商的关系

11.2.3 ECR 的实施方法

（1）为变革创造氛围。对大多数组织来说，改变对供应商或客户的内部认知过程，即从敌对态度转变为将其视为同盟的过程，将比 ECR 的其他相关步骤更困难，时间花费更长。创造 ECR 的最佳氛围首先需要进行内部教育以及通信技术和设施的改善，同时也需要采取新的工作措施和回报系统。但公司或组织必须首先具备一贯言行一致的强有力的高层组织领导。

（2）选择初期 ECR 同盟伙伴。对于大多数刚刚实施 ECR 的公司来说，建议成立 2～4 个初期同盟。每个同盟都应首先召开一次会议，来自各个职能区域的高级同盟代表将对 ECR 及怎样启动 ECR 进行讨论。成立 2～3 个联合任务组，专门致力于已证明可取得巨大效益的项目，如提高货车的装卸效率、减少损毁、由卖方控制的连续补库。

以上计划的成功将增强公司的信誉和信心。经验证明：往往要花上 9～12 个月的努力，才能赢得足够的信任和信心，才能在开放的非敌对的环境中探讨许多重要问题。

（3）开发信息技术投资项目，支持 ECR。虽然在信息技术投资不大的情况下就可获得 ECR 的许多利益，但是具有很强的信息技术能力的公司要比其他公司更具竞争优势。

那些作为 ECR 先导的公司预测：在五年内，连接他们及其业务伙伴之间的将是一个无纸的、完全整合的商业信息系统。该系统将具有许多补充功能，既可降低成本，又可使人们专注于其他管理以及产品、服务和系统的创造性开发。

11.2.4　ECR 与 QR 的比较

ECR 主要以食品行业为对象，其主要目标是降低供应链各环节的成本，提高效率。而 QR 主要集中在一般商品和纺织行业，其主要目标是对客户的需求做出快速反应，并快速补货。这是因为食品杂货业与纺织服装行业经营的产品的特点不同：杂货业经营的产品多数是一些功能型产品，每一种产品的寿命相对较长（生鲜食品除外），因此，订购数量的过多（或过少）的损失相对较小。纺织服装业经营的产品多属创新型产品，每一种产品的寿命相对较短，因此，订购数量过多（或过少）造成的损失相对较大。

二者共同特征表现为超越企业之间的界限，通过合作追求物流效率化。具体表现在如下三个方面：

（1）贸易伙伴间商业信息的共享。即零售商将原来不公开的 POS 系统单品管理数据提供给制造商或分销商，制造商或分销商通过对这些数据的分析来实现高精度的商品进货，降低产品库存，防止出现次品，进一步使制造商能制定、实施所需对应型的生产计划。

（2）商品供应方进一步涉足零售业，提供高质量的物流服务。作为商品供应方的分销商或制造商比以前更接近位于流通最后环节的零售商，特别是零售业的店铺，从而保障物流的高效运作。当然，这一点与零售商销售、库存等信息的公开是紧密相连的，即分销商或制造商所从事的零售补货机能是在对零售店铺销售、在库情况迅速了解的基础上开展的。

（3）企业间订货、发货业务全部通过EDI来进行，实现订货数据或出货数据的传送无纸化。企业间通过积极、灵活运用这种信息通信系统，来促进相互间订、发货业务的高效化。计算机辅助订货（CAO）、供应商管理库存（VMI）、连续补货（CRP）及建立产品与促销数据库等策略，打破了传统的各自为政的信息管理、库存管理模式，体现了供应链的集成化管理思想，适应市场变化的要求。

从具体实施情况来看，建立世界通用的唯一的标识系统，以及用计算机连接的能够反映物流、信息流的综合系统，是供应链管理必不可少的条件，即在POS信息系统基础上确立各种计划和进货流程。也正因为如此，EDI的导入，从而达到最终顾客全过程的货物追踪系统和贸易伙伴间的沟通系统的建立，成为供应链管理的重要因素。

11.3 供应链管理环境下的库存控制

供应链管理环境下的库存控制问题是供应链管理的重要内容之一。由于企业组织与管理模式的变化，它同传统的库存管理相比有许多新的特点和要求。本节论述供应链管理环境下库存管理中出现的新问题，从系统理论、集成理论的角度出发，提出了适应供应链管理的新的库存管理策略与方法。这些策略与方法集中地体现了一种思想：通过加强供应链管理环境下的库存控制来提高供应链的系统性和集成性，增强企业的敏捷性和响应性。这些方法与策略体现了供应链管理的新思维和新思想，并且具有实用性和可操作性。

11.3.1 库存管理的基本原理和方法

1. 库存管理的基本原理

“库存”，译自英语里面的Inventory，它表示用于将来目的的资源暂时处于闲置状态。一般情况下，人们设置库存的目的是防止短缺，就像水库里储存的水一样。另外，它还具有保持生产过程连续性、分摊订货费用、快速满足用户订货需求的作用。在企业生产中，尽管库存是出于种种经济考虑而存在，但是库存却也是一种无奈的结果。它是由于人们无法预测未来的需求变化，才不得已采用库存应付外界变化的手段。

在库存理论中，一般根据物品需求的重复程度分为单周期需求问题和多周期需求问题。单周期需求也叫一次性订货问题，这种需求的特征是具有偶发性和物品生命周期短，因而很少重复订货，如报纸，没有人会买过期的报纸来看；如月饼，人们也不会在农历八月十六预订中秋月饼，这些都是单周期需求问题。多周期需求问题是在长时间内需求反复发生，库存需要不断补充，在实际生活中，这种需求现象较为多见。

多周期需求又分为独立需求与相关需求两种属性。所谓独立需求，是指需求变化独立于人们的主观控制能力之外，因而其数量与出现的概率是随机的、不确定的、模糊的。相关需求的需求数量和需求时间与其他的变量存在一定的相互关系，可以通过一定的结构关系推算得出。对于一个相对独立的企业而言，其产品是独立的需求变量，因为其需求的数量与需求时间对于作为系统控制主体——企业管理者而言，一般是无法预先精确确定的，只能通过一定的预测方法得出。而生产过程中的在制品以及需要的原材料，则可以通过产品的结构关系和一定的生产比例关系准确确定。

在库存管理活动中，不管独立需求库存控制还是相关需求库存控制，都要回答这些问题：

（1）如何优化库存成本？

（2）怎样平衡生产与销售计划，来满足一定的交货要求？

（3）怎样避免浪费，避免不必要的库存？

（4）怎样避免缺货损失和利润损失？

归根结底，库存控制要解决三个主要问题：

（1）确定库存检查周期。

（2）确定订货量。

（3）确定订货点（何时订货）。

2. 基本库存控制方法

下面针对独立需求库存和相关需求库存控制问题的特点，简要介绍各种基本库存控制方法。

因为独立需求库存控制采用的多为订货点控制策略，因此首先介绍几种常见的库存补给策略。订货点库存管理的策略很多，最基本的策略有 4 种：① 连续性检查的固定订货量、固定订货点策略，即（Q，R）策略；② 连续性检查的固定订货点、最大库存策略，即（R，S）策略；③ 周期性检查策略，即（t，S）策略；④ 综合库存策略，即（t，R，S）策略。

在这 4 种基本的库存策略基础上，又延伸出很多种库存策略，这里重点介绍 4 种基本的库存策略。

（1）（Q，R）策略。图 11-5 所示为（Q，R）策略的示意图。

该策略的基本思想是：对库存进行连续性检查，当库存降低到订货点水平 R 时，即发出一个订货，每次的订货量保持不变，都为固定值 e。该策略适用于需求量大、缺货费用较高、需求波动性很大的情形。

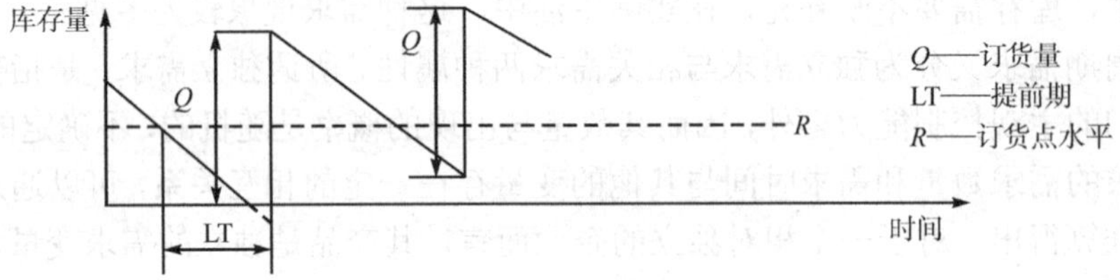

图 11-5 （Q，R）策略的示意图

（2）（R，S）策略。该策略和（Q，R）策略一样，都是连续性检查类型的策略，也就是要随时检查库存状态。当发现库存降低到订货点水平 A 时，开始订货，订货后使最大库存保持不变，即为常量 S，若发出订单时库存量为 I，则其订货量即为（S–I）。该策略和（Q，R）策略的不同之处在于，其订货量是按实际库存而定的，因而订货量是可变的。

（3）（t，S）策略。该策略是每隔一定时期检查一次库存，并发出一次订货，把现有库存补充到最大库存水平 S，如果检查时库存量为 I，则订货量为 S–I。如图 11-6 所示，经过固定的检查期，发出订货，这时，库存量为 I_1，订货量为（S–I_1）。经过一定的时间（LT），库存补充（S–I_1），库存到达 A 点。再经过一个固定的检查时期 t，又发出一次订货，订货量为（S–I_2），经过一定的时间（LT 为订货提前期，可以为随机变量），库存又达到新的高度 B。如此周期性检查库存，不断补给。

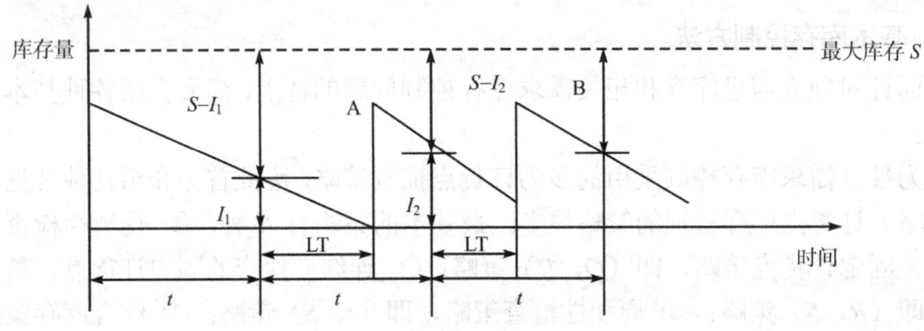

图 11-6 （t, S）策略的示意图

该策略不设订货点，只设固定检查周期和最大库存量。该策略适用于一些不很重要的或使用量不大的物资。

（4）（t，R，S）策略。该策略是策略（t，S）和策略（R，S）的综合。这种补给策略有一个固定的检查周期 t、最大库存量 S，固定订货点水平 R。当经过一定的检查周期 t 后，若库存低于订货点，则发出订货，否则，不订货。订货量的大小等于最大库存量减去检查时的库存量。如图 11-7 所示，当经过固定的检查时期到达 A 点时，此时库存已降低到订货点水平线 A 之下，因而应发出一次订货，订货量等于最大库存量 S 与当时的库存量 I_1 的差（$S-I_1$）。经过一定的订货提前期后在 B 点订货到达，库存补充到 C 点，在第二个检查期到来时，此时库存位置在 D，比订货点水平位置线高，无须订货。第三个检查期到来时，库存点在 E，等于订货点，又发出一次订货，订货量为（$S-I_3$），如此周期地进行下去，实现周期性库存补给。

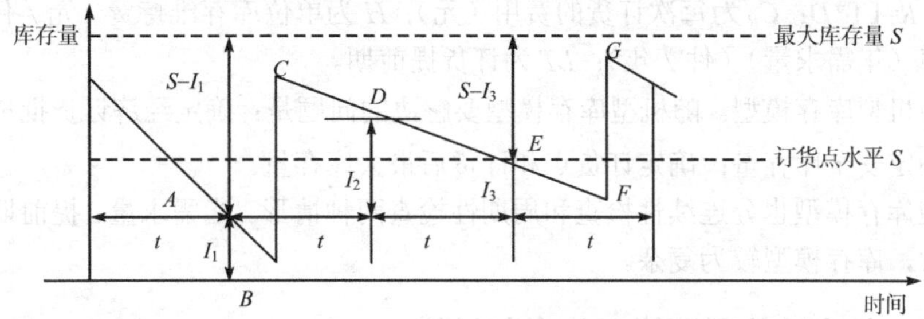

图 11-7 （t, R,S）策略的示意图

3. 常见库存控制模型

常见的独立需求库存控制模型根据其主要的参数，如需求量与提前期是否确定，分为确定型库存模型和随机型库存模型。

（1）确定型库存模型。

1）周期性检查模型。此类模型有 6 种，分不允许缺货、允许缺货、实行补货三种情况。每种情况又分瞬时到货、延时到货两种情形。

最常用的模型是不允许缺货，瞬时到货型。

其最佳订货周期为：

$$T^* = \sqrt{\frac{2C_R}{HD}}$$

式中，C_R 为每次订货的费用（元）；H 为单位产品库存维持费（元 / 件 · 年）；D 为需求率（年需求量）（件 / 年）。

最大库存量：$S=TD$

2）连续性检查模型。连续性检查模型需要确定订货点和订货量两个参数。也就是解决（Q，R）策略的两个参数的设定问题。

连续性检查模型分 6 种：不允许缺货，瞬时到货型；不允许缺货，延时到货型；允许缺货，瞬时到货型；允许缺货，延时到货型；补货，瞬时到货型；补货，延时到货型。

最常见的连续性检查模型是不允许缺货，瞬时到货型。最经典的经济订货批量模型（EOQ）模型就是这种。

最佳订货批量：

$$Q^* = \sqrt{\frac{2DC_R}{H}}$$

式中，R=LT*D；C_R 为每次订货的费用（元）；H 为单位库存维持费（元 / 件・年）；D 为需求率（年需求量）（件 / 年）；LT 为订货提前期。

（2）随机型库存模型。随机型库存模型要解决的问题是：确定经济订货批量或经济订货期；确定安全库存量；确定订货点和订货后最大库存量。

随机型库存模型也分连续性检查和周期性检查两种情形。当需求量、提前期同时为随机变量时，库存模型较为复杂。

11.3.2 供应链管理环境下的库存问题

库存以原材料、在制品，半成品、成品的形式存在于供应链的各个环节。由于库存费用占库存物品价值的 20%～40%，因此供应链中的库存控制是十分重要的。库存决策的内容集中于运行方面，包括生产部署策略，如采用推式生产管理或拉式生产管理；库存控制策略，如各库存点的最佳订货量、最佳再订货点、安全库存水平的确定等。

1．供应链中的需求变异加速放大原理与库存波动

“需求变异加速放大原理”是美国著名的供应链管理专家 Hau L. Lee 教授对需求信息扭曲在供应链中传递的一种形象描述。其基本思想是：当供应链的各节点企业只根据来自其相邻的下级企业的需求信息进行生产或供应决策时，需求信息的不真实性会沿着供应链逆流而上，产生逐级放大的现象，到达源头供应商时，其获得的需求信息和实际消费市场中的顾客需求信息发生了很大的偏差，需求变异系数比分销商和零售商的需求变异系数大得多。由于这种需求放大效应的影响，上游供应商往往维持比下游供应商更高的库存水平。这种现象反映出供应链上需求的不同步现象，它说明供应链库存管理中的一个普遍现象：“看到的是非实际的”。

需求放大效应最先由宝洁公司发现。宝洁公司在一次考察该公司最畅销的产品——一次性尿布的订货规律时，发现在零售商销售的波动性并不大，但当他们考察分销中心向宝洁公司的订货时，吃惊地发现波动性明显增大了，有趣的是，他们进一步考察宝洁公司向其供应商，如 3M 公司的订货时，他们发现其订货的变化更大。除了宝洁公司，其他公司如惠普公司在考察其打印机的销售状况时也曾发现这一现象。

需求放大效应是需求信息扭曲的结果，图 11-8 显示了一个销售商实际的销售量和订货量的差异，实际的销售量与订货量不同步。在供应链中，每一个供应链的节点企业的信息都有一个信息的扭曲，这样逐级而上，即产生信息扭曲的放大。

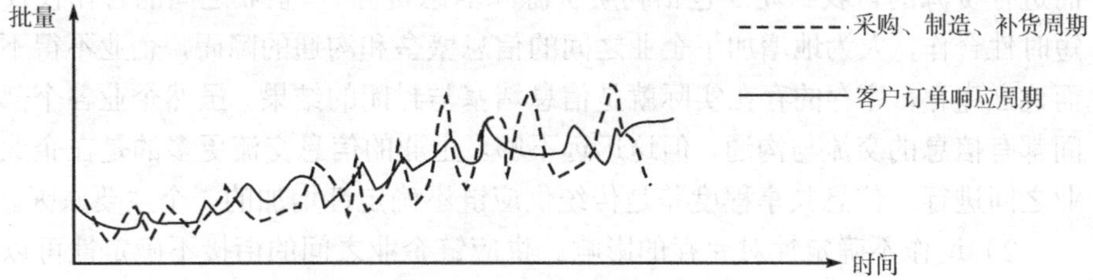

图 11-8　销售商实际的销售量和订货量的差异

采用传统的库存管理模式不可能解决诸如需求放大现象这样一些新的库存问题。因此探讨新的适应供应链管理的库存管理新模式，对供应链管理思想能否很好实施起着关键作用。

2. 供应链中的不确定性与库存

（1）供应链中的不确定性。从需求放大现象中可以看到，供应链的库存与供应链的不确定性有着很密切的关系。从供应链整体的角度看，供应链上的库存无非有两种，一种是生产制造过程中的库存，一种是物流过程中的库存。库存存在的客观原因是为了应付各种各样的不确定性，保持供应链系统的正常性和稳定性，但是库存另一方面也同时产生和掩盖管理中的问题。

供应链上的不确定性表现形式有两种：

1）衔接不确定性。企业之间（或部门之间）不确定性，可以说是供应链的衔接不确定性，这种衔接的不确定性主要表现在合作性上，为了消除衔接不确定性，需要增加企业之间或部门之间的合作性。

2）运作不确定性。系统运行不稳定是组织内部缺乏有效的控制机制所致，控制失效是组织管理不稳定和不确定性的根源。为了消除运行中的不确定性需要增加组织的控制，提高系统的可靠性。

供应链的不确定性的来源主要有三个方面：供应者不确定性、生产者不确定性、顾客不确定性。不同的原因造成的不确定性表现形式各不相同。

供应者不确定性表现在提前期的不确定性、订货量的不确定性等；生产者不确定性主要在制造商本身的生产系统的可靠性上，机器的故障、计划执行的偏差等；顾客不确定性原因主要有需求预测的偏差、购买力的波动、从众心理和个性特征等。

（2）供应链的不确定性与库存的关系。

1）衔接不确定性对库存的影响。传统供应链的衔接不确定性的普遍存在，集中表现在企业之间的独立信息体系（信息孤岛）现象。为了竞争，企业总是为了各自的利益而进行资源的自我封闭（包括物质资源和信息资源），企业之间的合作仅仅是贸易上的短时性合作，人为地增加了企业之间的信息壁垒和沟通的障碍，企业不得不为应付不测而建立库存，库存的存在实际就是信息堵塞与封闭的结果。虽然企业各个部门和企业之间都有信息的交流与沟通，但这远远不够。企业的信息交流更多的是在企业内部而非企业之间进行。信息共享程度差是传统供应链不确定性增加的一个主要原因。

2）运作不确定性对库存的影响。供应链企业之间的衔接不确定性可以通过建立战略伙伴关系的供应链联盟或供应链协作体得以削减，同样，这种合作关系可以消除运作不确定性对库存的影响。当企业之间的合作关系得以改善时，企业的内部生产管理运作也大大得以改善。因为当企业之间的衔接不确定性因素减少时，企业的生产控制系统就能摆脱这种不确定性因素的影响，使生产系统的控制达到实时、准确，也只有在供应链的条件下，企业才能获得对生产系统有效控制的有利条件，消除生产过程中不必要的库存现象。

供应链管理模式下的库存管理的最高理想是实现供应链企业的无缝连接，消除供应链企业之间的高库存现象。下一节将从供应链的集成的演变过程，探讨供应链管理环境下的库存管理策略。

11.3.3 供应链库存管理策略

如上所述，为了适应供应链管理的要求，供应链下的库存管理方法必须作相应的改变，下面介绍供应商管理库存、联合库存管理、多级库存优化和控制等供应链库存管理策略。

1. 供应商管理库存

（1）供应商管理库存（Vendor Managed Inventory，VMI）的概念。长期以来，传统供应链中的库存管理是各自为政的，其各个环节都是各自管理自己的库存。零售商、批发商、供应商都有自己的库存，各个供应链环节都有自己的库存控制策略。由于各自的库存控制策略不同，因此不可避免地产生需求的扭曲现象，即所谓的需求放大现象，无法使供应链快速地响应用户的需求。在供应链管理环境下，供应链各个环节的活动都应该是同步进行的，而传统的库存控制方法无法满足这一要求。近年来，在国外，出现了一种新的供应链库存管理方法——供应商管理库存。这种库存管理策略打破了传统的各自为政的库存管理模式，体现了供应链的集成化管理思想，适应市场变化的要求，是一种有代表性的新库存管理思想。

VMI 是一种很好的供应链库存管理策略。关于 VMI 的定义，国外有学者认为："VMI 是一种在用户和供应商之间的合作性策略，以对双方来说都是最低的成本优化产品的可获性，在一个相互同意的目标框架下由供应商管理库存，这样的目标框架被经常性监督和修正，以产生一种连续改进的环境。"

VMI 的主要思想是供应商在用户的允许下设立库存，确定库存水平、补给策略和拥有库存控制权。

精心设计与开发的 VMI 系统，不仅可以降低供应链的库存水平，降低成本，而且用户还可获得高水平的服务，改进资金流，与供应商共享需求变化的透明性和获得更好的用户信任。

（2）VMI 的实施方法。实施 VMI 策略，要改变订单的处理方式，建立基于标准的托付订单处理模式。首先供应商和批发商一起确定供应商的订单业务处理过程中所需要的信息和库存控制参数，然后建立一种订单的处理标准模式，如 EDI 标准报文，最后把订货、交货和票据处理各个业务功能集成在供应商这边。

库存状态透明性（对供应商）是实施供应商管理用户库存的关键。供应商能够随时跟踪和检查到销售商的库存状态，从而快速地响应市场的需求变化，对企业的生产（供应）状态做出相应的调整。为此需要建立一种能够使供应商和用户（分销、批发商）的库存信息系统透明连接的方法。

供应商管理库存的策略实施可以分为如下几个步骤：

（1）建立顾客情报信息系统。

（2）建立销售网络管理系统。

（3）建立供应商与分销商（批发商）的合作框架协议。

（4）组织机构的变革。

供应商管理存货的方式主要有四种：

（1）供应商提供包括所有产品的软件进行存货决策，用户使用软件执行存货决策，用户拥有存货所有权，管理存货。

（2）供应商在用户的所在地，代表用户执行存货决策，管理存货，但是存货的所有权归用户。

（3）供应商在用户的所在地，代表用户执行存货决策，管理存货，拥有存货所有权。

（4）供应商不在用户的所在地，但是定期派人代表用户执行存货决策，管理存货，供应商拥有存货的所有权。

通过 VMI，供应商可以客观评论放在供应商处的存货，供应商可以决定产品的标准、决定订货点、补充存货、交货的流程，建立多种库存优化模型并进行人员培训。

2. 联合库存管理

VMI是一种供应链集成化运作的决策代理模式，它把用户的库存决策权代理给供应商，由供应商代理分销商或批发商行使库存决策的权力。联合库存管理则是一种风险分担的库存管理模式。

传统的分销模式是分销商根据市场需求直接向工厂订货，如汽车分销（或批发商），根据用户对车型、款式、颜色、价格等的不同需求，向汽车制造厂订货，需要经过一段较长时间货才能到达，因为顾客不想等待这么久的时间，因此各个分销商不得不进行库存备货，这样大量的库存使分销商难以承受，以至于破产。

据估计，在美国，通用汽车公司销售500万辆轿车和卡车，平均价格是18 500美元，分销商维持60天的库存，库存费是车价值的22%，一年总的库存费用达到3.4亿美元。而采用地区分销中心，就大大减缓了库存浪费的问题。图11-9所示为传统的销售模式，每个分销商直接向工厂订货，每个分销商都有自己的库存；而图11-10所示为采用分销中心后的销售模式，各个分销商只需要少量的库存，大量的库存由地区分销中心储备，也就是各个分销商把其库存的一部分交给地区分销中心负责，从而减轻了各个分销商的库存压力。分销中心就起到了联合库存管理的功能。分销中心既是一个商品的联合库存中心，同时也是需求信息的交流与传递枢纽。

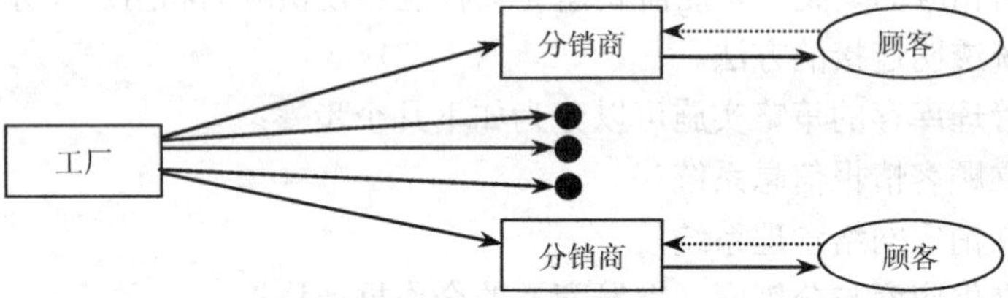

图11-9　传统的销售模式

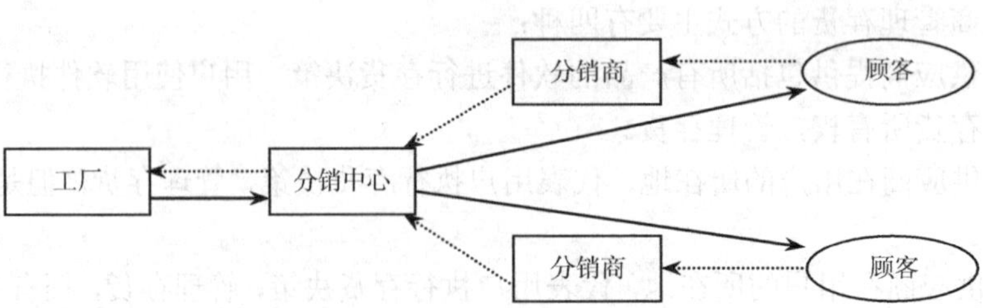

图11-10　采用分销中心后的销售模式

从分销中心的功能可以得到启发，对现有的供应链库存管理模式进行新的拓展和重构，提出联合库存管理新模式——基于协调中心的联合库存管理系统。

近年来，在供应链企业之间的合作关系中，更加强调双方的互利合作关系，联合库存管理就体现了战略供应商联盟的新型企业合作关系。

联合库存管理是解决供应链系统中由于各节点企业的相互独立库存运作模式导致的需求放大现象的，是提高供应链同步化程度的一种有效方法。联合库存管理和供应商管理用户库存不同，它强调双方同时参与，共同制定库存计划，使供应链过程中的每个库存管理者（供应商、制造商、分销商）都从相互之间的协调性考虑，使供应链相邻两个节点之间的库存管理者对需求的预期保持一致，从而消除了需求变异放大现象。任何相邻节点需求的确定都是供需双方协调的结果，库存管理不再是各自为政的独立运作过程，而是变成供需连接的纽带和协调中心。

图 11-11 所示为基于协调中心联合库存管理的供应链系统模型。基于协调中心的库存管理和传统的库存管理模式相比，有如下几个方面的优点：

（1）为实现供应链的同步化运作提供了条件和保证。

（2）减少了供应链中的需求扭曲现象，降低库存的不确定性，提高了供应链的稳定性。

（3）库存作为供需双方信息交流和协调的纽带，可以暴露供应链管理中的缺陷，为改进供应链管理水平提供依据。

（4）为实现零库存管理、准时采购以及精细供应链管理创造了条件。

（5）进一步体现了供应链管理的资源共享和风险分担的原则。

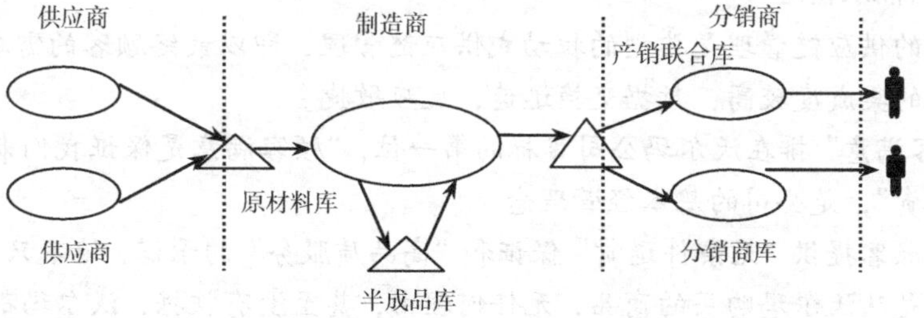

图 11-11　基于协调中心联合库存管理的供应链系统模型

联合库存管理系统把供应链系统管理进一步集成为上游和下游两个协调管理中心，从而部分消除了由于供应链环节之间的不确定性和需求信息扭曲现象导致的供应链的库存波动。通过协调管理中心，供需双方共享需求信息，因而起到了提高供应链的运作稳定性作用。

3．多级库存优化和控制

基于协调中心的联合库存管理是一种联邦式供应链库存管理策略，是对供应链的局部优化控制，而要进行供应链的全局性优化与控制，则必须采用多级库存优化与控制方法。因此，多级库存优化与控制是供应链的资源的全局性优化。

多级库存的优化与控制是在单级库存控制的基础上形成的。多级库存系统根据不同的配置方式，有串行系统、并行系统、纯组装系统、树形系统、无回路系统和一般系统。

供应链管理的目的是使整个供应链各个阶段的库存最小，但是，在现行的企业库存管理模式中从单一企业内部的角度去考虑库存问题，因而并不能使供应链整体达到最优。

多级库存控制的方法有两种：一种是非中心化（分布式）策略，另一种是中心化（集中式）策略。非中心化策略是各个库存点独立地采取各自的库存策略，这种策略在管理上比较简单，但是并不能保证产生整体的供应链优化，如果信息的共享度低，多数情况产生的是次优的结果，因此非中心化策略需要更多信息共享。用中心化策略，所有库存点的控制参数是同时决定的，考虑了各个库存点的相互关系，通过协调的办法获得库存的优化。但是中心化策略在管理上协调的难度大，特别是供应链的层次比较多，即供应链的长度增加时，更增加了协调控制的难度。

全球视野

沃尔玛供应链管理

沃尔玛的供应链管理主要由 4 部分组成。

1. 顾客需求管理

沃尔玛的供应链管理是典型的拉动式供应链管理，即以最终顾客的需求为驱动力，整个供应链的集成度较高，数据交换迅速，反应敏捷。

“让顾客满意”排在沃尔玛公司目标的第一位，“顾客满意是保证我们未来成功与成长的最好投资”，是公司的基本经营理念。

公司为顾客提供“无条件退货”保证和“高品质服务”的承诺，绝不只是一句口号。在美国只要是从沃尔玛购买的商品，无任何理由，甚至没有收据，沃尔玛都无条件受理退货。

2. 供应商和合作伙伴管理

供应商参与了企业价值链的形成过程，对企业的经营效益有着举足轻重的影响。建立战略性合作伙伴关系是供应链管理的重点。供应链管理的关键就在于供应链上下游企业的无缝连接与合作。企业供应链合作关系的建立是一个复杂的过程。沃尔玛与供应商建立合作伙伴关系经历了一个较长的艰难的过程。

在众多的供应商眼里，沃尔玛一直是以强硬的令人生畏的形象出现。早在20世纪80年代初，沃尔玛采取了一项政策，要求从交易中排除制造商的销售代理，直接向制造商订货，同时将采购价降低2%～6%，正好相当于销售代理的佣金数。

直到80年代末，技术进步提供了更多可督促制造商降低成本，削减价格的手段，沃尔玛才不必总引起公众的公开对抗。沃尔玛开始全面改善与供应商的关系，主要是通过计算机联网和电子数据交换系统，与供应商共享信息，从而建立伙伴关系。其中最典型的例子就是沃尔玛与宝洁的伙伴关系建立。

沃尔玛与供应商努力建立伙伴关系的另一做法是为关键供应商在店内安排适当的空间，有时还让这些供应商自行设计布置自己商品的展示区，旨在店内造成一种更吸引、更专业化的购物环境。

3. 物流配送系统管理

有效的商品配送是保证沃尔玛达到最大销售量和最低成本的存货周转及费用的核心。沃尔玛的第一家配送中心于1970年建立，占地6 000平方米，负责供货给4个州的32家商场，集中处理公司所销商品的40%。随着公司的不断发展壮大，配送中心的数量也不断增加。到现在沃尔玛拥有20多家的配送中心分别服务于美国18个州超过2 500家商场，配送中心平均占地约10万平方米。整个公司销售8万种商品，年销售额1 300多亿美元，其85%的商品由这些配送中心供应，而其竞争对手只有大约50%～65%的商品采用集中配送方式。

4. 供应链交互信息管理

信息共享是实现供应链管理的基础。供应链的协调运行建立在节点主体间高质量的信息传递与共享的基础上，因此，有效的供应链管理离不开信息技术的可靠支持。在沃尔玛除了配送中心外，投资最多的便是电子信息通信系统。沃尔玛的电子信息通信系统是全美最大的民用系统，甚至超过了电信业巨头美国电报电话公司。沃尔玛是第一个发射和使用自有通信卫星的零售公司。它在本顿威尔总部的信息中心，1.2万平方米的空间装满了电脑，仅服务器就有200多个。截止到20世纪90年代初，沃尔玛在电脑和卫星通信系统上就已经投资了7亿美元。

沃尔玛还利用更先进的快速反应系统代替采购指令，真正实现了自动订货，此系统利用条码扫描和卫星通信，与供应商每日交换商品销售、运输和订货信息。正是依靠先进的电子通信手段，沃尔玛才做到了商品的销售与配送中心保持同步，配送中心与供应商保持同步。

资料来源：http://wenku.baidu.com/view/d891123643323968011c926a.html

供应链中的道理　谐供应链是怎样炼成的？

供应链是一个庞杂的、由众多企业构成的系统，要使这个系统的各项工作保持正常运转，物流服务商以及供应链上的每一个合伙人，所扮演的绝非原始角色那样简单。

供应链合伙人需要协作教育，目的是增强供应链每一个环节上的包括制造商、供应商和客户在内的合伙人必须和谐团结，密切合作，共同努力，强化供应链回报，从而不断推动供应链良性循环，产生最大化效益。美国智能决策公司总裁和供应链专家特雷西·梅勒特曾指出，在全球化经济发展的今天，制造业、进出口贸易业和各行各业经营管理服务范围外包不断扩大，促使供应链持续向邻国，甚至全世界各地延伸，环节越来越复杂，但偏偏很少有人注意到供应链合伙人教育，其中包括客户教育，对于企业生存发展的重大意义。美国波音公司一体化防卫系统供应开发部总经理利克·伯伦斯指出，波音公司之所以发展迅速，其中一个重要原因就是波音公司一直把供应链每一位合伙人看成波音公司的一员，凡是波音公司的供应商就是波音公司一家人，在扩大投资，通过供应链合伙人相互协作机制，最大化发扬合伙人团队精神教育培训方面，波音公司似乎从来没有吝啬过。

目前世界各地大大小小规模的物流服务供应商多如牛毛，如果把物流服务相关的咨询公司和软件公司包括进去，数量就更多。问题是这么多物流服务公司中真正理解和完全懂得供应链关键结构的人并不多，尤其在具体经营管理实践中，重视供应链各个环节必须相互配合，物流服务供应商和托运人必须建立合伙人紧密关系的物流服务从业者就更少。这种不正常情况不仅仅存在于欧美等发达国家，在发展中国家则更加严重，因此不重视物流服务供应商与托运人之间建立合伙人关系应该是全球性问题，在未来的发展中这种状况必须转变。

资料来源：http://www.1mfg.com/1mfg/j/StoryAff/show/36023.shtml

企业案例

基于物联网技术的深粮集团供应链管理实践

深圳市粮食集团有限公司（以下简称“深粮集团”）是深圳市属国有独资的大型粮食企业，隶属于深圳市政府，为深圳市国资委的 20 家直管企业之一。受政府委托，承担深圳市 100%市级地方粮食储备，同时负责驻港、驻深部队的军粮供应任务。公司前身是宝安县粮食局，深圳特区成立后沿革为深圳市粮食局，1982 年实行政企分开，改为企业建制。1998 年经公司制改造，更名为深圳市粮食集团有限公司。现有全资法人企业

5 家，直属非法人分公司 4 家，控股、参股企业 3 家，员工人数 623 人。

深粮集团集合行业资源优势，通过现代信息技术改造，自主构建了粮食物流信息系统（含物联网信息系统，即深粮 GLS 系统），将仓储、物流、交易、粮源、加工、质检、财务、人力资源等各业务环节整体纳入，通过构建 ESB 企业数据总线，实现数据共享和服务调用，进而实现粮食物流全产业链的供应链服务。系统真正实现了数字信息、图形信息、图像信息的有机融合，在整个供应链系统上消除了信息孤岛，可以在企业、区域、国家三个层面，建设智能粮库系统、智能应急成品粮库系统、智能粮食物流系统、粮食储运监管平台系统。

在企业层面，建设智能粮库系统、智能应急成品粮库系统，以及智能粮食物流系统。其中，智能粮库系统包括智能出入库系统、智能储藏保管系统、智能安防系统、粮库业务管理系统；智能应急成品粮库系统包括应急成品粮智能保管系统、应急成品粮仓储物流系统、应急成品粮库业务管理系统；智能粮食物流系统包括可视物流系统、粮食物流监管调度系统、稻米流通安全追溯系统。在这些系统采集数据的基础上，在区域层面建设区域粮食储运监管系统、区域粮食物流公共信息平台、为地方粮食局、大型粮食企业集团远程监管服务。

在区域层面系统基础，建设国家粮食储运监管系统。通过储粮数量在线监测系统、储粮质量在线检测系统、粮情远程监测等采集的数据，远程实时监控国家储备粮食数量、质量、保管状态，降低清仓查库的成本。依托区域平台准确掌握区域粮食物流流向、流量、运输方式等供应链全程的有关数据，实现对国家政策性粮食物流进行远程实时监管，实时查看各仓廒储备粮保管情况。

深粮集团物联网技术供应链管理系统项目总投资为 7 000 万元，总投资收益率为 15.5%，经济效益较好，在为企业创造利润的同时，可为国家上缴可观的税收，并且具有较好的盈利能力和抗风险能力。

该项目除了直接经济效益外，在减少粮食产后损失率、减少清仓查库费用等，间接效益效果显著。据估算，国家每年清仓查库的费用在几个亿以上，而且，库存是动态的，误差达 4%。采用粮食物联网后，不仅几个亿的清仓查库费用可以省，那 4%的存量误差（达几百亿元）将不复存在。

问题：

深粮集团物联网技术如何实现对供应链全程的高效管理？

资料来源：2012 年广东省企业管理现代化创新成果评审资料

复习思考题

1. 如何理解快速反应、有效客户反应、供应商管理库存、联合库存管理等概念？
2. 简述快速反应产生的社会经济背景。
3. 如何理解有效客户反应？
4. 怎样理解ECR的四大要素？
5. 怎样理解独立需求库存和相关需求库存？
6. 简述独立需求库存补给的相关策略。
7. 供应商管理库存为什么优于传统的库存管理？
8. 简述供应商管理库存的四种主要方式。
9. 请将联合库存管理模式和传统库存管理模式进行比较，说明前者的优势。
10. 请你设计一个电冰箱制冷企业联合库存管理的主要思路。

本章小结

快速反应是指企业不进行直接的产品库存，而是采用对产品各要素的必要准备，当市场提出需求时能够进行快速响应，满足市场需要，从而避免产品直接库存导致与市场需求不一致形成的库存，尽可能消除不能快速及时响应市场需求所造成的弊端。

有效客户反应是以满足顾客要求和最大限度降低物流过程费用为原则，能及时做出准确反应，使提供的物品供应或服务流程最佳化的一种供应链管理战略。

独立需求是指需求变化独立于人们的主观控制能力之外，因而其数量与出现的概率是随机的、不确定的、模糊的。独立需求库存就是指对独立需求对象进行的库存管理。相关需求的需求数量和需求时间和独立需求存在一定的相互关系，可以通过一定的结构关系推算得出，相关需求库存就是对相关需求对象进行的库存管理。

独立需求库存的补给策略通常有四种：①（Q，R）策略；②（R，S）策略；③（t，S）策略；④（t，R，S）策略。

供应商管理库存是一种在用户和供应商之间的合作性策略，以对双方来说都是以最低的成本优化产品的可获性，在一个相互同意的目标框架下由供应商管理库存，这样的目标框架被经常性监督和修正，以产生一种连续改进的环境。

联合库存管理强调双方同时参与，共同制定库存计划，使供应链过程中的每个库存管理者（供应商、制造商、分销商）都从相互之间的协调性考虑，使供应链相邻两个节点之间的库存管理者对需求的预期保持一致，从而消除了需求变异放大现象。

第12章

物流与供应链管理发展趋势

本章学习目标

- 了解中国物流产业的发展现状；
- 了解未来物流运营的环境；
- 掌握未来物流发展的基础；
- 了解未来物流业的新契机；
- 理解未来物流管理的主题；
- 掌握现代物流的重要标志；
- 了解未来物流管理的焦点。

引导案例

沃尔玛是零售业供应链管理的典范。目前，世界上还没有其他任何一家零售业集团超过沃尔玛百货有限公司而成为世界最大的零售连锁集团。沃尔玛现拥有4 000多家营业零售单位，员工总数超过120万人。在刚刚过去的一年里，沃尔玛一举成为全球最大的企业，从而终结了通用公司独霸宝座多年的格局，同时，沃尔玛从一家普通零售企业发展成为今天连锁店遍布全球的成功模式，也引发了经济学者和企业界的极大关注，并谓之为“沃尔玛现象”。

通过对沃尔玛的研究可以发现，沃尔玛给人们留下印象最深刻的，是它的一整套先进、高效的物流和供应链管理系统。沃尔玛在全球各地的配送中心、连锁店、仓储库房和货物运输车辆，以及合作伙伴（如供应商等），都被这一系统集中、有效地管理和优化，形成了一个灵活、高效的产品生产、配送和销售网络。

（1）消费者需求始终是沃尔玛供应链上最重要的环节。“让顾客满意”是沃尔玛公司的首要目标，“顾客满意是保证未来成功与成长的最好投资”，这是沃尔玛数十年如一日坚持的经营理念。为此，沃尔玛为顾客提供“高品质服务”和“无条件退款”的承诺绝非一句漂亮的口号。在美国只要是从沃尔玛购买的商品，无须任何理由，甚至没有收据，沃尔玛都无条件受理退款。沃尔玛每周都有对顾客期望和反映的调查，管理人员根据计算机信息系统收集信息，以及通过直接调查收集到的顾客期望即时更新商品的组合，组织采购，改进商品陈列摆放，营造舒适的购物环境。

（2）与供应商建立伙伴关系。供应商是沃尔玛唇齿相依的战略伙伴。通过网络和数据交换系统，沃尔玛与供应商共享信息，从而建立伙伴关系。沃尔玛与供应商努力建立关系的另一做法是在店内安排适当的空间，有时还在店内安排供制造商自行设计布置自己商品的展示区，以在店内营造更具吸引力和更专业化的购物环境。沃尔玛还有一个非常好的系统，可以使得供应商们直接进入到沃尔玛的系统，沃尔玛叫做零售链接。任何一个供应商可以进入这个系统中来了解他们的产品卖得怎么样，供货商可以在沃尔玛公司每一个店中，及时了解到有关情况。

另外，沃尔玛不仅仅是等待上游厂商供货、组织配送，而且也直接参与到上游厂商的生产计划中去，与上游厂商共同商讨和制定产品计划、供货周期，甚至帮助上游厂商进行新产品研发和质量控制方面的工作。

（3）灵活高效的物流配送系统是沃尔玛达到最大销售量和低成本的存货周转的核心。沃尔玛前任总裁大卫·格拉斯曾说过：“配送设施是沃尔玛成功的关键之一，如果说我们有什么比别人干得好的话，那就是配送中心。”在整个物流中，配送中心起中枢作用，将供应商向其提供的产品运往各商场。从工厂到上架，实行“无缝链接”，平滑过渡。供应商只需将产品提供给配送中心，无须自己向各商场分发。这样，沃尔玛的运输、配送以及对于订单与购买的处理等所有的过程，都是一个完整的网络中的一部分，可以大大降低成本。

（4）信息共享是实现供应链的基础。供应链的协调运行是建立在各个环节主体间高质量的信息传递与共享的基础上。沃尔玛投资 4 亿美元发射了一颗商用卫星，实现了全球联网。沃尔玛在全球 4 000 多家门店通过全球网络可在 1h 之内对每种商品的库存、上架、销售量全部盘点一遍，所以在沃尔玛的门店，不会发生缺货情况。

资料来源：全球供应链 chain.bosslink.com.

12.1 物流管理与供应链管理的关系

12.1.1 物流管理与供应链管理的联系

人们最初提出“供应链管理”一词，是用来强调在物流管理过程中，在减少企业内部库存的同时也应该考虑减少企业之间的库存。随着供应链管理思想越来越受到欢迎和重视，其视角早已拓宽，不仅仅着眼于降低库存，其管理触角已伸展到企业内外的各个环节、各个角落。从某些场合下人们对供应链管理的描述看，它类似于穿越不同组织界限的、一体化的物流管理。

实质上，供应链管理战略的成功实施必然以成功的企业内部物流管理为基础。能够真正认识并率先提出供应链管理概念的也是一些具有丰富物流管理经验和先进物流管理水平的世界级顶尖企业，这些企业在研究企业发展战略的过程中发现，面临日益激化的市场竞争，仅靠一个企业和一种产品的力量已不足以占据优势，企业必须与它的原料供应商、产品分销商、第三方物流服务者等结成持久、紧密的联盟，共同建设高效率、低成本的供应链，才可以从容面对市场竞争，并取得最终胜利。正因为如此，英国著名物流专家马丁·克里斯托弗指出：“市场上只有供应链没有企业”，“21世纪的竞争不是企业和企业之间的竞争，而是供应链和供应链之间的竞争”。

供应链管理是一种流程的集成化管理，它包括了从供应商到向最终客户提供产品 、服务和信息以创造客户价值的整个流程，当代对供应链管理的理解只是少许不同于集成化的物流管理。然而，对供应链管理更广泛的理解正在出现，供应链管理包含了从源供应商提供产品、服务和信息以增加客户价值，到终端客户的所有流程的集成，它不再仅仅是物流的另一种称呼。供应链管理涵盖了物流管理中没有包含的要素，如信息系统集成、计划与控制活动的协调。供应链与物流管理的联系可以从物流管理和供应链管理两个方面分析。

1. 从物流管理角度分析

（1）物流管理是供应链管理的一个子集或子系统。从各种关于物流管理和供应链管理的定义来看，有一点是一致的，即物流管理承担了为满足客户需求而对货物、服务从起源地到消费地的流动和储存进行计划与控制的过程。它包含了内向、外向的内部、外部流动，物料回收以及原材料、产成品的流动等物流活动的管理。而供应链管理的对象涵盖了产品从产地到消费地传递过程中的所有活动，包括原材料和零部件供应、制造与装配、仓储与库存管理、订单录入与订货处理、分销管理、客户交付、客户关系管理、需求管理、产品设计、预测及相关的信息系统等。它连接了所有的供应链上物品实体流动的计划、组织、协调与控制。也就是说，物流管理与供应链管理所涉及的管理范畴有很大的不同，物流管理是供应链管理的一个子集或子系统，供应链管理将许多物流管理以外的功能跨越企业间的界限整合起来。

（2）物流管理是供应链管理的核心内容。物流贯穿整个供应链，是供应链的载体、具体形态或表现形式（供应链的载体还包括信息流、资金流）。它衔接供应链的各个企业，是企业间相互合作的纽带。没有物流，供应链中生产的产品的使用价值就无法得以实现，供应链也就失去了存在的价值。因此，物流管理很自然地成为供应链管理体系的重要组成部分。物流价值在各种类型的产品和行业中都占到了整个供应链价值的一半以上。所以，物流管理是供应链管理的核心，有效地管理好物流过程，对于提高供应链的价值增值水平有举足轻重的作用。

2. 从供应链管理角度分析

（1）供应链管理是物流运作管理的扩展。供应链管理要求企业从仅仅关注物流活动的优化，转变到关注优化所有的企业职能，包括需求管理、市场营销和销售，制造、财务和物流，将这些活动紧密地集成起来，以实现在产品设计、制造、分乐、客户服务、成本管理以及增值服务等方面的重大突破。鉴于成本控制对市场的成功非常关键，物流绩效将逐渐根据整个企业的 JIT 和快速反应目标做出评估。这种内部的定位要求高层管理将企业战略计划和组织结构的关注点放在物流的能力上。

（2）供应链管理是物流一体化管理的延伸。供应链管理将公司外部存在的竞争优势机会包含在内，关注外部集成和跨企业的业务职能，通过重塑它们与其代理商、客户和第三方联盟之间的关系，来寻求生产率的提高和竞争空间的扩大。通过信息技术和通信技术的应用，将整个供应链连接在一起，企业将视自已和他们的贸易伙伴为一个扩展企业，从而形成一种创造市场价值的全新方法。

（3）供应链管理是物流管理的新战略。供应链管理在运作方面关注传统的物流运作任务，如加速供应链库存的流动，与贸易伙伴一起优化内部职能，并提供一种在整个供应链上持续降低成本以提高生产率的机制。然而供应链管理的关键要素在于它的战略方面。供应链管理扩展企业的外部定位和网络能力，将公司构造成一个变革性渠道联盟，以寻求在产品和服务方面的重大突破。

3. 物流管理与供应链管理的区别

物流管理与供应链管理虽然存在一定的联系，但也存在着众多的不同，一般而言，供应链管理涉及制造问题和物流问题两个方面。物流管理涉及的是企业的非制造领域问题。具体来看，供应链管理与物流管理之间的区别表现在以下几个方面。

（1）研究范围不同。从范围来看，美国物流管理协会对物流的最新定义指出：物流为供应链管理的一个子集，两者并非同义词。美国物流管理协会的定义清楚地表明，物流在恰当的实施下，总是以点到点为目的的。而供应链管理将许多物流以外的功能穿越企业之间的界限整合起来，其功能超越了企业物流的范围。众所周知，强大的产品开发能力可以成为企业有别于其对手的竞争优势，乃至成为促使其长期发展的核心竞争能力。而在产品开发过程中，需要涉及方方面面的业务关系，包括营销理念、研发组织形式、制造能力、物流能力、筹资能力等。这些业务关系不仅仅是一个企业内部的，往往还涉及企业的众多供应商或经销商，以便缩短新产品进入市场的周期。而这些都是供应链管理要整合的内容。显然，单从一个企业的物流管理的角度来考虑，很难想象会将这么多的业务关系联系在一起。

物流管理对运输、仓储、配送、流通加工及相关信息等功能进行协调与管理，通过职能的计划与管理达到降低物流成本、优化物流服务的目的，属于运作层次的管理。而供应链聚焦于关键流程的战略管理，这些关键流程跨越供应链上所有成员企业及其内部的传统业务功能，供应链管理能在战略层次的高度设计、整合与重构关键业务流程，并做出各种战略决策，包括战略伙伴关系、信息共享，合作与协调等决策。

物流管理的目标是以最低的成本产出最优质的物流服务。对于不存在供应链管理的环境，物流管理在单个企业战略目标框架下实现物流管理目标；对于供应链管理环境，物流管理指供应链物流管理，以供应链目标为指导，实现企业内部物流和接口物流的同步优化。而供应链管理是以供应链为导向，目标是提升客户价值和客户满意度，获取供应链整体竞争优势。

（2）学科发展角度不同。从学科发展角度来看，供应链管理也不能简单地理解为一体化的物流管理。一体化的物流管理分为内部一体化和外部一体化两个阶段。目前，即使是在物流管理发展较早的国家，许多企业也仅仅处于内部一体化的阶段，或者刚刚认识到结合企业外部力量的重要性。也正因为这样，一些学者才提出“供应链管理”这一概念，以使那些领导管理方法潮流的企业率先实施的外部一体化战略区别于传统企业内部的物流管理。要真正使供应链管理能够成熟发展，成为一门内涵丰富的新型独立学科，就有必要将供应链管理与一体化物流管理加以区分，不能将供应链管理简单地视为一体化物流管理的代名词。正如在供应链管理的定义中指出的那样，供应链管理所包含的内容比传统物流管理要广泛得多。在考察同样的问题时，从供应链管理来看，视角更宽泛，立场更有高度。

（3）管理的角度不同。任何单个企业或供应链，只要存在物的流动，就存在物流管理；而供应链管理必须以供应链导向为前提，以信任和承诺为基础。物流管理主要以企业内部物流管理或企业间物流管理这两种形式出现，主要表现为一种职能化管理模式；

供应链管理则以流程管理为表现形式，它不是对多个企业的简单集合管理，而是对多个企业所构成的流程进行管理，是一种流程化的价值链管理模式。

首先，物流管理主要从一个企业的角度考虑供应、存储和分销，把其他企业当作一种接口关系处理，没有深层次理解其他企业内的操作，企业之间只是简单的业务合作关系。而供应链管理的结点企业之间是一种战略合作伙伴关系，要求对供应链所有结点企业的活动进行紧密的协作控制，它们形成了一个动态联盟，具有“双赢”关系。

其次，物流管理强调一个企业的局部性能优先，并且采用运筹学的方法分别独立研究相关的问题。通常，这些问题被独立地从它们的环境中分离出来，不考虑与其他企业功能的关系。而供应链管理将每个企业当作供应网络中的节点，在信息技术支持下，采用综合的方法研究相关的问题，通过紧密的功能协调追求多个企业的全局性能优化。

最后，物流管理经常是面向操作层次的，而供应链管理更关心战略性的问题，侧重于全局模型、信息集成、组织结构和战略联盟等方面的问题。既然物流管理与供应链管理的管理模式和层次都存在区别，其管理手段自然也不同。物流管理以现代信息技术为支撑，主要通过行政指令或指导，运用战术决策和计划来协调和管理各物流功能；供应链管理则以信任和承诺为基础，以资本运营为纽带，以合同与协议为手段，建立战略伙伴关系，运用现代化的信息技术，通过流程化管理，实现信息共享、风险共担和利益共存。

12.1.2 供应链管理环境下物流管理的特点

1. 供应链管理下的物流环境

企业竞争环境的变化导致企业管理模式的转变，供应链管理思想就是在新的竞争环境下出现的。新的竞争环境体现了企业竞争优势要素的改变。在 20 世纪的 70 年代以前，成本是主要的竞争优势，而 80 年代则是质量，90 年代是交货时间，即所谓基于时间的竞争，到 21 世纪初，这种竞争优势就会转移到所谓的敏捷性上来。在这种环境下，企业的竞争就表现在如何以最快速度响应市场要求，满足不断变化的多样化需求，即企业必须能在实时的需求信息下，快速组织生产资源，把产品送到用户手中，并提高产品的用户满意度。在剧烈的市场竞争中，企业都感到一种资源饥渴的无奈，传统的单一企业竞争模式已经很难使企业在市场竞争中保持绝对的竞争优势。

信息时代的到来，进一步加深了企业竞争的压力，信息资源的开放性，打破了企业的界限，建立了一种超越企业界限的新的合作关系，为创造新的竞争优势提供了有利的条件。因此，供应链管理的出现迎合了这种趋势，顺应了新的竞争环境的需要，使企业从资源的约束中解放出来，创造出新的竞争优势。

供应链管理实质是一个扩展企业概念，扩展企业的基本原理和思想体现在几个方面：① 横向思维（战略联盟）；② 核心能力；③ 资源扩展/共享；④ 群件与工作流（团队管理）；⑤ 竞争性合作；⑥ 同步化运作；⑦ 用户驱动。这几个方面的特点不可避免地影响到物流环境。

2．供应链管理环境下物流管理的特点

由于供应链管理下物流环境的改变，使新的物流管理和传统的物流管理相比有许多不同的特点。这些特点反映了供应链管理思想的要求和企业竞争的新策略。

首先我们来考察一下传统的物流管理的情况。在传统的物流系统中，需求信息和反馈信息（供应信息）都是逐级传递的，因此上级供应商不能及时地掌握市场信息，因而对市场的信息反馈速度比较慢，从而导致需求信息的扭曲。

另外，传统的物流系统没有从整体角度进行物流规划，常常导致一方面库存不断增加，另一方面当需求出现时又无法满足。这样，企业就会因为物流系统管理不善而丧失市场机会。简言之，传统物流管理的主要特点表现在：

（1）纵向一体化的物流系统。

（2）不稳定的供需关系，缺乏合作。

（3）资源的利用率低，没有充分利用企业的有用资源。

（4）信息的利用率低，没有共享有关的需求资源，需求信息扭曲现象严重。

供应链管理环境的物流系统模型和传统的纵向一体化物流模型相比，信息的流量大大增加。需求信息和反馈信息不是逐级传递，而是网络式传递的，企业通过EDI/Internet可以很快掌握供应链上不同环节的供求信息和市场信息。因此在供应链环境下的物流系统有三种信息在系统中运行：需求信息、供应信息、共享信息。

共享信息的增加对供应链管理是非常重要的。由于可以做到共享信息，供应链上任何节点的企业都能及时地掌握到市场的需求信息和整个供应链的运行情况，每个环节的物流信息都能透明地与其他环节进行交流与共享，从而避免了需求信息的失真现象。

对物流网络规划能力的增强，也反映了供应链管理环境下的物流特征。它充分利用第三方物流系统、代理运输等多种形式的运输和交货手段，降低了库存的压力和安全库存水平。作业流程的快速重组能力极大地提高了物流系统的敏捷性。通过消除不增加价值的过程和时间，使供应链的物流系统进一步降低成本，为实现供应链的敏捷性、精细化运作提供了基础性保障。

对信息跟踪能力的提高，使供应链物流过程更加透明化，也为实时控制物流过程提供了条件。在传统的物流系统中，许多企业有能力跟踪企业内部的物流过程，但没有能力跟踪企业之外的物流过程，这是因为没有共享的信息系统和信息反馈机制。

合作性与协调性是供应链管理的一个重要特点，但如果没有物流系统的无缝连接，运输的货物逾期未到，顾客的需要不能得到及时满足，采购的物资常常在途受阻，都会使供应链的合作性大打折扣，因此，无缝连接的供应链物流系统是使供应链获得协调运作的前提条件。

灵活多样的物流服务，提高了用户的满意度。通过制造商和运输部门的实时信息交换，及时地把用户关于运输、包装和装卸方面的要求反映给相关部门，提高了供应链管理系统对用户个性化响应的能力。

3. 供应链体系下物流管理的作用

良好运作的供应链中，卓有成效的物流管理功不可没，物流在其中起着重要的主导作用。从供应链各组成部分来看，它主要包括了供应商、采购商、生产商和分销商，物流是把他们彼此联系在一起的重要链条，而且物流过程中产生的信息流也是一条重要的链条，离开了物流活动这条供应链将不复存在。

（1）为供应链企业提供低成本的物流服务。物流成本是企业运作中的一项成本，通过高效的物流运作，最大限度地降低物流成本，将能够提升企业产品价格竞争力。在供应链体系下，由于克服了传统物流模式的许多弊端，供应链上的各个企业，包括物流企业，能够实现协同化的整合运作，从而使得物流变得更加顺畅，用低成本实现高效物流。

（2）提高企业快速响应的能力。近年来，人们越来越重视减少库存和缩短货物的在途时间，这也是供应链管理的关键点，而专业的第三方物流企业运用最先进的物流技术和管理对货物进行快速分类和配送，在将来物流服务的速度还将进一步提高。物流速度的提高将使得企业对客户服务的响应速度越来越快，因而可以满足客户对服务速度的要求。

物流业还是国民经济中其他行业发展的重要支撑，能够给其他相关产业带来时间效应和空间效应等物流价值。总之，物流活动和物流产业所具有的物流价值已经为世界各国所重视，尤其是我国和发达国家相比，物流成本占 GDP 比重居高不下、物流效率和物流技术装备水平都不够高，更需要重视发展物流。2009 年年初，我国已经将物流业确定为十大振兴规划产业之一，作为服务业的重要分支领域，物流业与钢铁、汽车、船舶、石化、纺织、轻工、有色金属、装备制造业、电子信息等九大产业密切相关。最终选择物流业，主要就是看重其纽带作用。

12.1.3　供应链管理环境下物流管理的对策

供应链环境下物流的管理把物流资源（包括人、财、物等要素）组织起来进行运作，对其中的这个过程和环节还需必要的科学的管理，目的在于提高整个物流系统效率，降低运作成本。

1．资源的有效利用

物流和供应链决策对许多企业资源都有影响，包括生产、设施与设备、运输管理以及库存等都有或大或小的影响，而这些资源都占用了企业的固定资产和流动资产。如果在物流决策和执行过程中，这些资源没有得到合理的使用，或者有部分资产闲置，都会降低相关资源的利用率。物流和供应链管理的基本目标就是要实现有关资源得到充分和最大限度的利用。

作为物流管理人员应当认识到这点，并运用协调方法，在实现满足服务需求时最少地使用供应链资源，这也是一种管理能力的体现。管理人员要实现这一目标还要有信息系统和反馈来帮助完成这一任务。信息系统的作用在于为管理人员提供数据，消除管理中的不确定性，而反馈则可以帮助管理人员了解采取措施的效果并加以控制。

2．成本的合理控制

物流管理不应该忽视供应链中对相关成本的控制，控制物流成本，人们意识到它的重要性，把它看做企业的“第三利润源”。物流成本的控制主要是通过强化成本核算与控制管理物流，把成本控制作为管理物流的一种手段和方法。

企业人员需要采用合理的控制方法来加强物流成本管理，按照具体的成本分类，来对物流中的各项成本加以控制，特别是其中占比较大的成本。可以把物流成本分为运输成本、仓储成本、包装成本以及经营管理费等各项成本，对上述成本进行分析，即可以掌握所有成本的总额，又可以明确成本构成中哪项成本的比率最大，通过这些分析来对物流成本进行合理有效的控制，既能够找出总额上的问题，又能够分析单项成本过高而导致成本总额升高，比较有针对性。

3．库存的合理化决策

生产型企业和商业型企业都不可避免地保有一定的库存，没有正常的库存会导致企业生产与经营面临一时的缺货，从而影响企业正常运作。然而库存过多能带来诸多不利影响，所以合理的库存是企业物流管理的一项重要内容。

首先，要有合理的库存政策，采用合理的方法与工具来协助制定合理的库存政策，如采用 ERP 工具，决定库存结构、库存数量。有效降低库存，既能满足企业对库存物流的需求，又能把库存量控制在合理的范围，不至于使库存成本过高而占用更多资源。

其次，使用科学有效的方法管理库存物料。对物料库存的管理既包括软环境也包括硬环境条件的改善和提高。硬环境主要是库存的硬件设施，比如库房、通风条件等因素；软环境指管理库存物料的信息系统和软件，比如 RFID 技术等。两方面有机结合使二者发挥更大的作用，辅助管理人员做好库存物料的管理。

4. 运输的时效性与经济性

物流系统自始至终都在谋求通过加强运输管理来增强物流的时效性，对运输的管理着重应该从运输线路的优化、运输工具的配备、信息化设施建设以及人员管理等措施促进快速安全的货物运输。大型企业的运输管理涉及很多管理方面的责任，目前企业越来越倾向于采用运输管理系统来加强对运输过程的管理，这个系统能够对各种运输策略进行评估与比较，它将根据企业的具体情况选择最优的运输方案。

在成本方面，运输成本占据了物流成本的较大比重，控制运输成本将能够有效降低物流运作成本。有诸多因素会对运输经济性产生一定影响，这些影响因素主要有：运输距离、载货量、装卸作业等，可以采用最优的运输线路、合理配载、集并运输等方法降低运输过程中成本的耗费。

5. 从职能向过程的转变

企业对物流的管理要实现业务的整合，就必须要从原先的职能化的工作安排和组织设计中转变为注重过程的整合。在职能制的组织管理中，物流的各项职能分散于各职能部门，如企业有运输、仓库管理、物料处理、包装等部门，要完成一项物流任务通常需要这些部门的通力合作。然而，这些职能部门都是以工作职能和任务来进行划分的，工作本身就是条块分割的，部门之间需要更多的协调与配合，增加了管理成本，而且由于需要更多的管理人员，从而降低了物流运作的效率。

由于有现代信息技术作为基础，在供应链物流管理中，更加注重从职能组织向过程管理转变。工作不再是以单个的职能组织部门，而是将所有职能整合到一个相对独立的组织单元中，强调管理好整个物流过程。在这样的组织方式中，通过应用信息技术把整个物流团队整合，并加强过程管理来提高生产力，达到物流整合的最高目标。

12.2 物流管理发展趋势

12.2.1 绿色物流

随着环境资源恶化程度的加深，对人类生存和发展的威胁越大，因此人们对环境的利用和环境的保护越来越重视，现代物流的发展必须优先考虑环境问题，需要从环境保护角度对物流体系进行改进。这种物流环保型的管理系统需要建立在维护全球环境和可持续发展基础上，即改变原来经济发展与物流、消费生活与物流的单向作用关系，在单一发展物流的同时，抑制物流对环境造成危害，形成一种能促进经济与消费健康发展的物流系统，也就是向绿色物流转变。

绿色物流也叫环保物流，它主要是通过改革运输、储存、包装、装卸、流通、加工等物流环节，达到降低环境污染、减少资源消耗的目的。中华人民共和国国家标准《物流术语（GB/T 18354—2001）》中规定，绿色物流（Environmental Logistics）指，在物流过程中抑制物流对环境造成危害的同时，实现对物流环境的净化，使物流资源得到最充分利用。其长远的目标是将环保意识导入物流相关的各个系统，加强物流流程中运输、仓储、包装、流通加工、装卸等各环节的环境监督与管理，有效遏止物流发展造成的环境污染和资源浪费。

绿色物流管理已成为21世纪亟待解决的重要问题。中国的物流较之国外还比较落后，如何进一步缩小与国外发达国家的差距，减少物流成本在GDP中的比重，要发展绿色物流，对于保护环境、节约能源都有着十分重要的意义。

1. 物流对环境的影响

（1）交通运输对环境的影响。物流活动离不开交通工具的使用，交通网的新建和交通工具的大量使用无疑大大增强了企业的物流能力，提高了全社会的物流速度。但作为物流的载体之一，这些交通工具本身也产生了较为严重的环境污染：第一是噪声污染。比如公路运输网络的发达所产生的噪声污染几乎影响到了社会的每个角落；铁路及水运线作为一种移动点污染源，随着运输工具频率的增加，已经逐步转化为线状噪声源；飞机起降时的噪声对机场附近的居民更是有害至深。第二是大气污染。汽车尾气对大气环境的毒害众所皆知，尤其是在汽车数量不断增加的城市区域，汽车尾气经太阳照射后形成的化学烟雾，使城市空气长期处于污染状态。第三是交通事故造成的污染。物流运输过程中，发生交通事故对环境的影响。

（2）仓储对环境的影响。仓储本身就可能对周围的环境产生影响。如果由于管理不当或操作的失误导致物品的损坏、变质、泄漏，尤其是化学物品，就会对周围的环境产生致命的危害。并且，如果仓储的地理位置选择不好的话，就会造成运输次数和运输距离的增加，导致物流成本的提高和环境污染的增加。

（3）包装及流通加工对环境的影响。包装可以保护商品，便于运输。但现在一般采用的包装，如塑料袋、易拉罐、玻璃瓶等，不能有效回收的话会给自然界带来永久的危害。还有大量的一次性纸箱，很少有企业能够做到二次利用，虽然有废品收购站，但这样浪费了大量的人力、物力、财力，同时消耗大量的木材，造成社会资源不必要的浪费。

流通加工是流通过程中为适应用户需要而进行的必要加工，以完善商品的使用价值。分散进行的加工利用率低，产生的边角余料、废气物等污染周边环境，甚至二次污染。

2．绿色物流的产生

（1）环境污染而形成的巨大的社会成本。近年来，我国的物流业以每年 20%的速度快速增长，已成为推动我国经济发展不可或缺的因素。在看到取得的成果的同时，物流业对环境的损害也不容忽视，它的运输、包装、仓储、流通加工等都对环境造成了不同程度的污染，加大了环境治理的难度。物流成本“冰山”理论也同样揭示企业物流结构的不合理对社会造成的成本，这个成本就是环境污染。任何形式的环境污染都根源于物质的不适当流动，且流动的量达到了一定规模就超过了环境的负载能力。因此企业在进行物流管理时不能不考虑由此产生的环境污染而形成的巨大的社会成本。

（2）绿色物流与可持续发展。绿色物流是建立在可持续发展的基础上的，为了实现经济利益、社会利益和环境利益的统一。绿色物流在创造商品的空间效益和时间效益，满足消费者需求的同时，最大限度地节约能源，保护自然环境和生态平衡，给子孙后代生存的权利。现代绿色物流管理正是依据可持续发展理论，形成了物流与环境之间相辅相成的推动和制约关系，进而促进了现代物流的发展，达到环境与物流的共生。

（3）生态经济学启示。生态经济学是研究再生产过程中，经济系统与生态系统之间的物质循环，能量转化和价值增值规律及其应用的科学。物流是社会再生产过程的重要环节，它既包括物质循环利用、能量转化，又有价值转化与价值实现。因此，物流涉及经济与生态环境两大系统，理所当然地架起了经济效益与生态效益之间联系的桥梁。而传统的物流管理没有处理好二者的关系，过多地强调了经济效益，而忽视了环境效益，导致了社会整体效益的下降。经济效益主要涉及目前和局部利益，而环境效益则关系到宏观与长远利益。

现代绿色物流的出现，较好地解决了这一问题。绿色物流以经济学的一般原理为指导，以生态学为基础，对物流的经济行为、经济关系和规律与生态系统之间的相互关系进行研究，以谋求在生态平衡、经济合理、技术先进等条件下的生态与环境的最佳结合以及协调发展。为了人类自身更健康和安全地生存与发展，为了千秋万代的切身利益，人类应自觉维护生态平衡。这是时代赋予我们的不可推卸的责任，也是人类对自然应尽的权利与义务。

3．绿色物流发展趋势

（1）绿色运输管理。第一是开展共同配送：共同配送指由多个企业联合组织实施的配送活动。几个中小型配送中心联合起来，分工合作对某一地区客户进行配送，它主要是指对某一地区的客户所需要物品数量较少而使用车辆不满载、配送车辆利用率不高等情况。共同配送可以分为以货主为主体的共同配送和以物流企业为主体的共同配送两种类型。因此，共同配送可以最大限度地提高人员、物资、资金、时间等资源的利用效率，取得最大化的经济效益。同时，可以去除多余的交错运输，并取得缓解交通，保护环境等社会效益。

第二是采取复合一贯制运输方式：复合一贯制运输是指吸取铁路、汽车、船舶、飞机等基本运输方式的长处，把它们有机地结合起来，实行多环节、多区段、多运输工具相互衔接进行商品运输的一种方式。这种运输方式以集装箱作为连结各种工具的通用媒介，起到促进复合直达运输的作用。为此，要求装载工具及包装尺寸都要做到标准化。由于全程采用集装箱等包装形式，可以减少包装支出，降低运输过程中的货损、货差。

第三是大力发展第三方物流：第三方物流是由供方与需方以外的物流企业提供物流服务的业务方式。发展第三方物流，由这些专门从事物流业务的企业为供方或需方提供物流服务，可以从更高的角度、更广泛地考虑物流合理化问题，简化配送环节，进行合理运输，有利于在更广泛的范围内对物流资源进行合理利用和配置，可以避免自有物流带来的资金占用、运输效率低、配送环节繁琐、企业负担加重、城市污染加剧等问题。当一些大城市的车辆配送大为饱和时，专业物流企业的出现使得在大城市的运输车量减少，从而缓解了物流对城市环境污染的压力。

（2）绿色包装管理。绿色包装是指采用节约资源、保护环境的包装。绿色包装的途径主要有：促进生产部门采用尽量简化的，以及由可降解材料制成的包装；在流通过程中，应采取措施实现包装的合理化与现代化：

第一是强化绿色包装意识。目前不少企业在对产品进行包装时仍然较多地把注意力集中于对商品使用价值的保护上，而对环保问题却很少考虑。在“绿色浪潮”席卷全球的今天，企业应树立绿色营销观念，进一步认清绿色包装在国际流通领域中的地位和作用。应该清醒地认识到发展绿色包装不但可以降低能耗和物耗、降低成本、减少污染，而且可以提高企业形象，增加消费者对企业的认同感和信任感，从而提高产品的国际竞争力。

第二是充分利用可回收容器。包装多次、反复使用和废弃包装的处理，采用通用包装，不用专门安排回返使用；采用周转包装，可多次反复使用，如饮料、啤酒瓶等；梯级利用，一次使用后的包装物，用毕转化作他用或简单处理后转作它用；对废弃包装物经再生处理，转化为其他用途或制作新材料。开发新的包装材料和包装器具，发展趋势是，包装物的高功能化，用较少的材料实现多种包装功能。

第三是工业物流成组化。工业包装通常将个别商品和零部件箱、包、盒和桶来成组化以提高操作管理的效率。这些容器用来使零散商品集中在一起，组成一个MCS（Master Carton），当MCS成组为更大的单元时，就称做集装化或成组化。成组化基本方法包括钢性容器形成单位载荷的成组化方法和承载工具的成组化方法。集装化包括了从将两个MCS 捆在一起的成组化到使用专门的运输设备成组化的所有形式。所有类型的集装化都有一个基本目的，那就是提高材料搬运的效率。并能节省包装能源、防止产品泄漏和污染环境，从而达到绿色包装的目的。

（3）绿色流通加工。流通加工指物品在从生产地到使用地过程中，根据需要施加包装、分割、计量、分拣、组装、价格贴付、标签贴付、商品检验等简单作业的总称。流通加工具有较强的生产性，也是流通部门对环境保护可以大有作为的领域。绿色流通加工主要包括两个方面措施：一是变消费者加工为专业集中加工，以规模作业方式提高资源利用效率，减少环境污染。如饮食服务业对食品进行集中加工，以减少家庭分散烹调所带来的能源和空气污染；二是集中处理消费品加工中产生的边角废料，以减少消费者分散加工所造成的废弃物的污染，如流通部门对蔬菜集中加工，可减少居民分散加工垃圾丢放及相应的环境治理问题。

绿色物流是当今经济可持续发展的一个重要组成部分，它对社会经济的不断发展和人类生活质量的不断提高具有重要意义。作为新兴的服务产业，由于观念、政策、技术上的原因，现代物流在我国尚处于起步阶段，与发达国家相比，很多方面还存在较大的差距。因此绿色物流的实施不仅是企业的事情，而且还必须从政府约束的角度，对现有的物流体制调控管理，另外也需要每一个人在观念上改变而去重视绿色物流。

政府可以借鉴发达国家的实践经验来制定政策法规，从交通、库存保管、装卸搬运、包装、流通加工和企业绿色管理等具体环节上入手。如治理车辆的废气排放、限制城区货车行驶路线、收取车辆排污费、促进低公害车的普及等；通过政府指导作用，促进企业选择合适的运输方式，发展共同配送，统筹建立现代化的物流中心，提高物流效率；通过道路与铁路的立体交叉发展、建立都市中心环状道路、制定道路停车规则以及实现交通管制系统的现代化等措施，减少交通阻塞，提高配送效率。

物流企业也要从保护环境的角度制定其经营管理战略。选择绿色运输策略，通过交通工具的搭配有效利用车辆，降低车辆运行，提高配送效率，如合理规划网点及配送中心、优化配送路线、提倡共同配送、提高往返载货率等；改变运输方式，由公路运输转向铁路运输或海上运输；使用“绿色”运输工具，降低废气排放量等；提倡绿色包装，采用可降解的包装材料，设计简易包装，减少一次性包装，提高包装废弃物的回收再生利用率，加强绿色包装宣传等；开展绿色流通加工，由分散加工转向专业集中加工，以规模作业方式提高资源利用率，减少环境污染；集中处理流通加工中产生的边角废料，减少废弃物污染。每一个公民都要转变观念，认识到绿色物流对社会经济发展和个人切身利益的重要性，维护自己生活的环境，促进绿色物流的顺利发展。

12.2.2　逆向物流

近年来，逆向物流受到了企业界和理论界越来越多的重视与研究。逆向物流作为物流的一个重要组成部分，对国家和社会的经济、资源、环境等有着重大的影响。我国的企业也不断认识到逆向物流的重要性，加强企业在逆向物流方面的竞争力。在我国，《中国国家标准·物流术语》则将逆向物流分解为两大类：①回收物流，即不合格物品的返修、退货以及周转使用的包装容器从需方返回到供方所形成的物品实体流；②废弃物物流，即将经济活动中失去原有使用价值的物品，根据实际需要进行收集、分类、加工、包装、搬运、储存，并分送到专门处理场时所形成的物品实体流动。虽然我国学术界对于逆向物流的研究相对于国外要晚一些，但是对于逆向物流的本质研究也具有一定的代表性。

对大多数企业来讲，在正向物流系统中创造并持续应用最佳业务实践已经是非常艰巨的挑战了。因此毫不奇怪，没有几家企业愿意全心全意的应对逆向物流的挑战。但是，随着用过产品数量的激增，新的环境法规产生和追求最大利用率及高效率的动因迫使企业去认真对待这个相对较新的新型供应链领域。通过对这个领域的机会和潜在意义的思考，企业可以占据领先竞争对手的地位，这里包含了对整个产品生命周期相应责任的思考。

1. 逆向物流及信息管理

目前我们对逆向物流的定义并没有突出其中的关键因素：逆向流程对返还信息管理的依赖性。如果制造者需要一直对从产品制造开始直到产品被最终处理的全过程负全部责任，他们就必须有能力追溯整个产品的历史过程，其中涉及了产品在整个生命周期范围内的所有权问题。这些信息可以帮助制造者了解产品的属性——产品设计的怎么样，产品的耐用性如何，零部件具有怎样的特性。在运营层面上，企业可以利用产品和零部件的应用信息档案，提高正向流动中产品和零件的库存管理水平，并且像前向流动中需求信息的管理一样，对产生返还情况进行记录。这种模式有利于企业计划和管理逆向供应链的运营状况。在战略层，企业可以利用这些信息深入的发展和理解顾客的消费模式，管理所有的新产品模型，分析它们在财务层面上对业务的影响。通过详细的了解产品特性，制造商可以仔细的设计产品，提高耐用性。

2. 逆向物流的驱动因素

在那些已经运用逆向物流系统的公司中，高级管理人员过度的将它的管理推给了运营层上。这已经不再是有效的方法。有许多有力的因素迫使企业将逆向物流的管理提高到战略程度的高级管理日程上。带来这些变化的主要驱动因素有：

（1）政府立法。在工业化世界中，政府的环境立法有效地推动了企业对他们所制造的产品的整个生命周期负责。顾客对全球气候变暖，温室效应和环境污染的关注加深了这种趋势。在美国，议会在过去的几年中引入了超过 2 000 个固体废品的处理法案；1997

年，日本国会通过了强制回收某些物资的法案。在欧洲，这种信息更加强大。为了减少垃圾掩埋法的废品处理方式，欧盟制定了包装和包装废品的指导性意见，并在欧盟成员中形成法律。意见中规定了减少、再利用和回收包装材料的方法，并根据供应链环节中不同成员的地位和相应的年营业额，提出了企业每年进行垃圾回收和产品再生的数量要求。法规的目的是使生产者共同承担产品责任。积极的立法工作仅仅处于开始阶段，因为政府强令企业改变他们研究并管理从产品生产到最终废品处理的方法。

有远见的企业并没有消极的应对强制性法规的实行。他们正在为下一代的环境法案做准备，积极地思考他们在产品管理上的地位、责任和机会。实际上，他们正在为必将到来的一天做准备，那就是他们必须在产品使用寿命终结之时，对它的处理负全部责任。当政府正式推行该项法律时，以往产品的归属权与责任权的转移问题将不复存在。买者和卖者的关系将发生永久性的转变。

(2) 日益缩短的产品生命周期。产品生命周期正在变得越来越短，这种现象在许多行业都变得非常明显，尤其是计算机行业。新品和升级换代产品以前所未有的速度推向市场，推动消费者更加频繁地购买。当消费者从更多的选择和功能中受益时，这种趋势也不可避免地导致了消费者使用更多的不被需要的产品，同时也带来了更多的包装，更多的退货和更多的浪费问题。缩短的产品生命周期增加了进入逆向物流的浪费物资以及管理成本。

(3) 新的分销渠道。消费者可以更加便捷地通过新的分销渠道的购买商品。顾客直销电视购物网络和互联网的出现使商品直销成为可能。但是直销产品也增加了退货的可能性。要么是因为产品在运输过程中被损坏，要么是由于实际物品与在电视或网上看到的商品不同。直销渠道给逆向物流带来了压力。一般零售商的退货率是 5%～10%，而通过产品目录和销售网络销售的产品的退货比例则高达 35%（Eisenhuth，1997）。由于直销渠道面对的顾客是全球范围的，而不仅仅局限于本地、国内或者某一区域，退货物品管理的复杂性就会增加，管理成本也将上升。

3. 逆向物流的发展趋势

建立并管理逆向物流系统是一项艰巨的工作。逆向物流经理们不具备前向物流系统中对库存管理的控制水平。产品可以通过有效的、现成的渠道流到消费者手中，它们的回收却是不可预知的，而且经常是非经济批量回收，甚至是单件产品回收。建立一个快速、高效和低成本的逆向物流系统是势在必行的。一些机构已经开始在这方面进行投资，目的是发现能够加强逆向物流系统能力的机会。

(1) 为分解而设计。从白色家电厂商到汽车制造商的一大批厂商正在研究新的方法，用可分解的思想设计他们的产品。这项研究分为三个方面：如何实现为了分解目的的新品设计；现有产品如何分解；增加回收产品及部件的机会。制造系统一般都是为了实现高效装配过程而设计的，但是现在的要求却是产品的设计和制造能够适应处理和回收的要求，可以方便进行产品分解工作。例如，重新设计装配件，减少装配过程中螺栓的使用数量（当然不能牺牲功能），这样会加快了产品的分解过程。当企业可以分解大多数产品时，产品设计的目标必须是使产品分解的成本低于部件带来的收入。还应注意，不同的分解部件有不同的获利机会。

（2）回收更多的物资。许多行业正在给那些允许他们回收更多物资的系统投资。汽车工业是最为突出的。如在 1992 年，通用汽车公司成立了美国汽车研究委员会，福特和克莱斯勒则在新技术中引入了“预竞争”理论研究。其中的一个研究机构——汽车回收合作组织，不仅仅由主要的汽车制造商参与，而且也依赖于供应商、原材料制造商、大学和相关工业协会的参与。这个合作组织正在编制废旧汽车零件和原料数据库，以辨识如何回收并利用物资。废料经销商已经在每年 1 000 万辆的废旧车辆中提取了 95%的铝和钢铁以及主要的黄铜和紫铜，然后把它们卖给二级回收市场。

（3）延长产品生命周期。为了延长产品生命周期，许多公司正在采用模块化的设计技术并使用标准化的产品接口。由大量标准化零部件组装而成的产品可以方便地进行升级，而不是废弃，仅仅用新部件替代过期部件就可以达到这样的目的。以老型号产品中的标准化部件和模块为基础进行新产品的设计制造，给企业有机会利用老型号产品中的零部件。企业分解一种老型号产品时，就有很多机会把老部件重新应用到新产品之中。在过去的几年当中，企业在产品之中应用回收物资方面取得了显著的进步。这些物资带来了直接的效益，减少了长期的废品处理成本。

12.2.3　第四方物流

第四方物流是 1998 年美国埃森哲咨询公司率先提出的，是专门为第一方、第二方和第三方提供物流规划、咨询、物流信息系统、供应链管理等活动。第四方并不实际承担具体的物流运作活动。

第四方物流是指一个供应链的集成商，它对公司内部和具有互补性的服务供应商所拥有的不同资源、能力和技术进行整合和管理，提供一整套供应链解决方案，又称之为“总承包商”或“领衔物流服务商”。第四方物流是一个供应链的集成商，它通过对本公司内部和具有互补性的服务提供商所拥有的不同资源、能力和技术进行整合和管理，向客户提供一整套供应链解决方案。

第四方物流企业不是从货物运输的角度看待各企业间的关系，而是站在客户企业的目标和利益角度，寻求各个客户间资源与优势的互补。第四方物流企业将其业务与客户的企业经营相融合，在实际管理过程中强调业务流程协调技术的重要性。虽然文献对第四方物流的定义有着不同的表述方式，但其核心思想却是一致的，即 4PL 通过整合各类资源，实现物流信息的高度共享与物流资源的充分利用。

1．发展第四方物流意义

（1）能够对整个供应链及物流系统进行整合规划。第三方物流的优势在于运输、储存、包装、装卸、配送、流通加工等实际的物流业务操作能力，在综合技能、集成技术、战略规划、区域及全球拓展能力等方面存在明显的局限性，特别是缺乏对整个供应链及物流系统进行整合规划的能力。而第四方物流的核心竞争力就在于对整个供应链及物流系统进行整合规划的能力，也是降低客户企业物流成本的根本所在。

（2）能够对供应链服务商进行资源整合。第四方物流作为有领导力量的物流服务提供商，可以通过其影响整个供应链的能力，整合最优秀的第三方物流服务商、管理咨询服务商、信息技术服务商和电子商务服务商等，为客户企业提供个性化、多样化的供应链解决方案，为其创造超额价值。

（3）具有信息及服务网络优势。第四方物流公司的运作主要依靠信息与网络，其强大的信息技术支持能力和广泛的服务网络覆盖支持能力是客户企业开拓国内外市场、降低物流成本所极为看重的，也是取得客户的信赖，获得大额长期订单的优势所在。

（4）具有人才优势。第四方物流公司拥有大量高素质国际化的物流和供应链管理专业人才和团队，可以为客户企业提供全面的卓越的供应链管理与运作，提供个性化、多样化的供应链解决方案，在解决物流实际业务的同时实施与公司战略相适应的物流发展战略。发展第四方物流可以减少物流资本投入、降低资金占用。

通过第四方物流，企业可以大大减少在物流设施（如仓库、配送中心、车队、物流服务网点等）方面的资本投入，降低资金占用，提高资金周转速度，减少投资风险，降低库存管理及仓储成本。第四方物流公司通过其卓越的供应链管理和运作能力可以实现供应链“零库存”的目标，为供应链上的所有企业降低仓储成本。同时，第四方物流大大提高了客户企业的库存管理水平，从而降低库存管理成本。发展第四方物流还可以改善物流服务质量，提升企业形象。

2．第四方物流运作模式

第四方物流结合自身的特点可以有三种运作模式来进行选择，虽然它们之间略有差别，但是都是要突出第四方物流的特点。

（1）协同运作模型。该运作模式下，第四方物流只与第三方物流有内部合作关系，即第四方物流服务供应商不直接与企业客户接触，而是通过第三方物流服务供应商将其提出的供应链解决方案、再造的物流运作流程等进行。这就意味着，第四方物流与第三方物流共同开发市场，在开发的过程中第四方物流向第三方物流提供技术支持、供应链管理决策、市场准入能力以及项目管理能力等，它们之间的合作关系可以采用合同方式绑定或采用战略联盟方式形成。

（2）方案集成商模式。该运作模式下，第四方物流作为企业客户与第三方物流的纽带，将企业客户与第三方物流连接起来，这样企业客户就不需要与众多第三方物流服务供应商进行接触，而是直接通过第四方物流服务供应商来实现复杂的物流运作的管理。在这种模式下，第四方物流作为方案集成商除了提出供应链管理的可行性解决方案外，还要对第三方物流资源进行整合，统一规划为企业客户服务。

（3）行业创新者模式。行业创新者模式与方案集成商模式有相似之处：都是作为第三方物流和客户沟通的桥梁，将物流运作的两个端点连接起来。两者的不同之处在于：行业创新者模式的客户是同一行业的多个企业，而方案集成商模式只针对一个企业客户进行物流管理。这种模式下，第四方物流提供行业整体物流的解决方案，这样可以使第四方物流运作的规模更大限度地得到扩大，使整个行业在物流运作上获得收益。

第四方物流无论采取哪一种模式，都突破了单纯发展第三方物流的局限性，能真正的低成本运作，实现最大范围的资源整合。因为第三方物流缺乏跨越整个供应链运作以及真正整合供应链流程所需的战略专业技术，第四方物流则可以不受约束地将每一个领域的最佳物流提供商组合起来，为客户提供最佳物流服务，进而形成最优物流方案或供应链管理方案。而第三方物流要么独自，要么通过与自己有密切关系的转包商来为客户提供服务，它不太可能提供技术、仓储与运输服务的最佳结合。

3．第四方物流发展路径

（1）大力发展第三方物流，为第四方物流提供基础。只有大力发展第三方物流企业，第四方物流才有发展的基础，我国还处在发展第三方物流的初始期。国际上第三方物流公司在我国尚未被允许经营真正的第三方物流业务。国有的以物流为主体的公司也尚未完成经营机制的转换，民营的第三方物流公司虽在崛起却还没有羽毛丰满，同时制造企业把物流外包给第三方也尚未形成气候。因此，大力发展第三方物流是当前提高我国物流产业发展水平最重要的措施，也是发展第四方物流的必要前提。

（2）建立全国性的物流公共信息平台。我国目前正在推进信息化进程，同时物流业在我国经济中占重要的地位，把当前蓬勃发展的电子商务和现代物流产业结合起来的最佳途径就是建立全国物流行业的公共平台，通过国际互联网形式整合物流企业（包括第三方物流企业）的资源，使我国物流产业真正有质的提高，也只有这样才能从容应对加入世贸组织后跨国物流公司的竞争。目前我国利用互联网运行业务的物流企业很多，但是能够整合一定社会资源的和具有一定社会影响的并不多，所以目前的任务是重点培育已经具有第四方物流的雏形、在整合物流资源方面有一定基础的物流信息平台，使其发展成为第四方物流。

（3）政府统筹规划，搞好物流基础建设，我国物流产业真正提升，必须通过第四方物流来完成。政府加强统筹规划、注重物流设施的投资建设、打好物流配送基础，是第四方物流成长的必要条件。第三方物流企业本身是物流业的“利润点”，可以靠企业自身发展规律就能生存，而第四方物流对整合社会资源、物流产业的提升具有极其重要的作用，它的发展状况对经济发展、商品流通和大众消费起着重要的促进或制约作用。为此，在物流产业政策上，应重点放在物流基础建设方面。

12.3 供应链管理发展新趋势

12.3.1 供应链管理全球化

自 20 世纪 90 年代以来，人们认识到，任何一个企业都不可能在所有业务上成为世界上最杰出的企业，只有优势互补，才能共同增强竞争实力。为了使在全球范围内加盟供应链的企业都能受益，并且要使每个企业都有比竞争对手更强的竞争实力，就必须加强对全球供应链的构成及运作研究，由此形成了全球供应链管理这一新的经营与运作模式。全球化供应链管理是应用供应链管理的基本理念、模式、工具和手段等对全球网络供应链的经营运作进行控制和管理。

在形式上，它是供应链管理功能的一种扩展和延伸，它的基本原理与前面介绍的供应链管理的原理相同，只是管理对象更加复杂、管理范围更加宽广以及管理模式更加多样化。如果说全球化供应链是全球经济一体化的必然产物，那么全球化供应链管理就是企业乃至整个社会实施全球化战略的必然要求。全球化的经营使供应链运作的范围扩大，在初期有可能引起成本增大、效率降低、组织的细化和分散，也会使管理的难度加大，使企业间特别是异国企业间的沟通交流非常困难，协同运作更是难上加难。

1. 全球化供应链管理

（1）全球供应链管理含义。全球供应链管理（Global Supply Chain Management，GSCM）是通过前馈的信息流（需方向供方流动，如订货合同、加工单、采购单等）和反馈的物料流及信息流（供方向需方的物料流及伴随的供给信息流，如提货单、入库单、完工报告等），将供应商、制造商、分销商、零售商直到最终用户连成一个整体的模式。它既是一条从供应商的供应商到用户的物流链，又是一条价值增值链，因为各种物料在供应链上移动，是一个不断增加其市场价值或附加价值的增值过程。全球供应链是指在全球范围内组合供应链，它要求以全球化的视野，将供应链系统延伸至整个世界范围，根据企业的需要在世界各地选取最有竞争力的合作伙伴。

（2）全球化供应链管理的特征。全球供应链管理强调在全面、迅速地了解世界各地消费者需求的同时，对其进行计划、协调、操作、控制和优化，在供应链中的核心企业与其供应商以及供应商的供应商、核心企业与其销售商乃至最终消费者之间，依靠现代网络信息技术支撑，实现供应链的一体化和快速反应，达到商流、物流、资金流和信息流的协调通畅，以满足全球消费者需求。

2．全球化供应链的合作准则

全球化供应链的合作准则应该体现客户至上、核心专注、利益共享、风险共担、信任沟通和整体运作的理念。

（1）以顾客为中心，以市场需求为原动力。顾客需求是产品真正价值的体现。以需求拉动供应满足消费需求，不仅可以减少因产品过时而降价促销的风险，而且有利于减少库存，加速企业资金流动，增加企业盈利，增加客户满意度，真正做到产品物有所用，价有所值。

（2）成员企业应专注于核心业务。企业必须在全球化供应链上明确定位，将非核心业务外包，企业应有效地集中利用资源，强化主业，突显核心竞争力。通过企业间的真诚合作，增加业务弹性，最终提升全球化供应链的整体竞争力。

（3）加强成员企业之间的协同与合作，共担风险，共享利益。企业优势互补产生共赢的协同效应是供应链战略的灵魂。全球化供应链上的企业除了追求自身的利益外，还应该一同去追求改善全球化供应链整体的竞争力和盈利能力，通过合作减少各环节之间的交易成本，有效提升供应链的长期而有效的竞争力。

3．全球化供应链管理的发展趋势

在全球战略下，跨国公司整合全球生产体系，实行全球财务管理，培养全球经理人员，发动全球企业购并，建立全球战略联盟。在世界范围内重新排列价值链，把各种经营活动安排在相应的低成本国家，进行世界规模性标准化生产，促进国家之间市场活动的共享，实行全球一体化经营。

（1）多功能化——全球化供应链管理发展的方向。现代供应链管理即通过从供应者到消费者供应链的综合运作，达到最优化。作为一种战略概念，供应链也是一种产品，而且是可增值的产品；其目的不仅是降低成本，更重要的是提供用户期望以外的增值服务，以产生和保持竞争优势；在经营形式上，采取合同形式；供应链系统完全适应了企业经营理念的全面更新。从全球视角来看，跨国公司在进行结构调整时，越来越倾向于到成本更低、潜力更大的国家进行投资，选择把生产制造基地转移到成本最低的地方去。

（2）服务化——企业的追求趋势。供货方和购货方都是以服务作为第一宗旨。在概念上变革，由“推”到“拉”；为满足客户的需要提高配送中心的作业水平；在跨国公司价值链重整的过程中，一个极其显著的特征就是越来越多的跨国公司选择具有产业群集特征的区位进行投资，通过获得聚集优势来降低成本，提高效率。

(3)信息化——全球化供应链管理发展的必由之路。国际经济环境迅速变化的时代，要求提供最佳的服务；建立 ECR 和 JIT 系统；经济全球化使资源的整合已经跨越了国界的限制。

（4）全球化——企业竞争的趋势。全球化的供应链管理模式，使企业面临着新的问题；信息共享问题，很多企业有不少企业内部的秘密，一些企业很难与之打交道；全球化战略的趋势，使供应链管理环节上企业和生产企业更紧密地联系在一起，形成了社会大分工。

12.3.2　供应链管理联盟化

1．供应链战略联盟的产生

20 世纪 90 年代以来，随着企业所面临的内外部产业环境的巨大变化，在以美国为代表的西方发达国家中，一种新型的企业组织形式供应链战略联盟正在蓬勃兴起。供应链战略联盟是指在同一条供应链中企业之间形成的合作伙伴，它们的资源、能力和核心竞争力都能结合在一起使用，从而获得企业在设计、制造、产品或服务提供上的共同利益。

供应链战略联盟的形成是以供应链战略伙伴关系（Supply Chain Strategic Partnership）为基础，每个成员企业都在各自的优势领域为联盟贡献自己的核心能力，相互联合起来实现优势互补、风险共担和利益共享。这里需要注意的是供应链战略联盟和供应链是两个不同的概念，供应链战略联盟是一种企业之间的关系状态，而供应链则是供应链上的节点企业为规定各自的行为所采取的一种组织形式。

供应链战略联盟体现了一种基于企业核心竞争力的战略资源整合思想。在全球化的时代，独当一面不再是实力的象征。一方面，每个企业都不能忽视战略联盟，否则就有在竞争中被淘汰的危险。另一方面，那些积极主动地寻求合作伙伴的企业可以更好地拓宽业务范围，扩大客户群，发现新的合作渠道，从其他公司的优势中获益，以及充分利用合作伙伴的品牌。这样一来，价值链中的每个环节都分别由效率最高的合作伙伴来完成，就可以实现各个环节对价值链增值的最大贡献。相应的，价值链上各节点企业也实现了最大限度的增值，从而达到“共赢”的协同效应。

2．供应链战略联盟的特点

（1）动态性。这是供应链战略联盟最基本的特征。供应链的节点企业之间并不存在着控制与被控制的关系，它们完全是为了共同的利益走到一起来的。所以，一旦市场环境发生了变化，它也随着变化。

（2）网络性。网络性实际上是由于供应链的相互交叉而产生的结果。同一个企业，往往在不同的供应链中扮演着不同的角色。这种复杂的关系带来了供应链在管理上的困难，但由于企业在多个链条中同时拥有位置，这样就给它提供了进行动态调整的极大便利，因为网络中的“连接线路”是随着节点增加而成指数形式增长的。

（3）开放性。参与供应链战略联盟的企业要敢于向自己的合作伙伴开放内部运作，要敢于向它们授权，这是紧密协调的客观要求。其次，在新经济时代，技术变迁的不确定性和巨额的开发成本，使得任何一个单个企业都不可能解决所有的问题，即使是竞争对手之间，由于各有所长，也会存在共同的利益，从而带来合作的可能。从现实生活中来看，由竞争走向"竞合"已成为不可抗拒的历史潮流。

（4）需求导向性。需求导向性，是新型供应链联盟的主要特征之一。在今天，由于买方市场的特征是如此明显，最终客户实际上已经从原来处于供应链之外的"旁观者"变成了供应链中必不可少的一员。另外，在新型的供应链联盟中，重要客户的战略调整会直接影响到整个供应链的运作。

3. 供应链战略联盟发展

供应链联盟作为一种新型的企业合作模式，打破了现存价值链的结构。供应链战略联盟的形成，对于降低供应链总成本、降低供应链上的库存水平、增强信息共享水平、改善相互之间的交流、保持战略伙伴相互之间操作的一贯性、提升企业的核心竞争力、产生更大的竞争优势，以实现供应链节点企业的财务状况、质量、产量、交货、用户满意度及业绩的改善和提高有很重要的作用。

（1）快速有效的市场响应。这是供应链战略联盟作用的最主要体现。无论是供应链，还是战略联盟，各种合作组织的存在，其最终目的都是应对快速变化的市场环境。供应链战略联盟也不例外，通过建立战略联盟，供应链上企业之间的合作关系大大加强，形成了更加统一的整体。所谓商机稍纵即逝，对于企业而言，一旦发现新的市场机遇，它所面临的最大挑战是能否迅速设计出一套解决顾客个性化要求的方案．但这点往往不是单个企业的能力所能完成的。在这种情况下，企业找到具有与本企业互补能力的企业，与之组成联盟，方为上策。这样可以充分利用现有的外部资源，实现快捷、低成本的获取所需的资源和能力。各企业并行协调工作，能大大缩短产品开发周期，可以快速及时地响应市场需求。而且，为顾客提供的“个性化解决方案”，也是对需求变化的有效反应。

（2）实现优势互补。由于资源的稀缺性，每个企业所拥有的资源和能力都是有限的，而且企业要想获取企业以外的资源，所花费的代价是很高昂的。因此，企业不能一味地去猎取各种资源，要解决资源问题，一个明智的做法就是建立战略联盟，以通过外取的方式将其他企业的优势资源为我所用。联盟伙伴间互通有无。既实现了内外资源的优势互补，又实现了资源的合理利用。这种优势互补突出表现在企业的核心能力方面，供应链企业间建立一种合作竞争的战略伙伴关系，最大限度地培育和发挥各自核心能力，通过优势互补获得集体竞争优势，提高整条供应链的竞争力。

（3）促进企业之间的相互学习。一般情况下，企业是从外部模仿竞争对手的资源，但是对于许多有价值的资源往往是非交易的，又难以为外部识别和轻易模仿，通过联盟可以从资源拥有方学习获得。联盟增加了成员企业间的边界渗透力，将模仿由外部转移到内部，使模仿变得更加容易，成本也较低。此外，联盟成员企业通过信息共享及其他的交流方式互相学习，相互促进．也会进一步强化各自的核心能力。在每个企业拥有自己的核心竞争优势的同时，尽可能地掌握更多的信息和技术

（4）促进企业达到规模经济。所谓规模经济是指随着企业生产和经营规模的扩大而使单位成本不断下降。传统上实现规模经济的方式主要是依靠单体企业规模的自我扩大或借助并购而使企业规模不断扩大。但是，由于企业规模扩大有其自身的内部边界，传统的模式在企业规模过大而内外受阻的双重约束下，没法达到应有的效果，组建供应链联盟为企业实现规模经济开辟了新的道路。企业之间通过缔结联盟，可在更大范围内实现专业分工化，有效的降低各类成本，无须扩大企业自身的规模而实现规模经济，从而在行业内占据较强的竞争地位。

（5）有效分散经营风险。复杂多变的外部环境对企业的研究开发提出了新的要求，如缩短时间、降低成本。因此，任何一个企业想独立承担一种新产品或新技术的研究开发，必定要付出很大的代价，面临巨额的研究开发投入、错失市场机遇、运营失败等各种风险。在这种情况下，企业可以通过寻求合作，建立联盟来分散经营风险。虽然由于市场不确定性而导致的总体市场风险依然存在，但市场风险在各个供应链联盟伙伴之间得到了重新分配，使各个企业承担的风险降到最低，这在一定程度上可以分散企业的经营风险。

12.3.3　供应链管理信息化

供应链管理信息化已经成为现代企业供应链管理的发展趋势及核心要素，这与现代企业经营环境有关，竞争的趋同与经营绩效的低下要求企业精确地把握消费者的需求，争取在最短时间内最快地将商品输送到顾客手中，而信息系统是实现这一目标的技术支持。利用它的解决方案软件系统和其他信息技术作为手段和工具，特别是借助因特网的低成本、高效能的信息传输平台，消除了信息交流和共享的障碍，加强了企业间的业务

交流和协作，集成了它们间的业务流程，加速了业务处理速度和对市场和客户需求的响应速度，提高了企业和整个供应链的管理效率。

1．供应链管理信息化特点

（1）供应链管理信息化的要点。信息系统的建设并不仅仅是硬件的建设，而是整个企业业务流程的重组；如何在强化信息系统建设的同时改变企业运作的方式，是所有企业在信息化建设时应当考虑的关键性要素。

（2）供应链管理的信息集成。供应链管理集成思想是基于Internet/Intranet的供应链管理信息系统，将实现企业全球化的信息资源网络，可以更好地在信息时代实现企业内部与企业之间的信息组织与集成。

（3）供应链管理的电子商务。通过电子商务的应用，供应链中的节点企业能更好地实现信息共享、加强供应链中的联系；供应链管理是电子商务的底层构件，与客户关系管理共同形成电子商务的两大支柱。

电子商务的运用对供应链管理的影响表现在电子商务为供应链管理开辟崭新的空间；电子商务帮助企业拓展市场；电子商务促进企业合作。

2．供应链管理信息化的作用

（1）降低供应链成本。物流信息技术的发展和应用使得供应链中大量的事务处理已完全信息化、自动化，供应链中的任何人员在任何时间、任何地点都有可能获得所需要的信息，大大降低了信息的获得成本，拓宽了信息传播渠道。目前，世界上广泛使用的EDI技术，用于供应链管理中的商业数据交换，这不仅可以将供应商、制造企业、零售企业、顾客和银行连接起来，可以在供应链范围内实现无纸化贸易，还可以提高供应链系统的效率，降低行政管理成本和物流成本，确保了信息获得的准确性和及时性。

（2）优化供应链中资源配置，提高服务水平。供应链管理是在满足服务水平需要的同时，为了使得系统成本最小而采用的将供应商、制造商、仓库和商店有效地结合成一体来生产商品，并把正确数量的商品在正确的时间配送到正确地点。在整个供应链管理中往往需要置备大规模的仓库设施，因此，为了保证及时、准确、安全、经济地将商品送达需求者，需要对现有那些服务水平低的物流设施进行合理规划和技术改造。应用物流信息技术，物流企业就可以根据商品的需求特点与供应特点将散置的分属不同系统的物流设施资源连接起来，经过科学规划和重组，发挥物流设施和服务的最大化优势，提高服务水平，优化供应链管理。

（3）建立供应链的协作网络，提高运作效率。供应链管理有助于企业在全球范围内与供应商和销售商建立合作伙伴关系，形成长期的战略联盟。物流信息技术在供应链管理中的应用，可以对企业的业务信息和知识进行集成与共享，在完善的供应链网络环境下，实现供应链整体的效益最优。当所有供应链参与方都朝着相同的目标努力，那么它们对最终市场的影响会达到最大，而较大的影响会导致较大的收益，所有的供应链参与方都可以通过合作而不仅仅是竞争得益。合作伙伴之间的协作，在共同的供应链目标指引下也会使得供应链管理变得更简洁、高效。

（4）改变供应链企业的业务流程，获得竞争优势。传统供应链企业的业务流程往往是跨部门，甚至是跨企业的，不利于供应链的畅通。要想改变整个供应链的业务流程，实现良性循环互动，必须有一个以物流信息技术为核心的信息技术来支撑。物流信息技术可以将上下游企业的经济行为以及企业内部各部门、各岗位的职能行为协调起来。促使企业对原有的组织和运作模式重塑，对传统的以组织功能为中心的企业进行以流程为中心的业务流程再造。同时，企业应向顾客提供以信息技术为基础的增值服务，同顾客建立稳定的长期联系，以获得竞争优势。

3. 供应链管理信息化发展趋势

流程和基础信息的标准化是供应链信息化管理的基础，网络优化是供应链管理的推动力，成本与利润的量化是目标，信息流分析的精细化运作是信息系统的生命，先进技术与智能的分析工具是供应链信息化的有力保证，打造一体化的供应链信息管理平台将打通供应链管理的任督二脉。制造业供应链管理信息化应用将围绕标准化、精细化、移动化、一体化和智能化方向发展。

（1）新技术应用提升供应链标准化水平。RFID、射频技术、GPS、自动立体化仓库等新技术设备的广泛应用，将为供应链信息化基础水平带来质的飞跃。中国目前在供应链基础信息化、标准化的应用层次还处于较低水平，对于新技术应用，中国的制造业有非常大的上升空间。

（2）精准的供应链计划需求。供应链计划包括需求计划、库存优化和采购计划三个部分，目前由于市场复杂和计划难度的影响，一方面软件厂商提供的供应链计划模型欠缺，另一方面制造业自身信息化基础限制，使供应链计划未能被广泛的使用。然而，精准的供应链计划是消除供应链“牛鞭效应”的最主要的手段，对供应链管理有着重要影响。随着未来软件厂商的能力提升，制造业信息化水平的提高，精准的供应链计划将建立更加高效和敏捷的供应链。

（3）不同行业的一体化解决方案。目前供应链信息化软件多集中在汽车、食品、电子、服装、制药和家电行业，并且缺乏整体的一体化解决方案，企业系统集成的工作量大。不同行业的一体化解决方案将是未来制造业供应链信息化管理的需求之一。

（4）移动互联。移动设备的客户端如今越来越热门，这种移动的互联方式，将打破时间和空间上对物理静态设备操作的显示。手持订单处理终端、移动化的流程审批等设备和系统的应用，加速信息流高效流通。未来供应链信息化对此方面有着更为广阔的需求。

（5）智能的供应链数据挖掘。目前，大部分中小型企业的信息系统还远远谈不上决策支持，只能起到部分辅助决策的作用。在供应链管理中，管理者会遭遇数据和信息泛滥的情况，如果只经过简单的收集整理，是无法从中获得有用的信息的。理想的供应链信息系统应该能够协助企业进行信息的收集整理，将有用的、准确的、及时的信息，以可利用的形式呈现给不同层面的决策者。以精确的数据构建起企业数据仓库，开展数据挖掘和知识挖掘工作，将是未来供应链决策管理的新课题。

全球视野

发达国家现代物流发展现状及政策

美国是世界上最早发展物流业的国家之一。美国的物流市场错综复杂，又十分活跃，得益于它有一套完善的物流市场管理及法制管理体系。美国政府在物流高度发达的经济社会环境下，不断通过政府宏观政策的引导，确立以现代物流发展带动社会经济发展的战略目标，其近景和远景目标都十分明确。

欧洲和美国同样在物流业发展方面走在了世界的最前沿。欧洲的物流业发展与美国相比，呈现出了不同的特点。特别是最近几年来，欧洲在物流产业上具有明显的特色。科技进步，尤其IT技术的发展及相关产业的合并联盟，促进了欧洲物流业的快速发展。欧洲各国的物流管理体制基本采取的是政府监督控制、企业自主经营的市场运作模式。

日本物流业的发展已有较长的历史，在世界居领先水平。特别是日本政府近年来为了大力扶持物流产业的发展所采取的一些宏观政策导向，给日本物流产业带来快速增长的实践经验，对我国具有极为有益的启示。

发达国家现代物流发展的共同趋势：

（1）物流技术高速发展，物流管理水平不断提高，国外物流企业的技术装备已达到相当高的水平。目前已经形成以信息技术为核心，以信息技术、运输技术、配送技术、装卸搬运技术、自动化仓储技术、库存控制技术、包装技术等专业技术为支撑的现代化物流装备技术格局。其发展趋势表现为信息化、自动化、智能化和集成化。其中，高新技术在物流运输业的应用与发展表现尤为突出。

（2）专业物流形成规模，共同配送成为主导。国外专业物流企业是伴随制造商经营取向的变革应运而生的。由于制造厂商为迎合消费者日益精化、个性化的产品需求，而采取多样、少量的生产方式，因而高频度、小批量的配送需求也随之产生。目前，在美国、日本和欧洲等经济发达国家和地区，专业物流服务已形成规模。

共同配送是经长期的发展和探索优化出的一种追求合理化配送的配送形式，也是美国、日本等一些发达国家采用较广泛、影响面较大的一种先进的物流方式，它对提高物流效率、降低物流成本具有重要意义。

（3）物流企业向集约化、协同化、全球化方向发展。国外物流企业向集约化、协同化方向发展，主要表现在两个方面，一是大力建设物流园区；二是物流企业兼并与合作。

物流园区是多种物流设施和不同类型的物流企业在空间上集中布局的场所，是具有一定规模和综合服务功能的物流集结点。物流园区的建设有利于实现物流企业的专业化和规模化，发挥它们的整体优势和互补优势。

国际物流市场专家们认为，世界上各行业企业间的国际联合与并购，必然带动国际物流业加速向全球化方向发展，而物流业全球化的发展走势，又必然推动和促进各国物流企业的联合和并购活动。新组成的物流联合企业、跨国公司将充分发挥互联网的优势，及时准确地掌握全球物流动态信息，调动自己在世界各地的物流网点，构筑起本公司全球一体化的物流网络，节省时间和费用，将空载率压缩到最低限度，战胜对手，为货主提供优质服务。除了并购之外，另一种集约化方式是物流企业之间的合作并建立战略联盟。

（4）电子物流需求强劲，快递业发展迅猛。基于互联网络的电子商务的迅速发展，促使了电子物流的兴起。企业通过互联网加强了企业内部、企业与供应商、企业与消费者、企业与政府部门的联系沟通、相互协调、相互合作。消费者可以直接在网上获取有关产品或服务信息，实现网上购物。这种网上的“直通方式”使企业能迅速、准确、全面地了解需求信息，实现基于客户订货的生产模式和物流服务。此外，电子物流可以在线跟踪发出的货物，联机实现投递路线的规划、物流调度以及货品检查等。可以说电子物流已成为 21 世纪国外物流发展的大趋势。一方面电子物流的兴起，刺激了传统邮政快递业的需求和发展；另一方面新兴的快递业发展迅猛，触角伸向全球各地。

（5）绿色物流将成为新增长点。物流虽然促进了经济的发展，但是物流的发展同时也会给城市环境带来负面的影响。为此，21 世纪对物流提出了新的要求，即绿色物流。

绿色物流主要包含两个方面，一方面对物流系统污染进行控制，即在物流系统和物流活动的规划与决策中尽量采用对环境污染小的方案，如采用排污量小的货车车型，近距离配送，夜间运货（以减少交通阻塞、节省燃料和降低排放）等。发达国家政府倡导绿色物流的对策是在污染发生源、交通量、交通流三个方面制定了相关政策。绿色物流的另一方面就是建立工业和生活废料处理的物流系统。

（6）物流专业人才需求增长，教育培训体系日趋完善。在物流人才需求的推动下，一些经济发达国家已经形成了较为合理的物流人才教育培训体系。如在美国，已建立了多层次的物流专业教育，包括研究生、本科生和职业教育等。许多著名的高等院校中都设置物流管理专业，并为工商管理及相关专业的学生开设物流课程。除去正规教育外，在美国物流管理委员会的组织和倡导下，还建立了美国物流业的职业资格认证制度，所有物流从业人员必须接受职业教育，经过考试获得上述工程师资格后，才能从事有关的物流工作。

企业案例

网络化时代的物流

1．物流系统化和网络化的背景

当代物流面临社会经济、产业、技术等方面的环境变化，多品种、少批量化已成为经济社会物流的典型特征。环境变化对物流产生的影响，大致可列举以下 5 点：

（1）僵硬将被弹性取代。与物流量的增长相比，更为突出的是“商品零星化、高频率的配送作业、服务竞争的激烈化（例如，要求迅速、准确、廉价，提供信息服务等）”。

（2）物流与商流处理一体化。以往的物流处于生产与销售之后的从属地位，而现在已变成与商流同时处理，甚至事前处理的商流、物流一体化。通过接收订单、向供应商订货、库存保管、配送的一系列“看板”方式，实现今日订货、明日交货的“理想物流”。快速反应已成为现代物流的重要特征，空间将被时间取代。

（3）物流产业化。由于人们已认识到物流是“第三利润源”，物流产业化已成为物流发展的必然。物流也像商品一样得到开发，出现了物流的多样化、多方位化、多业态化，如快件运输公司、物流增值网等。

（4）第三方物流（综合物流业）的登场。在社会经济从规模经济向复合化发展的时代，物流企业的功能复合化、综合化是必然的。承担储存保管、流通加工、运输配送、代理等一揽子作业的物流企业和物流网络已经崭露头角。

（5）供方市场向需方市场的竞争变化。在市场经济中，物流也由供方市场向需方市场转变，竞争非常激烈。集团间的竞争已成为服务网络的竞争；同时，由于其他行业渗透（如无店铺销售等），使不同行业间的竞争也激烈起来。更令人振奋的是，物流网络与 Internet 相结合的网络化物流，已逐渐显露出其网络产业的效应。

总之，迈向 21 世纪的物流，已不仅是体现企业战略的“商务物流”，而是面向整个社会的“供应链物流”，进而在全球化市场的激烈竞争中形成多元化网络所必需的“全球物流”。

2．物流系统化和网络化的新趋向

（1）流通业的连锁经营对物流配送提出了网络化的要求。连锁经营作为一场流通业的革命已席卷全球。连锁超市以连锁制为轴心，以广泛的门店网络为市场依托，以中央采购制及配送中心来开发销售利润和物流利润，以直接的市场信息向加工制造业渗透，发展自己的定牌商品来获取生产利润，是商流、物流、信息流“三流”高度集成的流通业态。

批发业为了满足零售业“多品种、小批量、高频率、迅速、准确”的配送要求，大型化、集约化、信息化的配送中心和配送体系的再构筑已成为迫切需要，这也为物流业的发展提供了绝好的机遇。

日本菱食公司的“配送体系再构筑”就是一个十分成功的例子，20 世纪 90 年代，连锁商业在日本获得突飞猛进的发展，日本食品批发商——菱食公司抓住了这个机遇，按照“供应链物流”的思想，建立了可供“一揽子采购”，并提供一系列物流服务的食品供配货网络体系。公司的年销售额也由此突破了 330 亿日元。

菱食公司的战略是建立由区域性配送中心 RDC 和前端性配送中心 FDC 结合而成的物流网络体系。FDC 是承担整箱商品的配货、配送任务的物流中心。RDC 是具备拆零、分包装等流通加工功能的区域性集约化配送中心。

（2）制造业越来越重视构筑供应链。制造业把物流看做企业综合系统的一环，与市场营销战略研究同步，构筑适应消费者要求的销售物流。具体讲，将制造业与流通业的订货网络联网，并利用第三方物流，配置多功能、高效化的物流网络据点，与零售业直接连接，形成从接受订货到将货送到客户手中的物流作业高效化流程。

（3）当前，物流业面临的问题是：物流时间的延长、物流过程的复杂、物流成本的增加、库存管理和风险的不确定性。要缓解这些矛盾，唯一的途径是实现物流网络化。

日本国内货物运送以汽车运输为主，日本政府在全国主要地区建立了 24 个公路货物集散中心，并与高速公路形成干线物流网络。他们在东京四周近郊建设了和平岛、板桥、足立、葛西四个规模巨大的货物集散中心，平均每天进出载货汽车 2 万辆。其中，日本东京的和平岛公路货物集散中心由 40 多家运输企业租用，有中转点 1 516 个，遍及全日本中小城镇，形成一个全国性的运输、配送网络。长途运输载货汽车可采用在高速公路上夜间运输、夕发晨至、来回双程运输等方式，并与市内短途运输载货汽车、铁路、港口和空运相结合，织成一个高效率的配送网络。

问题：

1. 社会经济方面的环境变化对现代物流产生了哪些影响？
2. 物流系统化、网络化的发展新趋势有哪些方面？
3. 结合实际谈谈物流与供应链管理的新发展。

资料来源：许胜余．物流网络与网络化时代的物流．信息与电脑．2000（12）．

复习思考题

1. 社会经济方面的环境变化对现代物流产生了哪些影响？
2. 物流系统化、网络化的发展新趋势有哪些方面？
3. 物流管理与供应链管理的联系？
4. 物流管理与供应链管理的区别？
5. 供应链管理环境下物流管理的特点？
6. 如何把握未来物流业发展的新契机？
7. 如何理解供应链管理全球化？
8. 全球化供应链管理的发展趋势？
9. 供应链战略联盟发展的基础？
10. 供应链管理信息化发展趋势？
11. 发达国家现代物流发展战略对我国有何启示？
12. 结合实际谈谈物流与供应链管理的新发展？

本章小结

人们最初提出“供应链管理”一词，是用来强调在物流管理过程中，在减少企业内部库存的同时也应该考虑减少企业之间的库存。随着供应链管理思想越来越受到欢迎和重视，其视角早已拓宽，不仅仅着眼于降低库存，其管理触角已伸展到企业内外的各个环节、各个角落。面临日益激化的市场竞争，仅靠一个企业和一种产品的力量已不足以占据优势，企业必须与它的原料供应商、产品分销商、第三方物流服务者等结成持久、紧密的联盟，共同建设高效率、低成本的供应链，才可以从容面对市场竞争，并取得最终胜利。正因为如此，英国著名物流专家马丁·克里斯托弗指出：“市场上只有供应链没有企业”、“21世纪的竞争不是企业和企业之间的竞争，而是供应链和供应链之间的竞争”。

对于物流管理与供应链管理的联系，从物流管理角度分析物流管理是供应链管理的一个子集或子系统，从供应链管理角度分析供应链管理是物流运作管理的扩展。物流管理与供应链管理虽然存在一定的联系，但也存在着众多的不同，一般而言，供应链管理涉及制造问题和物流问题两个方面，物流管理涉及的是企业的非制造领域问题。由于供应链管理下物流环境的改变，使新的物流管理和传统的物流管理相比有许多不同的特点。这些特点反映了供应链管理思想的要求和企业竞争的新策略。

我国物流未来发展趋势主要包括以下几个方面。

绿色物流管理已成为 21 世纪亟待解决的重要问题。中国的物流较之国外还比较落后，如何进一步缩小与国外发达国家的差距，减少物流成本在 GDP 中的比重，要发展绿色物流，对于保护环境、节约能源都有着十分重要的意义。

逆向物流受到了企业界和理论界越来越多的重视与研究。逆向物流作为物流的一个重要组成部分，对国家和社会的经济、资源、环境等有着重大的影响。我国的企业也不断认识到逆向物流的重要性，加强企业在逆向物流方面的竞争力。

第四方物流是指一个供应链的集成商，它对公司内部和具有互补性的服务供应商所拥有的不同资源、能力和技术进行整合和管理，提供一整套供应链解决方案，又称之为“总承包商”或“领衔物流服务商”。

供应链管理发展新趋势主要包括以下几个方面。

全球供应链管理（GSCM）是通过前馈的信息流和反馈的物料流及信息流将供应商、制造商、分销商、零售商直到最终用户连成一个整体的模式。

供应链战略联盟体现了一种基于企业核心竞争力的战略资源整合思想。在全球化的时代，独当一面不再是实力的象征，每个企业都不能忽视战略联盟，否则就有在竞争中被淘汰的危险。

供应链管理信息化已经成为现代企业供应链管理的发展趋势及核心要素，这与现代企业经营环境有关，竞争的趋同与经营绩效的低下要求企业精确地把握消费者的需求，争取在最短时间内最快地将商品输送到顾客手中，而信息系统是实现这一目标的技术支持。

参考文献

[1] 霍红，刘莉，白云龙．物流概论[M]．北京：中国人民大学出版社，2012.
[2] 吴清一．物流学[M]．北京：中国物资出版社，2005.
[3] （美）道格拉斯·郎，（中）刘凯，张晓东．国际物流[M]．北京：电子工业出版社，2006.
[4] 中国物流学会，中国物流与采购联合会．中国物流学术前沿报告（2009—2010）[M]．北京：中国物资出版社，2009.
[5] 宋华．物流成本与供应链绩效管理[M]．北京：人民邮电出版社，2007.
[6] 兰洪杰．物流战略管理[M]．北京：清华大学出版社，2006.
[7] 徐印州．供应链管理[M]．2 版．广州：暨南大学出版社，2011.
[8] 马丁·克里斯托弗．物流与供应链管理[M]．何明珂，等译．3 版．北京：电子工业出版社，2006.
[9] 朱道立．现代物流管理[M]．上海：复旦大学出版社，2005.
[10] 约翰·科伊尔，爱德华·巴蒂，小约翰·兰利．企业物流管理[M]．文武，等译．7 版．北京：电子工业出版社，2003.
[11] 顾培亮．系统分析与协调[M]．天津：天津大学出版社，1998.
[12] 黄顺基．信息革命在中国[M]．北京：中国人民大学出版社，1998.
[13] 鲍新中．物流成本管理与控制[M]．北京：电子工业出版社，2006.
[14] 海峰．区域物流论[M]．北京：经济管理出版社，2006.
[15] 林正章．国际物流[M]．北京：机械工业出版社，2006.
[16] 逯宇铎，侯铁珊，邢金有．国际物流管理[M]．北京：机械工业出版社，2006.
[17] 采峰．现代企业物流[M]．大连：东北财经大学出版社，2005.
[18] 李宝山，刘志华．集成管理：高科技时代的管理创新[M]．北京：中国人民大学出版社，1998.
[19] 孙明贵．回收物流管理[M]．北京：中国社会科学出版社，2005.
[20] 万志坚．企业物流管理[M]．广东：广东经济出版社，2005.
[21] 邓明荣，张红，陈子侠．现代物流管理[M]．北京：高等教育出版社，2005.
[22] 崔介何．物流学概论[M]．北京：北京大学出版社，2005.

[23] 蔡淑琴．物流信息系统[M]．北京：中国物资出版社，2005.
[24] 平海．物流系统设计与分析[M]．北京：清华大学出版社，北京交通大学出版社，2010.
[25] 李伊松，等．物流成本管理[M]．北京：机械工业出版社，2005.
[26] 林勋亮．物流管理概论（第二版）[M]．广州：暨南大学出版社，2010.
[27] 唐渊．国际物流学[M]．北京：中国物资出版社，2004.
[28] 杨霞芳．国际物流管理[M]．上海：同济大学出版社，2004.
[29] 陆岚，李克娜，李莉．物流管理基础理论[M]．北京：机械工业出版社，2004.
[30] 傅桂林．物流成本管理[M]．北京：中国物资出版社，2004.
[31] 高蕾．企业物流[M]．北京：对外经济贸易大学出版社，2004.
[32] 单汨源，戴庚先．现代物流管理[M]．长沙：湖南大学出版社，2003.
[33] 杨长春，顾永才．国际物流[M]．北京：首都经济贸易大学出版社，2003.
[34] 汝宜红．物流学[M]．北京：中国铁道出版社，2003.
[35] 冯耕中．现代物流与供应链管理[M]．西安：西安交通大学出版社，2003.
[36] 李苏剑，游战清．企业物流管理理论与案例[M]．北京：机械工业出版社，2002.
[37] 张卫星．物流学[M]．北京：北京工业大学出版社，2003.
[38] 刘军．国际物流[M]．北京：电子工业出版社，2011.
[39] 刘志学．现代物流手册[M]．北京：中国物资出版社，2001.
[40] 何明珂．物流系统论[M]．北京：中国审计出版社，2001.
[41] 丁立言，张铎．物流系统工程[M]．北京：清华大学出版社，2000.
[42] 宋华，胡左浩．现代物流与供应链管理[M]．北京：经济管理出版社，2000.
[43] 李勇．物流经理日智[M]．北京：机械工业出版社，2006.
[44] 刘明菲，王槐林．物流管理[M]．北京：科学出版社，2008.
[45] 韦琦，张大卡，林勋亮．物流企业运作管理仿真综合实习教程[M]．北京：经济科学出版社，2010.
[46] 但斌，等．基于 CPFR 的供应链体系结构和运作研究[J]．计算机集成制造系统，2000(4).
[47] 唐建民．区域物流在区域经济发展中的作用[J]．中国科技信息，2005(8).
[48] 刘满芝．逆向物流管理模式分析[J]．商业时代，2005(24).
[49] 黄泽霞．快速客户反应简介[J]．条码与信息系统，1998(1)：29.
[50] 裴金林．建立“有机组织”[J]．IT 经理世界，1998(16)：5.
[51] 王微．中国物流产业发展的现状和走势[J]．中国物流业发展报告，2006.
[52] 黄久久．物流标准化存在问题与初步进展[J]．经济要参，2006-05-18.

[53] 卢继传．论知识是经济增长的动力[N]．人民日报，1996-03-02．
[54] 高超.我国生产型企业集团物流管理协同化发展的三大趋势[J].改革与战略，2006.7.
[55] 柳键．供应链的逆向物流[J]．商业经济与管理，2002(6).
[56] 企业流程重组走向何方[J]．世界经理人文摘，1999(6).
[57] David F．Ross．Competing Through Supply Chain Management：Creating Market-Winning Strategies Through Supply Chain Partnerships[M]．New York：Chapman & Hall，1998．292．
[58] Gary Hamel，C．K．Prahalad．Competing for the future[M]．Boston：Harvard Business School Press，1994．182．
[59] Malcolm Saunders. Strategic Purchasing and Supply Chain Management 2nd ed. London James Champy，Michael Hammer．Reengineering the Corporation[M]．New York：Harper Business，1993．32．
[60] Blackburn，Joseph D．The Quick Response Movement in the Apparel lndustry：A Case Study In：Time-Compressing Supply Chains．In Joseph D，Blackburn，ed．Time-Based Competition．Trwin，1991．246-269．
[61] Cartwright S．People—The Most Fundamental Asset of an Organization[J]．Business Studies，1992(10)：14-17．
[62] Blackburn．The Quick Response Movement in the Apparel Industry．In：Joseph D，Blackburn，ed．Time-based Competition．Richard D Irwin，1991．